姚小林，一九七〇年代生人，祖居湖南澧水河盆，世代务农，由父母含辛茹苦送读岳麓师范学府（现为湖南师范大学，1988年—1992年），曾作为中学教员赤诚服务家乡三年（慈利三中，1992年—1995年），后通过研考跻身上海复旦园（复旦大学，1995年—1998年），学成后受聘岭南广东商学院（现为广东财经大学）法学院至今，俯首甘为赤沙村民十年有余，其间拜中国人民大学名师范愉先生为师，有幸博得法学博士高帽一顶（2007年），继续为祖国法学教育事业鞠躬尽瘁。

司法社会学引论

Introduction to Sociological Justice

姚小林 著

厦门大学出版社 国家一级出版社
XIAMEN UNIVERSITY PRESS 全国百佳图书出版单位

本书扌

司法权固有的社会性、司法社会化现…
科的方法论联姻分别为司法社会学的创立…
会需求与精巧的学科技术手段，而司法社…
学与法社会学研究并为之提供另一独辟新…
支学科，同时也是作为司法学的分支学科…
法、思想渊源、程序原理与实证操作等四大…
它充分认识到法学学科所独有的规范分析…
关联性方法论研究；二是它充分认识到司法…
础，但更强调现实主义法学、行为主义法学…
和流派为其所提供的直接思想渊源；三是它…
研究价值和司法诉讼程序研究的司法学学科…
诉讼程序（即非诉程序 ADR）的准司法角色…
功能互补关系研究；四是它充分认识到司法…
行为等诸多司法构成要素的规范制度研究，…
它们与社会环境的关系等方面的社会学实证…

目 录

导论 …………………………………………………………… 1
  论司法权的社会性 …………………………………………… 1
  作为科学形态的司法社会学 ………………………………… 16

第一章 司法社会学的研究方法 ……………………………… 31
  第一节 传统意义上的法学方法 …………………………… 31
    一、法学方法的独特存在 ………………………………… 31
    二、规范分析方法 ………………………………………… 33
    三、价值分析方法 ………………………………………… 35
  第二节 社会学的实证分析方法 …………………………… 38
    一、社会研究的一般原理 ………………………………… 38
    二、问卷法与访问法 ……………………………………… 41
    三、观察法与实验法 ……………………………………… 44
    四、文献法 ………………………………………………… 49
  第三节 司法学与社会学的关联性研究 …………………… 50
    一、社会学视野中的司法 ………………………………… 50
    二、司法中的社会学介入 ………………………………… 56

第二章 法律现实主义的思想渊源 …………………………… 72
  第一节 法律现实主义概述 ………………………………… 72
    一、法律现实主义是一个学派还是一种思潮 …………… 72
    二、法律现实主义的界定与基本主张 …………………… 74
  第二节 法律现实主义的思想先驱 ………………………… 77

一、霍姆斯 ·· 77
　　二、卡多佐 ·· 80
第三节　法律现实主义的代表：卢埃林 ······················ 82
　　一、卢埃林简介 ··· 82
　　二、卢埃林的法律现实主义观 ···························· 82
　　三、卢埃林的法律功能论 ································· 84
　　四、卢埃林的司法预测论 ································· 85
第四节　法律现实主义的代表：弗兰克 ······················ 87
　　一、弗兰克简介 ··· 87
　　二、弗兰克的法律不确定论 ······························ 88
　　三、弗兰克的司法改革观 ································· 89
第五节　新法律现实主义 ·· 92
　　一、新法律现实主义的兴起 ······························ 92
　　二、新老法律现实主义的关系 ··························· 93
　　三、关于新法律现实主义的反思和展望 ················ 95

第三章　行为主义法学的思想渊源 ······························ 98
　第一节　行为主义法学概述 ·································· 98
　　一、行为与行为科学的概念 ······························ 98
　　二、行为主义法学的概念及其特征 ···················· 100
　　三、行为主义法学的行为模式理论 ···················· 102
　第二节　行为主义法学的代表：舒伯特 ··················· 103
　　一、舒伯特简介 ·· 103
　　二、舒伯特的司法行为主义 ····························· 104
　　三、舒伯特的司法政策制定论 ·························· 106
　第三节　行为主义法学的代表：布莱克 ··················· 107
　　一、布莱克简介 ·· 107
　　二、布莱克的法行为理论 ································ 108
　　三、布莱克的案件社会学 ································ 112
　第四节　行为主义法学的代表：川岛武宜 ················ 116
　　一、川岛武宜简介 ··· 116

二、川岛武宜的实用法学 ………………………………… 117

第四章　后现代主义法学的思想渊源 …………………… 119
第一节　后现代主义法学概述 ………………………………… 119
　　一、后现代主义 ……………………………………………… 119
　　二、后现代主义法学 ………………………………………… 120
第二节　后现代主义的多元化纠纷解决论 …………………… 121
　　一、纠纷解决研究概述 ……………………………………… 121
　　二、昂格尔的"超越自由主义"法律发展观 ……………… 122
　　三、诺内特和塞尔兹尼克的回应型法律发展说 …………… 125
第三节　后现代主义的反传统社会控制论 …………………… 127
　　一、社会控制的一般理论 …………………………………… 127
　　二、后现代主义反西方为中心的传统社会控制论 ………… 130
　　三、福柯的后结构主义权力论 ……………………………… 133

第五章　纠纷解决与ADR程序的一般原理 …………… 140
第一节　纠纷解决的理论框架 ………………………………… 140
　　一、纠纷、纠纷解决与过程分析 …………………………… 140
　　二、纠纷解决的制度形态 …………………………………… 143
　　三、纠纷解决的过程分析 …………………………………… 145
第二节　非诉讼纠纷解决机制（ADR程序） ………………… 150
　　一、ADR的概念及其特征 …………………………………… 150
　　二、ADR的基本类型与主要方式 …………………………… 152
　　三、ADR的主要功能及其局限性 …………………………… 157
第三节　纠纷解决中的司法诉讼与ADR程序 ……………… 160
　　一、ADR程序与司法诉讼的关系 …………………………… 160
　　二、纠纷解决中的司法诉讼角色 …………………………… 162
　　三、ADR的立法与多元化纠纷解决 ………………………… 165

第六章　司法诉讼与ADR程序的衔接机制 …………… 170
第一节　司法诉讼程序概说 …………………………………… 170
　　一、司法诉讼程序的概念 …………………………………… 170
　　二、司法诉讼程序的模式 …………………………………… 173

三、"诉讼爆炸"与司法的社会化 …………………………… 175
　第二节　调解与仲裁程序概说 ………………………………… 177
　　一、调解 ………………………………………………………… 177
　　二、仲裁 ………………………………………………………… 184
　　二、调解与仲裁程序的衔接 …………………………………… 191
　第三节　司法诉讼与仲裁程序的衔接 ………………………… 193
　　一、司法诉讼与普通民商事仲裁的程序衔接 ……………… 194
　　二、司法诉讼与特别民事仲裁的程序衔接 ………………… 200
　第四节　司法诉讼与调解程序的衔接 ………………………… 203
　　一、诉讼调解制度现状 ………………………………………… 203
　　二、诉讼调解适度社会化 ……………………………………… 205
　　三、诉调对接机制的创新 ……………………………………… 208

第七章　司法组织与司法职业的社会学分析 ………………… 213
　第一节　司法组织与行为分析 ………………………………… 213
　　一、司法组织的概念界定 ……………………………………… 213
　　二、行为主义与功能主义范式 ………………………………… 218
　　三、最高法院的功能主义分析 ………………………………… 221
　第二节　司法职业与角色分析 ………………………………… 228
　　一、司法职业的概念界定 ……………………………………… 228
　　二、司法职业的角色特征 ……………………………………… 230
　　三、司法职业的角色扮演 ……………………………………… 233
　第三节　法官角色的社会学分析 ……………………………… 238
　　一、应然和实然意义上的法官角色 …………………………… 239
　　二、法官职业化与法官的角色认同 …………………………… 242
　　三、我国目前法官的角色冲突分析 …………………………… 246
　第四节　检察官角色的社会学分析 …………………………… 249
　　一、检察官的角色定位与职业特点 …………………………… 249
　　二、检察官的任职程序与角色扮演 …………………………… 252
　　三、我国目前检察官的角色冲突分析 ………………………… 256
　第五节　律师角色的社会学分析 ……………………………… 260

一、律师的角色本质与社会功能 ·· 260
  二、律师的任职资格与角色认同 ·· 264
  三、我国律师职业的分布状况分析 ·· 267
第八章 纠纷解决视野中的法规范适用 ·· 271
 第一节 纠纷解决中的法规范界定 ··· 271
  一、书本上的法和行动中的法 ·· 272
  二、社会法、法学家法和国家法 ·· 274
  三、国家法与非国家的法（民间法规范） ·· 276
 第二节 国家法与民间法规范的关系互动 ··· 282
  一、国家法与民间法规范的冲突 ·· 282
  二、国家法与民间法规范的博弈 ·· 284
  三、民间法规范对国家法的补充 ·· 286
  四、持续博弈下的任意性选择 ·· 288
 第三节 民间法规范的司法适用示例 ··· 289
  一、民间法规范适用的立法确认 ·· 289
  二、民间法规范适用的解释转换 ·· 290
  三、民间法规范适用的经验法则 ·· 293
  四、民间法规范适用的漏洞补充 ·· 295
参考文献 ·· 297
后记 ·· 301

论司法权的社会性

2010年3月9日,北京市第一中级人民法院未成年人案件综合审判庭审理了一起故意杀人案:被告17岁女生冀某与男网友发生性关系后产下一女婴,她慌乱中将女婴从出租屋扔出窗外摔死,法院最终对她从轻处罚,判处她有期徒刑3年,缓期3年执行。① 这本是一起普通的未成年人刑事犯罪案件,但该案的社会反响很大,因为主审法官主动邀请心理辅导专家对本案被告实施心理干预,并将有关心理咨询报告结论直接写进刑事判决书,事后还跟踪追访被告的思想改造情况。本案可视为社会学介入司法审判的中国第一案,并由此产生了一个问题:坐审法庭的法官究竟是独立的司法裁判者还是兼职的社会工作者? 若是前者,诚如我国相关法律所规定的,人民法院独立行使司法审判权,不受任何行政机关、社会组织和个人的干预。然而本案中的心理辅导专家所提供的心理咨询报告却直接体现于司法审判文书中,主审法官也主动地走出法院大门协助被告服刑。可见,人民法院的法官又仿佛是一名兼职的社会工作者。那么进言之,人民法院和法官行使的司法权究竟是一种独立的国家权力还是可归属于其他权力如社会权力呢? 或者说,司法权的性质在于

---

① 孟斌、许婧:《爱心审判中绽放的花蕾——北京市一中院少年特色审判侧记》(2010-07-05),http://bj1zy.chinacourt.org/public/detail.php?id=759(2014-01-04 访问)。另注,判决书中的心理报告结论:冀某属于典型的青春期逆反,认知存在偏差,情绪冲动,无基本的法律知识,对生命的意义缺乏敬畏和尊重,和父母沟通不畅,和家人交往疏离,生活中无信任长者的指导,对网聊十分依赖,幼稚、盲目信任他人。

国家性抑或社会性？本书反对学术界在司法权性质问题上所存在的非国家权力即社会权力的简单二分法，而是立足结构—功能主义的社会学研究范式，力主现代意义上的司法权仍是一种以审判权为核心的国家权力，它的本质属性在于国家性，但同时它也存在若干社会性的构成元素及功能特征。关于司法权的社会性研究值得我们重视，因为一门新兴的司法学分支学科——司法社会学已应运而生。

一、司法权的性质之争

自20个世纪90年代以来，随着社会主义市场经济体制的确立与依法治国方略的实施，我国政治上层建筑领域也有计划有步骤地开启了司法体制改革之路，特别是最高人民法院先后发布了三个改革纲要，即《人民法院五年改革纲要》、《人民法院第二个五年改革纲要（2004—2008）》和《人民法院第三个五年改革纲要（2009—2013）》，关于人民法院司法权系统内部的结构性变革自然也成为人们普遍关注的重要议题，我国学术界同时展开了关于司法权性质的问题之争，即司法权的性质究竟在于国家性还是社会性，司法权的权力属性终究是一种国家权力还是社会权力的争论。总的说来，我国学术界关于司法权的性质之争大体存在国家权力论、社会权力论和混合权力论等三类不同的观点：

（一）国家权力论

该观点认为司法权的性质在于国家性，它本质上是一种国家权力，由国家授权的法院组织和职业法官行使，其他任何组织和个人都无权觊觎，因此司法权又可称为国家司法权，它体现的是一国司法主权。如熊先觉先生认为，司法权就是一种重要的国家权力，我们可称之为"国家的司法权"。[①] 王利明先生也认为："从权力特征上来看，司法权是一种国家权力或称为公权力，是国家的一种职能的表现，国家通过建立专门的司法机构并赋予其司法权，从而实现其国家的职能。司法权从根本上说是由主权派生的。"[②]

（二）社会权力论

该观点认为司法权的性质在于社会性，它的本质是一种社会权力，但是这种观点并不完全否认作为司法权非本质属性的国家性元素存在。该观点以周

---

① 熊先觉：《司法学》，法律出版社2008年版，第11页。
② 王利明：《司法改革研究》，法律出版社2000年版，第8页。

永坤先生的社会主义司法观为代表,他反对传统意义上的国家主义司法观,而明确提出"一种将司法权定性在社会权力为主的一种司法权观念,将司法权的目标确立在为社会服务,实现社会公正,将司法机构的设置社会化的一种司法观"。① 在他看来,司法权是一种介于国家权力和社会权力之间的特殊权力,但由于其社会属性多于国家属性,因此司法权仍可归属于社会权力或主要属社会权力。后来,有人以"论司法权的社会性"为题写成硕士学位论文,将社会性上升为司法权的根本属性并将司法权最终定性为社会权力:"司法权是一种社会性质的权力,社会性是司法权的根本属性。当然,我们说社会性是司法权的性质,并不是说社会性是司法权的全部,而只是说社会性全面地反映出了司法权的性质与特征"。②

(三)混合权力论

该观点介于国家权力论与社会权力论之间,它承认司法权兼具社会性和国家性的双重特点,但并没有简单地将司法权归结为国家权力或者社会权力,而是将司法权界定为一种新型权力体。程春明先生是持此观点的代表人物,他认为司法权是"国家制度化了的第三方行使的社会权力,以达到司法公正为本来意义,是国家性和社会性有机统一的一项裁判权力"③。他的观点有别于周永坤先生的社会权力论,因为后者虽然指出过司法权是介于国家权力与社会权力之间的特殊权力,但是最终却因为将社会性界定为司法权的主要属性进而认定司法权为社会权力;前者则将司法权界定为介于国家权力与社会权力之间的一种新型权力体,认为它既不属于传统意义上的国家权力,也不属于传统意义上的社会权力。程先生总结道:"司法权从性质而言,保留了其社会权的性质,进而演进成为政治化了的国家权力。现代宪政和法治所塑造的司法权正是社会性和国家性的二元统一,它是社会权力和国家权力在现代宪法至上和人权至尊的国家观中的新型权力体。"④由此可见,以上关于司法权性质的三种观点各有侧重,其中国家权力观以国家性作为司法权的本质属性,是

---

① 周永坤:《司法权的性质与司法改革战略》,载《金陵法律评论》2003年秋季卷。
② 逢志龙:《论司法权的社会性》,苏州大学2004届硕士学位论文(胡玉鸿教授指导),导论。
③ 程春明:《司法权及其配置:理论语境、中英法式样及国际趋势》,中国法制出版社2009年版,自序第4页。
④ 程春明:《司法权及其配置:理论语境、中英法式样及国际趋势》,中国法制出版社2009年版,第291页。

一种典型的国家本位司法权观;社会权力观以社会性作为司法权的本质属性,则是一种社会本位司法权观;而混合权力观试图调和司法权性质问题上的二元对立,将国家性与社会性都包容于司法权的性质之中。

其实,以上三种学说都承认司法权是一种公共权力,主要区别在于关于司法权的属性与其要素结构与功能的关系问题所存在的认识论差别与方法论视角迥异。按照一般的哲学观点,事物的性质是一事物区别于他事物固有的内部规定性,即事物的本质属性或特有属性。然而,"事物本身所具有的属性是多方面的,其中有本质属性和非本质属性。不同的属性,对于确定事物的质具有不同的作用"。[①] 换言之,任何事物都是一个独立的系统,这个系统由不同的要素构成,每个要素都具有相应的功能;唯有发挥主要功能的要素才构成事物的本质属性,进而决定事物的性质;但对事物而言,每个要素都有存在的必要性,这些要素相互协调共同构成事物的整体功能。后来,这些哲学观点在塔尔科特·帕森斯和默顿创立的结构—功能主义那里得到充分体现并影响至今,该方法致力于回答"一个社会系统为了维持其存在有哪些基本条件必须得到满足以及这些条件如何得到满足"之类的基本问题,这些基本条件就是适应、达成、整合和维模,社会系统相应地存在经济制度、政治体制、社会规范和家庭教育等四大功能子系统,并分别通过货币、权力、影响和声望等交换媒介实施对流式交换。[②] 现代意义的司法权构成社会系统相对独立的功能子系统,它既承担社会系统内部基本的社会规范实施者角色,发挥着必要的社会性功能;又是现代法治国家政治权力结构的重要构成要素,分享着相对独立的国家司法审判权。关于司法权的性质问题,本书不准备展开详细的学术论证,而主要通过下文分析提出上述三种观点以外的第四种观点。这是因为,第一,现代意义的司法权属于国家政治上层建筑的范畴,国家属性构成司法权的基本规定性,它的权力本质仍然是一种以审判权为核心的国家权力。理由如下:当今世界的政治实体仍以享有独立主权的民族国家为主,而司法权的本源来自国家主权,其合法性来自国家法律的明确授权;同时司法权主体主要为坐审法庭的职业法官,他们以国家名义行使司法审判权,并严格遵循刚性的司法诉讼程序;司法权的核心价值是力促社会公平公正,但却体现了国家公信力,其运

[①] 李秀林、王于、李淮春:《辩证唯物主义和历史唯物主义原理》,中国人民大学出版社1995年第4版,第170页。

[②] 贾春增:《外国社会学史(修订本)》,中国人民大学出版社2000年版,第213~215页。

行程序和法治保障都以国家为后盾。第二,在整个社会系统中,司法权又以社会规范功能子系统实施者的角色出现,并表现出政治、经济和社会等多层面的功能特征,社会性与国家性同属于司法权的固有属性。我们承认司法权的国家性但也不能否认其社会性的存在,承认司法权的社会性同样也不能否认其国家性的存在。事实上,司法权的权力性质因其所处社会结构和制度环境的不同而可能呈现不同状况。程春明先生研究发现,由于比较典型的三权分立和司法权分设模式的政治与法律文化基础,如今的法国存在国家性多于社会性的司法权模式,而英国则因其独特的历史文化基础决定了司法权的社会性多于国家性。[①] 而在中国,以前由于单一的计划经济模式和高度集中的国家政治模式,国家权力垄断一切社会资源,司法权作为革命专政工具的国家性得以凸现;如今随着社会主义市场经济的建立和国家司法改革进程的不断推进,司法权的社会性得到重视,但是这并没有取代国家性的主导地位和作用。

总之,在司法权的性质问题上,我们必须认识到:一方面,以审判权为核心的司法权在解决可诉性社会纠纷的主导地位没有受到根本的削弱,当代中国的司法权体制改革的基本任务是实现司法权的国家性回归,提高司法能力实施能动司法;另一方面,司法社会化和多元化的社会需求又促使我们必须重视司法权的社会性问题,司法权在实施社会决策、指引社会纠纷解决和实现社会综合治理等方面具有不可替代的社会功能。因此,本人提出上述三种观点以外的第四种观点:司法权本质上是一种以审判权为核心的国家权力,兼有国家性与社会性的双重属性,国家性居于司法权的核心地位,但其社会性功能不容忽视。

二、司法权构成的社会性元素

有关司法权性质的社会权力论的重要依据之一,是由于司法权的人民权力根源及其市民社会基础。按照马克思主义唯物史观,一切政治上层建筑都可归结于社会物质生活条件,司法权也不例外,它深深植根于社会土壤;但是据此就将司法权本质认定为一种社会权力,则过分地解读了现代司法权构成中社会性元素的地位和功能。其实,司法权的社会性也是相对于其国家性而言的,它只是司法权国家本质的必要功能补充,而在司法权内部则主要体现为

[①] 程春明:《司法权及其配置:理论语境、中英法式样及国际趋势》,中国法制出版社2009年版,自序第2页。

司法权行使主体的非职业化、司法运作程序的非诉讼性和司法诉讼对象的非国家性等三个结构性层面。

(一)司法权行使主体的非职业化

司法权行使主体的非职业化是指越来越多的非职业法官与职业法官担当同等角色,在实际的法庭审判工作中共同或单独行使国家司法裁判权,陪审团制和部分初级法院业余法官制便是非职业法官参与法庭审判的重要例证。在实施陪审团制的国家和地区,陪审团成员一般来自本地普通公民,在司法审判中享有与职业法官同等的权力,在陪审的刑事案件和部分民事案件审理工作中就案件事实问题等独立发表自己意见。可以说,陪审团制充分体现了现代国家司法民主的重要社会价值取向,正如恩格斯在《〈刑法报〉停刊》一文所指出的,"司法权是国民的直接所有物,国民通过自己的陪审员实现这一权力,这一点不仅从原则本身,而且从历史上来看都是早已证明了的"。① 不过,陪审团制并未从根本上动摇司法审判过程中职业法官的主体地位,原因有三:第一,陪审团一般出现于初审案件审理过程中,且主要适用于刑事案件审判,他们所参与的案件比例和影响力都非常小,即使是最普遍采用陪审团制的英美等国的陪审员参与案件比重也不高,如美国采用陪审团审决的案件不到法院所审理案件总数的1/10;又如英国每年接受陪审团审判的民事案件总数不到400件,而实际发生陪审团审判的刑事案件仅占全部刑事案件的1‰以下。② 第二,案件当事人享有放弃接受陪审团审判的权利,而陪审团也不是所有初审民刑事案件审理程序的必然选项,由职业法官独任审判或由复数职业法官组成合议庭的情况并不鲜见。第三,职业法官还可以通过陪审员遴选评决程序、证据排除法则、法律适用指示和陪审员口头听审规则限制等诸多形式监控陪审员工作。除了陪审团制外,各国司法审判的非职业化还表现为在众多初级法院任职的非职业法官直接从事司法审判工作,如英国治安法院任职的治安法官就是不领薪的业余法官,他们来自各个社会阶层并承担大部分的地方刑事审判工作;又如1968年美国国会通过《联邦低级初审法院法官法案》规定,低级初审法院法官由经过州级最高法院认可的律师担任,他们负责审理不属于重罪的刑事案件并主持合理依据开庭审理(即对被指控犯严重罪行的被告的甄别过程);还如在德国所有州初级法院中,普通公民都有权参与一些特定

---

① 《马克思恩格斯全集》第41卷,人民出版社1982年版,第321页。
② 王泽鉴:《英美法导论》,北京大学出版社2012年版,第221~222页。

案件的审理工作,他们在商务、劳工、社保、农业等类特别法院的合议庭中拥有多数投票权等。这些非职业法官享有比陪审员更独立更完整的司法裁判权。

(二)司法权运作程序的非诉讼性

司法权运作程序的非诉讼性主要表现为越来越多的国家和地区将调解和仲裁等社会救济程序纳入到司法诉讼程序环节,或者通过案件分流机制将原本由法院管辖的社会纠纷案件交给其他国家机关或社会组织处理。众所周知,司法权首要也是最基本的工作就是司法审判,即法院通过司法诉讼解决社会纠纷实现公力救济。"从社会学的角度看来,所谓诉讼案件实际上就是纠纷本身。……纠纷当事者之间存在对立,具有中立性的第三者应一方当事人的要求针对这一对立作出某种权威的判断,这就是审判。"[①]但是,司法诉讼并不是解决社会纠纷的唯一救济手段,当事人自行解决(如和解)的私力救济和第三方参与解决(如调解和仲裁)的社会救济也是解决纠纷的自然选项。司法诉讼虽然被视为最为权威和最为终局性的社会纠纷解决方案,但是上世纪下半叶以来却受到以非司法诉讼为特点的ADR程序发展的严峻挑战,各国法院为此采取"请进来"和"走出去"并举的司法战略来顺应当今世界的司法社会化现象。所谓"请进来",就是国家将和解、调解和仲裁等社会救济程序纳入正式的司法诉讼过程中,作为司法判决的前置程序或审判辅助程序来使用,但坚持司法诉讼过程中法院法官的主体地位和作用。如我国诉讼调解就是将调解作为民事判决的必要前置程序来对待的,只要当事人自愿,法院判决前都可以由法官主持调解,法官调解成功的由法院制作具有法律约束力的民事调解书;同时业已成熟的司法确认程序又将法院之外进行的民间调解等统一纳入到司法审查程序,并赋予非诉调解协议以强制的司法约束力。又如美国法院的附设调解和中国法院的民事协助调解与刑事和解制度,则是将和解或调解等非诉程序作为司法诉讼的辅助程序;至于日本民事调停和家事调停制度则将其设计成独立的司法诉讼程序,并由相应的调停法律制度予以调整;而俄罗斯的仲裁法院制度,不但将仲裁程序纳入正式的国家司法权系统,而且建立起一套完整的国家仲裁审级制度。所谓"走出去",就是法院主动放下身段走出威严的正义之门,"送法下乡"、"送法上门"、"巡回审判",在田间地头和社区郊野采用简易程序开庭,直接服务于当事人和社会公众;或者通过设立法官联系人和法

---

① [日]棚濑孝雄:《纠纷的解决与审判制度》,王亚新译,中国政法大学出版社2004年修订版,第1页。

院附设调解窗口的形式,将大量尚处于立案程序的司法诉讼案件委托给准司法组织来处理,建立起诉前大联调格局,并通过司法确认程序实现司法诉讼与非司法诉讼程序的有机衔接。不过有一点我们必须明确,那就是所谓的"请进来"与"走出去"都是立足法院立场而言的,秉承的是以法院为主导、以司法诉讼为支撑的司法改革理念。此外,各类非诉程序被纳入到诉讼程序也可能产生某些负面后果,造成司法权对社会救济程序的不当介入与篡越,而这必然削弱非诉程序原有的灵活性、合意性和自治性特点,现实中业已出现的调解诉讼化与仲裁诉讼化便是值得我们关注的司法现象。

(三)司法权客体对象的非国家性

司法权客体对象的非国家性即司法诉讼对象——法律纠纷存在的社会性,具体包括纠纷产生主体(社会关系网络中的当事人)、纠纷调整方式(非国家法、社会法和民间法的存在)和纠纷客体目标(纠纷事务)存在的社会性。按照社会学的观点,法律纠纷只是纠纷的一种类型,纠纷的概念外延涵盖了法律纠纷。所谓纠纷就是社会成员之间存在的争议,即不同的社会成员之间基于不同的利益诉求所产生的双边或多边利益冲突。但是,司法权并不处理所有纠纷,而是针对法律纠纷。所谓法律纠纷,"通常指属于法律调整范围的纠纷:既包括由于法律所确认的权利受到侵害或无法实现而提出的救济诉求,也包括需要并可能通过司法裁决作出判断的各种利益纷争。'可诉性'或'可司法性'通常是区分法律纠纷与其他纠纷的标准"。[①] 法律纠纷的社会性主要体现在以下三个方面。

1. 法律纠纷产生主体的社会性

法律纠纷产生主体的社会性,即法律纠纷不外乎是作为社会成员(包括个人和社会组织)的当事人之间产生的纠纷,而当事人的纠纷行为本身则处于复杂多变的社会关系网络之中。按照美国学者唐纳德·J.布莱克的观点,这种复杂多变的社会关系网络是可以观察验证的,是可供我们研究纠纷产生的社会生活变量,具体涉及分层、形态、文化、组织性和社会控制等方面,其中分层是社会生活的纵向方面;形态是社会生活的横向方面,是人们相互关系的分配;文化是社会生活的符号方面;组织性是社会生活的组合方面;社会控制是社会生活的规范方面,而法律就是政府的社会控制,是国家和公民的规范性生

---

① 范愉:《非诉讼程序(ADR)教程》,中国人民大学出版社2012年第2版,第1~2页。

活。同样,法律纠纷的解决同样离不开主体行为诸多社会变量的综合考量。①

2. 法律纠纷调整方式的社会性

法律纠纷调整方式的社会性,即具有国家性特征的制定法并不是法律纠纷的唯一调整方式,而源于社会生活的非国家法、社会法和民间法规范也是法律纠纷解决必不可少的规范调整方式与社会控制因素,它们甚至在某些社会领域发挥国家法不可替代的社会调整功能。"非国家法"(au βerstaatliches Recht)是法人类学家所指称的非国家层面的社会习俗,经过国家正式立法或司法认可可转变为正式的国家法调整手段。"社会法"(Soziologierecht)是奥地利社会学家埃利希提出的概念,特指"社会团体的内部秩序",即社会自治规范。按照他的观点,"人类团体的内部秩序不仅仅是原初的法的形式,而且直到当代仍然是法的基本形式"。② "民间法规范"则是外延更大的概念,也就是日本学者棚濑孝雄所说的"小文字的法",涉及社会习俗、民族习惯、宗教规条、公共道德、商事惯例、社会自治规范等众多非国家层面的社会调整手段,以区别于国家法层面的"大文字的法"。他认为,"小文字的法"基本上以"大文字的法"为参照,但是"审判不是停留在确认和维持大文字的法之一功能上,而有必要对人们通过与他人的相互作用而形成小文字的法,并据此来创造和调整自己希望的生活空间这样一种根本性的要求予以呼应"。③

3. 纠纷客体目标的非国家性

纠纷客体目标的非国家性,即法律纠纷对象主要是具有法律意义的个人事务或社会事务,政治性的权力纠纷或纯属社会组织内部的事务纠纷一般被排除在司法管辖权范围之外。按照日本学者佐藤功的观点,下列行为或社会争议应当排除在司法权之外:根据学识或技术上的知识、能力、意见等的优劣,决定是否录取参加国家考试的考生而发生的争执;具有高度政治意义的所谓统治行为或政治问题;行政机关的自由裁量处分;立法机关根据宪法正常行使立法权的行为;学术、艺术和体育竞赛等方面的纷争;纯属有关思想、信仰的纷

---

① [美]唐纳德·J. 布莱克:《法律的运作行为》,唐越、苏力译,中国政法大学出版社2004年版,第1~2页。

② [奥]欧根·埃利希:《法社会学原理》,舒国滢译,中国大百科全书出版社2009年版,第40页。

③ [日]棚濑孝雄:《纠纷的解决与审判制度》,王亚新译,中国政法大学出版社2004年修订版,第155页。

争,或者纯粹为委托由自治团体依照团体内部自治规范处理的纷争等。① 为了更好平衡司法诉讼过程中的公权力与私权利冲突,各国还普遍设计了社会价值取向的若干特别司法程序规则,如律师代理、法官回避、法律援助、小额诉讼、公益诉讼、集团诉讼、专家证人出庭、民事审判中的当事人对抗程序、行政诉讼中的举证倒置原则以及刑事审判中的国家公诉制度等。一些国家还特别设置了处理各类社会纠纷的专门法院(法庭)系统,如日本的家事调停裁判所、德国的社会法院和劳动法院、中国的未成年人综合审判法庭和知识产权审判法庭等。

三、司法权功能的社会性特征

功能是相对于要素和结构而言的,作为功能"就是事物作用于他物的能力,即系统作用于环境的能力"。② 作为一国国家权力结构的重要组成部分,司法权的功能概念既反映了它与其他国家权力(如立法权和行政权)的相互关系,也反映了它作用于司法环境(社会)的实际能力。在功能的意义上,如果说司法权的国家性主要反映司法权与其他国家权力的相互关系,那么司法权的社会性则主要反映了司法权与社会的关系和司法权作用于司法环境的能力。我国学术界目前关于司法权功能的国家性特征关注甚多,而关于司法权功能的社会性特征研究颇少。大体说来,我们所要关注的司法权社会性功能主要表现为参与实施社会决策、终局性解决社会纠纷以及实现社会有序化治理等三方面的社会实践层面。

(一)司法权的主导地位和核心功能

司法权的首要功能是审判功能,即定分止争、终局性地解决社会纠纷,但它在多元化纠纷解决机制中的主导地位和作用并没有发生根本性改变,所有司法权行为所指向的价值目标是实现法律正义与社会正义的有机统一。

我们首先必须明确,司法权在多元化纠纷解决机制中的主导地位和核心功能是不可替代的。审判是司法权的基本功能,司法诉讼是当事人借助司法权定分止争、终局性地解决社会纠纷的司法参与活动。不可否认,能够进入司法诉讼程序的法律纠纷仅仅构成所有社会纠纷的一小部分,而当事人能够走

---

① [日]佐藤功:《法律上的争讼司法权的限界》,转引自胡夏冰:《司法权:性质与构成的分析》,人民法院出版社2003年版,第209页。
② 李秀林、王于、李淮春:《辩证唯物主义和历史唯物主义原理》,中国人民大学出版社1995年第4版,第230页。

完所有的司法诉讼程序也不意味着本案所涉社会纠纷的完全终结。但是,司法权在现代社会日趋多元化的纠纷解决机制中的主导地位和核心作用没有从根本上被削弱或虚化,法律正义成为司法权的首要价值追求。这是因为:第一,法治业已成为现代国家最为重要的社会治理手段,而独立公正的司法权系统则是现代法治社会存在的基本标志,国家法与国家司法权是社会成员采用法律手段追求社会公正的稀缺性公共资源。第二,司法权是现代社会实现纠纷解决的终局性手段,并最终为其他纠纷解决方式提供参考性的法律标准答案。诚如范愉先生所言,"司法审判是纠纷'法律'解决的典型形式,它所提供的是一种法律的标准答案,因此,也是其他解决方式的参考系数,因此,这种解决能够对其他纠纷的解决起到间接性作用"。[1] 第三,司法权可以借助国家ADR立法和个案判决的形式规范与监督其他纠纷解决方式,或者通过自身变革直接将其他纠纷解决方式引入司法诉讼程序(如设立诉讼调解、仲裁法庭等),使之纳入到统一的国家法制轨道。

事实上,为实现法律正义与社会正义的有机统一,并确保司法诉讼在多元化纠纷解决机制中的主导地位和核心作用,各国还通过引入专家证人和集团诉讼等特别程序来回应当今世界不断出现的新问题、新挑战。相对于普通司法诉讼而言,当事人人数众多且存在共同利益诉求的集团诉讼(涵盖团体诉讼、代表人诉讼和群体诉讼)将司法权功能直接扩展到司法审判以外的社会领域,正如学者分析指出的:由于集团诉讼把一些原来不能或不值得提起的权利主张集合成一个必须认真对待的司法诉讼,对于人数众多的权利人和社会而言,能够产生积极的社会效益,可能促进新的社会政策产生,改变资源与财富分配和再分配的格局;由于当事人有时会直接将维护社会公共利益作为诉讼理由,通过对这些案件中的法律问题和事实问题作出裁判,可以促进司法权对于涉及重大社会利益的问题的介入,从而发挥法院在发现规则、确立原则和参与利益分配协调中的社会功能。[2] 相对于集团诉讼,专家证人制度不但反映出司法审判活动对司法权社会性元素的正式认可,而且反映出社会力量对司法审判活动的正当介入,从而为社会纠纷的终局性解决赢得更多社会资源支持。如1954年美国联邦最高法院Brown v. Board of Education判决书通过添加"现代学术权威支持"特别脚注11的方式(相关内容见第一章第三节之

---

[1] 范愉:《纠纷解决的理论与实践》,清华大学出版社2007年版,第242页。
[2] 范愉:《集团诉讼问题研究》,北京大学出版社2005年版,第53~54页。

二),反映种族隔离学校教育制度给儿童社会心智发展所造成的负面影响,进而推翻1896年Plessy v. Ferguson判例确立的种族"隔离但平等"原则,该案最终开创了联邦最高法院民权保障的新时代。专家证人制度已正式引入当代中国三大诉讼法制度中,前文的冀某杀婴案就是通过专家证人引入保证了被告从内心接受审判并顺利完成服刑工作。此外,还包括行政公益诉讼、小额民事诉讼和刑事公诉制度等诸多司法设计,在坚持司法权主导地位和核心功能的基础上也最终实现了法律正义与社会正义的有机统一。

(二)司法权的社会决策功能

司法权的功能不限于定分止争,它不但构成国家公共决策部门的基本实施机制,而且本身也成为社会政策的重要试验田和决策者,司法权的实际运行由此游离于司法能动主义与司法消极主义之间。

在现代民主法治体制下,政府部门(包括议会和行使行政管理权的政府)一般被视为实行公共决策的政治部门,而法院主要是公共决策的实施者。所谓公共决策,就是"旨在解决或处理社会、经济或政治问题的政府行为"①。如果法院也拥有公共决策的能力,则可能意味着它的司法政策与其他政府部门的政策发生了冲突,超出了其固有审判功能范围而表现出司法能动主义。"一旦法院不再将管辖权局限于解决狭义上的法律纠纷,而是热衷于制定社会政策,进而影响到更多的人和利益时,司法能动主义就产生了。因此,法院的司法能动主义可以按照其针对公民、立法和行政部门的权力行使自由度来界定。"②如果法院是国家法律和社会政策的忠实执行者,那么司法权表现出的就是司法谦抑或克制,即司法消极主义。不可否认,通常意义的司法权有其固有的司法管辖范围,法院一般只处理具有法律意义的社会纠纷,而可诉性正是区分法律纠纷与其他社会纠纷的基本标志。然而,现代世界各国功能意义上的司法权与立法权和行政权的界限却越来越模糊,法院越来越多地分享着与立法权和行政权一样的社会决策功能,越来越多地承担着社会政策的试验田和决策者角色。审判是司法权的基本功能,各级法院特别是高级法院便利用其审判的纠纷解决功能修改或否定其他国家权力的社会政策形式,为下级法院提供处理同类案件的司法判例。

---

① Henry R. Glick,《美国法律制度中的司法决策》,载宋冰:《读本:美国与德国的司法制度及司法程序》,中国政法大学出版社1998年版,第533页。

② Kenneth M. Holland, Edited, 1991, *Judicial Activism in Comparative Perspective*, New York, St. Martin's Press, p.1.

事实上，如今世界各国法律制度都不同程度地承认了判例法的法源地位，由此也形成了不同的社会政策决策模式：一是社会决策的普通法院模式，以美国为代表，各级法院利用违宪审查惯例或宪法授权，运用宪法条款中的正当程序与平等保护原则，发现并扩展了宪法与法律中没有列举的诸多社会权利，在女性堕胎、同性恋、安乐死、消除种族歧视、社会福利、公共教育等领域创造了 Roe v. Wade, 410 U. S. 113 [1973]、Bowers v. Hardwick, 478 U. S. 186 [1986]、Cruzan v. Director, Missouri Department of Health, 497 U. S. 261 [1990]、Brown v. Board of Education of Topeka, 347 U. S. 483 [1954]、Goldberg v. Kelly, 397 U. S. 254 [1970]、Plyler v. Doe, 457 U. S. 202 [1982] 等经典司法判例。二是社会决策的宪法法院模式，以德国为代表，普通法院一旦遇到宪法争议的社会纠纷案件就中止审理将案件移交给宪法法院，待宪法法院裁决后继续审理本案。这种模式也可由当事人直接向宪法法院提起宪法诉讼，宪法法院广泛运用比例原则来平衡国家权力与社会权利和个人权利之间存在的不对等问题。"宪法第三人效力"是德国联邦宪法法院通过宪法判例形式，对女性公民应享有的生育权与工作权实行同等保护，从而将基本权利的效力扩展到社会领域发生的私人纠纷之间。三是社会决策的中国案例指导模式，主要涉及司法批复与指导性案例制度。司法批复是指下级法院针对个案审理的法律疑难问题向上级法院请示，上级法院特别是最高人民法院所作的司法回复，下级法院原则上必须遵循，它构成我国四大司法解释形式（还包括解释、规定、决定之一）。2011 年以来最高人民法院还发布了 4 批 26 个指导性案例。按照有关司法解释，这些指导性案例所确定的裁判要点，对人民法院审理类似案件、做出裁判具有指导作用，即在根据法律、有关司法解释做出裁判的同时，各级人民法院在审判类似案件时应当参照，并可以作为裁判文书的说理依据加以引用。不过，我国司法批复与指导性案例的实际社会决策功能尚值得期待。

（三）司法权的社会治理功能

作为整个社会控制系统的重要组成部分，司法权既是排解、转移和处理社会矛盾与冲突最为稳定有效的规范制度工具，也是最终实现社会综合治理有序化、促进社会稳定和谐共存的国家法治手段。总的来说，现代司法权的社会治理功能有两方面的具体表现：

1. 法律在当代社会已成为实现社会控制的主要手段，而社会的有序化治理更离不开司法权系统在法治秩序形成中的独特角色和核心作用。

美国法学家庞德认为，"社会控制的主要手段是道德、宗教、法律。在开始有法律时,这些东西是没有什么区别的……在近代世界,法律成为社会控制的主要手段。在当前的社会中,我们主要依靠的是政治组织社会的强力"。[①] 而在法律系统所构成的权力体系中,司法权系统功不可没,因为它在国家与社会之间发挥着必要的媒介作用和平衡功能。"司法在政治和社会体系中占有的是一种可称为'平衡器'的特殊位置;或者说,司法作为维持政治及社会体系的一个基本支点发挥着正统性的再生产功能。这一功能集中表现于作为司法系统中心的裁判所及其进行的诉讼、审判活动。"[②]的确如此,诸多社会争议和矛盾虽然不能通过终局性的司法审判获得真正圆满的解决,但是由于司法权所具有的诸如将一般社会问题转化为个案问题、将价值层面的社会期望转化为实际的技术性解决方案等特殊的性质和手段,因此有可能将社会争议和矛盾对国家现有政治结构与社会秩序正统性的重大冲击予以制度化的分散、稀释、缓解和转移;同时也由于司法权正统的国家权力面貌和相对独立超然的社会纠纷化解角色,诸多社会矛盾和冲突通过司法这一特殊的法律过滤装置稳固了既定的国家政治和社会秩序,并因此有可能动员和发展国家与社会自身的反思能力实现既定秩序的技术性微调甚至触发新一轮可控范围内的社会改革运动。

2. 法律(司法)作为主要社会控制手段的功能发挥离不开其他社会控制手段的协调和配合,而当今世界各国社会综合治理活动也必将推动本地形成和谐稳定多元共存的社会秩序状态。

所谓社会综合治理,就是综合运用政策的、法律的、经济的、道德的、文化的、心理的等多方面的社会调整手段,充分发挥它们各自不同的特定作用和功能,最终实现一定时期内的社会有序化治理状态。司法权素以程序正义终局性地实现当事人的合法权益,同时又以国家强制力为后盾来保证社会成员的社会义务和责任得到切实履行和遵守。但是,法律不是万能的,司法不是万能的,司法权并不能处理和解决所有社会问题。"如果法律在今天是社会控制的主要手段,那么它就需要宗教、道德和教育的支持;而如果它不能再得到有组

---

① [美]庞德:《通过法律的社会控制・法律的任务》,沈宗灵、董世忠译,商务印书馆1984年版,第9~10页。
② 王亚新:《民事诉讼中的依法审判原则与程序保障》(代译序),载[日]谷口安平:《程序的正义与诉讼》(增补本),王亚新、刘荣军译,中国政法大学出版社2002年版,第9页。

织的宗教和家庭的支持的话,那么它就更加需要这些方面的支持了。"① 因此当今世界各国都十分重视司法权与其他社会调整手段共有的社会治理功能,并加以综合运用以期实现最佳的社会管理有序化状态,在加强和创新社会管理的当代中国更是如此。2011年7月,中共中央国务院印发《关于加强和创新社会管理的意见》。2011年11月,最高人民法院发布《关于充分发挥审判职能作用加强和创新社会管理的若干意见》,强调审判工作是人民法院参与社会管理的基本途径,人民法院必须始终抓好执法办案第一要务,依法妥善审理和执行好各类案件;同时人民法院在通过执法办案参与社会管理的同时,也要注重发挥司法的能动作用来积极推进社会管理制度体系不断完善。② 为参与承担中国社会综合治理过程中必要的社会义务和司法责任,最高人民法院还通过司法政策的形式发布了若干非法律规范性文件来规范各级法院的司法审判活动,如2002年6月《关于充分发挥审判职能切实维护企业和社会稳定的通知》、2007年1月《关于为构建社会主义和谐社会提供司法保障的若干意见》和2010年12月《关于充分发挥刑事审判职能作用深入推进社会矛盾化解的若干意见》等。此外,各级法院在司法改革实践中还通过创立未成年人审判综合法庭、为家庭暴力受害者实施人身保护令、与社会组织共同推行社区矫正以及探索诉前大联调、妥善处理涉诉信访等众多形式参与和创新社会管理促进社会和谐稳定。

四、一门新兴学科的兴起

总之,现代意义的司法权本质上是一种以审判权为核心的国家权力,但其国家性的存在并不否认其社会性的存在。司法权的国家性并不意味着国家主义司法观的坚持或复活,而多元主义的司法权性质观更有助于我们认清司法权在当代社会大系统中的真实角色定位及其功能表现。在坚持司法权的国家性的基础上,我们对司法权的社会性研究也必须予以足够的重视。实际上,司法的社会化现象与社会学的司法介入相辅相成,共同构筑出一门新兴的司法学分支学科——司法社会学。一方面,司法实务部门越来越重视司法与社会

---

① [美]庞德:《通过法律的社会控制·法律的任务》,沈宗灵、董世忠译,商务印书馆1984年版,第33页。
② 最高人民法院:《关于充分发挥审判职能作用加强和创新社会管理的若干意见》(2011-11-05公布),http://news.xinhuanet.com/legal/2011-11/05/c_111148027.htm(2014-01-04访问)。

的互动关系,主动适应司法社会化的法律发展新趋势,不但通过自身结构调整强化司法权内部的权力正当性建设,而且通过将法院的纠纷解决功能向社会、民间机构和非诉讼程序分流夯实司法权存在的社会基础。另一方面,学术界也越来越重视社会学方法在司法研究中的实际运用,不再满足于传统法学以国家法为中心、以合法性为标准的司法制度研究路径,而是引入社会学的实证研究方法,将司法权归属于客观的、可观测的社会子系统,既关注司法与社会之间动态的变量关系,也关注司法权系统自身存在的社会学介入现象,即社会学知识、方法和材料在司法审判中的援引问题,这种研究方法以事实为中心、以客观性为标准、面向现实中活生生的司法实践,这是一条不同于制度法学的现实主义法学研究路径。

作为科学形态的司法社会学

20个世纪以来,各门科学的相互渗透与融合趋势加剧。就法学与社会学的关系而言,社会学不断地关注法规范的纠纷解决与社会控制功能以及法的社会有序治理效果;法学也越来越重视社会科学成果并不断尝试采用社会学方法拓展自身的研究视野,加强的司法学与社会学的关联性研究,司法社会学随即应运而生。

一、司法社会学何以可能

司法社会学突破司法学的传统研究范围,既是对司法社会化现象的学术回应,也是司法学与社会学交互影响、渗透和融合的必然产物。

(一)司法社会化现象的出现

按照传统的权力分立和法治理论,司法是特定国家机关(主要指法院)专有的诉讼活动,其他任何国家机关、社会组织和个人都不能染指司法权,司法机关被赋予实现社会公正维护国家法制统一的法治重任。孟德斯鸠指出:司法权必须与立法权和行政权严格分离,否则将无法保证司法公正。"如果司法权与行政权合而为一,则将对公民的生命和自由施行专断的权力,因为法官就是立法者。如果司法权同行政权合而为一,法官便将握有压迫者的力量。"①即使实行民主集中制的社会主义国家,司法权也被视为人民法院和人民检察院的专有权力,不受任何行政机关、社会团体和个人的干涉。而随着市场经济的高度发展,政治民主化趋势的扩大,以及个人利益与价值取向的多元化,纠纷解决的社会需求呈现几何级增长,传统司法机关不堪重负,于是,司法功能(主要是纠纷解决功能)部分地转移到其他国家机关和社会组织,出现了司法社会化现象。有学者指出,当今世界各国的司法社会化现象主要表现为:第一,法院的纠纷解决功能向社会、民间机构和非诉讼程序(ADR)分流;第二,部分司法机构出现私有化现象,即将一部分传统上由国家严格控制管理的司法机构向社会开放,允许私人经营管理,如私营监狱;第三,私营警察和私人侦探机构等新的服务业出现,这些行业适应社会主体的需要,填补法律服务市场的短缺,为当事人提供法律服务,它们虽然不拥有传统的司法权,但却实际地分流或承担了司法机关的部分职能,如调查取证。② 这些司法社会化现象体现了传统司法机关的功能危机与社会分流,是对现实社会多元化法律需求的司法回应,它为我们运用社会学方法研究司法现象提供了客观的社会研究基础。此外,还有一类司法社会化现象也值得我们高度关注,那就是法律人在司法实务中越来越多地关注和吸收社会科学的经验材料和方法论成果,用来界定具体案件事实,支持法规范依据,强化法律决定的法律效果和社会效果,此类可归为"司法中的社会学介入"现象则为我们进行司法社会学研究提供了最为直接微观的司法实证材料。总之,司法社会化现象的出现为司法学的研究提出了诸多的新课题,这就要求我们不能只专注传统的司法权行使领域(如法院的审判活动),更应关注司法中的社会因素研究(如法院审判中的舆情民意与替代性纠纷解决研究);我们不仅仅要致力于宏观的国家司法制度考察,更应重视微观的司法运行状况考察与实证分析。

(二)司法学与社会学的交互作用

在方法论的意义上,司法社会学是司法制度研究与社会学交互作用的必然产物,它既可归属于法社会学的分支学科,而存在厚重的法社会学理论渊源;它也可归属于法学特别是司法学研究的分支学科,是司法制度研究实现方法论转型的必然产物。一方面,司法研究不能停留在以前的各自为政状态,关

---

① [法]孟德斯鸠:《论法的精神(上)》,张雁深译,商务印书馆1961年版,第156页。
② 范愉:《司法制度概论》,中国人民大学出版社2003年版,第45页。

于司法学的系统研究提上了议事日程,已有专家呼吁不应局限于关于司法国家制度的宏观研究,或者不应依附于诉讼法学等部门法学,而是建立起独立的"司法学"学科。熊先觉先生认为,所谓司法学,就是"对司法现象与事实进行系统的组织的研究所获取的原理、法则和方法等系统知识"[①]。司法学体系的内容结构一般可包括司法原理、司法主体、司法客体、司法行为、司法技能和社会司法,是专门研究司法现象及其发展规律而能够独立存在的法学分支学科。而从研究范围而论,司法学体系则涉及司法史学、司法证据学、司法行政学、司法伦理学、司法改革学、司法行为学、司法社会学及比较司法学等子学科。[②] 司法学既然能够成立为一门独立的法学学科,那么进言之,作为司法学的研究对象——司法现象是否也能够纳入到社会学的研究视野呢?答案是肯定的,原因有二:其一,司法现象是一类客观存在的社会现象,包括司法的规范依据、运行程序和过程等都具有可知性、可观察性,它与其他社会现象一样可成为社会学的研究对象;其二,运用社会学的研究范式和实证方法研究司法现象也具有可操作性,它可将司法现象置身于法治视野之外更为广阔的社会背景中,通过近距离地观察、描述和解释各类司法现象更为动态地发现和把握司法运行的社会规律。另一方面,法学界也开始重视社会科学方法的引进,创立了法律社会学等交叉学科,以弥补以规则为中心的传统概念法学或制度法学的方法论缺陷。不可否认,法律社会学(legal sociology)与社会学法学(sociological jurisprudence)两个概念所表征的是关于法律现象研究的不同学术路径和视角:从法学上主要以国家颁布的正式法律规范为中心,以合法性为标准,看人们的行为是否符合法律的要求,地方性法规和行政法规是否符合宪法和法律,如果出现违法,属于什么性质,是民事违法、行政违法、违宪还是犯罪,所有这些内容都要求把社会事实放到一个法律框架中去衡量和剪裁;而社会学对法律现象的研究则把中心放到法律在社会中的运作过程的观察上,它不是以合法性为标准去衡量法律现象,而是站在客观的视角发现和描述法律在社会中运作的规律。[③] 兼具司法学和社会学双重属性的司法社会学同样可以采取两种不同的学术研究路径和视角,即法学规范分析与社会学实证分析。德国法社会学家莱塞尔走得更远,他认为,19世纪以来的社会学、行政学、经济学、人

[①] 熊先觉:《司法学》,法律出版社2008年版,第1页。传统法学一般以"司法制度概论"、"司法原理"的形式综合研究司法现象及其发展规律。

[②] 参见崔永东:《司法学原理》,人民出版社2011年版。

[③] 朱景文:《法社会学》,中国人民大学出版社2005年版序言,第1页。

类学、民族学、社会心理学和教育学等学科都可以见证实证主义研究的身影,而在这些学科中,唯有"法社会学可以被视为一门独立的学科,它研究司法问题,因而研究领域相当有限"。① 但是,他又认为法社会学的研究范围并不受任何学说界限的限制,我们"在研究法律现实过程中,应该将社会学和法学的思维方式联系起来,总结这两个学科的经验,并将两者的科学研究方法结合起来"。② 笔者同意莱塞尔的判断,承认作为法社会学分支的司法社会学是法学与社会学交互影响和渗透的产物,毋宁说它是法学特别是司法学与社会学实现学科联姻和融合的产物,简言之,它是综合运用法学和社会学的方法关于司法现象及其发展规律研究的独立学科。

(三)司法社会学概念的提出与论证

不可否认,司法社会学还不成熟,它首先作为特定研究方法进入学者研究视域,是相对于传统司法制度学而言、主要是借助社会学方法研究司法自身及司法与社会关系的实证学科,正如崔永东指出的:"中国的司法社会学以司法的社会化作为价值目标,以实证方法作为主要的研究方法,以考察司法现象与社会现象的互动为主要研究内容,以探讨社会的因素对司法的影响和社会力量对司法的介入为关注焦点。"③但是,司法社会学并不排除价值分析与规范分析等传统法学研究方法的运用,它同样关注关于社会现象及其发展规律的规范性问题研究,特别重视司法活动之于社会活动的规范性考察与价值评估。其次,它又是一门对司法社会学自身进行理论反思的法学分支学科,它有着自己的研究范畴、思想渊源、一般原理和学术发展历程。至于司法社会学概念,韩旭在翻译美国法社会学家唐纳德·J. 布莱克的有关著作时,曾将 Sociological Justice 译为"司法社会学"(参见《外国法译评》1996 年第 2 期),这是中国学者首次从法学角度对这一新型学科的定性命名。2001 年,郭星华在组织翻译布莱克的同一著作时,则从社会学角度将 Sociological Justice 译为"社会学视野中的司法"。唐纳德·J. 布莱克是位杰出的法社会学者,他的案件社会学与传统法理学模式形成鲜明对比,这是因为:前者聚焦于案件的社会结构,后者则放在法律条文;前者侧重于对法官和当事人行为的分析,后者

---

① [德]托马斯·莱塞尔:《法社会学导论》,高旭军等译,上海人民出版社 2011 年版,第 39～40 页。
② [德]托马斯·莱塞尔:《法社会学导论》,高旭军等译,上海人民出版社 2011 年版,中文版序。
③ 崔永东:《司法社会学的学术旨趣与基本问题试探》,载《法治研究》2011 年第 7 期。

着眼于法律规范的逻辑推演；前者关注的是案件决定实际上如何作出，后者则关注应该如何作出案件决定。[①] 如果说布莱克尚是一位研究司法现象的社会学家，由此将司法社会学定位为 Sociological Justice（社会学视野中的司法）；1985 年约翰·莫纳什与劳伦斯·沃克的合著 *Social Science In Law*（法律中的社会科学）则为我们研究司法社会学提供了另一种思路，他们以案例形式详细论证了美国联邦法院司法实践中的社会科学应用现状与前景。也就是说，描述和解释司法实务中的社会学问题也是司法社会学面临的研究课题，社会学在司法社会学中的角色不单单是方法论角色。最后，司法社会学与法律实践的关系极为紧密，它还是现代司法改革与法学研究转型的必然产物。台湾学者林端在 1999 年发表的"司法社会学对台湾司法改革的意义"论文，通过对德国从法官社会学、司法审判社会学到司法程序社会学的司法改革历程分析，明确提出司法社会学（Soziologie der Justiz）概念，特指以揭示司法相关社会事实真相为目的，关于法官（法律提供者）与涉案当事人（法律接受者）角色互动关系的经验研究。[②] 本书作者在 2009 年曾发表论文，呼吁将司法社会学建设成为一门独立的法学学科。2010 年，中国人民大学朱景文教授主编的《法社会学专题研究》出版，该书的第三章即为"司法社会学"专题。2011 年，中国政法大学崔永东教授在《司法学原理》（人民出版社 2011 年版）一书中也明确地将"司法社会学"作为司法学的分支学科。可见，作为一门独立的法学学科，司法社会学有其存在和发展的现实土壤与学理基础。

二、司法社会学如何可能

一门科学之所以成为科学，是因为其特定的研究对象、内容构成和方法论，存在基本概念所构成的范畴体系以及深厚的理论渊源和自成一统的框架结构。

（一）司法社会学的基本范畴

司法社会学以司法与社会的互动关系为研究对象，其中心问题是关于司法视野中的纠纷解决与社会控制（治理）研究，它不仅仅关注制度意义上的法规范适用和作为主要司法裁判者的法官角色表现，而且关注纠纷解决过程中

---

① ［美］唐纳德·J. 布莱克：《社会学视野中的司法》，郭星华等译，法律出版社 2002 年版，第 16～17 页。
② 林端：《儒家伦理与法律文化：社会学的观点》，中国政法大学出版社 2002 年版，第 407 页。

更广泛意义上的司法主体角色以及相关程序机制和社会治理效果研究。可以说,"纠纷"、"法规范"、"司法"和"社会"等概念构成了司法社会学的基本范畴。

1. 纠纷

纠纷是指特定的主体基于利益冲突而产生的双边或多边的对抗行为,与秩序相对应,它的发生意味着一定范围内的协调均衡状态或秩序被打破。[①]可诉性或可司法适用性是法律纠纷区分其他社会纠纷的根本标准。与纠纷相关的概念包括纠纷主体(当事人)、纠纷解决(机制)、权利(利益)救济等。纠纷解决既可以是当事人一方的行动,如直接的非难、嘲笑、骚扰、报复对方或忍让、放弃等自助行为,以及反叛、镇压等极端行为;也可以是双方当事人之间的互动,如协商、和解、谈判等;还可以是第三人主持或协助下进行的多边活动,如调解、仲裁、司法裁决等。因此,我们可实现公力救济、私力救济和社会救济三类法律救济。不过在现代法治社会,司法裁决仍然承担多元化纠纷解决机制中的主导角色。

2. 法规范

法规范即实现纠纷解决中的规范适用依据,宜作广义上的理解:它既包括以国家公共权力为创制或适用媒介的"国家法"规范,如成文法、判例法、国家政策、国际条约等;也包括国家权力视野之外的"非国家法"、"民间法"或民间社会规范,如权威学说、宗教教义、组织章程、行业习惯、伦理规范、村规民约等。它既包括成文法规范意义上的"书本上的法",即表现于特定文本的法律法规,包括法典、单行法及其法律解释;也包括非成文法规范意义上的"行动中的法",即法律适用意义上的"活法",如判例法、习惯法等。它主要指民族国家视野中的国内法规范,但也包括跨越国界和主权而被纳入全球视野的国际法规范。在不同法系传统的国家,法规范的含义存在细微差别,一般而言,大陆法系国家多强调立法意义上的国家制定法,英美法系国家更重视司法意义上的法院判例法,非洲一些国家很尊重部落习惯与图腾,奉行政教合一的伊斯兰国家极端推行宗教教义的社会规范功能。着眼于现代法治,国家成文法的主导地位似乎未曾动摇。

3. 司法

司法有广义和狭义之分,其中"狭义的司法,即形式意义上的司法,特指法院的权限及其审判活动。在这个意义上,司法机关即法院,司法程序即诉讼程

[①] 范愉:《纠纷解决的理论与实践》,清华大学出版社2007年版,第70页。

序。……广义的司法,即实质意义上的司法,是指与立法和行政相对的、通过适用具体法律规范解决争讼的一种国家的专门活动,在这个意义上,除法院以外的许多国家机关或机构也承担着一定的司法功能(或准司法功能)"。① 司法是现代社会解决纠纷的主体,但国家制度意义上的司法机关——法院的司法功能涉及纠纷解决、法律适用和规则确认、公共政策制定和法律与社会秩序维系等诸多方面。与司法相关的概念包括司法体制、司法组织(法院和检察机构等)、司法权主体(法官、检察官等)、司法程序(过程)、司法制度、司法环境、司法理念等。不过,我们还是应区别作为国家权力主体的司法机关与具有纠纷解决功能的司法组织,前者一般指法院和司法行政机关,后者包括仲裁委员会、民间调解组织等。在现代社会,司法机关与准司法组织的关系日益密切,诸多国家开始重视并不断尝试司法诉讼与替代性纠纷解决机制(ADR)的制度衔接问题。

4. 社会

"社会"范畴至少存在三个层面的含义:一是相对于自然而言、具有文化意义的"社会",它是人类所有关系和活动的总和,涉及政治、经济、文化、意识等要素;二是相对于个人而言,属于制度意义上的"社会",即作为自然人的集合体,它涉及国际组织、国家、跨国公司、社会中间组织等;三是相对于国家而言、与有组织的公权力相区别的"社会",一般不包括政治与经济因素,属于国家与个人的中介和桥梁。司法社会学意义上的"社会"是指影响司法制度与过程的诸因素总和,它与"司法环境"概念的外延存在重合关系。司法与社会实际上存在双向的互动关系:一方面,司法的产生、运作和发展取决于社会的政治、经济、文化、意识等诸多因素,其中"社会因素决定司法制度及其样式,社会需求决定司法的功能和管辖范围,社会的发展对司法提出新的要求,推动司法的改革"。② 当然,社会因素对司法的影响既有积极的方面,也有消极的方面。另一方面,司法功能也体现为对社会的特定作用,它不仅能够直接满足不同时期社会的司法需求,实现国家权力的合法化和公民权利的司法救济,维系特定时期的法律关系与社会秩序;也会通过其自身的司法活动,特别是司法职业共同体的集体参与意识推动社会变革,实现国家对社会的司法调整与法制统一。

(二)司法社会学的内容框架

司法社会学的内容展开,既可以从思想渊源的视角追溯司法社会学的萌

---

① 范愉:《司法制度概论》,中国人民大学出版社2003年版,第1~2页。
② 范愉:《司法制度概论》,中国人民大学出版社2003年版,第486页。

芽、发展和主要思想流派，也可以从程序与制度的层面分析司法的内部结构、程序运作和社会效果，或者借助社会学方法对不同主体的司法功能角色及其行为表现进行实证研究，并对法规范的社会形成机制与适用状况给予足够关注。不过，司法社会学是一门开放性的学科，它会随时关注各国的司法改革进展及其效果。

1. 关于司法社会学的直接思想渊源研究

司法社会学属于法社会学的分支学科，它虽然与实证主义思潮和法社会学存在共同的思想理论渊源，但是司法社会学更为直接的思想渊源则为法现实主义和行为主义法学等，具体包括霍姆斯（Oliver Wendell Holmes,1841—1935）、卡多佐（Benjamin N. Cardozo,1870—1938）、卢埃林（Karl Nickson Llewellyn,1893—1962）和弗兰克（Jerome Frank,1889—1957）的现实主义，舒伯特（Glendon Schubert,1918—2006）、布莱克（Donald Black,1941—）和川岛武宜（かわしまたけよし,1909—1992）的行为主义，塞尔兹尼克（Philip Selznick,1919—）、福柯（Michel Foucault,1926—1984）和波斯纳（R. Posner）等后现代主义。霍姆斯的名言"法律的生命不在于逻辑，而在于经验"，提醒人们关注法律实现中的诸多社会因素，沿袭了美国的实证主义法学传统；而霍姆斯的司法预测论与卡多佐的法官造法论则将焦点对准现实中的司法裁判与决策过程，从而将法律研究视野从规范制度层面引向司法的现实层面。卢埃林在《关于现实主义的一些现实主义——答庞德院长》一文中正式地发表了司法现实主义的宣言，而弗兰克在《初审法院》等著作中通过对美国法律神话和法律不确定性的分析，将司法社会学的研究重点投向司法事实的确定性问题，并据此提出了他的司法改革设想。舒伯特和布莱克等的司法行为主义取向深化了司法社会学研究，布莱克不但明确地提出了司法社会学概念 Sociological Justice，而且通过案件社会学的系统阐述将司法社会学与司法制度学区分开来；舒伯特则全面分析了司法行为主义的特点与司法决策过程；川岛武宜将司法社会学带入日本，提出了科学的实用法学研究问题。福柯、昂格尔、塞尔兹尼克、波斯纳等从后现代主义的立场对传统司法制度及其社会实践进行了反思，如福柯认为现代社会形成了监狱般的巨大规训体系，人性和自由反而被湮没在宏大的权力叙事中；昂格尔则以"超越自由主义"（superliberalism）的共同体设想，来改造自由主义意识形态下的司法制度；塞尔兹尼克倡导回应型的司法结构；而波斯纳则关注司法判决中的文学艺术因素。以上法律思潮无疑也对现代中国的司法实践和学术研究产生了明显影响，代表人物如在西方法学界留有一席之地、亲受霍姆斯教诲的吴经熊(1899—1986),①系统评介波斯纳学说、写出《送法下乡:中国基层司法制度研究》的苏力,全面研究多元化纠纷解决问题的范愉以及介绍德国司法社会学和台湾地区司法改革的林端等。

2. 关于司法诉讼与非诉程序关系原理研究

在现代社会多元化的司法控制体系中,司法诉讼与非诉讼的纠纷解决机制之间存在功能互补的关系。一方面,司法审判居于核心和主导的地位:司法和诉讼制度的存在是实现民主法治和人权保障的先决条件,司法权成为现代分权体制中最具有独立性和公信力的权力一极,是构建法治社会、尊重和保障人权的杰出代表和象征,属于每个公民和社会组织都可用来维护自身合法权益的公共资源;司法和诉讼制度是纠纷解决的最终途径,即当非诉讼纠纷解决机制无法解决这些纠纷或者纠纷解决结果不能令人满意、甚至发生冲突时,司法的终局裁决起着定分止争、提供法律救济标准参考答案的作用,并规定着非诉讼纠纷解决方式的运行方向与制度归宿。当然,司法审判方式也存在固有的弊端和缺陷,如存在司法权威主义的危险,在司法强制与民主自治、司法成本与社会公益、国家法与民间法规范、程序公正与实体公正、成文规则的刚性与裁判者的自由裁量等之间存在不可调和的矛盾。另一方面,非诉讼纠纷解决虽然具有非正式性和国家权威性的欠缺,甚至存在司法民主泛滥与其他权力对司法权的不当渗透和扩张之忧,但也以其成本低、及时便捷的优势,有效地分担诉讼压力(诉讼爆炸)并实现司法制度的功能互补。不过,我们的司法社会学研究不仅要重视以法官为代表的制度因素对司法话语权的垄断,更要重视当事人和诉讼参与人与众多社会因素对司法过程与结果的影响力。纠纷解决问题的系统理论研究以日本棚濑孝雄和中国的范愉为代表:前者采用过程分析的理论框架对纠纷解决进行了类型化处理,认为纠纷解决模型可由横纵两条基轴构成,其中纵轴表示"合意"与"决定"的纠纷解决方式选择幅度,横轴表示纠纷解决内容的规范程度;他区分了交涉(谈判)和调解两种典型的根据合意的纠纷解决方式,并将根据决定的纠纷解决方式分为非合理的决定过程、实质的决定过程、先例的决定过程和法的决定过程四种理想类型;他还就日本社会法化中的审判角色与功能进行了深入探讨。后者在全面介绍国外的 ADR 理论与实践的基础上,对中国的 ADR 类型与表现形式,特别是人民调解和民间法规范问题进行了系统研究;此外,她还就多元化纠纷解决机制建构

---

① 陈夏红:《百年中国法律人剪影》,中国法制出版社 2006 年版,第 61～136 页。

中的系列问题,如纠纷解决与权利救济、社会控制与稳定等的关系,和谐社会与全球化等问题从事了富有建设性的分析。如今世界各国也逐渐重视并不断探索司法诉讼与替代性纠纷解决(ADR)机制衔接的法治路径,我们有必要进行及时的归纳总结和理论反思。

3. 关于司法构成要素的社会学实证研究

按照系统论的观点,司法本身就是一个大的社会系统,它至少由司法组织和司法职业等司法主体系统、司法诉讼与非诉讼程序、司法适用规范系统和司法制度环境等子系统构成。就此而论,司法社会学涉及司法组织社会学、司法职业社会学、司法程序社会学、司法规范社会学和司法环境学等研究范围。具体来说,其一,就司法组织而言,司法社会学既可以开展关于传统的司法机关——法院、检察院等的社会学研究,也可以开展关于准司法组织——调解组织、仲裁机构、警察机关等的社会学研究。其二,就司法职业而言,司法社会学则可以分别就法官、检察官、律师等主要的司法主体行为展开司法官社会学和律师社会学研究,甚至还可就书记员、公证员、司法调解员、仲裁员、人事专员、工会干部等主体的准司法行为展开专题性社会学研究。其三,就司法程序而言,司法社会学按照不同的法律调整领域存在刑事司法社会学、民事司法社会学、行政司法社会学、宪法司法社会学等分支学科。由于不同司法程序领域的复杂性和多样性,研究者可根据自己的不同研究需要展开小额民事诉讼、环境公益诉讼、刑事和解程序、人身保护令等更为微观的社会学研究。其四,按照社会学的观点,一切法律规范都是社会规范。除了关注国家法意义上的制定法和判例法,司法社会学对一切具有规则意义的社会规范(如习俗、伦理、政策、教规、自治规范等)都应当予以重视,特别是对那些可归入民间法规范范畴的形成机制与司法认可问题保持兴趣。其五,关于司法与人权(人权的宪法化与可诉性机制)、宗教(古代纠纷解决的宗教仪式、中世纪的宗教裁判所、现代司法信仰的宗教因子)、政治(司法决策与司法审判中的政治因素)、经济(经济发展模式的不同司法需求,司法成本与社会效益的关系)、法律信仰(法律至上与司法的公信力)、舆论与文化传统(司法与媒体、不同法系的司法特征因素)等的关系研究以及司法社会学自身的范畴体系和学科发展史的研究,当属于广义上的司法社会学研究,它们多注重理论层次上的法理探究与法哲学反思,不属于本书的重点研讨对象。总之,以上五方面主要立足方法论的视角对司法现象所开展的多层面社会学研究,是"关于司法的社会学思考",主要涉及运用社会学方法对司法自身和对司法与社会的关系研究。其实,司法社会学还有一层含义,那就是司法实务内部对社会学观点、材料和方法的应用问题研究,是"根据司法的社会学思考"或者"司法中的社会学介入"问题研究,它是基于可操作性的司法程序需要直接接受社会学,如刑事侦查和法庭调查中普遍存在的证据查明与模拟实验方法,又如律师和法官在个案事实认定工作中的专家证言采信等,则为司法社会学研究提供了最为直接和生动的社会学实证材料。

（三）司法社会学的研究方法

司法学以司法现象及其发展规律为主要的研究对象,存在法学与社会学两种不同的学术研究进路,它既可以借助社会学的方法观察、分析和描述各类司法现象与事实之间可能存在的因果变量关系,也可以运用法学的方法分析、归纳和总结各种社会现象和事实之间可能存在的规范性要求与秩序原理。具体来说,司法社会学在方法论的逻辑上至少存在五个方面的研究层次:第一个层次是运用社会学方法研究司法现象本身;第二个层次是运用社会学方法研究司法与社会之间的关系问题;第三个层次是运用传统的法学方法研究司法与社会之间的关系问题;第四个层次是运用社会学方法研究司法实务中的社会学介入问题;第五个层次是研究司法社会学学科自身的问题。可以说,司法社会学学科的建立,有望突破司法学与社会学之间长期存在的学科壁垒而最终实现它们之间的联姻。下文将分别介绍法学与社会学各自的方法论特点。

社会学方法本质上属于以事实为中心、面向社会现实的经验研究方法,大体包括问卷法、观察法、实验法、统计分析法、案例分析法等研究方式手段,它注重运用事实材料来证实或证伪理论假设与模型,并主要通过定量分析来客观地描述对象而不是主观地解释和重构司法因素在内的各类社会现象及其相互关系状况。因此,社会学方法具有经验性（对象的可观察性）、描述性（只求事实的真伪）和非线性（结果的可选择性与非终极性）的特点。不过,社会学的经验研究方法也有其局限性,如个别性、描述性和缺乏整体的建构功能以及对研究者个人素质和能力的严重依赖等。同时我们在实践中也要特别警惕以实证研究为标榜的非科学的伪实证主义方法,这主要包括:先入为主地提出论断或主观臆测,以零星获得的所谓实证资料或媒体上的案例进行填充;对科学方法和技术的无知导致的对资料数据的误读或误用;个别或少数第一手资料的过度使用;缺乏对资料数据局限性的认识;个案及田野调查的局限;证据不足的结论、事实资料的虚假处理、裁剪或缺乏说明等。[①] 司法社会学对社会学方

---

① 范愉:《纠纷解决的理论与实践》,清华大学出版社 2007 年版,第 36 页。

法的运用,主要是获得研究所需的事实材料和证据,而前期的理论模型设计与后期资料筛选与论证则离不开其他学科方法,如规范分析、价值分析和逻辑推理等的运用。

相对于社会学方法,法学方法则具有规范性(以规则为中心强调对象关系的有序性)、逻辑性(追求对象关系的稳定性和可预期性)和解释性(期望实现对象关系的建构)的特点,它侧重于研究对象的定性研究,主要涉及规范分析和价值分析的方法。其中,规范分析以规则为中心,是法学所特有的研究方法,它通过规范的甄选、确认和解释来实现特定社会关系产生、变更和消灭的合法性论证,合法与非法是其明显的判断标准。但是,除了离不开演绎推理、类比推理等逻辑方法的运用外,规范分析方法还常常伴随价值分析方法的运用,这是因为法律具有明显的利益倾向性,在强调多元化和个人利益正当性的市场经济社会,更是如此。庞德指出,"按照法律史的各个经典时期,无论在古代或近代世界里,对价值准则的论证、批判或合乎逻辑的适用,都曾是法学家们的主要活动"。① 在国家和社会生活中,立法过程是不同利益集团和阶层的博弈和妥协过程,法律的认可或制定意味着特定社会共同价值的确立;而执法和司法过程则是通过适用法律实现利益的正当化,并按照法律蕴涵的价值标准对相互冲突的利益进行判断和选择的过程。司法社会学并不回避司法决定过程中的价值取向问题,只是它更重视司法制度运行的实际过程与社会效果,因此有必要加强研究活动过程中对规范分析方法、价值分析方法和功能分析方法的综合运用。

三、司法社会学的挑战与期望

(一)司法社会学对教学科研的挑战

司法社会学虽然还是一门不很成熟的边缘学科,它既不存在现成的综合研究成果,也缺乏相应的教学经验总结。不过,它却是极富现实意义和实践价值的学科门类,不仅有助于我们深化司法学的系统研究与教学实践,也有利于法律的可持续发展和司法体制改革,促使我们以多元化和现实主义的立场寻求司法制度创新的突破口。诚如学者崔永东指出的,"司法社会学学科的构建不仅有利于法律社会学研究的深化,而且有利于司法理念与司法制度研究的深化与细化,并且能为当前社会普遍关注的司法改革提供理论依据和建设性

---

① [美]庞德:《通过法律的社会控制》,沈宗灵译,商务印书馆1984年版,第55页。

意见,从而推动司法文明与社会文明的进步,并有利于培育成熟的公民社会,促进社会的和谐与稳定"。①

司法社会学对教学科研的挑战,主要来自知识和方法两方面的积累与训练,它必然呼吁打破学科壁垒而倡导通识教育和复合性法律人才的培育,呼吁社会学家与法学家的知识与方法联姻。这是因为:第一,司法社会学既不属于司法制度学,也不应演变成理论社会学,而应是介于法学与社会学的交叉学科或边缘学科。因此,司法社会学的实践必然打破法学与社会学既定的学科界限与知识壁垒,它不仅需要教学与科研工作者拥有最基本的司法制度常识与社会学知识积累,而且对哲学、政治学、人类学、思想史等背景知识也保持必要的兴趣,通识教育和复合性法律人才培育当成为司法社会学的基本价值取向。当前中国最大的问题就是"隔行如隔山",特别是社会学学者与法律职业者相互陌生和疏离,各自守着自己的一亩三分地,最明显的例子就是我国某些高校一校之内居然在法学院和社会学系(不属于法学院)同时设置了"法社会学"的硕士点和博士点,并存在不同的导师培养机制。第二,司法社会学本质上属于司法学研究方法论的创新,因为传统的司法学就是司法制度学,主要关注司法制度体系的规范分析和价值分析,而不太关心制度外的社会因素对司法运作的实际影响,不太关注司法操作实践的变通、变异或创新。社会学方法的引进弥补了传统司法学研究方法论的不足,使我们不仅关注司法制度层面的宏观把握,更要关注微观层面司法运行过程的社会学分析,将规范分析、价值分析与实证分析相结合。相应地,司法社会学重视田野调查与实践教学,重视教学研究者的法学思维方法与司法技巧的培育训练,而关于社会学基本范式与方法的熟悉程度也成为司法社会学教学与研究顺利开展的必要前提和方法论基础。司法社会学的出现与繁荣必然给我国现行法学教育体制带来极大的冲击,法律学者不应自鸣得意,法科生也不应只满足于法条与学说争议。台湾学者杨智杰所描述的法律人现状值得我们深思与警醒:"法学教育所培养出来的人,只看得懂法条规定和背诵一些无意义学说争议,而且都限于考试科目内的知识。而法律学者,比起法律系毕业生,他们只多看得懂外文。法律系毕业生和法学教授,都欠缺其他社会学科的知识,也欠缺解决社会问题的能力。甚至,由于法学教育的狭隘,就算他们想要自学其他社会科学,或者研究方法,他

---

① 崔永东:《司法社会学的学术旨趣与基本问题试探》,载《法治研究》2011年第7期。

们也不具有必备的研读能力。"①我们的法学教育不应是大众化的普法教育,而应是能够为社会输送法律精英人才的通才教育。

(二)司法社会学对司法改革的期望

大凡改革,都是改革者基于目前社会现状的基本判断,否则改革就成了空中楼阁或者纸上谈兵,司法改革也是如此,社会学方法的引入正好提供了认识和研判社会事实与社会需求的基本工具。台湾学者林端说:"改革的前提是确立一个判准,然后根据此一判准比较说明改革前的缺点,彰显改革后的优点。而此一判准从何而来,是否具有一定的正当性(legitimacy, Legitimitt)与有效性(effectiveness, Effektivitt),牵涉到主张改革者对社会事实(social facts, soziale Tatsachen)的理解程度多寡,亦即对改革前后两种状况的理解程度,以及对判准的反省性思考的程度。社会学作为一门实事求是的经验科学,其主要任务正是对经验世界里实际发生的或潜或显的社会事实进行认识与理解,然后尽其所能将它用系统性的分析与描述表达出来。换句话说,社会中的任何改革者如果有社会学分析成果的基础,将有助于他对改革前后现状的理解或想象,并协助他对改革所依据的判准的反省,尽量扩大其改革的正当性与有效性。"②而引入社会学方法研究司法问题的司法社会学不断重视对社会事实的准确把握和判断,同时也是一门富有批判性的社会实践科学,它内在地蕴涵了反思性、批判性和实践性的特征。"正因为法律人与非法律人的并存与依赖,司法系统与其他社会系统并存而互赖,官方的司法改革主张的有效性与正当性便不可能是不验自明的。它能否有效,不是司法系统自己可以独立证明的,它需要民间司改会与一般民众的检证;它能否拥有正当性,亦非自我言说即可,它需要民间司改会的同意与一般社会大众的信赖与认可。司法社会学的研究将司法与社会生活串联起来,将法律人与非法律人摆在一块来思考司法相关的社会事实,脉络化和相对化的结果,将会促使相关的人与系统,反思片面'自我指涉'的危险性,提醒他们做任何决定时,必须随时将'他我指涉'考虑在内。"③司法社会学的实践性特点,又使得它的研究不仅可以就司法制度本身提出改革建议和意见,还可以就司法改革本身再次改革,以实现司法改革

---

① 杨智杰:《千万别来念法律》,中国政法大学出版社2010年版,第10页。
② 林端:《儒家伦理与法律文化:社会学的观点》,中国政法大学出版社2002年版,第408页。
③ 林端:《儒家伦理与法律文化:社会学的观点》,中国政法大学出版社2002年版,第430~431页。

的正当性和合法化。可见,司法社会学的研究和发展,必然对我国的司法改革产生合理的期待,在实现司法实体公正与程序公正的统一,促进司法行为的法律效果与社会效果的统一,加强司法改革本身的合法性建设,提高司法公信力与独立等方面有所作为。司法改革成功与否,最终得由社会大众说了算,所谓"以人为本"、"司法为民"、"能动司法"、"全心全意为人民服务",最终实现司法需求与司法供给之间必要的动态平衡和司法生态文明的可持续发展。

司法社会学的研究方法

法社会学研究存在两种不同的学术路径,一是以合法性为标准,着眼于社会现象的规范分析与价值分析;一是以真实性为标准,着眼于法律现象的社会描述与实证分析。作为法社会学的特殊分支学科,司法社会学强调规范分析与实证分析等方法的综合运用,只是更加彰显社会学方法的特色之处。事实上,当今法学界对社会学理论与方法的引入逐渐成为常态,而法律实务界也越来越多地运用社会科学补强证据信度与法律规则效力,法学与社会学的关联性研究势在必行。

第一节 传统意义上的法学方法

一、法学方法的独特存在

长期以来,中国学术界关于法学方法的介绍基本上着眼于"关于法律的思考",而不是"根据法律的思考"。① 因此,各类学术著作都倾向于介绍法学研究中应坚持的系列方法,而这些方法都来自于非法学学科。如李步云主编的《法理学》(经济科学出版社 2000 年版)介绍了法学研究必须坚持的唯物辩证法以及社会调查方法、历史考察方法、经济分析方法、比较分析方法和逻辑分

---

① 葛洪义教授严格区分了法学研究方法与法律方法,认为前者是"关于法律的思考",以法律的正确性和正当性为主要目标;后者是"根据法律的思考",则以法律的正确与正当为思维的前提,要求根据法律思考和解决问题,而不是重在对法律的批判性考察。参见葛洪义:《法律方法讲义》,中国人民大学出版社 2009 年版,导言 IX 以下。

析方法等具体研究方法;张文显主编的《法理学》(高等教育出版社 2007 年第 3 版)介绍了阶级分析方法、价值分析方法和实证研究方法等涉及法学研究的三大基本方法;公丕祥主编的《法理学》(复旦大学 2002 年版)介绍了历史辩证的方法、系统考察的方法和比较分析的方法等。而孙国华、朱景文主编的《法理学》(第二版)开始将学习和研究法理学的方法区分为马克思主义的哲学方法(辩证唯物主义和历史唯物主义)、一般的科学方法(社会调查的方法、历史考察的方法、分析比较的方法、数学的方法和系统论、控制论、信息论等方法)、具体的科学方法(如生物学方法、心理学方法、物理学方法)和法学特有的专门的研究方法(如法律解释方法、立法技术、逻辑推理方法等)四个层次,但实际上法学方法仍欠缺其自身特色。那么,法学研究是否真的存在其特有的方法? 如果有,那么是什么方法使法学区别于其他学科? 谢晖教授指出,"直到目前为止,此乃中国法学界没有认真对待、当然也是没有认真解决的问题。在中国,大概每位法学研习者都会有如下感受:法学者们似乎只会借助其他学科的分析方法分析法学问题。……此种情形流传久远,以致一个普遍的印象是:中国法学没有自己的分析方法"。① 他进一步分析了中国法学方法研究的现状,并明确指出,唯有规范分析方法才是法学特有的方法。葛洪义教授认为,当代中国法治固然必须宽容对法律的批判,但更离不开对法律的坚守;我们必须重视法律方法的普遍性研究,而法律方法是法律人的工作方法,法科生要"像法律人那样思考问题"。他指出,"法律方法也就是法律人为了解决特定法律问题、纠纷和矛盾而采取的法律上正确的途径、步骤措施、手段等",并具有说理性、法律性、正式性(体制性)、形式性、程序性、明确性、公开性等特点。② 他从司法适用的视角,指出法律方法作为我们分析问题的特有方法,首先必须将问题分解为事实和法律两部分;其次,则要依据法律规定,根据证据的情况,将案件事实进一步分解为若干有法律意义的、足以引起法律后果的事实,将各个片断的事实联系起来,形成一个完整的能够被证据所证明的案件全部事实构成;再次,在法律规定中寻找出与本案联系最密切的规定,将有关规定的各个部分和事实对应起来,形成处理决定。③ 葛洪义教授的观点与谢晖教授的观点基本一致,都是强调法学(法律)方法的独特性,强调特定问题分析的法律人视

---

① 谢晖:《论规范分析方法》,载《中国法学》2009 年第 2 期。
② 葛洪义:《法律方法讲义》,中国人民大学出版社 2009 年版,第 13 页以下。
③ 葛洪义:《法律方法讲义》,中国人民大学出版社 2009 年版,第 142 页。

角,并强调这种方法的法律性特征,而法律作为特定的社会规范,以权利义务(或权力责任)为基本内容并存在规范的可执行性与可预期性等特点。法学方法论必须注意到作为本学科研究对象领域的法律性(规范性)特征,规范分析自然成为法学区别于其他学科的特有方法,因此,法学学习者和研究者不但要进行"关于法律的思考",更要学会展开"根据法律的思考"。

二、规范分析方法

规范分析方法以规则为中心而不是以事实为中心,是法学特有的研究方法,它主要通过对法律的甄选、确认和解释来实现特定社会关系产生、变更和消灭的合法性论证,合法与非法是其最为明显的法律判断标准,同时一贯秉承法律至上(首先是宪法至上)和公平正义的法律价值理念。要准确地理解这种方法,我们应注意几点:第一,在成文法国家,由于法律的存在形式以成文的法典和单行法律文本为主,因此规范分析方法可称之为法律文本的分析方法。从形式上看,法律文本表现为严格的效力等级体系,如在我国,法律依次表现为宪法、法律、行政法规和部门规章、地方性法规和地方政府规章等效力等级。在此,我们应特别注意两点:一是法律规则与法律原则的区别,注意法律条文与法律规范的区别;二是作为法律文本适用的物质形式——法律文书,如司法裁判书、行政决定书等,也是进行规范分析的文本对象范围。第二,现代法治社会,法律成为社会的主要规范体系,并建立起一套行之有效的规则制度,因此规范分析方法又可称之为制度分析方法。在一个主权国家,总是存在由不同法律规范和法律部门形成的统一法律体系(制度),因此制度的分析方法必然涉及不同法律规范的关系、不同法律部门的关系的分析。由于这种方法在传统法学研究中着重于法律制度内在结构的分析,因此还可称之为结构分析方法。不过,由于不同的法系传统和国家结构等原因,关于各国法律制度的结构分析方法运用仍存在差异性,如大陆法系国家一般存在公法与私法的分类,而英美法系国家则普遍存在普通法与衡平法的分类,在联邦制国家还存在联邦法与联邦主体法的分类,因此该方法使用也不能一概而论。第三,这种方法虽然注重法律制度的规范分析,但是它也不排除对有关制度配套设施的法律分析。按照葛洪义教授的观点,法律设施是一个外延并不确定的概念,通常是指为了保证法律的实现而设计、设置的执法、特别是司法审判的场所及其布置、器械、武器、服饰、车辆、标识及其他设备的总和。它一般可以分为以保证法律的说理性为中心目的的法律设施(如议会的发言席与旁听席、法庭的法官席与原告被告席)、以保证法律的强制性为中心目的的法律设施(如法警警械和以保证法律机构的权威性为中心目的的法律设施(如法槌、法官服与假发、法律文书公布栏)。① 由于法律设施具有文化底蕴和现实作用,而法律人的职业活动又离不开必要的法律设施,因此对法律设施的充分有效而合法的使用就成为法律人掌握法律方法的重要途径。第四,规范分析方法的分析重心在于合法界定不同法律关系主体的权利义务(或权力责任)关系,这也是法学研究有别于其他学科进行规范分析的基本内容所在。正如谢晖教授指出的:"法学赖以安身立命的根基——法律的核心要素是权利与义务,法律就是用以分配、调整人们权利义务关系的规范体系。近世以来,法律的此种功能日益彰显,法律自身成为人类理性执行计划的基本方式。人们普遍怀有的利益动机得到了法律的积极回应和规范支持。法律不是一种想当然的规范体系,不是一种率性而为的命令体系,法律自身是人类理性算计的结果,是广义上社会契约的文本形式,是人类对对象认知和社会交往认知的结果。这就决定了法律自身就构成了一种知识,是人类知识的结晶,而不是反知识的随心所欲、为所欲为。法律的知识属性,决定了对法律的规范分析可以在两个意义上展开:第一种意义是寻求法律规范的字面意义以及字面意义背后可能存在的隐含意义。这主要是通过法律解释工作完成的。……第二种是在法律知识的既有基础上,对法律进行精深加工,提升法律的规范命题,创造法律知识的学术基础和概念根据。"② 因此,规范分析方法具体表现为法律的解释方法与续造方法③,前者涉及规范的语义解释、系统解释和历史解释等方法,后者涉及正当违背法律、法律补充、类比等填补法律漏洞的方法。

不过,规范分析方法并不排除对事实的分析研究,只是这种事实并非来自单纯的自然事实和社会事实,而是针对具有法律意义的事实。按照谢晖教授的观点,我们所面对的事实可分为自然事实、社会事实和制度事实,制度事实又可分为规范事实、法律设施、法律事实、法律关系、纠纷事实和裁判事实几方面。④ 其中,自然事实是与人类交往行为相对的一切客观存在,纯粹的自然事实不可能作为规范分析的对象,不过自然事实一旦被纳入制度事实的调整框架中时,也就成了规范分析的对象了。广义上的社会事实有自发的和自觉的两大类。自发的社会事实基于人的自然需要、日常习俗而产生。对规范分析

---

① 葛洪义:《法律方法讲义》,中国人民大学出版社2009年版,第114~117页。
② 谢晖:《论规范分析方法》,载《中国法学》2009年第2期。
③ 参见郑永流:《法律方法阶梯》,北京大学出版社2008年版,第六章与第七章。
④ 谢晖:《论规范分析方法》,载《中国法学》2009年第2期。

而言,它一般不具有分析价值,但当人的自然需要、一定的社会习俗被纳入制度事实中时,也就成了规范分析的对象。而自觉的社会事实,虽不能说都和制度事实关联,但其往往和制度事实具有千丝万缕的联系,所以,规范分析方法必须关注它。他所言的制度事实其实就是被纳入人类法律调整范围的自然事实和社会事实。立足司法裁判的角度,我们关于事实的规范分析,必须是法律规范所规定的法律事实,而且是能够为证据证明的法律事实。[①] 一方面,规范分析的事实对象必须为法律规定的法律事实,即具体的法律规范预先设定的作为适用该规则所必需的事实构成要素,一般包括该规范适用的主体条件、客体条件、时间条件、地点条件、因果关系以及设定的一般行为模式(可为、不可为、禁止为三类)等。另一方面,这些法律事实又必须是能够为证据所证明的案件事实,也就是说,这些事实是法律关系的主体用来支持本方主张的事实,必须有合法的证据可以证明,而不是日常语言中的所谓"真相"或客观存在的自然事实与社会事实。证据是司法采信的主要依据,一般由专门的证据法规则予以调整。虽然基于不同的法律传统,英美法系国家强调法官证据采信的法定主义与当事人辩论原则,诸多案件实行陪审制度;而大陆法系国家则重视法官职业主导地位与证据采信的自由心证原则,对刑事案件实行参审制,但是证据采信的合法性、准确性与相关性却是所有法治国家共同遵循的。所谓合法性,即证据的取得必须是合法的,必须坚持证据采信的非法证据排除原则,钓鱼执法被限定在狭小的范围,刑讯逼供等手段逐渐为现代社会所摒弃。所谓准确性,即采信的证据必须是真实的、客观存在的,不管是证人证言,还是物证书证与鉴定结论,必须准确地反映出案件的原初面貌,伪证假证行为必然受到应有的法律制裁。所谓相关性,即所有证据必须与本案存在法律上的因果关联,无关紧要的事实材料应排除在证据链之外。不过,证据采信问题是非常具有专业性的复杂问题,不但要求法律人具有深厚的法律知识与理论功底,而且有赖于法律人丰富娴熟的法律工作经验与逻辑论证技巧。由此,关于事实的规范分析又发展出证据学、司法鉴定学、刑事侦查学和法律逻辑等学科领域。

三、价值分析方法

相对于社会学实然的实证分析方法,法学的规范分析方法本质上是一种

---

① 葛洪义:《法律方法讲义》,中国人民大学出版社2009年版,第144页。

应然的价值分析方法,因为法律规范都是预先规定,可预测性与可重复性是法律区别于其他任何社会规范的主要形式特征。我们不否认规范法学的纯粹立场,但是自然法学、利益法学等理论学派强调的自由公平正义和人权等法律价值仍然是当今法治社会的共同追求。实际上,关于法律的规范分析,我们既可以着眼于既定的法律文本、法律制度与法律设施的结构分析,借鉴语义学语用学、形式逻辑和系统论的具体方式方法;也可以着眼于法律实施层面的社会效果考察与法治价值评估,采用社会学、经济学和哲学价值论的具体方式方法。

价值分析方法就是通过认知和评价社会现象的价值属性,从而揭示、批判或确证一定社会价值或理想的方法。法律作为调整社会生活的规范体系,从终极的意义上说,它的存在本身并不是目的,而是实现一定价值的手段。也就是说,社会中所有的立法和司法活动都是一种互相价值选择的活动。当立法者为人们界定权利义务的界限时,他们实际上就是力图通过保护、奖励和制裁等法律手段来肯定、支持或反对一定的行为,从而使社会处于一种在立法者看来是正当或理想的状态。当一个法官在解决法律纠纷时,他实际上就是适用法律所提供的价值准则在冲突的利益中作出权威性的选择,因此,他可以用减少或剥夺某些人的财产、自由和安全的办法来增加或保护另一些人的财产、自由和安全。"价值分析方法之所以是法学的基本方法,就在于法学的一个基本任务是揭示法律的应然状态或价值属性,即回答法应该是怎样的(关于法律应然的问题)。"[①]法律作为调整社会利益关系的规范体系,其本身就是一定价值观念的体现。法所以要对一些行为予以保护而对另一些行为进行制裁,就是因为法律中隐含着一套价值准则,凡事实为价值准则所肯定的行为就得到法律的保护;反之,则受到法律的制裁。因此,法学的重要任务之一就是对各种利益进行评价并确定他们在价值序列中的相应位阶,当发生利益冲突时,还要提供一套在其中进行取舍的原则。也就是说,法学必须回答在利益关系中,哪些利益应受到保护,应当保护到什么程度,哪些利益应当受到限制,应当限制到什么程度。简言之,价值分析方法的使用本质上是一种利益选择与再分配的过程,亦即法律蕴涵的权利义务关系得以重新确认和价值评估的过程。

法学中的价值分析包括价值认知和价值评估两个不同而相互关联的阶段或方面。其中,价值认知是以法律这个被认知的客体所蕴涵的价值属性为对象的,它要探究特定的法律制度是按照哪个阶级、阶层的利益标准与价值观念

---

① 张文显:《法理学》,高等教育出版社 2007 年第 3 版,第 29 页。

来调整社会关系和在社会主体之间分配权利义务的,其直接目的是如实地观察和描述特定法律制度所包含的价值标准和价值排序。价值评估是从一定的利益和需要出发,按照一定的价值标准、价值准则对特定法律制度的总体或部分进行取舍,如法律制度中的权利义务的总体结构是否合理,是应当加以维持还是应当予以改革或摧毁等。价值分析方法为我们深刻认识和理解各国各地区法律制度的精神实质提供了分析工具和解构钥匙,它主要通过法律价值的证成、批判、选择和同质化四个方面呈现出来:法律价值的证成为人们提供了关于法律的理想,保证法律制度和秩序的正当性,使借助于法律在全社会实现公平正义成为可能;法律的价值批判使人们对恶法的统治保持警觉,为革除法律的弊端和促进法律本身的合理化提供理论支持;法律价值的选择在规范创制和适用的过程中,使立法者、司法者和执法者能够有效地谋求法律价值实现的最大化,并尽可能地协调各种价值之间的冲突;法律价值的同质化可以使法律职业共同体形成同质的思维方式和价值判断标准,确保类似的个案能够得到类似的处理,并有助于观众形成与法治社会相适应的法律价值观念与法治信仰。

研究示例 1:《宪法文本中"人权条款"的规范分析》

中国人民大学法学院韩大元教授是主张宪法规范分析的典型代表。在《宪法文本中"人权条款"的规范分析》[①]一文中,他采用规范分析方法对各国宪法文本中的人权条款进行了系统研究。他以中国现行宪法的第四次修改为契机,并通过中外宪法典的条款检索而归纳分析出宪法文本中人权条款的四类表达模式,即宪法文本中直接规定人权;宪法文本中不直接出现人权字眼,但解释上人权表现为基本权利或基本权;严格限制人权在宪法文本中的含义,直接以基本权利规定人权的核心内容;文本中同时出现人权与基本权利、基本的权利等表述,在实践中主要通过宪法解释规则确定其具体内涵。他实际上将中国现行宪法的人权条款归结为第四种模式,通过人权与基本权利的概念区分和借鉴不同时期的宪法解释方法,将人权理解为一种政治或道德理念的存在,并通过宪法的价值体系与宪法秩序推动人权的宪法化,转化为基本权利的规范体系。他认为,中国宪法文本中人权条款的解释应考虑作为宪法原则意义上的人权、国家价值观意义上的人权和转化为基本权利内容的人权三类要素,并充分吸收

---

① 韩大元:《宪法文本中"人权条款"的规范分析》,载《法学家》2004 年第 4 期。

国外有关未列举权利的宪法保障实践经验,明确国家在人权条款实现过程中的尊重与保护义务。

第二节 社会学的实证分析方法

一、社会研究的一般原理

(一)社会研究的层次与范式

表1.1 研究层次与研究方式①

研究层次	研究主题	主要研究方式
宏 观	社会变迁 社会结构 社会行为、态度	文献研究、历史—比较研究 文献研究、统计调查 统计调查
微 观	人际互动 个人与社会环境	实地研究、实验 实地研究、统计调查
社会单位	社会组织 社会群体 社区	统计调查、实地研究 实地研究、实验 实地研究、统计调查

由于社会现象的错综复杂,研究者选取的社会层次和观察角度不同,他采用的研究方式方法也就不同。一般而言,社会研究可划分为宏观层次、微观层次与社会单位层次共三个主要层次,研究者相应地也就会采取不同的研究方式方法。

第一,宏观层次:社会变迁研究是在文化层次上,从历史演化的角度来发现和解释社会发展的规律,如马克思的社会发展阶段论和韦伯的《新教伦理与资本主要精神》的研究;社会结构研究是从社会系统的相互关系入手来分析社会体制,如孟德斯鸠《论法的精神》政治制度、法律制度与文化、习俗相互依存性的研究;社会行为与态度研究是将许多个人的行为和态度视为一个整体,由

---

① 袁方:《社会研究方法教程》,北京大学出版社1997年版,第62页。

此来分析、预测人们的社会行动,如杜尔克姆《自杀论》通过有关统计资料分析了自杀行为的社会因素和宗教因素。第二,微观层次:它是从个人或群体入手,通过观察人们的社会交往来发现社会行动的意义、特点及其社会环境的复杂关系,它的研究主题包括人的社会化、人际关系、个人与社会环境的相互作用。第三,社会单位层次:它是从群体结构和集体行为入手,直接考察实际的社会单位,如社会组织、社会群体和社区。

"范式"一词首先由库恩在《科学革命的结构》一书中提出,它是指某一特定学科的科学家所共有的基本世界观,由特有的观察角度、基本假设、概念体系和研究方式构成。美国社会学家里茨尔区分了社会学三种不同的研究范式。

表1.2 三种研究范式①

项 目	社会事实范式	社会定义范式	社会行为范式
研究范畴	社会结构 社会制度	人际互动,心理 社会情境,规范	行为的原因与后果 刺激及反应
代表人物	杜尔克姆	韦伯、米德	斯金纳、霍曼斯
理论学派	结构功能学派 冲突学派 新马克思主义学派	符号互动论 现象学 民俗方法学	行为理论 交换理论
研究方式	历史—比较研究 统计调查	实地研究	实验、统计调查

说明:社会事实范式强调社会现象的客观性,认为社会现象是客观的事实,它们不能还原为个人的事实,因此重视对宏观的社会结构、社会制度、文化规范进行研究,从社会结构层次和文化层次探讨社会的本质属性;社会定义范式强调社会现象的主观性质,社会现象的存在离不开个人的动机、态度和行为,它重视在微观层次研究人们如何建立社会和如何付诸社会行动;社会行为范式强调对个人的社会行为进行客观精确的分析,主张用经验或实证的方法研究社会现象。

(二)社会研究的步骤与方法

一般而言,社会研究的步骤涉及研究的准备、实施和总结评估三个基本环节和阶段,而在各个研究阶段和环节也存在相应的研究方式方法。

1. 社会研究的准备阶段

社会研究的准备阶段具体包括确定课题或假设与设计研究方案两方面。

---

① 袁方:《社会研究方法教程》,北京大学出版社1997年版,第66页。

科学研究始于问题,可以说提出问题等于解决了一半的问题。首先,问题应是具有必要性和可行性的科学研究价值,能够借助经验的科学手段得以验证和评估。其次,研究的问题一旦确立,就要明确问题研究的类型,属于理论研究还是应用研究,是描述性(是什么)研究、解释性(为什么)研究还是探索性研究(先导研究)。再次,选择适当的研究方法,可以根据资料的类型(一般分为直接调查得来的数据资料、直接调查得来的文字资料和间接获取的文献资料)、收集和分析资料的途径、手段和技术予以确定。社会学的实证研究方法主要包括统计调查(常使用问卷调查方法,主要用于对社会现象一般状态的描述和对现象间的因果关系分析以及群体主观状态的民意测验);实地研究(主要采用访问和观察,主要针对少数有代表性或独特的社会单位进行个案研究);实验(它最适用于解释现象之间的因果关系,并主要见于社会心理学和小群体的研究);文献研究(属于非接触性的间接研究)。最后,制定一个完整、详细而相互关联的研究方案,该方案涉及的内容大体包括阐明研究课题和研究目的,确定研究类型与研究方法,确定分析单元和研究内容,制定抽样方案,制定问卷、观察表格或访问提纲,确定调查的场所和时间计划以及研究经费和物质手段的计划、安排等。

2. 社会研究的实施阶段

社会研究的实施阶段具体包括资料的收集与资料的分析两个环节。其一,资料的收集环节,它是通过对社会现象的观察、量度与探究来获取社会信息的过程,这一过程可使用多种方法,具体包括:问卷法与测量表法多用于收集标准化的定量资料;访问法和观察法则多用于收集非标准化的、无结构的定性资料;实验法不仅是收集资料的方法,也是一套具有特定程序的研究方式;文献法源自历史研究与哲学研究。其二,资料的整理和分析环节。资料的整理是对收集到的原始资料进行检查、分类和简化,使之系统化、条理化,以为进一步分析提供条件的过程,这个过程因定性资料与定量资料的区分而不同,可充分利用现代的网络技术与计算机技术。资料的分析方法大致包括统计分析、变量分析、多元分析、路径分析、因素分析、社会网络分析、数理分析等具体的方式方法。①

3. 社会研究的总结评估阶段

---

① 这些分析方法详见袁方:《社会研究方法教程》,北京大学出版社1997年版,第447~472页。

社会研究的总结评估阶段主要涉及撰写研究报告。一份完整的社会学研究报告一般依次包括以下内容和结构：其一，导言，作为报告的第一部分，它必须介绍所研究的问题、对已有文献进行综述并简要介绍自己研究的基本框架；其二，方法，包括有关研究方式和研究设计的介绍，有关研究对象的介绍，有关资料收集方法的介绍，有关资料分析的方法的说明以及对研究的质量和局限性的说明；其三，结果，需要分别陈述研究所得结论，研究的实施或资料分析过程中所包含的问题或带来的限制以及对进一步研究的建议等；其四，讨论，即你的发现意味着什么，从你的发现中还能得到其他的什么以及还可以继续做些什么；其五，小结或摘要，它是对前四个方面的简要总结；其六，参考文献，即列出本研究报告所引用过的所有著作、文章和媒体资料目录；其七，附录，即列出本研究报告中的所有问卷或量表的原件，所引用的材料原件或复印件以及难以在报告正文完整体现的数据表格和计算公式等。而社会学研究的评估就是运用社会学的方法，依照社会学研究过程的逻辑，从社会学方法的技术角度对已经得出的社会学研究结论——研究报告进行有效性检验，判断该项结论的可靠性程度和可推论范围，以确定它的可信程度，对它的解释力以及对社会学理论的贡献作出评估。

二、问卷法与访问法

(一) 问卷法

问卷法被美国社会学家艾尔·巴比誉为"社会调查的支柱"，它主要借助一份精心设计的问卷表格，用以测量人们的特征、行为和态度等。问卷法具有很好的匿名性，可以避免偏见、减少调查误差，既可以节省时间、经费和人力，也便于定量分析和处理。不过，问卷法对调查对象有一定的文化水平要求，回答率难以保证，也不能有效控制填答问卷的环境和填答质量。

社会研究中的问卷，依据填答使用的方式不同，可以分为自填问卷和访问问卷。其中，自填问卷是由被调查者本人填答的问卷，它依据发送方式的不同，又可以分为邮寄问卷和发送问卷。访问问卷是由访问员根据被调查者的问答填写的问卷。一份完整的问卷一般包括以下几部分：第一，封面信。它的功能在于说服被调查者参与到你的调查，并如实地填写问卷。封面信涉及的内容包括调查的主办单位或个人的身份，调查的内容和范围，调查的目的以及调查对象的选取方法等。信的语言应简洁亲切，结尾应向被调查者致以真诚的谢意。第二，指导语。它的功能在于指导被调查者如何填答问卷，教导访问员如何正确完成问卷调查工作。它一般以"填表说明"的形式出现。第三，问题和答案,在形式上可以分为开放式和封闭式两大类,在内容上分为有关事实的、有关态度的和有关个人背景资料的三大类。其中,开放式问卷,就是不为回答者提供具体的答案,回答者可以自由回答;封闭式问卷,就是在提出问题的同时,还提供若干备选的答案,回答者可以进行自由选择。第四,其他资料,如问卷的名称、编号、问卷发放与回收日期、调查员与审核员姓名、被调查者住址、问题的预编码等。

问卷法使用中的注意事项:第一,将为被调查者着想作为问卷设计的出发点。由此,问卷设计不宜过长,问题不宜过多,需要填答的量不宜太大,问卷不需要被调查者进行难度较大的回忆和计算。第二,对影响问卷调查的诸多因素有清醒的认识和掌控。这既包括被调查者主观方面可能存在的畏难情绪、过多顾虑、漫不经心、毫无兴趣等,也包括被调查者客观方面可能存在的阅读能力、理解能力、表达能力、记忆能力和计算能力等方面的限制。这还包括调查者自身在问卷设计上可能存在的缺陷,包括课题选择、方法确定、样本抽取、问卷使用方式以及调查经费和时间等方面存在的不足。

问卷设计的具体方法与常见错误:第一,开放式问题只需在问题后留下空白,但应考虑好预留空白的使用效率。封闭式问题一般可采用填空式、是否式、多项选择式、矩阵式、表格式等多种形式。第二,问题答案的设计上,首先应保证答案的穷尽性和互斥性,并根据研究的需要来确定变量的测量层次,如不能穷尽问题答案则可增加"其他"选项。第三,问题的语言应简单明了,不直接设计敏感和带明显倾向性的问题,不采用否定形式提问,避免单一问题的多重含义,不设计被调查者不知道的问题等。第四,关于问题的排列与数目,凡被调查者熟悉、感兴趣的问题放在前面,而被调查者的个人背景资料和不熟悉、不感兴趣的问题放在后面,开放式问题尽量放在问卷的结尾部分。第五,问卷设计的常见错误,主要包括问题含糊、概念抽象、问题提法欠妥、问题具有多重含义、问题的倾向性明显、问题与答案不协调、答案设计不合理、问卷语言学生化或学术化、问卷印制错误等。

(二)访问法

访问法是一种最古老、最普遍的收集资料的方法。与其他调查方法相比,访问法的最大特点在于,访问是一个面对面的社会交往过程,访问者与被访问者的相互作用、相互影响贯穿于调查过程的始终,并对调查结果产生影响。在实践中,访问法的运用很大程度上取决于访问者个人的人际交往能力、访问技巧以及对访谈过程的有效控制。因此,它可以充分调动研究人员的主动性与创造性,有效地协调和控制访谈进程。相应地,这种方法对访问者素质提出了较高要求,并容易受到访问者方面的负面影响,而对于敏感性、隐私性和尖锐性的问题就必须借助观察法等方法进行补充。此外,它需要耗费较高的费用、时间与人力成本。这种方法既可以用于定量研究,也可以用于定性研究。

访问法根据访问者与被访问者的交流方式,可以分为直接访问与间接访问(如电话、电邮、聊天工具等);根据被访问者的人数多少,可以分为个别访问与集体访问;按照对访问过程的控制程度,又可以分为结构式访问与无结构访问。其中结构式访问又称标准化访问,它是一种对访问过程高度控制的访问。这种访问的访问对象必须按照统一的标准和方法选取,一般采用概率抽样。访问的过程也是高度标准化的,即对所有被访问者提出的问题、提问的次序和方式以及被访问者回答的记录方式等是完全统一的。为了使这种统一性得到保证,通常采用事先统一设计、有一定结构的问卷进行访问,访问者必须严格按照问卷发问而不能随意进行解释。结构式访问的最大优点就是便于量化,可作统计分析。与自填问卷法相比,它能够控制调查过程,自由地选择调查对象,并对被访问者的态度行为进行观察而获取更多的非语言信息。它的缺点就是访问成本高,需要大量的访问员,费时费力,也不便对敏感性、尖锐性和个人隐私性质的问题进行调查访问。

无结构访问又称非标准化访问,是一种半控制或无控制的访问。与结构式访问相比,它的最大优点就是弹性大,能够充分调动调查双方的积极性,因为这种访问不需要事先设计问卷、表格和提问的标准程序,只给调查者一个题目,由调查者与被调查者围绕一个大的主题进行自由交谈,调查者可以随时调整提问的方式、顺序和访谈环境,所以也便于对调查者进行全面而深入的了解。它的缺点是费时,对调查者有很高的调查技巧和人际交往能力要求,不适合对调查对象进行定量分析。无结构访问按照实施方式和访谈程度的不同,可以分为重点访问(针对访问内容)、深度访问(即临床式访问,针对个人特定经验的过程及其动机和情感资料)、客观陈述法(非引导式访问)和座谈会等形式。

一般而言,访问的程序如下:首先是访问准备。对于无结构式访问,首先进行相关知识的准备,根据研究目的和理论假设拟定详细的访问提纲并具体化为系列访谈问题。而对于结构式访问,首先是熟悉统一设计的问卷及访问手册,对访问目的、步骤和可能出现的问题了然于胸。访问者对被访问者的生活工作环境与个人背景资料应有初步了解,并进行时间、地点和工具的相应筹划。其次,进入访问。访问前,最好先取得被访问者所在地的社区、单位或基层机关的同意和配合。进入访问后,访问者进行自我介绍,说明此次访问的目的和用途,并说明被访问者选择的方式,力争打消被访问者的顾虑和紧张,按照请求和系列问题进行访问。再次,关于访问的控制。包括提问控制,可通过话题转换、问题追问、合适的发问与插话等方式进行;表情与动作控制,访问者要做虚心的听众,适时调动不同的表情动作回应被访问者的反应。复次,结束访问。注意适时而止,一次访谈时间以 1~2 小时为宜,并把握结束谈话的时机,对被访问者表示感谢。最后,访问记录的收集与整理。记录的方式包括当场记录和事后记录。根据需要和条件许可,可借用录音、摄像与拍照的技术辅助。研究人员认为有必要,也可对访谈记录进行核实和甄选。

三、观察法与实验法

(一)观察法

在社会科学中,观察法是一种搜集社会初级信息或原始资料的方法。这种方法通过直接感知和直接记录的方式,获取由研究目的和研究对象所决定的一切有关的社会现象和社会行为的情报。它通常在实地研究中使用,并结合其他方法共同进行。与其他方法相比,观察法更容易掌握研究对象的第一手资料,比较客观真实地获取相关信息,尤其适合于研究无语言文字沟通的研究对象(如土著、少数民族、幼儿与聋哑人)。

表 1.3 观察法的分类[①]

分类原则	观察类型
根据观察场所的不同划分	实验室观察——实地观察
根据观察者角色的不同划分	局外观察——参与观察
根据观察程序的不同划分	结构式观察——非结构式观察
根据观察对象的不同划分	直接观察——间接观察

观察法的特点包括:观察者与被观察者关系的直接性与自然性;观察的主观性和情感倾向;观察对象和范围的广泛性。由于观察的直接性和自然性,观察法很难控制环境变量和时间变量,很难进行数量分析和统计判断。由于观察的主观性和情感性较强,因此观察资料容易受到观察者的价值观和感情因素的影响。由于观察对象和范围的广泛性,最终可能增加整理和分析观察资料的难度。

[①] 袁方:《社会研究方法教程》,北京大学出版社 1997 年版,第 336 页。

表 1.3 反映出观察法的不同分类情况:第一,实验室观察通常在具有显微镜、摄像机、录音机等设备的实验室进行,但也可在可控的自然环境中进行,如教室、会议室、俱乐部等;而实地观察则在自然的环境下进行,一般不需要对观察的场所和对象进行控制。第二,局外观察是将观察者置于其观察的现象之外而相对客观地观察对象的活动和表现;参与观察是观察者投身于所观察的社会现象和社会生活之中。第三,结构式观察往往事先要对观察的范畴详细分类,对各项内容的观察和记录方法逐一规定,它适合于对若干具体的、明确的而可计数的行为特征进行定量分析研究;而非结构式观察则没有这些要求,观察者不需要事先专注于某些特定的行为和特征,他们只是对观察对象的行为如实全面地观察记录。第四,直接观察是观察者对正在发生、发展和变化的观察对象所进行的观察,作为目击证人一样观察正在发生的各种事件和过程;而间接观察则是对已发生的人们行为或事件留下的痕迹进行事后观察分析。

关于参与观察:参与观察一般与实地研究[田野调查(field research)]相联系,它是在自然场所进行的直接观察,而且大多采用非结构的观察方式。按照参与的程度和方式的不同,社会学家将参与观察者角色划分为完全的观察者、作为参与者的观察者、作为观察者的参与者和完全的参与者等四种观察角色。其中,"完全的观察者"其实属于局外观察者。"作为参与者的观察者",意味着观察者的研究身份为被观察对象所获知,而观察者也以公开的身份参与到被研究群体或社区中进行观察,美国社会学家威廉·福特·怀特所做的"街角社会"研究即属此类。"作为观察者的参与者",则意味着观察者既能够成为被观察人群的一员,又能在不暴露自身研究身份的情况下询问问题,也就是说,研究者须采取虚伪角色观察对象,如装扮成体验生活的作家或采访实习的记者。"完全的参与者"属于间谍角色类型,被观察群体完全相信研究者就是其群体的普通成员,而不知道他的观察者身份。

关于间接观察:间接观察是通过某些中介物来观测调查对象,这类似于测量学中的"三角测量",即分别通过直线和折线来确定某一点的确切位置,并比较各种不同途径的结果来检验各种方法的有效性。这种观察法可避免直接观察中观察者或观测工具对被观察者的影响,主要分为物质痕迹观察和行为标志观察。美国社会学家韦布将物质痕迹观察分为两类:一是腐损测量,其中腐损是人们在活动时有选择地使用某类物体所造成的腐蚀和腐损,如通过一定时期内图书馆的书刊磨损程度观察读者的阅读倾向书刊,又如通过对刑警队轮胎磨损程度的观察来推测一定时期内的刑事案件发案率;二是累积物测量,如考古学家通过观察历史沉积物来发现自然界和动物界的演变。行为标志观察是通过一些表面或无意识的现象来推测人们的行为方式和价值观,它假定这些现象是人们行为或态度的间接反映。如国外研究人员设计了一种"丢失邮件或物品"的观察,他们在不同城市、不同时间将一些标有地址的信件或物品丢在街上,然后统计这些信件或物品被送回的比率,进而推测人们在互助行为或社会道德观念上的差异。间接观察法可以使研究者获得比较客观全面的资料,但是也存在观察效度的检验问题,这是因为研究者无法知道所观察的标志和痕迹是否真实地反映所要调查的行为或现象,即使能够反映,也很难断定这种行为—指标的关系是否具有普遍性。因此,间接观察一般作为辅助手段使用。

表1.4 观察的步骤[①]

阶 段	内 容
准备阶段	确定研究目的 制定观察计划 理论准备和物质准备
实施阶段	进入观察现场(或实验室) 与观察对象交往 进行观察(或测量),做出 现场记录
资料处理阶段	整理和分析观测记录 撰写调查报告

关于观察的效度与信度:一是关于观察的效度。在观察准备阶段,观察方法、观察对象、观察的场所和时间以及观察范畴的选择和可操作性,对观察效果有很大影响;而在观察实施阶段,被观察者的"反应"、观察者本人的价值观和期望值以及观察者本人的感官和记忆力等因素,都直接关乎观察效度;在观察资料的处理阶段,研究者的个人喜好与科学态度都影响到结论的准确度。因此,结构式观察应注意消除各个阶段的效度干扰因素;对于非结构的观察和间接观察而言,观察的内在效度不易检验,但其外在效度较结构式观察要高。二是关于观察的信度,它包括三种类型:不同观察者的相关度;稳定系数,即同一观察者在不同时间观察的符合度;信度系数,即不同观察者在不同时间内观

[①] 袁方:《社会研究方法教程》,北京大学出版社1997年版,第353页。

察的符合度。要提升观察的信度,可以通过不同时间的重复观察来实现,也可以通过增加观察者的人数来实现。另外,应注意选择有经验和专业技能的观察者,对观察类别也应有着清晰的界定。

(二)实验法

与其他方法相比,实验法是研究现象变量间因果关系的最好方法,它的基本原理是:首先以一个理论假设为起点,这个假设是一种因果联系的陈述,它假定某些自变量会导致某些因变量的变化。然后进行如下操作:在实验开始时对因变量进行测试(即前测);引入自变量,让它发挥作用或影响;在实验结束前再测量因变量(即后测);比较前测和后测的差异值就可以检验假设。如果没有差异,就说明自变量对因变量没有影响,从而推翻假设。如果有差异,则可证实原假设,即自变量对因变量有影响。为了排除其他因素的影响,通常将受试者分为两个组:实验组和控制组。这两个组是随机选派的,它们的所有特征和条件都相同,只不过在实验中,实验组受到自变量的影响,而控制组则未受到这种影响。

实验法的主要组成部分有三:一是自变量和因变量,自变量是实验中的刺激因素,是有待检验的、引起因变量变化的原因;因变量是一种应该由自变量所引起的状况,它是研究的关键,是被解释的对象。如在研究"教师的期望"是否导致"学生的成绩"变化的课题实验中,"教师的期望"是自变量,而"学生的成绩"是因变量。二是实验组与控制组,在实验研究中,接受自变量刺激的一组对象为实验组,而把不接受自变量刺激的一组叫作控制组,如在研究"教师的期望"是否导致"学生的成绩"变化的课题实验中,将被老师认为有培养前途的20%学生视为实验组,而将其余80%的学生作为控制组。三是前测和后测,在实施实验刺激以前对实验对象(实验组和控制组)进行的测量为前测,而在实施实验刺激后对他们的测量为后测。

与其他方法的实施相比,实验法有三项内容差别较大:一是变量的选择和分类,在运用实验法研究某个问题时,首先要把与研究课题有关的各种因素挑选出来,然后分析这些因素之间的关系,建立因果模型。二是变量的控制,即在实验中要有计划地、系统地安排实验刺激的情境和程度,使其作用于因变量。为此,要尽量控制无关的变量,而对所有外部变量(或无关变量)的控制原则是:使它们在实验中保持不变或较少变化;如有可能应尽量地将它们排除,使其不致影响或混淆自变量与因变量的因果关系。而控制外部影响因素的方法主要包括四类方法:A. 随机法,就是以随机分派的方式将受实验者分配到实验组和控制组(或各个不同的实验组),这是最常用的方法。B. 配对法,就是找出两个各种条件完全相同的人,将其中一人分配在实验组,另一人分配到控制组,如此一对一对地形成两个条件基本系统的组。C. 排除法,就是在实验前将其他影响因素排除在外。D. 纳入法,就是把其他主要的影响因素也当作自变量引入到实验中,同时对几个自变量进行操作、测量和检验。三是变量的测量,一般采用问卷、量表和仪器等工具,但是测量工具的选择首先要保证它的内在效度和信度,保证测量的正确性和可靠性;其次要注意测量对受测试者的影响,因此应采用一些自然或伪装的测量方式。

实验法的主要特征就是控制情境和变量来研究社会行为和社会现象的变化,以建立变量之间的因果关系。根据实验场所的不同,它可分为实验室实验和实地实验,前者限于在有专门设备的实验室中进行,并对实验的条件、控制以及实验设计都有严格的规定;后者一般在实际场所进行,它的实验设计并不很严格。根据对变量的控制和实验设计的严格程度不同,还可以分为纯实验和准实验,其中纯实验对情境和变量的设计更为严格;准实验不是在纯粹的实验环境中而通常在研究现场进行,它常依据现场的条件和可能性来设计实验条件,并对纯实验的实验设计加以简化。

关于实验的信度与效度:一是实验的信度,它是指实验结论的可靠性与前后一致性程度,它涉及实验是否可以重复进行,是否具有可验证性的问题。因此实验的信度问题可以简单归为:如果再重复实验,其结果会与第一次相同吗?决定实验信度的一个关键是观察量。观察量越大,我们就越有理由相信样本统计值接近总体参数值,也就是样本更能够代表其所在的总体。同时,实验信度还涉及对结果的统计检验。如果不同实验条件下所得出的结果之间差异很大,而且这种差异由偶然因素造成的概率低于5%时,那么就可以排除偶然因素造成实验结果的可能性,认为该结果是由自变量造成的。根据统计检验所得出的差异是具有统计信度的。统计信度是得出实验结果的必要条件,但更多的研究者倾向于实验同时还具有实验信度,这是因为尽管结果具有了统计信度,但其中仍有5%的犯错概率,也就是仍然存在着偶然因素会混淆实验结果的可能性,而且即使实验控制得很好,这种问题也会发生。二是实验的效度,它是指实验方法能达到实验目的的程度,也就是实验结果的准确性和有效性程度,它主要包括实验的内部效度和外部效度问题。其中,实验的内部效度是指实验中的自变量与因变量之间因果关系的明确程度。如果在实验中,当自变量发生变化时因变量随之发生改变,而自变量恒定时因变量则不发生变化,也就是说确实是自变量而不是其他因素引起了因变量的变化,那么这个实验就具有较高的内部效度。实验的外部效度是指实验结果能够普遍推论到样本的总体和其他同类现象中去的程度,即实验结果的普遍代表性和适用性,研究者也将之称为生态效度。它涉及实验结果的概括力和外推力,也就是实验结果接近现实的程度。影响实验外在效度的因素主要是实验情境的人工化与实验样本代表性缺失。在实验中,研究者首先考虑的是提高实验的内在效度,这可以从有关实验对象选择、实验程序优化和实验时间考虑等方面进行改善。①

四、文献法

与以上介绍的各种实证方法不同,文献法既是一种收集资料的方法,也是一种整理和分析资料的方法。文献法具有其他方法无可比拟的诸多优点:具有无反应性,使得研究对象不受研究者的影响;费用低廉;可以研究那些无法接触的研究对象,特别是已经远去的人物或事件;适合纵贯分析,而有别于适时的问卷法、访问法和观察法。但是,文献法的缺陷也是显而易见的,许多文献因年代久远而质量堪忧,甚至不易获取,一般也缺乏标准化形式而对研究者高度依赖。

文献法所指的"文献"包含我们希望加以研究的现象的任何信息形式。根据文献具体来源的不同,我们可以把文献分为个人文献、官方文献和大众传播媒介;也可以分为原始文献(第一手文献)和第二手文献。其中,个人文献主要指个人的日记、自传、回忆录及信件。官方文献主要指国家机关和有关部门的记录、报告、统计、计划、信函等。大众传播媒介则指一切平面媒体(如书刊、杂志、报纸等)和立体媒体(如广播、电视、电影、网络等)。文献法主要包括第二手分析、内容分析、统计资料分析、历史—比较分析等具体方式。

关于第二手分析:也可称之为二手分析,指的是对那些由其他人原先为别的目的收集和分析过的资料所进行的新的分析。这种新的分析主要有两种类型,分别为着两种不同的研究目的:一种是从别人为研究某一问题而收集的资料中,分析与该问题所不同的新的问题,即将同一资料用于对不同的问题的分析研究中;另一种是用新的方法和技术去分析别人的资料,以对别人的研究结果进行检验,即用不同的分析方法处理同一资料,看是否能够得出同样的结论。第二手分析省时省钱省力,但也存在其资料的准确性或适用性的问题。在社会科学研究中,如果研究者只是根据自己的偏好有选择地利用对自己有

---

① 详见袁方:《社会研究方法教程》,北京大学出版社1997年版,第388~389页。

利的资料和信息,那么资料的客观性和系统性就成问题。

关于内容分析:它是这样一种研究技术,它对各种信息交流形式的明显内容进行客观、系统和定量的描述。内容分析的基本步骤有二:一是抽样,它常常从杂志、报纸、电视节目、广告或其他类似的标题或期号抽取样本,也可以从作者、书籍、章节、段落、句子、短语、词汇等微观层次上进行抽样。二是编录,即根据特定的概念框架,对信息——无论口头的、文字的、画面的或其他形式的——做分类记录。内容分析的类型包括三类:第一类是计词法,即首先确定与研究问题相关的关键词(记录单位),然后统计这些关键词在各个样本(分析单位)中的出现频率和百分比,最后进行比较。第二类是概念组分析,它是将与研究内容有关的关键词分成小组,每组代表一个概念,同时也是理论假设中的一个变量。这种方法的记录单位仍然是单词,但分析时的变量却是概念组。第三类是语义强度分析,首先要给出词汇的"强度权",以显示它们在使用时的差别。强度权是由词汇的语义所决定的,如"爱"比"喜欢"的加权数高。区分词汇强弱程度的目的在于区分人们态度的强弱程度。内容分析方法最大的优点是省钱省时,保险系数高,排干扰性强,但是资料的效度也往往大打折扣。

第三节 司法学与社会学的关联性研究

如今,司法学研究虽然存在法学和社会学的两种研究进路,但对法学界而言,最重要的挑战还是运用社会学方法来研究司法现象及其发展规律的问题,尤其是对司法实务中的社会学应用状况不能视而不见。由此,我们应高度关注关于司法学与社会学的关联性研究课题,这具体表现为"社会学视野中的司法"和"司法中的社会学介入"两个不同的研究层面。

一、社会学视野中的司法

这里所说的"社会学视野中的司法"一词套用郭星华教授对美国社会学家唐纳德·J. 布莱克著作 *Sociological Justice* 的中文译名,意指关于司法自身及司法与社会关系的社会学研究,在此,有关社会学的理论、范式和方法成为主要的学术分析工具,这基本上是站在研究者(不管在法学研究者还是社会学研究者)的立场而言的,至于司法实务是否存在社会学应用事实则无关紧要,因此针对同一研究对象因研究者的社会学立场不同却可能产生不同的研究结论,它主要反映了"研究者—社会学—司法"之学术研究模式,这明显有别于立足司法实务者立场的"司法中的社会学介入"之学术研究模式"司法—社会学—研究者",后者的研究强调首先必须基于司法实务中存在的社会学应用事实。

  根据研究对象的不同,"社会学视野中的司法"研究进路大体可分为两个层面:一是关于司法自身的社会学分析,由于司法自身可分解为司法主体、司法程序、司法行为、司法规范等构成要素,相应地存在关于司法职业、司法组织、司法诉讼程序、法院审判行为、习俗司法适用等更为微观问题的社会学分析,如美国唐纳德·J.布莱克在《社会学视野中的司法》与《法律的运作行为》等著作中关于司法诉讼行为的社会学分析、王亚新关于民事一审程序的系列调研报告①、吴英姿关于法官角色与司法行为关系的社会学分析②、汤建国与高其才等关于江苏姜堰民间习俗司法认可的研究③等即是。二是关于司法与社会之间关系的社会学分析,这既包括总体的多元化纠纷解决与司法治理研究,日本棚濑孝雄和中国范愉的相关研究属于此类;也包括对司法与社会诸要素之间关系即关于司法与经济、政治、文化等关系的社会学研究,如苏力关于中国式送法下乡的社会学分析④、侯猛和喻中分别关于中国最高人民法院经济功能与政治功能的社会学分析⑤。

  由于社会学自身的学科发展产生了不同的理论范式及其方法论,"社会学视野中的司法"也必然存在不同的社会学研究进路。前文已提到,社会学一般存在社会事实范式、社会定义范式和社会行为范式,它们存在不同的研究范畴、代表人物、理论学派和研究方法。事实上,理论层面的司法学研究中盛行的制度分析(结构主义)与功能主义、权力冲突论、人类学与民俗方法学、司法

---

① 王亚新等:《实践中的民事审判(一)——四个中级法院民事一审程序的运作》;《实践中的民事审判(二)——五个中级法院民事一审程序的运作》,载王亚新等:《法律程序运作的实证分析》,法律出版社2005年版,第3~97页。
② 吴英姿:《法官角色与司法行为》,中国大百科全书出版社2008年版。
③ 汤建国、高其才:《习惯在民事审判中的运用——江苏省姜堰市人民法院的实践》,人民法院出版社2008年版。
④ 苏力:《送法下乡:中国基层司法政府研究》,中国政法大学出版社2000年版。
⑤ 侯猛:《最高人民法院的功能定位——以其规制经济的司法过程切入》;喻中:《论最高人民法院实际承担的政治功能——以"最高人民法院历年工作报告"为素材》,载《清华法学》(第七辑·最高法院比较研究专辑),清华大学出版社2006年版,第21~54页。

现实主义与行为主义等思潮的出现无不体现了社会学理论与方法对司法学的重大渗透与深刻影响。而在经验层面的司法学研究越来越多地采纳实证的社会学研究方法,问卷、访问、观察和实验等收集信息和资料的方法以及数据统计分析方法也逐渐为法学家们所接受和运用。正如美国学者指出的,社会学为我们提供了在法律中的另一种非常实用的分析工具,因为它"可以提升律师的专业水平,深化法学研究者的洞察力"。[1] 社会学的理论和方法之所以能够运用于司法现象的研究,这不但与司法社会化现象有关,也与司法现象兼有的社会实在性与普遍规范性有关。一方面,司法实务属于法律实施的层面,解决个案是司法工作的基本任务,而个案的存在本身就是一种现实的社会事实,是一种可观察、可测量、可验证的社会事实存在;另一方面,个案中的事实又是一种法律事实,它与法律规则中的事实构成(行为模式)存在一定的对应和因果关联,这为社会学模型(理论假设)的建立与验证提供了理论前提和经验基础。总言之,司法工作并不是简单地法律规则适用,而是一项非常复杂的社会系统工程。此外,各国司法实务中业已存在的社会学应用现象,更为开展司法社会学研究创造了必要的实证材料和现实基础。

一般认为,社会学产生于19世纪上半叶的欧洲,创始人为法国实证主义者孔德,他在1838年10月出版的著作《实证哲学教程》第四卷中首次使用"社会学"一词,并将社会学建设成为一门独立的社会科学。但是,将社会学引入法学或运用社会学方法展开对法律现象的广泛研究,则是20世纪以后的事情,与欧美的法社会学、现实主义法学、行为主义法学的兴起和发展息息相关,出现了一批社会学家出身与律师、法官和法学教授出身的司法社会学研究代表人物,前者如布莱克,后者如卢埃林、弗兰克、舒伯特、麦考利等。而在中国,社会学自19世纪末才传入中国,由康有为、严复等人和西方传教士移植了西方社会学理论,如今在中国得到了更广泛的传播和发展。最初将社会学方法引入中国法律领域的是社会学家,如严景耀关于中国刑事犯罪的社会学考察,如今上海大学的李瑜青、中国人民大学的郭星华等都是代表。而将社会学引入中国法学研究领域,则是很晚的事情,21世纪初才有了转机并出现局部繁荣,如北京大学的朱苏力和强世功、清华大学的王亚新、中国人民大学的朱景文和范愉、厦门大学的齐树洁、四川大学的顾培东,还有高其才、徐昕、应星等。

---

[1] [美]约翰·莫纳什、劳伦斯·沃克:《法律中的社会科学》,何美欢、樊志斌、黄博译,法律出版社2007年第6版,前言第1页。

其中,有些属于理论层面的司法社会学研究,如朱景文早期的著作《现代西方法社会学》主要是对西方法社会学主要思潮和流派的介绍,范愉的成名作《非诉讼纠纷解决机制研究》是中国最早最系统关于诉讼外解决纠纷的准司法机制研究,顾培东的专著《社会冲突与诉讼机制》引入社会冲突范式对司法诉讼制度作了应然意义上的学术解读,苏力则结合中国乡土社会盛行的巡回法庭送法下乡现象运用权力社会学对中国基层司法制度作了细致入微的解剖,还有徐昕的博士论文《论私力救济》等。也有不少学者运用田野调查对中国司法制度及其实际运作进行了实证描述和学术解说,如王亚新关于中国地方中级法院诉讼程序的实证调研(参见后文)、齐树洁主编的《纠纷解决与社会和谐》(厦门大学出版社 2010 年版)在下篇中收录了关于厦门、泉州、东莞、姜堰等地法院推行多元化纠纷解决的 9 篇调研报告,南京大学的吴英姿根据实证调研撰写的《法官角色与司法行为》、徐昕主编的司法文丛第二辑《司法程序的实证研究》(中国法制出版社 2007 年版)等,不胜枚举。

　　另外,这里还要特别指出中国法学学者非常熟悉的一种实证研究,那就是案例研究,这是一种对研究所关注法律问题的某个司法实例作出的详细描述,它有助于形成更抽象的理论假设并完成对这种理论假设的验证。案例研究最重要的工作之一是撰写案例摘要,这是判例法国家法学院学生从事法学研究的基本功,它一般包括事实(Facts)、争点(Issues)、历审判决(History)、定论(Holding)和裁判理由(Reasoning)五个方面的内容。① 具体说来,所谓事实就是本案所涉的人、事、时、地、物等构成要素,这些事实仅限于与争点有关的事实,可分为关键事实与次要事实;所谓争点,就是法院对于案件当事人之间存在的争议所必须解决的问题,一般可从法院判决的定论中予以判断;所谓历审判决,主要是针对上诉案件、终审案件和复审案件而言的,我们可以从不同法院的判决定论中比较和选择争点问题;所谓定论,就是法院对于争点的决定,包括初审判决、维持原判或改判、裁定重审和调解结案等;所谓判决理由,主要是指法院作出判决的法律规范依据,包括判例、制定法、条约、习惯法、社会政策、法理学说等法律渊源,注意区分直接渊源和间接渊源。在当代中国,案例研究常常被标榜为法学的实证研究,但它也存在致命的缺陷和危险性,那就是案例本身存在的主观选择性,当我们从众多个案中选择一个进行描述时,我们无法得知此案例相对于更大范围的案例集而言具有多大程度的典型性和

---

① 王泽鉴:《英美法导论》,北京大学出版社 2012 年版,第 314～315 页。

代表性,因为有可能选择了另一案例却得出了完全不同的结论。如果此种案例没有考虑到其他实证方法的综合运用,而案例材料也是来自有关媒体的任意剪裁,那么案例研究的信度与效度就会大打折扣。案例研究所使用的案例材料首先应该选择完整的法院判决书,当然还可以参考当事人及其代理人的诉状与答辩摘要以及法官与陪审员的附议意见等。

研究示例2:《中国犯罪问题研究》

《中国犯罪问题研究》是严景耀先生于1934年在美国芝加哥大学关于中国刑事犯罪问题研究成果而撰写的博士论文,可视为中国社会学家运用社会学方法进行司法实证研究的开山鼻祖之作。作者不但难能可贵地深入民国时期监狱实地参与观察罪犯活动,而且成功地运用了个案调查、个案研究与统计调查相结合的方法,归纳总结出民国时期刑事犯罪形成的众多社会文化因素。他认为,"犯罪和文化的关系深刻而密切,其密切程度是大多数初学犯罪学者所估计不到的","对于犯罪问题的研究途径和适当的了解必须从努力调查文化变迁的过程、矛盾和不稳中去探求"。①

研究示例3:《关于中级法院民事一审程序运作状况的调查报告》

《关于中级法院民事一审程序运作状况的调查报告》②是王亚新、范愉、傅郁林和徐昕共同撰写的调查报告,最初发表在2004年厦门大学出版社出版、张卫平主编的《民事程序法研究》(第29~57页),属于当代中国法学界运用社会学方法从事司法实证研究的重要代表作。该调查报告的主要写作背景是2002年4月1日最高人民法院发布施行《关于民事诉讼证据的若干规定》。作者认为,"规范或制度上的改变不一定意味着诉讼审判实务总会与之保持一致",民事诉讼证据规则的实施效果究竟怎样,是有待实际观察和分析研究的。但是一方面,我国学术界缺乏民事诉讼程序问题的全面调查研究,即使存在所谓的实证研究也大多建立在一

---

① 原文参见袁方:《社会研究方法教程》,北京大学出版社1997年版,第761~773页。

② 该调查报告的后续研究成果可参见王亚新:《实践中的民事审判(一)——四个中级法院民事一审程序的运作》和《实践中的民事审判(二)——五个中级法院民事一审程序的运作》两篇调研论文,载王亚新等:《法律程序运作的实证分析》,法律出版社2005年版,第3~97页。

般观察或片段性的数据资料之上;另一方面,司法实务部门的调查研究也只是服从内部的工作需要,实际上常常欠缺理论层面的系统描述,因此作者希望对我国地方法院在该证据规则实施前后的运行状况进行较为系统全面的调查研究,力图在获得具体的数据资料的基础上掌握并描述其运作程序的一般状况。为此,作者在 2002 年 5 月中旬到 7 月上旬选取了广东、湖北和贵州的三个中级法院作为第一批调查对象进行系统的调查研究,希望"通过本次调查了解中级法院如何受理民事一审案件、在开庭前有什么样的准备活动、开庭采取什么样式、开庭次数的多少、当事人如何举证、法院依职权从事的证据收集还占多大分量、不同种类的证据方法发挥作用的程度、有多少证人出庭作证、调解与判决结案的分布情况、审结案件一般所需的时间,等等。总之,我们希望能够通过获得一套系统详细的数据资料来比较完整地把握并描述中级法院审理民事一审案件的全过程"。作者主要采取利用统计学分布原理取得相当数量的样本,并在此基础上进行结构分析的法社会学常规方法,但法人类学式的个案分析只是作为辅助性手段,涉及文献研究、参与观察、访谈和问卷调查等具体的调查方法和手段的综合运用。该调查报告的结构由四部分组成:一、问题意识、研究目的与调查方法;二、作为调查对象的中级法院一般情况;三、三个中级法院民事一审程序的运作状况(包括案件的受理及开庭前准备、开庭审理的样式与把握案情的渠道、证据的收集提出及运用的状况和结案方式);四、初步的结论。作者对我国中级法院民事一审案件程序运作现状的抽样调查研究表明:第一,建立较完整的庭前准备程序,做好准备后,一次性开庭即审结案件的两阶段诉讼结构,无论在学术界还是在实务界都已成为得到广泛支持的程序改革方向,但调查资料及观察显示这样的结构尚未在审判实践中真正成形并稳定下来;第二,在证据的收集与提出这一层面,已经基本确立了当事人发挥其主体性并自行负责的机制,但在案件的实体形成上法官却仍然发挥着主导性的作用,同时尽管在审理与结案方式上都已实现了从以调解到以判决为中心的转换,但是判决缺乏终局性的状况并无改变;第三,不同地域、不同法院、不同法官在适用同样诉讼规则的情境下显示出千差万别的特色,但又在一般层面及特定法院内存在着共通的大致倾向。

二、司法中的社会学介入

(一)"司法中的社会学介入"之概念与源流

受概念法学和传统形式主义司法理念指导下的法院审判活动,曾被形象地比喻为自动售货机,在任何一个案件中,法官只要将法律和事实的原材料经过演绎推理式的机械操作就可以得出唯一正确的裁判结果,而无须过多旁及案件背后的社会因素与判决的社会反映,与案件无关的人通常也不得参与案件的审理活动。但是,20世纪以来随着社会科学的发展和法律界自身现实主义观念变革,法律越来越成为推行社会公共政策的工具,法院的活动也被置身于广阔的社会综合治理环境中,案件裁判的过程不再是单纯的演绎推理,而是更多地融入了社会政策、人文风俗和公平正义等法外因素的考量与平衡,实现了演绎推理与归纳推理与类比推理的结合,社会科学知识和科学方法也越来越多地进入法官和律师的视野并体现于具体的司法诉讼过程中,出现了所谓的"司法中的社会学介入"现象。

"司法中的社会学介入"即指社会学的观点、材料和方法在司法实务中的具体应用问题,它取材于美国学者约翰·莫纳什与劳伦斯·沃克的合著 *Social Science In Law*,该书的中文译名为《法律中的社会科学》,但实际上该书作者讨论的是司法活动中的社会科学作用问题,因此对我们具有重大的方法论启示。他们根据美国的司法实践总结了社会科学的四大主要用途:用来确定和某个案件相关的具体事实争议;法院如何利用社会科学研究来确立法律规则,这些规则不仅决定了某个案件的结果,还会规制以后的一大类案件;法院利用一般性的社会科学研究来为只对个案判断有意义的事实争议提供背景;律师利用社会科学来准备审判案件的工作。[①] 一般而言,由于司法活动主要关涉事实认定、规则发现和作出裁判三类内容要素,司法中的社会科学(社会学)应用也就可以简化为界定案件事实、支持法律规则和强化裁判效果三方面,具体涉及社会科学知识和方法的两个应用层面。虽然社会学的基本特点是强调量化的实证研究,但是"司法中的社会学介入"却是定性分析与定量分析的结合运用,主要体现于司法诉讼前后的证据采信与规则创造活动领域。霍姆斯(Olicer Wndell Holmes)大法官提出了"法的生命不在逻辑,而在经

---

① [美]约翰·莫纳什、劳伦斯·沃克:《法律中的社会科学》(第6版),何美欢、樊志斌、黄博译,法律出版社2007年版,前言第2页。

验"的法律现实主义命题,并在其系列职业演讲中似乎很早就预言了社会科学与法律(司法)和法学研究的关联性问题。1897年1月8日,霍姆斯在波士顿大学法学院发表的《法律的道路》演讲中指出,"对于法律的理性研究而言,研究历史文本的(black-letter)人或许是现在的主人,而未来的主人则属于研究统计学之人和经济学专家"。[1] 他好像呼吁法学与社会科学的联姻。1913年2月15日,霍姆斯在哈佛大学法学院发表的《法律与法院》演讲中又说,"科学已经让世人学会了怀疑,同时也赋予了用证据检验一切的正当性"。[2] 他的说法为布兰代斯(Louis D. Brandeis,有的翻译为布兰迪)所验证,布兰代斯正是最早尝试将社会科学材料引入司法实务的法律家,他意图运用这些材料补强和支持俄勒冈州相关立法,以达到胜诉目的。1907年,美国联邦最高法院审理了 Muller v. Oregon(208 U. S. 412, 28 S. Ct. 324, 52 L. Ed. 551)一案,布兰代斯作为被上诉人俄勒冈州官方的辩护律师参与此案的审理活动,他的有关辩护也得到了本案法官认可。此案起因于1903年俄勒冈州通过的一部新法案,该法案规定工厂和洗衣厂所雇佣的女工日工作时间不得超过10小时。1905年,俄勒冈州最高法院维持了对洗衣厂厂主 Curt Muller 的判决,认定他违反了该法案。洗衣厂厂主 Curt Muller 向美国联邦最高法院提起上诉,美国联邦最高法院受理此案并于1907年作出维持俄勒冈州最高法院判决的判决。

布兰代斯的辩护意见:"工业国家以往的经验告诉我们,过度劳动会损害社会的整体福利。大范围的人口质量下降,会不可避免地降低整个社会在物质上、精神上、道德上的水准。如果长时间的劳动使我们的妇女的健康受到损害,那么受影响的就不仅仅是当前的社会生产效率,还有我们的后代。婴儿死亡率会因此上升,同时,那些存活下来的、已婚工作妇女的小孩也会因为无可避免的父母的忽视受到伤害。因此,让未来的母亲过长时间劳动,就是在直接损害整个国家的福利。"他由此引用了1873年马萨诸塞州卫生部报告、1871年马萨诸塞州劳工统计局报告、1890年柏林劳动立法国际会议、1891年7月7日法国上议院议程以及纽约州劳工统计局报告、1904年 Thedore Weyl. Jena 博士的职业卫生学、1905年柏林由帝国家政局核准的工厂检查员关于工

---

[1] [美]霍姆斯:《法律的生命在于经验——霍姆斯法学文集》,明辉译,清华大学出版社2007年版,第221页。

[2] [美]霍姆斯:《法律的生命在于经验——霍姆斯法学文集》,明辉译,清华大学出版社2007年版,第239~240页。

厂女工工作时间的报告、罗斯福总统 1906 年 12 月 4 日在 59 届国会第二次会议上发表的年度报告、1906 年 S. P. Breckinrige 的论文《妇女工作的立法控制》等，得出结论："从前面所描述的事实看来，参考欧洲最发达国家的国家和其他 20 个州 60 多年以来的立法活动，我们认为，对在器械制造业、洗衣房工作的女工的 10 小时工作日的限制，是公共健康、公共安全和公共福利的要求，我们不能说俄勒冈立法机关没有合理的理由相信这一点。"[1] 要说明的是，虽然布兰代斯在本案中的辩论摘要是社会科学材料运用于审判案件的起点，他所使用的材料在今天却不能作为社会科学证据接受，但也反映了当时社会科学研究的典型，仍然具有重要的方法论意义。

美国联邦最高法院的判决意见：布兰代斯在为被上诉方提交的辩论摘要里提到的这些法案和观点"从技术上说并非是我们必须服从的权威，它也没有论及我们所面临的合宪性问题，但它们的意义在于，它说明了一种广泛接受的观点，即女性由于其身体结构的不同，以及因此而承担的不同的任务，需要以特别的立法限制或规定她们的工作条件。当然，即使是当今一致的民意也不能解决一个合宪性问题，因为我们的成文宪法的独特价值就在于其形式是固定的，它存在对立法的限制，从而让我们的民选政府具有非成文宪法的政府所缺乏的持久性和稳定性。然而，当某一个事实有争议且不能确定，并且这一事实将影响到某一宪法规则的限制范围时，对于这一事实的长久而广泛的共识便是很值得考虑的。我们对所有的一般知识具有司法认知能力……很明显，妇女的身体结构和生育能力让她们在谋生的过程中处于劣势。在做了母亲之后，这种劣势就更加明显了。即使还不是母亲，无数医务界的证词表明，妇女工作时长时间连续站立将会逐渐损伤她的身体。健康的母亲是下一代的身体素质的保证，因此，为了这个民族的力量和活力，妇女的身体健康成为这个社会的共同利益和共同关心的问题"。[2] 联邦最高法院最后判定维持俄勒冈州最高法院判决。后来，布兰代斯和 Goldmark 在 W. C. Richie & Co. v. Wayman, 244 Ill. 509, 91 N. E. 695(1910)案中提交了一份 610 页的陈词，法院后认定伊利诺伊州一项限制妇女日工作时间为 10 小时的立法没有违反伊利诺伊州宪法；布兰代斯和 Goldmark、Felix Frankfurter 在 Bunting v.

---

[1] 详见[美]约翰·莫纳什、劳伦斯·沃克：《法律中的社会科学》，何美欢、樊志斌、黄博译，法律出版社 2007 年版，第 5~7 页。

[2] [美]约翰·莫纳什、劳伦斯·沃克：《法律中的社会科学》，何美欢、樊志斌、黄博译，法律出版社 2007 年版，第 8~9 页。

Oregon，243 U. S. 426，37 S. Ct. 435，61 L. Ed. 830(1917)案中提交了一份1021页的案件陈词，支持俄勒冈州一项限制最长日工作时间至10小时的立法，这部立法没有区别工人的性别，后来受理该案的法院的多数法官意见认为该立法有效。1916年，已身为美国联邦最高法院大法官的布兰代斯更明确地指出法律职业(法官、律师)与社会学之间发生的关系互动，他警告说，"一个法律人若是不曾研读经济学和社会学，他将非常容易成为公众的敌人"。① 他呼吁人们关注从法律公平向社会公平的法治理念转变，重视社会科学统计对司法实务和法学研究的形成的长期挑战和深刻影响。

(二)关于社会学介入的司法规则确认

司法中的社会学介入首先涉及两个具体问题：一是(非诉讼关系人如专家证人和普通公众提供的)社会事实材料是否可以作为法定的诉讼证据来证实案件事实的真实性？二是诉讼关系人(侦查员、法官、当事人及其代理人)如何收集和分析整理作为诉讼证据的社会事实材料？进言之，以上两个问题的制度解决是否存在相应的程序规则？

1. 我们应该承认各国确实存在司法中的社会事实引入实践，并首先表现为专家证言的司法接纳与认可规则确立。

按照一般的司法法治原则，凡与诉讼案件无关的人员不得参与司法诉讼活动，关于案件事实的认定和法律规则的适用被认为是法官(或以陪审员形式存在的法官)的专利。但是，专家意见和社会共识或民意之类的社会事实在如今各国的司法诉讼制度中的证据功能越来越大，并不同程度地发展成为认定案件事实真伪的重要依据。1975年，美国《联邦证据规则》(*Federal Rules of*

---

① Louis D. Brandeis, *The Living Law*. See：http://www.law.louisville.edu/library/collections/brandeis/node/223(2014-01-04 访问)。

Evidence)第702条①确立了专家证言的FRE标准，即科学证据如果对事实裁判者有帮助便应当被准入，以取代1923年哥伦比亚特区上诉法院判例Frye v. United States，54 App. D. C. 46，293 Fed. 1013所创立的Frye标准（专家证言应被其所在科学学科普遍接受）。美国专家证言的FRE标准为法定标准，意味着专家证言与其他法定证据一样可以适用于司法审判中的案件事实认定。当代中国并不存在统一的诉讼证据制度，而专家证人也是以"专门知识的人员"形式分别存在于三大诉讼证据规则中。如2002年施行的《最高人民法院关于民事诉讼证据的若干规定》第61条规定："当事人可以向人民法院申请由一至二名具有专门知识的人员出庭就案件的专门性问题进行说明。人民法院准许其申请的，有关费用由提出申请的当事人负担。审判人员和当事人可以对出庭的具有专门知识的人员进行询问。"2002年施行的《最高人民法院关于行政诉讼证据的若干规定》第48条规定："对被诉具体行政行为涉及的专门性问题，当事人可以向法庭申请由专业人员出庭进行说明，法庭也可以通知专业人员出庭说明。必要时，法庭可以组织专业人员进行对质。当事人对出庭的专业人员是否具备相应专业知识、学历、资历等专业资格有异议的，可以进行询问。由法庭决定其是否可以作为专业人员出庭。专业人员可以对鉴定人进行询问。"2012年刑事诉讼法修正案第72条填补了我国刑事诉讼专家证人的制度缺陷，并作出明确规定："公诉人、当事人和辩护人、诉讼代理人可以申请法庭通知有专门知识的人出庭，就鉴定人作出的鉴定意见提出意见。"2013年1月1日施行的《最高人民法院关于适用〈中华人民共和国刑事诉讼法〉的解释》第217条进一步作出相关程序规定："公诉人、当事人及其辩护人、

---

① 美国《联邦证据规则》在2000年、2011年被修改，FRE702标准原文为：A witness who is qualified as an expert by knowledge, skill, experience, training, or education may testify in the form of an opinion or otherwise if: (a) the expert's scientific, technical, or other specialized knowledge will help the trier of fact to understand the evidence or to determine a fact in issue; (b) the testimony is based on sufficient facts or data; (c) the testimony is the product of reliable principles and methods; and (d) the expert has reliably applied the principles and methods to the facts of the case. 参见http://www.law.cornell.edu/rules/fre/rule_702(2014-01-06访问)。中文意思是：一个因其知识、技能、经验，所受训练或教育而具备相应资格专家，如果符合以下条件则可以通过意见的形式或其他形式作证：(a)专家的科学、技术或者其他专业知识有助于事实裁判者理解某一证据或认定某一争议的事实；(b)证言基于充分的事实和数据；(c)证言是可靠的原则和方法的产物；(d)专家可靠地将这些原则和方法适用在了本案事实上。

诉讼代理人申请法庭通知有专门知识的人出庭,就鉴定意见提出意见的,应当说明理由。法庭认为有必要的,应当通知有专门知识的人出庭。申请有专门知识的人出庭,不得超过二人。有多种类鉴定意见的,可以相应增加人数。有专门知识的人出庭,适用鉴定人出庭的有关规定。"从三大证据规则来看,我国的专家证言并不是作为正式的法定证据存在,只是对法定证据起辅助性和补充的作用,并且专家证人由当事人聘请,这不同于美国专家证人的法院委托制。不过在司法实践中,我国上海等地却发展出了由法院邀请和当事人委托并存的另一种专家组制度。2012年4月19日,四川省高级人民法院还率先发布《关于知识产权案件专家证人出庭作证的规定(试行)》,对四川省知识产权案件专家证人出庭作证进行了规范,明确规定专家证人对涉案专业性问题提出意见的,应当向人民法院提交书面意见并出庭作证。① 除了专家证人的证据制度外,其实我国将社会事实材料引入法院审判还是存在司法诉讼的制度基础的,如《最高人民法院关于民事诉讼证据的若干规定》第9条和《最高人民法院关于行政诉讼证据的若干规定》第68条都规定了法庭可以直接认定的三类社会事实:众所周知的事实;自然规律及定理;根据日常生活经验法则推定的事实。又如《最高人民法院关于行政诉讼证据的若干规定》第56条关于证据真实性审查标准的第一项和第四项规定蕴涵了对案件相关社会事实有效性的司法认可:"(一)证据形成的原因;(二)发现证据时的客观环境;(三)证据是否为原件、原物,复制件、复制品与原件、原物是否相符;(四)提供证据的人或者证人与当事人是否具有利害关系;(五)影响证据真实性的其他因素。"这是因为证据与社会事实总存在相关性,证据发生的原因与环境自然也应包括当时的社会自身原因与社会环境因素。但不应否认的事实是,由于我国公众参与司法尚处于低级而肤浅的司法民主阶段,舆情民意与特殊利益集团等对司法活动的直接影响程度甚微,还不存在结构性的沟通与互动机制。

2. 我们也应看到社会学方法在司法实务中的逐渐普及和推广,并存在相应的程序规则规制。

20世纪60年代以来,社会科学和行为科学的实证研究方法已经较为精致,包括调查、统计、实验、访谈等资料收集和分析的方法更为成熟,美国等国掀起法律与社会运动,该运动也波及司法实务部门并深刻地影响到司法诉讼

---

① 党文伯:《四川省对知识产权案件专家证人出庭作证进行规范》,参见 http://www.gov.cn/jrzg/2012-04/19/content_2117607.htm(2014-01-04 访问)。

规则。中国有句诉讼名言"以事实为根据,以法律为准绳",任何案件的处理首先建立在案件事实的查明基础上,诉讼前存在侦查机关的侦查观察和实验等活动,诉讼中存在法官对诉讼关系人的法庭调查以及侦查机关的补充侦查等活动。如刑事侦查观察涉及犯罪现场勘查,关于受害人和知情人的调查访问,关于犯罪嫌疑人的跟踪盘查、搜查和拘留逮捕时的周围情况;而法官在庭审活动中则要对有关实物证据、照片地图设计图等物品进行观察确认其真实性,甚至亲自到案件发生现场勘查有关事实。而侦查实验与诉讼实验(多为准实验)也是常用的社会学方法。我国2012年修改的刑事诉讼法第133条明确规定:"为了查明案情,在必要的时候,经公安机关负责人批准,可以进行侦查实验。"1998年制定的公安部《公安机关办理刑事案件程序规定》(2012年已修改)第202条详细规定了公安机关侦查实验的七项任务:确定在一定条件下能否听到或者看到;确定在一定时间内能否完成某一行为;确定在什么条件下能够发生某种现象;确定在某种条件下某种行为和某种痕迹是否吻合一致;确定在某种条件下使用某种工具可能或者不可能留下某种痕迹;确定某种痕迹在什么条件下会发生变异;确定某种事件是怎样发生的。1999年最高人民检察院颁布的《人民检察院刑事诉讼规则》(2012年已修改)第171条则规定了公诉机关的侦查实验问题:"为了查明案情,在必要的时候,经检察长批准,可以进行侦查实验。"人民法院根据需要也可以派法官进行诉讼实验,并对公安机关和公诉机关的实验笔录负有司法审查的法定责任,如2012年修改的刑事诉讼法第91条规定:"对侦查实验笔录应当着重审查实验的过程、方法,以及笔录的制作是否符合有关规定。侦查实验的条件与事件发生时的条件有明显差异,或者存在影响实验结论科学性的其他情形的,侦查实验笔录不得作为定案的根据。"经过证实的侦查实验笔录在法院审判工作中是可以作为直接证据来使用的,对案件事实的定性起着关键性作用。此外,各国司法机关也很重视本部门的司法统计工作,我国最高人民法院在2009年11月23日发布《关于进一步加强司法统计工作的意见》,强调加强司法统计基础工作、强化司法统计分析、拓展司法统计成果的综合利用和建立司法统计数据公开发布制度,这为我们从事有关司法问题的统计分析研究提供了最为权威的司法工作量化依据。

(三)关于社会学介入的司法判例(案例)

1. 社会学观点材料的司法适用

一般而言,如果存在较为明确的制定法规范依据,那么社会学在证据法规则中主要用来发现单个案件与诉讼当事人之间的事实关系;如果缺乏相关的制定法依据或判例规则,那么社会学则可能被用于发现作为创立新的公共政策或法律规则(如创造新的判例或确立习惯法)的事实,此类事实具有立法意义,被美国学者称为"立法事实"(legislative facts)①,以区别于前者仅仅适用已确立的法律规则来解决诉讼当事人之间纠纷的裁判事实(adjudicative facts,何人何时何地何事何为)。在美国,立法对社会科学的运用的很大部分发生在宪法的语境中,特别是涉及第一修正案、第六修正案、第八修正案和第十四修正案的案件中经常引出社会科学来支持某个"立法事实"的认定,这里以1954年Brown v. Board of Eduction案为例,该案被视为"法律中利用社会科学的现代纪元之开端"②。在该案中,美国联邦最高法院在判决书的脚注中引用了诸多社会科学研究推翻1896年Plessy v. Ferguson案所确立的"隔离但平等"原则,判定公立学校的种族隔离违反了第十四修正案的平等保护条款(任何一州,都不得制定或实施限制合众国公民的特权或豁免权的任何法律;不经正当法律程序,不得剥夺任何人的生命、自由或财产;在州管辖范围内,也不得拒绝给予任何人以平等法律保护)。

在1954年Brown v. Board of Eduction案中,上诉人Brown的辩论摘要附录了在美国种族关系领域中卓有建树的32位社会学家、人类学家、心理学家和精神病学家的社会科学声明 *The Effects of Segregation and the Consequences of Desegregation: a Social Science Statement*,呼吁法院推翻种族隔离政策。联邦最高法院首席大法官Warren宣读法院判决意见:"我们来困难……提出的问题:仅仅根据种族而在公立学校中对儿童的隔离是否剥夺了少数种族儿童的平等教育机会——即使物质设施和其他'有形'条件是平等的?我们认为是这样的……将他们和其他相似年龄的资格的儿童仅仅由于种族分开而产生一种对于他们在社区中地位的劣等感觉,这可能对他们的心灵和思想造成不可消灭的影响。这种分离对于他们教育机会的影响很好地被一个堪萨斯案件的判决阐明,尽管该案法院仍然感到被强迫判定黑人原告败诉:公立学校中白人和有色人种儿童的隔离对有色人种儿童有不利影响。这种影响在有法律许可的时候更为强烈,因为将种族分开的政策通常被解释为表示黑人的劣等。劣等

---

① 美国学者Kenneth Culp Davis认为,当某个机构(或法院)考虑法律或者政策问题的时候,它就在进行立法,而那些为其立法判断提供了信息的事实可以很方便地称之为立法事实。参见Davis, An Approach to Problems of Evidence in the Administrative Process, 55 *Harvard Law Review* 402 (1942).

② [美]约翰·莫纳什、劳伦斯·沃克:《法律中的社会科学》,何美欢、樊志斌、黄博译,法律出版社2007年版,第184页。

的意识影响儿童学习的动力。所以,法律许可的隔离会延缓黑人儿童的教育和精神发展,剥夺他们本来在种族融合学校系统中能够得到的一点好处。不论 Plessy v. Ferguson 案判决时心理学的范围如何,此结论充分地被现代学术权威支持。Plessy v. Ferguson 案中任何与之相反的语言都要被否决。我们的结论是,在公共教育领域,'隔离但平等'的原则没有适用的余地。分离的教育设施天生就是不平等的。因此,我们判定原告与其他诉讼中类似状况的原告由于被控诉的隔离措施被剥夺了为第十四修正案所保证的平等保护。"① 该判决添加了"现代学术权威支持"的特别脚注 11(footnote 11),详细描述了种族隔离的学校教育制度给儿童社会心智发展造成的负面影响。脚注 11 的详细内容如下:K. B. Clark, Effect of Prejudice and Discrimination on Personality Development (Mid-century White House Conference on Children and Youth, 1950); Witmer and Kotinsky, Personality in the Making (1952), c. VI; Deutscher and Chein, The Psychological Effects of Enforced Segregation A Survey of Social Science Opinion, 26 J. Psychol. 259 (1948); Chein, What are the Psychological Effects of Segregation Under Conditions of Equal Facilities? 3 Int. J. Opinion and Attitude Res. 229 (1949); Brameld, Educational Costs, in Discrimination and National Welfare (MacIver, ed., 1949), 44—48; Frazier, The Negro in the United States (1949), 674—681. And see generally Myrdal, An American Dilemma (1944)。

　　在当代中国,专家证人制度虽然在三大证据法中都已经确立,并运用于当事人侵权过错归责的裁判事实(adjudicative facts)认定工作,但是它在司法实践中的运用并不普遍,且欠缺统一的专家证人程序规则。专家证人制度可以 2012 年 4 月 18 日在广东省高级人民法院开庭公开审理的世纪大案奇虎 360

---

① Brown v. Board of Eduction of Topeka, 347 U. S. 483, 74 S. Ct. 686, 98 L. Ed. 873 (1954).
See:http://www.law.cornell.edu/supct/html/historics/USSC_CR_0347_0483_ZO.html.
关于该脚注的研究,参见 Heise, Michael. Brown v. Board of Education, Footnote 11, and Multidisciplinarity, 90 Cornell L. Rev. 279 (2004-2005).
See:http://heinonline.org/HOL/Page? handle = hein.journals/clqv90&div = 16&g_sent=1&collection=journals.

公司诉腾讯公司案为例,双方当事人都充分运用了民事证据法中的专家证人法则。① 该诉讼针对腾讯公司在2010年"3Q大战"期间,要求其用户卸载已安装的360软件的行为。奇虎为此向腾讯索赔1.5亿元人民币,并要求后者停止滥用市场支配地位、向原告赔礼道歉。在庭审中,英国公平交易局前官员大卫·斯戴里布拉斯被原告聘请为专家证人,指控被告腾讯的市场进入具有壁垒,本案中最有可能成立的相关市场,应该是向中国消费者提供的综合了视频、语音和文字交流的个人计算机即时通信产品;无论采用何种我认为适当的计算方法,腾讯的市场份额均明显高于79%;在这个相关市场中,没有任何新进入者获得了5%以上的份额(以用户有效时间计算),并且没有任何迹象表明用户因腾讯产品质量下降而转移到其他替代性的通信产品;该市场具有实质的进入壁垒和较高的拓展壁垒。中国社会科学院信息化研究中心秘书长姜奇平由被告聘请为专家证人,则反驳对方界定的相关市场存在重大缺陷,忽略了邮箱IM、微博IM和SNS网页版即时通讯服务;而将即时通讯服务的范围人为限定在综合提供视频、语音和文字交流,运行在个人计算机(PC)范畴内之后,又极大地缩小了这一市场的范围,间接提升了腾讯在这一市场的占有率。该案当天未当庭宣判。该案发生后,最高人民法院于同年5月3日及时发布《关于审理因垄断行为引发的民事纠纷案件应用法律若干问题的规定》,该司法解释第12条和第13条明确指出:当事人可以向人民法院申请一至二名具有相应专门知识的人员出庭,就案件的专门性问题进行说明;当事人可以向人民法院申请委托专业机构或者专业人员就案件的专门性问题作出市场调查或者经济分析报告;人民法院可以参照民事诉讼法及相关司法解释有关鉴定结论的规定,对前款规定的市场调查或者经济分析报告进行审查判断。在我国,专家证人多用于专业技术领域的侵权纠纷,如医疗事故索赔、交通肇事索赔、知识产权纠纷和反垄断领域等。

在我国大陆,专家证人的专业意见一般不体现在司法判决书,但是经过司法审查也有可能写进司法判决书,成为法官裁判的重要事实理由。如2010年3月9日,北京市第一中级人民法院未成年人案件综合审判庭审理了一起未成年人故意杀人案,被告为17岁高中女生冀某,她因迷恋网络聊天,偷偷与网友见面并发生关系,后在出租屋的厕所内产下一女婴,慌乱中将刚刚来到人世

---

① 阳淼:《3Q大战第二季:法庭激辩垄断 双方均请专家证人出庭》,参见http://finance.ifeng.com/news/tech/20120419/5961419.shtml(2014-01-04访问)。

的婴儿扔出窗外。① 为了解冀某犯罪动机,消除犯罪对冀某可能带来的心理障碍,承办此案的周军法官主动邀请心理辅导专家对冀某进行了心理干预。在经过与冀某谈心、心理问卷调查以及对冀某的学习成长经历的了解后,人大附中心理辅导专家李捷在心理报告中写道:冀某属于典型的青春期逆反,认知存在偏差,情绪冲动,无基本的法律知识,对生命的意义缺乏敬畏和尊重,和父母沟通不畅,和家人交往疏离,生活中无信任长者的指导,对网聊十分依赖,幼稚、盲目信任他人。在撰写判决书时,周军把心理报告写进了判决,认定冀某构成故意杀人罪,但系初犯、偶犯,且犯罪时未成年,主观恶性和人身危险性较小,依法对冀某从轻判处有期徒刑3年,缓刑3年。此外,我国还存在关于专家论证法律意见书的法律地位争议。我国以上两例法庭审判涉及的专家证言都是关乎案件裁判事实,但我国法院也不乏在案件规范依据适用中引入社会科学材料或方法的尝试,这主要表现在民间习俗的司法认可地方实践中。如江苏省高院《关于在审判工作中运用善良风俗习惯有效化解社会矛盾纠纷的指导意见》(苏高法审委[2009]1号)提出的"普遍性原则"强调,"在司法裁判过程中运用的民俗习惯,应当为一定区域内的大多数民众所熟知和认可,具有广泛的群众基础,运用民俗习惯作出的裁判能够得到当地群众的理解和支持"。为此,该省高院要求本省法官"加强调查研究",注重对民俗习惯的搜集整理和适用研究;必要时可以由全省各级法院审判委员会讨论民俗习惯司法运用的相关问题,制定指导意见,确保民俗习惯司法运用的规范化和制度化。

2. 社会学具体方法的司法适用

关于社会学实证方法(主要为观察实验)在司法审判中的实际应用,可以首先以美国的1995年辛普森(O. J. Simpson)杀妻案②为例。1994年6月12日深夜,洛杉矶西部一豪华住宅区里,人们在一住宅门前发现两具血淋淋的尸体,其中女死者为辛普森的前妻尼科尔·布朗·辛普森,另一个是她的新男友罗纳德·戈德曼。1995年10月3日,法庭当场宣布辛普森无罪。此案的关键证据有二:一是血迹证据,凶杀现场发现两处辛普森的血迹;警方在现场和辛普森住宅发现的血手套是同一副,两只手套上都有被害人和被告的血迹;在

---

① 高健、常鸣:《17岁少女扼杀亲生骨肉 参考心理报告从轻处罚》(2010-03-10),参见 http://www.cnr.cn/allnews/201003/t20100310_506132270.html(2014-01-04 访问)。同时参见 http://bj1zy.chinacourt.org/public/detail.php?id=759(2014-01-04 访问)。

② 参见视频:http://my.tv.sohu.com/u/vw/1936795(18'25)。推荐黑白电影:《十二怒汉 Twelve Angry Men》。

辛普森住宅门前小道、二楼卧室的袜子和白色野马车中都发现了辛普森和被害人的血迹。但是血证疑点极多，刑事专家一致同意，血迹化验和DNA检验的结果不会撒谎，但是，如果血迹受到污染、不当处理、草率采集或有人故意栽赃，那么它的可信度则大打折扣。二是手套证据，检方呈庭的重要证据之二，是福尔曼在辛普森住宅客房后面搜获的黑色血手套。根据福尔曼的证词，当他发现血手套时其外表的血迹是湿的。辩方专家认为这是绝对不可能的。凶案大约发生在6月12日深夜10点半左右，而福尔曼发现手套的时间是6月13日早晨6点10分，时间跨度在7个小时以上。辩方用模拟实验向陪审团演示，在案发之夜那种晴转多云和室外温度为20摄氏度的气象条件下，事隔7小时后手套上沾染的血迹肯定已经干了。虽然警方在凶案现场和辛普森住宅搜获了一左一右两只手套，并且在手套上发现了两位被害人和辛普森的血迹，但是，这两只手套的外表没有任何破裂或刀痕，在手套里面也没发现辛普森的血迹。这说明，辛普森手上的伤口与血手套和凶杀案很可能没有直接关系。为了证实辛普森是凶手，检方决定让他在陪审团面前试戴那只沾有血迹的手套。在法庭上，辛普森先带上了为预防污损而准备的超薄型橡胶手套，然后试图戴上血手套。可是，众目睽睽之下，辛普森折腾了很久却很难将手套戴上。辩方立刻指出这只手套太小，根本不可能属于辛普森。

在中国，观察实验等方法早就应用于司法审判实践，并作为古人治狱的基本手段"据证法"来使用。如南宋郑克所著《折狱龟鉴·卷六证慝》载："张举，吴人也，为句章令。有妻杀夫，因放火烧舍，称火烧死。夫家疑之，诉于官，妻不服。举乃取猪二口，一杀之，一活之。而积薪烧之，活者口中有灰，杀者口中无灰。因验尸，口果无灰，鞠之服罪。"又如该书同卷载："宋傅琰，为山阴令。有两人争鸡，琰问：'鸡早何食？'一云粟，一云豆。乃杀鸡破嗉，而有粟焉，遂罚言豆者。"当代中国也比较广泛地运用观察试验等实证方法服务于司法诉讼实践，借以证明当事人一方过错责任的承担事实依据。如2011年8月，江苏无锡北塘区人民法院审理了一起八旬老太浴室烫伤案：[①]2011年1月，八旬老太在公共浴室洗澡，洗澡水温忽然升高，导致其左大腿内侧烫伤并住院治疗。老太太的家人将浴室诉至无锡北塘法院，要求赔偿各项费用共计25000余元。

---

① 刘彦丽、路若愚：《八旬老太浴室被烫伤，法官现场模拟寻真相》(2011-08-04)，参见 http://jsnews.jschina.com.cn/system/2011/08/04/011381660.shtml（2014-01-04访问）。

为了弄清楚其他顾客同时关闭水阀会不会导致水温突然升高,法官专门组织双方当事人到浴室进行现场勘查和模拟实验。经过实验,同时开启几个淋浴龙头,将水温调至43℃,然后将其他淋浴龙头的冷水阀关闭,余下的这个淋浴龙头的水温5秒钟后上升至50℃,10秒钟后上升至54℃。法官后来又咨询了某医院烧伤科主治医师,证明40℃以上的水温即可对人体特别是大腿内侧等皮肤较薄处造成烫伤。法院经审理认为,经过现场模拟,浴室的淋浴龙头确实受相邻淋浴龙头冷热水使用的影响,一般顾客均能在造成伤害之前主动避让,但作为服务场所,其存在的不安全因素不能以消费者的主动避让作为消除该因素的条件,所以浴室应该对老太太的烫伤承担30%的责任,赔偿老太太各项费用计7216元。又如2008年周正龙诈骗、非法持有弹药终审案①,由陕西安康市中级人民法院下达的判决书指出,周正龙仅诈骗方面的事实就包括:安康市公安局受理刑事案件登记表;证人黎开武、彭会财、彭磊、肖耀风等24人的有关证明;被告人周正龙在公安机关侦查期间的供述;2006年12月31日镇坪县林业局镇林发(2006)71号文件《关于开展镇坪县华南虎调查有关问题的通知》;镇坪县政府办公室(2007)56号文件;当庭出示的在案物证、书证;上诉人周正龙及证人彭会财、彭磊、肖耀风等人对虎画的辨认笔录;安康市公安局现场勘查笔录;安康市公安局现场重建报告及勘验人员刘世荣在一审开庭时对该报告的说明[2008年5月15日公安机关侦查人员对周正龙拍摄"华南虎"现场(镇坪县城关镇文彩村神州湾马道子林区)进行现场勘验和现场重建模拟实验拍摄测量,以及对周正龙2007年10月3日所拍摄的35张"华南虎"数码照片分析表明,周正龙2007年10月3日,在距"虎"3.9m至10.5m、宽2m的拍摄范围内,用数码相机拍摄的"华南虎"是一个不大于27cm×35cm的类似于猫体型大小的微型"虎"];侦查实验笔录载明,2008年7月11日,侦查人员将"长城"1800胶片相机和佳能400D数码相机关机后交给周正龙,由其分别在较强光线和较弱光线条件下进行实物拍照,拍摄出照片,由此证明周正龙具备使用涉案相机进行拍摄的能力等。法院最后宣判:被告人周正龙犯诈骗罪,判处有期徒刑两年,并处罚金2000元;犯非法持有弹药罪,判处有期徒刑一年零六个月。总和刑期三年零六个月,决定执行有期徒刑两年零六个

---

① 周正龙诈骗、非法持有弹药案终审判决书[(2008)安中刑终字第91号],参见http://law.subaonet.com/html/law_aljx/2008-12-2/08122216364128140353.html(2014-01-04访问)。

月,宣告缓刑,缓刑考验期三年,并处罚金2000元。

(四)社会学对司法的不当介入个案

总的来说,"司法中的社会学介入"不外乎是为司法裁判者或当事人判断案件事实、发现规范依据和作出或预测案件结果提供法律外因素的充分支持,其最终目的是为了实现司法公正与社会正义的统一。但是,社会学的观点、材料和方法的不当介入和使用,也可能破坏司法独立、败坏法治名声,或者说以司法的社会效果来牺牲司法的法律效果。司法不能堕落为政治的奴婢,同样,司法也不能无原则地为大众舆论(民意借助传媒)所左右。《水浒传》第七回载:北宋徽宗年间,高俅养子高衙内欲霸占林冲之妻,设计诬陷林冲手执利刃擅闯军机重地白虎堂意欲行刺太尉。高俅写下"批条":"解去开封府,分付腾府尹好生推问,勘理明白处决!"开封府腾府尹即照批示办:"(林冲)做下这般罪,高太尉批仰定罪,定要问他'手执利刃,故入节堂,杀害本官',怎周全得他?"林冲后被流放。在2007年彭宇案中,初审法院南京市鼓楼区人民法院错误地应用经验法则推定被告彭宇存在过错,应分担原告66岁老太太徐寿兰40%的伤害补偿。(2007)鼓民一初字第212号判决书①这样写道:"根据被告自认,其是第一个下车之人,从常理分析,其与原告相撞的可能性较大。如果被告是见义勇为做好事,更符合实际的做法应是抓住撞倒原告的人,而不仅仅是好心相扶;如果被告是做好事,根据社会情理,在原告的家人到达后,其完全可以在言明事实经过并让原告的家人将原告送往医院,然后自行离开,但被告未作此等选择,其行为显然与情理相悖。""根据日常生活经验,原、被告素不认识,一般不会贸然借款,即便如被告所称为借款,在有承担事故责任之虞时,也应请公交站台上无利害关系的其他人证明,或者向原告亲属说明情况后索取借条(或说明)等书面材料。但是被告在本案中并未存在上述情况,而且在原告家属陪同前往医院的情况下,由其借款给原告的可能性不大;而如果撞伤他人,则最符合情理的做法是先行垫付款项。被告证人证明原、被告双方到派出所处理本次事故,从该事实也可以推定出原告当时即以为是被被告撞倒而非被他人撞倒,在此情况下被告予以借款更不可能。综合以上事实及分析,可以认定该款并非借款,而应为赔偿款。"该案发生后,社会公众一边倒地认为,彭宇是好人做好事没好报。后来彭宇承认确实碰了老太太,二人在南京中院二

---

① 彭宇案判决书(2012-02-08):http://www.legaldaily.com.cn/index/content/2012-02/08/content_3338388_2.htm(2014-01-04访问)。

审中也达成和解并撤诉:彭宇一次性补偿徐寿兰1万元;双方均不得在媒体(电视、电台、报纸、刊物、网络等)上就本案披露相关信息和发表相关言论;双方撤诉后不再执行鼓楼区法院的一审民事判决。但是,本案最终并没有酿就一个圆满的结局:主审法官王浩被调离到街道办,徐老太搬家,彭宇辞职,彭的辩护律师换单位不见媒体,多数南京人不愿再多事。有公众认为"判决结果让国人的道德观倒退了50年"。① 好人好事、见义勇为的社会公德与诚信意识受到极其严峻的考验,导致后来各地立法部们纷纷出台有关奖励和保护的法律制度,以回应和挽救这一社会危机。

2001年以来发生的原四会市人民法院法官莫兆军事件,②就是一例社会舆论不当介入司法的典型案件:2001年9月3日,原告李兆兴持借款借据、国有土地使用证、购房合同等证据向广东省四会市人民法院提起诉讼。李兆兴诉称张妙金等四人未能按期还款,请求法院判令他们归还借款和利息并承担诉讼费用。2001年9月27日上午,四会市人民法院法官莫兆军独任审理此案,原、被告双方均到庭参加诉讼。经调查,原、被告双方确认借条上"张坤石、陆群芳、张小娇"的签名均为其三人本人所签,而签订借据时张妙金不在现场,其签名为张小娇代签。庭审后,莫兆军根据法庭上被告张小娇的辩解和提供的冯志雄的联系电话,通知冯志雄到四会市人民法院接受调查,冯志雄对张小娇提出的借条由来予以否认。2001年9月28日,被告张妙金、张小娇到四会市人民法院找到该院的副院长徐权谦反映情况,并提交了答辩状,徐向莫兆军询问情况,并将其签批有"转莫庭长审阅"的答辩状交给了莫兆军。2001年9月29日,由于原告证据充分,而被告无法证明借据乃被迫签定,又没有报案记录,于是莫兆军依据"谁主张谁举证"原则判令被告张坤石、陆群芳、张小娇于判决生效后10日内清还原告李兆兴的借款一万元及利息,并互负连带清还欠款责任;被告张妙金不负还款责任。2001年11月8日,李兆兴向四会市人民法院申请执行。该院依程序于同月13日向被告张坤石等人送达了执行通知

---

① 王永端:《南京彭宇案主审法官被调离、徐老太搬家,彭宇辞职》(2011-09-28),参见 http://news.ifeng.com/society/1/detail_2011_09/28/9537310_0.shtml(2014-01-04 访问)。

② 南方网:《无罪法官回家养猪》(2004-08-03),参见 http://news.sohu.com/20040803/n221341649.shtml(2014-01-04 访问)。同时参见广东高院刑事终审裁定书(2010-05-17):http://jpkc.fudan.edu.cn/s/92/t/186/23/df/info9183.htm(2014-01-04 访问)。

书,责令其在同月 20 日前履行判决。同月 14 日中午,被告张坤石、陆群芳夫妇在四会市人民法院围墙外服毒自杀。2001 年 11 月 15 日,公安机关传唤冯志雄、李兆兴两人,两人承认借条系他们持刀威逼张氏等人所写。2001 年 12 月 5 日下午,中共四会市委政法委书记吴瑞芳与张坤石、陆群芳的家属张水荣、张继荣、张妙金、张小娇四人签订《协议书》,由中共四会市委政法委补偿张水荣、张继荣、张妙金、张小娇等家属人民币 23 万元,协议书由吴瑞芳(无加盖任何单位公章)、张水荣、张继荣、张妙金、张小娇分别签名确认。该款由四会市人民法院先行垫付。被告张坤石、陆群芳夫妇死后,社会反响强烈。2002 年 11 月 4 日,莫兆军被四会市人民检察院逮捕,并以玩忽职守罪被起诉到肇庆市中级人民法院。2003 年 12 月 4 日,肇庆市中级人民法院一审判决莫兆军无罪,肇庆市检察院不服判决,提出抗诉。2004 年 6 月 29 日,广东省高院终审维持一审判决:莫兆军无罪。

第二章 法律现实主义的思想渊源

法律现实主义提供了面对司法现实的法治进路,它启示我们的司法实践与法学研究切忌简单满足于三段论的演绎推理功能,而是要将关注重心从立法者转向法官的能动行为,因为规则的不确定性是可能的,事实的不确定性也是可能的,鲜活的司法现实给我们展现了更为绚丽多彩的法律改革图景。

第一节 法律现实主义概述

一、法律现实主义是一个学派还是一种思潮

法律现实主义(Legal Realism),又名现实主义法学,该术语反映了人们对它的不同定性认知:一种观点认为,法律现实主义是一种思潮,一个运动,美国法律现实主义更是如此。"严格地说,美国现实主义法学并不是一个学派,而是当时具有某种共同思想倾向但却又持有不同观点的人所形成的一种学术思潮(用他们自己的话来说,是一个运动)。这一批人的共同特点是贬低以至否定法律规则(规范),主张法律就是法官或其他官员处理案件的行为或对这种行为的预测。"[①]该观点的理由包括美国著名学者的看法,如富勒说,法律现实主义很难称为一个学派,因为不同的法律现实主义者的观点很不一样,有左派,也有右派,因此把法律现实主义称为一个运动比较合适。卢埃林也表示,没有现实主义学派,但有一个关于这种思想的运动。弗兰克也明确表示没有

---

① 沈宗灵:《现代西方法理学》,北京大学出版社1992年版,第309页。

同质的法律现实主义。

另一种观点认为,法律现实主义是一个独立的学派,或者只是法社会学(社会法学)的一个分支。"社会法学是19世纪在社会学的基础上产生的一种实证主义法学思潮,它用社会学的理论和方法来认识和研究法律问题。……社会法学是一个极不统一的法学流派,其内部分歧很多,大的方面可分为欧洲的社会法学(又分为利益法学、自由法学、社会连带主义法学、斯堪的纳维亚现实主义法学)和美洲的社会法学(又分为实用主义法学、现实主义法学)。"[①]在此,法律现实主义被视为社会法学的分支,这说明了二者之间存在的共同思想渊源和若干相似观点,即都以实用主义为主要的哲学基础,[②]从皮尔士、詹姆斯、杜威等实用主义者那里继承了对于形式主义、演绎三段论和抽象思考的厌恶,特别强调法律运行的社会目的和效果,主张书本上的法律与行动中的法律之分离,以及保持对科学方法运用于社会问题研究的确信等。但是,法律现实主义与社会法学(以庞德为代表)也存在若干明显的区别:"在法律概念上,现实主义法学强调法官等人的行为而贬低以至否认法律规则,庞德的法律概念比较广泛,包括行为、规则、原则等;现实主义法学强调对法官等人的心理分析,庞德认为这种心理影响仅是因素之一;现实主义法学一般仅强调经验事实,庞德在强调经验事实的同时还强调理性和价值准则;现实主义法学强调法律是不确定的,庞德则认为法律既确定也不确定,等等。"[③]《美国法律辞典》则视法律现实主义为独立的学术流派:"一个强调行为的和政治的因素对作出司法判决至关重要的法学流派。法律现实主义极为轻视抽象的法律规范和原则对判决具体案件的影响。……法律现实主义者不承认判例中形成的规范,因为法律既没有那么确定又没有那么明晰。相反,判决是以法官运用'正确的'规范和提出的书面判决理由为基础的。从理论上说,判决理由是建立在经验主义的基础之上的。"[④]总之,我们可以说法律现实主义就是法学中的实用主义、司法中的社会学特色流派。

法律现实主义究竟是一种法学思潮和运动,还是一个独立的法学流派呢?

[①] 谷春德:《西方法律思想史》,中国人民大学出版社2000年版,第258页。
[②] 作为法律现实主义的先驱,霍姆斯曾与实用主义创始人皮尔士、詹姆斯等人一起在哈佛大学附近组织形而上学俱乐部的读书讨论会。
[③] 沈宗灵:《现代西方法理学》,北京大学出版社1992年版,第310页。
[④] [美]彼得·G.伦斯特洛姆:《美国法律辞典》,贺卫方等译,中国政法大学出版社1998年版,第26页。

研究者的视角不同而已。法律现实主义是对形式主义的概念法学的反动,是实用主义哲学在法学领域特别是司法学领域的回应,它作为思潮与社会法学、后现代法学等相呼应,并直接影响了行为主义法学、法经济学、批判法学等新流派的产生和发展。同时,法律现实主义逐渐壮大成为20世纪美国最为强劲的法学流派,在美国法律实务界、理论研究和教育界产生了深远影响,它与其他学派一起在20世纪60年代还汇聚成"法律与社会运动",成立法律与社会学会(Law and Society Association),组织出版《法律与社会评论》(*Law and Society Review*),不断尝试运用社会科学的知识和方法来解读和处理司法问题,成为行为主义法学最重要的思想先驱;作为统治美国半个世纪以上的官方法学,在耶鲁大学、哈佛大学等大学法学院被设置为专业课程,虽然20世纪七八十年代以来几度沉寂并遭到批判,但是在21世纪初又以新法律现实主义的姿态重新引领美国法学界,这一思潮在欧洲大陆和斯堪的纳维亚半岛还发展成为新的学科门类。

二、法律现实主义的界定与基本主张

法律现实主义的诞生可以追溯到19世纪末20世纪初,一般将霍姆斯在1897年1月8日于波士顿大学法学院新大厅落成典礼上发表的演讲《法律的道路》作为标志,霍姆斯在演讲开篇中就指出:"当我们研究法律时,我们不是在研究一个神秘莫测的事物,而是在研究一项众所周知的职业。我们是在研究那些我们所需要的东西,以使其可以呈现在法官面前,或者可以建议人们通过这种方式免于卷入诉讼。……我们研究的目的就是预测(prediction),就是对于公共力量通过法院这一工具而产生的影响范围的预测。"[①]20世纪30年代以来,法律现实主义达到鼎盛时期,不仅在美国发展迅速,在欧洲大陆也有广泛传播,主要形成了美国学派和欧洲大陆学派两大学派。21世纪以来,新法律现实主义在美国再度兴起。

法律现实主义"主要是以实用主义哲学为基础,以法的客观社会现实为研究对象,突出强调法官行为,注重司法效果"[②]。但是在界定法律现实主义概念时,应注意以下几点。

[①] 霍姆斯:《法律的生命在于经验——霍姆斯法学文集》,明辉译,清华大学出版社2007年版,第207页。

[②] 付池斌:《现实主义法学》,法律出版社2005年版,第1页。

第二章 法律现实主义的思想渊源

（一）"现实主义"概念是一个容易产生歧义的名词，法律现实主义和哲学或者文学的现实主义没有联系①

布赖恩·莱特指出，现代哲学中的"现实主义"有两方面的含义：一是语义的现实主义，是指一些话语中的陈述是认识论的（即可以根据真或假进行评价），任何具体的陈述的意义是由它的真值决定的，这些真值原则上可能超出我们的检验和发现的能力；二是形而上学的现实主义，即某类实体，其真实存在和特征外在于我们人类的思考。但是，法律现实主义和哲学的现实主义没有多大关系。弗兰克曾用法律现实主义指称20世纪前20年代那些对传统的法律分析进路表示怀疑的法律人，但他很快后悔使用此词，因为法律现实主义与哲学的现实主义完全无关，还建议用"建构的怀疑论"来取代"法律现实主义"。

（二）欧洲的法律现实主义与美国的法律现实主义存在研究对象和研究进路的重大差别

一般而言，欧洲的法律现实主义侧重关注制定法与习惯法的关系，他们批判的主要是欧洲法律界只注重制定法的行为，而较少涉及法官行为的研究，而不太注意司法过程中人的因素作用；而美国的法律现实主义很少批判美国的制定法和判例法，他们关注的主要是法律中人的因素可能产生的司法不确定性问题。由于司法社会学的课程设置目的，本章关于法律现实主义的研讨限于美国学派。

（三）美国法律现实主义的基本主张

美国法律现实主义兴起于20世纪30年代，以卢埃林、弗兰克为代表，但其思想渊源可以追溯到霍姆斯和卡多佐的经验主义司法论，以及此前产生的美国实用主义哲学和英国功利主义与实证分析主义法学。美国法律现实主义以鲜明的反形式主义立场，质疑法律规范的确定性，而对司法判决中的法官行为表现出极大的热情，它的基本主张可概括为规则怀疑论、法律实践论和法官造法论。②

1. 规则怀疑论

霍姆斯提出了司法预测论，但法律现实主义者则偏向对这种预测的怀疑，更认同法律存在的不确定性，有些对规则（包括判例法）的确定性表示怀疑，有

---

① 参见张芝梅：《美国的法律实用主义》，法律出版社2008年版，第63页。
② 参见付池斌：《现实主义法学》，法律出版社2005年版，第38～41页。

些则对判决结果产生怀疑。法律现实主义对规则的怀疑有两个原因:一是认为"事实"是一个复杂、模糊的概念,很难套进规则;二是规则由概念组成,而概念本身不过是我们思维的碎片,是不可靠的,这种怀疑实质是人的认识能力的不信任,而不是基于法律的怀疑。法律现实主义对法官判决确定性的怀疑,是因为法官的判决可能受到诸多非法律因素的影响而影响到法律的确定性。规则怀疑论者以卢埃林为代表,他认为法的不确定性的首要原因是初审法院在认定事实方面的困难,一是证人提供的证词往往不可靠,二是不同的法官和陪审员对于同一情况会产生不同的印象和感觉。这些困难使得法院的判决和真正的法失去了可靠性基础。至于人们存在的对法的确定性的幻想和神话的原因,有包括宗教、美学、经济、职业习惯等诸多因素,其中心理因素最重要。

2. 法律实践论

传统的法治理论不重视法律实施中的人的因素,认为法律过程不过是简单的演绎推理或类比推理,法律规则自身的研究受到关注。而法律现实主义反对这种形式主义的做法,认为法律规则必须在具体的案件中结合各种因素才能适用,行动中的法不同于书本上的法,法学研究的重点应放在法官的实际判决过程,关注法律适用的实际运作中诸多因素的作用。由此,法律现实主义提出了与传统法学不同的思考法律问题的方法,它将法律看作是一个可以观察的现象,一个借助经验实证方法描述和分析的客观现象。

3. 法官造法论

法律现实主义之所以强调司法审判中的法官能动性,主要基于两方面的理由:一是一般的规则不可能决定具体的案件,单靠演绎推理或类比推理本身无法得出具体的结论;二是价值的相对性决定了法官必须发挥主观能动性,对不同的价值进行综合和平衡。如弗兰克在《初审法院》中指出:"当大多数法学家否认法官制定法律时,少数朝气蓬勃的法学家现实主义地断言法官制定着法律。"他提出了司法判决的三个公式:$R(rule) * F(fact) = D(decision)$;$S(stimulus) * P(personality) = D$;$R * SF(subject\ fact) = D$,认为只有第三个公式才真实地反映了法官的判决,即根据法官和陪审员认定的事实适用规则的过程。

第二节　法律现实主义的思想先驱

一、霍姆斯

霍姆斯(Oliver Wendell Holmes，1841—1935)，1841年3月8日出生于美国波士顿。其父是一位诗人、医学家，担任过哈佛大学医学院的解剖学教授，研究领域涉及法律、神学和医学等；其母是一位州法院大法官的女儿。霍姆斯1860年大学毕业后参加美国内战。1866年，毕业于哈佛大学法学院。1867年取得律师资格，进入律师事务所。1870年，进入哈佛大学法学院担任讲师，撰写的《法典与法律编制》一文发表在《美国法律期刊》，随后做了3年期刊编辑。1880—1881年，应邀在洛厄尔学院(Lowell Institute)发表主题关于普通法的系列演讲，后整理出版，即 *The Common Law*。1882年11月，被任命为马萨诸塞州最高法院大法官。1902—1932年，担任美国最高法院大法官，发表了许多与当时的保守派大法官意见相左的判决意见，赢得了"伟大的异议者"(The Great Dissenter)称号。1935年3月6日，因感冒引起肺炎与世长辞。

霍姆斯是美国法律史上很有影响但也很有争议的人物。哈特认为"霍姆斯仍将是法理学中的一个伟大的人物，无论他在美国的名声怎样变动沉浮"。托马斯·格雷说霍姆斯是"美国法律史上最伟大的先贤"。波斯纳认为霍姆斯是"美国法律史上最杰出的人物"，是美国法律界唯一的导师人物。但他也是最有争议的人物。他的思想散落在众多的司法意见、书信、演讲和文章中，他的文风带有明显的英国色彩。霍姆斯不仅是美国法律实用主义的奠基人，也为其他法律流派如法律现实主义、法社会学等提供思想渊源。

(一)《普通法》中的反形式主义立场

"《普通法》被称为美国法律学术领域最伟大的作品。它是社会学法学的开山之作，后来又被现实主义法学奉为圭臬，最近更为法律实用主义和法律的经济分析学派所推重。"(谢尔顿·诺维克)该书第一讲"责任的早期形式"开篇就鲜明地表明他的反形式主义立场："本书的目的在于概括地介绍普通法。为了达到这个目的，除了逻辑以外，还需要其他工具。证明体系的逻辑一致性要求某些特定的结论是一回事，但这并不是全部。法律的生命不是逻辑，而是经验。一个时代为人们感受到的需求、主流道德和政治理论、对公共政策的直觉——无论是公开宣布的还是下意识的,甚至是法官与其同胞们共有的偏见,在决定赖以治理人们的规则方面的作用都比三段论推理大得多。法律蕴涵着一个国家数个世纪发展的故事,我们不能像对待仅仅包含定理和推论的数学教科书一样对待它。"①

他的"法律的生命不是逻辑,而是经验"的命题对于当时和此后很长一段时间美国法律界重新思考和界定逻辑在法律上的作用以及法律与经验的关系产生了很大的影响。应注意的是,他的立场并非绝对地否定逻辑的作用,"这种思考方式是极为普通的,对于法律人的训练就是一种逻辑上的训练。那些类比、识别和演绎的过程正是那些法律人最为熟悉的过程。司法裁决中的语言主要是逻辑的语言。逻辑的方法和形式迎合了人们对确定性的热切渴望和存在于每一个人心灵当中的宁静平和"。他反对是将逻辑视为在法律的发展中唯一发挥作用的力量的观点。因为"在逻辑形式的背后,存在着对于相互竞争的立法理由的相对价值和重要意义的判断,通常是一种无以言表且毫无意识的判断,这是实际存在的,然而却是整个诉讼程序的根源和命脉所在"。②他的这一立场也贯穿于他的司法实践。在洛克纳诉纽约州一案发表的反对意见中指出:"普遍命题并不能裁决具体案件。裁决将更为微妙地依赖于某种判断或直觉,而非任何清晰的大前提。""任何一项司法意见都有可能成为一部法律。"③

《普通法》由前言和十一讲组成:

第一讲　责任的早期形式
第二讲　刑法
第三讲　侵权——侵害和过失
第四讲　欺诈、恶意与蓄意:侵权理论
第五讲　普通法中的受寄人(bailee)
第六讲　占有和所有
第七讲　合同之一——历史

---

① [美]霍姆斯:《普通法》,冉昊、姚中秋译,中国政法大学出版社2006年版,第1页。
② [美]霍姆斯:《法律的生命在于经验——霍姆斯法学文集》,明辉译,清华大学出版社2007年版,第217页。
③ [美]霍姆斯:《法律的生命在于经验——霍姆斯法学文集》,明辉译,清华大学出版社2007年版,第305页。

第二章 法律现实主义的思想渊源

第八讲　合同——Ⅱ.要素
第九讲　合同——Ⅲ.无效合同和可撤销合同
第十讲　承继——Ⅰ.死后——Ⅱ.生者之间的
第十一讲　承继之二：生者之间的

（二）《法律的道路》中的预测理论

"对于法院实际上将要做什么的预测（prophecies），而不是什么其他的自命不凡，就是我所谓的法律的含义。"①"当我们研究法律时，我们不是在研究一个神秘莫测的事物，而是在研究一项众所周知的职业。我们是在研究那些我们所需要的东西，以使其可以呈现在法官面前，或者可以建议人们通过这种方式免于卷入诉讼。为什么法律是一项职业，为什么人们愿意向律师支付报酬，以让其代表他们进行辩论或者给他们提出建议，原因就在于，在像我们这样的社会当中，人们将公共力量委托法官以使其可以在特定的案件中予以支配，并且，如果必要的话，将会运用整个国家权力来执行法官的判决和裁定。人们想要知道，在何种情况下并且在多大程度上，他们会冒险面对更为强大的东西，因此，揭示出何时将会担心出现这一危险，便成了一项职业。所以，我们研究的目的就是预测（prediction），就是对于公共力量通过法院这一工具而产生的影响范围的预测。"②预测理论把法律看作是一套概念体系的观点，好的一面是揭示了法律可预测、具有重复性适用的特点，使得法官能够面对案件现实借助区别技术推翻先例；但也存在负面影响，因为下级法院法官根据上级法院法官的意见进行预测决定自己的判决，可能会妨碍下级法院法官的独立判断。

此外，霍姆斯还提出了"坏人"理论（"你们可以清晰地看到，坏人和好人同样有理由希望避免遭遇公共力量，因此，你们就可以看到在道德和法律之间进行区分的实际意义。""如果你们只想知道法律不是其他什么东西，那么你们就一定要以坏人的眼光来看待法律，而不能从一个好人的视角来看待法律，因为坏人只关心他所掌握的法律知识能使他预见的实质性后果，而好人则总是在较为模糊的良知状态中去寻找其行为的理由，而不论这种理由是在法律之内还是在法律之外。"）、法律与道德的关系（"法律是我们道德生活的见证和外部

---

① ［美］霍姆斯：《法律的生命在于经验——霍姆斯法学文集》，明辉译，清华大学出版社2007年版，第211页。
② ［美］霍姆斯：《法律的生命在于经验——霍姆斯法学文集》，明辉译，清华大学出版社2007年版，第207页。

积淀"、"法律的历史就是一个民族道德演进的历史")等。

二、卡多佐

卡多佐(Benjamin N. Cardozo，1870—1938)，1870年5月24日出生在纽约市的一个犹太人家庭，1889年毕业于哥伦比亚大学的文学和哲学专业，进入耶鲁大学法学院未毕业就离校，后取得律师资格。1913年当选为纽约州最高法院大法官，1914—1932年担任纽约上诉法院法官，1932—1938年担任美国最高法院大法官。卡多佐支持罗斯福新政，终身未婚，朋友极少，被称为"隐士哲学家"。1938年7月9日逝世。

霍姆斯奠定了法律要面对现实、解决现实问题的基调，对当时盛行的形式主义构成了巨大的冲击，因而对现实主义法学运动和法律实用主义都产生了很大影响。但是，每个时代有每个时代要解决的问题。霍姆斯时代面临的主要问题是法律的形式主义。由于霍姆斯的贡献，法律现实主义和法律实用主义逐渐成长并逐渐取代法律形式主义在美国的统治地位，但司法实用主义仍面临许多质疑和挑战。卡多佐要解决的主要问题就是，如何用实用主义来回应人们对司法过程的确定性和科学性的怀疑："我们时代的法律面临着双重需要：首先是需要某些重述，这些重述从先例的荒漠中找出法律的确定性和有序性，这正是法律科学的任务；其次是需要一种哲学，它将调和稳定和进步这两种冲突的主张，并提供一种法律成长的原则。"[①]而在《司法过程的性质》中，卡多佐提出了他的法官立法论。

在美国的司法实践中，制定法和普通法都是美国法的主要渊源，而遵循先例是普通法的基本原则。当司法适用缺乏相应明确的制定法依据，或者没有先例可供遵循时，法官就可能根据现实的司法需要创造新的判例，进行法官立法，即卡多佐所说的在法律的"空白"和"间隙"处立法。在此，卡多佐引用大法官霍姆斯在 Southern Pacific Co. V. Jensen 的司法意见："我毫不犹豫地承认，法官必须而且确实立法，但他们只是在间隙中这样做；他们被限制在克分子之间运动。"[②]在他看来，普通法中的缝隙要比制定法中的缝隙宽。在普通法实践中，"正是在没有决定性的先例时，严肃的法官工作刚刚开始。这时，他

---

① [美]卡多佐：《法律的成长 法律科学的悖论》，董迥、彭冰译，中国法制出版社2002年版，第4页。
② [美]卡多佐：《司法过程的性质》，苏力译，商务印书馆1998年版，第42页。

必须为眼前的诉讼人制作（fashion）法律，而在为诉讼人制作法律时，他也就是在为其他人制作法律"。① 也就是说，法官被授权在法律的空隙中造法，在旧有的先例无法满足现实中的司法需求时，法官就充当立法者的角色，创造先例，填补法律空白，解决新问题。这时，法官必须采取现实主义的立场，根据现实的社会需要寻求法律规则真实含义："当需要填补法律的空白之际，我们应当向它寻求解决办法的对象并不是逻辑演绎，而更多是社会需求。"②不过，法官的造法行为也带来法律不确定性的疑问，法官对司法裁量权的滥用也会造成法官恣意的恶果。为此，卡多佐一再强调应在法律的间隙和空白中立法，而不能随意地废除旧规则而创造新规则："实际上，每个法官都在他的能力限度内进行立法，无疑，对法官来说，这些限度都比较局促。他只是在空白处立法，他填补着法律中的空缺地带。"③

关于法官的间隙立法问题，一方面，卡多佐希望通过法律的重述和整理解决判例引用与选择的困难，减少先例的不确定性；同时，法官经验和能力的提高也有助于法官在大多数案件中准确适用现有的规则和先例，虽然法律的不确定性是无法避免的；而对法律确定性的过分追求也会造成新的形式主义。另一方面，制定法和先例无法满足现实的司法需求时，法官的选择是自由的，根据法官自身的司法哲学和信念创造新的规则也就是法官的职责："有时候，从先例中可能提出苛刻或荒诞的结论，与社会需要相冲突。法律采取墨守成规的做法，与现实生活相脱离。在这个节骨眼上，法官最好保持一种活生生的信念：在形成判决之时，选择何种方法是他们自身的职责。"④卡多佐在《司法过程的性质》一书中列举比较了哲学方法（类比、逻辑）、历史方法、传统方法（社区习惯）和社会学方法（正义、道德、社会福利和社会风气），其中，社会学方法最为重要，"它在我们时代和我们这一代人中正变成所有力量中最大的力量，即社会学方法中得以排遣和表现社会正义的力量"，⑤因为法律的终极原因是社会福利。

此外，卡多佐还在《法律的成长　法律科学的悖论》等著中研究了法律的

---

① ［美］卡多佐：《司法过程的性质》，苏力译，商务印书馆1998年版，第9页。
② ［美］卡多佐：《司法过程的性质》，苏力译，商务印书馆1998年版，第76页。
③ ［美］卡多佐：《司法过程的性质》，苏力译，商务印书馆1998年版，第70页。
④ ［美］卡多佐：《法律的成长　法律科学的悖论》，董炯、彭冰译，中国法制出版社2002年版，第38页。
⑤ ［美］卡多佐：《司法过程的性质》，苏力译，商务印书馆1998年版，第39页。

确定性与科学性、法律的目的和正义、法官在审判中的直觉等问题。

第三节 法律现实主义的代表:卢埃林

一、卢埃林简介

卢埃林(Karl Nickson Llewellyn,1893—1962),1893年5月22日出生于美国西雅图,1911年进入耶鲁大学读书并于3年后赴法国巴黎大学留学,1915年进入耶鲁大学法学院,担任过《耶鲁法学杂志》编辑,取得法学博士学位后留校任教,后进入律师事务所担任律师,1923年返回耶鲁大学法学院做兼职教授,1925年担任哥伦比亚大学教授一直到1951年。1962年2月13日,他因心脏病发作病逝。

卢埃林的主要著作包括:《棘丛——论美国法律及其研究》(*The Bramble Bush: On Our Law and Its Study*, 1930)、《美国的判例法制度》(*The Case Law System in America*, 1933年德文版、1989年英文版)、《夏利安之路——原始人法哲学中的冲突和判例》(*Cheyenne Way: Conflict and Case Law in Primitive Jurisprudence*,与霍贝尔合著,1941)、《商事事务》(*Commercial Transactions*, 1946)、《普通法传统——上审诉》(*The Common Tradition: Deciding Appeals*, 1960)、《法理学:现实主义的理论与实践》(*Jurisprudence; Realism in Theory and Practice*, 1962,论文集)等。主要论文包括:《现实主义法理学——下一步》(1930)、《关于现实主义的一些现实主义——答庞德院长》(1931)、《法律传统与社会科学方法》(1931)等。

卢埃林与弗兰克一样属于是法律现实主义的理论先驱,系统总结和阐述了法律现实主义的基本观点,因其法学贡献而被誉为"20世纪美国四大杰出法学家之一"。他还参与起草20世纪40年代的《美国统一商法典》,积极进行法律教育改革。他的兴趣广泛,喜欢写诗、绘画和作曲,呼吁"将人性和艺术与法律合为一体"。

二、卢埃林的法律现实主义观

卢埃林不认为法律现实主义是一种混乱的法律思潮,而是认为有其核心观点,如认识到社会的变化会带来法律的变化,关注司法的实际效果,对把规则和概念视为对法庭预测的充分条件持怀疑态度等。他区分了两个问题：一是司法判决的可预测性；二是这种预测的基础是什么。他认为前者是法律的确定性问题，后者涉及法律制度，这种区分很重要。卢埃林怀疑的是规则在多大程度上对法官的判决有指导作用，而弗兰克则对初审法院的法官在多大程度上可以把握事实表示怀疑。因此，一般认为卢埃林是规则怀疑论者，而弗兰克是事实怀疑论者。

在卢埃林看来，法律就是官员关于纠纷的行为："那些负责做这种事的人，无论是法官、警长、书记官、监管人员或律师，都是官员。这些官员关于纠纷做的事，在我看来，就是法律本身。"① 应注意的是，卢埃林在20世纪30年代初所提出的法律就是官员关于纠纷的行为这种观点不断受到西方法学家的批评。因此，他在《棘丛》一书1950年版中，对上述观点作了某种修正。他说，他当时讲的那些话对任何一个律师来说，都代表了一个深刻的和往往是可悲的真理，这就是律师可以为他的当事人得到实际上能得到的东西而不能再多了。对任何诉讼人来讲，它们表示了一个更深刻的甚至往往是更可悲的真理，即不能实现的"权利"比没有用处更坏，它们是拖延不决、费钱和令人痛心的骗局。有些西方法学家对卢埃林学说的批评主要集中在法律规则上，认为他否认或贬低规则的作用。同时，在现实主义法学家内部，弗兰克还将卢埃林列为"规则怀疑论者"的主要代表。但卢埃林本人却一再辩称，他从未否认过规则的存在。

在《关于现实主义的一些现实主义——答庞德院长》一文中，在通过与庞德的法社会学的区分，卢埃林对法律现实主义进行了全面阐述，认为法律现实主义具有九大方面的特征：②

＊法律是流动的、变动的，以及司法造法等观念。

＊将法律看作实现社会目标的手段而非将法律自身看作目标。因此法律的任何部分都需要一直从它的目的和效果两方面持续地进行检讨，而且评判的标准就是这二者以及二者之间的关系。

---

① [美]卢埃林：《棘丛》，美国 Oceana 公司 1960 年版，第12页。转引自沈宗灵：《现代西方法理学》，北京大学出版社 1992 年版，第314页。

② Llewellyn, Some Realism about Realism-Responding to Dean Pound, 44 *Harv. L. Rev.* 1233—1234（1930—1931），pp. 1236~1238. 中文翻译参考[美]约翰·莫纳什、劳伦斯·沃克：《法律中的社会科学》，何美欢、樊志斌、黄博译，法律出版社 2007 年版，第17~18页。

* 社会总是不断变化的,而且通常比法律变化更快,因此法律需要重新检讨的可能总是存在的,这种检讨是为了确定法律规则在多大程度上适应了它声称所要服务的这个社会。

* 为了研究起见,可暂时分离(divorce)"实然"(is)和"应然"(ought),意思是在确定研究目标时,必须诉诸价值判断,但在研究"实然"本身时,对有关事物关系的观察,说明和确立应尽可能不受观察者意愿或伦理观念所支配。更具体地说来就是,在研究法院如何工作的时候尽力忽略他们应当如何工作的问题。当然,这样的分离并不是永久的。对于那些由于怀疑需要一些改变而开始工作的人来说,永久的分离是不可能的。我们的论点是这样的:只有尽可能客观了解某一部分的法律是如何运作以后,我们才有可能明智地作出那部分法律应该如何运作的判断。现实主义者相信已有经验表明在探究事实的过程中,应然画面的侵入将会使得实然状况的考察变得非常困难。对于应然的一面来说,上述的方法意味着坚持评价必须基于可靠信息而非脱离实际的猜测。

* 对以传统法律规则和概念来说明法院和人们的实际行为抱不信任(distrust)态度,因此,强调把规则看作"一般化的法院将要作什么的预测"。这种论调到目前为止一直比它的对应概念更为广泛流传:应该如何做的规则(法律)和实际在如何做的规则(实践)应谨慎地加以分离。

* 与上述(在描述层面上)对传统规则这种不信任(distrust)同行的是对另外一种传统理论的不信任(distrust),即传统的指令性的规则表述是法院作出判决的主要的运作性因素。此时牵涉的是这样一种试探性的理论,即用合理化(rationalization)理论来研究判决。需要注意的是上述两点"不信任"根本不是所谓的"对任何具体案件的否定"。

* 较之以前的做法,有必要将案例和法律场景进行更小分类的归纳。

* 坚持对法律的任何部分都用效果来进行评价,同时坚持为查明这些效果而进行的努力是有价值的。

* 坚持根据上述观点对法律问题进行持续而系统的解析。

不过,卢埃林认为上述的第一、第二、第三和第五点对于现实主义运动的推进者而言是共同的,但是其他的各点在他看来才是这场运动的特别之处,才真实地反映出法律现实主义区别社会法学等思潮的基本特征。

三、卢埃林的法律功能论

卢埃林认为,就法律功能而论,法律是一种制度,而制度是围绕一项工作或一连串工作的有组织的活动。因此,法律功能就是法律工作。对社会和集体的存在来说,制度及其工作是很重要的。按照他的学说,法律功能或法律工作可以分为以下六项:①

* 解决麻烦事件(cleaning-up of trouble cases,指不满、纠纷和冒犯行为等的解决)。

* 在充满潜在矛盾的环境中对行为进行引导(channeling conduct),这里讲的"行为"包括习惯和期望。引导的目的在于消极地防止或减少麻烦事件,积极地使人们相互合作。

* 特别在一个像美国那样的流动社会中,需要对行为进行再引导(rechanneling),以便建立新的习惯和期望使之适应不断变化的生活。

* 在发生疑难或麻烦的情况下作出权威性的决定权的分配(allotment)以及对这种决定权形式的调节。

* 对社会和集体的组织和工作提供刺激(providing incentives)。

* 司法方法(juristic method)的工作,即建立和利用使一切法律工作人员和机制出色地进行工作的技能。

四、卢埃林的司法预测论

在20世纪60年代,美国律师界对一般上诉法院(不包括联邦最高法院)的判决感到不安,认为它们已从较稳定的判决转向随意的判决,因而这种判决缺乏"可估性"(reckon ability),即使人难以预测,结果就对法院产生"信任危机"。他不同意律师界的这种看法。他认为当前对上诉法院作出判决的"可估性"远远超过对任何健全的人对处理纠纷机构的期望,其可估性是以使有熟练技能的人对类似情况作出有价值的判断。为此,他系统论述了普通法传统中判例法用以保证上诉法院判决可估性的14项主要稳定因素(steadying factors):②

* 以法律为条件的官员。

* 法律教条。

* 公认的教条技巧。

---

① Llewellyn, *Jurisprudence, Realism in Theory and Practice*, University of Chicago Press 1962, pp. 200~363.

② Llewellyn, *The Common Tradition: Deciding Appeals*, Boston/Toronto: Little, Brown and Company 1960, pp. 19~51.

* 对正义的责任。

* 单一的正确答案。

* 法院的一种意见。

* 来自下面的冻结了的记录。

* 预先使问题限定、突出并拟定措辞。

* 律师的对抗性辩论。

* 集体判决。

* 司法保障和诚实。

* 已知的法庭。

* 一般的时期风格(period-style)。

* 专业的司法官职

在本书中,他较系统地论证了其中一个条件,即普通法传统中的风格及其与判决结果可估性的关系问题。他指出,上诉法院的风格是指它在特定时期怎样工作,它的总的观点,专业知识方针,法律人员所追求和关心的事物,工作及其结果的基调和风味。这种风格在不同时期有其特色,因此可以称为时期风格。就像建筑、绘画艺术、家具、音乐戏剧等,都有不同时期风格一样;也像经济类型(如工业经济、农业经济)或社会学家、历史学家对政治制度史、文化史所讲的周期或螺旋形变化一样。

他指出,从普通法传统,特别从美国法律自19世纪以来的发展中可以看出两种不同风格。一种是庄重风格(grand style),另一种是形式风格(formal style)。他赞成前一风格而反对后一风格。所谓庄重风格(又可称为理性形态),主要是指诉诸理性而不是死板地服从前例,用他的话来说,这种风格的实质是"每一个现在的判决都应根据生活智慧来检验",法律规则也应根据生活智慧加以改造。但同时,庄重风格也要求"认真考虑前例",但如果它已没有意义,就应经常重新探讨。还应公开研究"政策"。合适的原则必须考虑智慧和秩序。与此相反,形式风格主要是指仅仅根据法律规则判案,认为政策仅与立法部门有关,而与法院无关;判决意见是以演绎和单线形式来表述的;"原则"可以而且应该用来取消那些"异常"的案件或规则。其中,美国法律在19世纪前半期,通常称为"形成时期"或"古典时期"(约1820—1860年),显示了"庄重风格"占主导地位。以后就逐步转入"形式风格"占主导地位。但自20世纪三四十年代以来,庄重风格又占上风。在庄重风格占主导地位的情况下,对上诉法院作出判决的可估性又怎样呢?他认为,律师界之所以会对上诉法院判决的可估性感到担忧,也即产生信任危机,主要是因为他们并未认识庄重风格已占有优势。而这种风格的专门技能不仅上诉法院法官,连律师都能掌握的。由于判决是在庄重风格下作出的,也就是说是根据理性作出的,这种判决就具有合理程度的可估性。这种可估性绝不是任何自动售货机或传送带之类的完全的可预测性,它是指逐个案件的可估性。庄重风格不仅是防止不稳定性和矛盾以及寻求正义的最好手段,而且还是避免或减少分歧和不断创造和改进规则的有效方式。

第四节 法律现实主义的代表:弗兰克

一、弗兰克简介

弗兰克(Jerome Frank,1889—1957),1889 年 9 月 10 日出生在美国纽约,1909 年在芝加哥大学获得 Ph. B 学位,1912 年在芝加哥大学法学院获得 J.D,1912—1933 年先后在芝加哥和纽约从事律师职业,1932 年被聘为耶鲁大学法学院研究员,1933—1935 年出任美国农业调整局总顾问和铁路重组复兴金融公司特别顾问,1939—1941 年担任美国证券交易委员会主席,1941 年由小罗斯福总统提名担任美国联邦第二巡回上诉法院法官直至 1957 年 1 月 13 日去世。

与卢埃林作为专门从事法学研究的法学教授身份不同,弗兰克是具有法哲学头脑的杰出律师和法官。作为美国法律现实主义事实怀疑论的代表人物,他秉承霍姆斯和格雷开创的法律现实主义传统,对美国司法中有关法律确定性和可预测性的基本神话进行了揭露和批判,认为人们对法律确定性和可预测性的迷恋来源于孩童时期,是孩童时期情智未曾成熟时对安全与稳定的一种不切实际的渴望心理在成年生活中的延续和永久化。他特别关注美国初审法院的司法现实,通过对美国陪审制和判例制度的分析,揭示法律不确定性的根本原因在于判决所依据事实的捉摸不定,并受司法人员的个性和心理等非理性因素的直接影响。

弗兰克的代表作:《法律与现代精神》(*Law and Modern Mind*,1930,批评了当时的主要法律迷思,阐述法律的不确定性)、《假如人是天使》(*If Men Were Angles*,1942,阐述事实的不确定性和含混性)、《命运与自由》(*Fate and Freedom*,1945,探讨历史和科学的方法)、《初审法院——美国司法中的神话与现实》(Courts on Trial——Myth and Reality in American Justice, 1949,对各种法律迷思进行概括,并就陪审制和对抗制发表意见)等。

二、弗兰克的法律不确定论

在《法律与现代精神》等著中,弗兰克从法律现实主义的立场出发,首先批判了现代法律理论对规则的崇拜,认为现代法理学最大的"罪行"就是认为规则是法律确定的保证。他把庞德和卡多佐列为这种崇拜的代表人物,认为这种崇拜是"规则确定性的法律迷思"(basic legal myth of certainty)。他指出,这种对法律规则的崇拜是父亲崇拜的延续,而规则只是法律的一部分,法官的判决过程实际上是心理、环境和社会因素对法官个人的个性发展产生影响的混合物。他从心理学的角度,分析了关于法律规则确定性和可预测性的"法律迷思"的心理根源,即人自孩童以来的父亲崇拜心结所致:孩童心目中的最大愿望就是安宁、舒适和稳定,这种欲望只有通过万能的父亲才能满足,人成年后并没有摆脱这种心结,因为现实生活充满不确定的因素。而法律在外表上就像一个法官般的父亲,它是完善的、一贯正确的,它的判断和命令在混乱状态中建立起秩序,进而形成"法官永不制定法"的神话和迷思。现代社会不需要这种父亲崇拜的不成熟精神,法律只有从"确定性"的神话中解脱出来,才能走向现实主义,才符合现代精神。弗兰克还分析了法律确定性"神话"的其他来源:宗教,美学(或平衡感、无矛盾感),职业习惯,经济(最保守的法官集团处于保护既得利益的目的),人类寻求安全和确定自保的本能,对和平、安静的实际利益,模仿,对习惯的热忱,惯性,懒惰和肉体疲劳,愚蠢(其实质是要求最终的意见)智力结构,语言和词的魔力以及罢里、沃森的心理学。信奉这种神话的不仅指一般人,也包括律师、法官和法学家。

弗兰克认为给法律下一个完全的定义是不可能的,但是一旦进入司法审判领域就会发现,只有法官的判决才算真正的法律。他在《法律与现代精神》第8章指出:"当大多数法学家否定法官制定法律时,少数朝气蓬勃的法学家现实主义地断言法官制定着法律。""就特定的情况而言,法律就是:(1)实际的法律,如过去关于某些情形的特定的判决;(2)可能的法律,即关于未来判决的猜测。"[①]不过,他关于法律的定义遭到外界的强烈反对,后来他力图回避给法

---

① Jerome Frank, *Law and the Modern Mind*, Gloucester: Peter Sminth1970, pp. 50~51.

律下定义,而以陈述的形式表达,如1931年他曾表达关于法律的理解:"(1)特定的法院的判决;(2)它们是如何难以预测和统一;(3)判决制定过程;(4)对于公民的正义利益而言,在多大程度上,该程序能够和应该得到改进。……我相信,无论何时,读者遇到法律这一术语时,都知道我所指的仅仅是过去的实际判决,或对特定案件将来可能的判决的预测。"①他还将司法判决予以公式化,认为存在三类公式:$R(rule) * F(fact) = D(decision)$,$S(stimulus) * P(personality) = D$,$R * SF(subject\ fact) = D$。但是,只有第三个公式才真实地反映法官的判决,即根据法官和陪审员认定的事实适用规则的过程。也就是说,与法院判决的事实是由法官和陪审员认定的主观事实,而不是发生在初审以前特定时间、地点实际发生的客观事实。凡是希望以客观事实作为判决根据的,就是法律神话和迷思,是不可能实现的。

可见,弗兰克的法律论不是以立法者为中心的法律论,而是以法官行为为中心的法律论,这为行为主义法学的产生提供了丰厚的思想营养。

三、弗兰克的司法改革观

法律现实主义者注重研究法院的实际工作状况,目的是为了司法改革,促使司法能够更好地适应当时的社会需要。在《初审法院——美国司法中的神话与现实》一书中,他认为不将司法改革的重心放在上诉审法院,而放在初审法院,是因为"初审法院的事实认定是司法工作中最困难的部分。正是在这一环节,司法机关最难令人满意;正是这一环节,发生了绝大多数的司法不公;同样地,正是这一环节最需要改革。"②弗兰克以初审法院为视角,就美国社会存在的诸多问题,如作伪证、证人偏见、证人失踪或死亡、物证灭失或毁损,律师的为非作歹和愚蠢,初审官的固执、愚蠢、偏见,陪审员的心不在焉等,都使得司法判决中的事实认定变得更不确定,他由此还反对美国社会业已存在的陪审制和对抗制。

弗兰克首先列举了美国初审法院存在的23条传统"公理性"观点,并提请读者思考:在这些古老的公理中,每一个公理的反题是否就不会与法律王国中可以被观察到的现象更好地协调一致;而在有些场合下,它们是否就不会提请

---

① Jerome Frank, *Law and the Modern Mind*, Gloucester: Peter Sminth1970, viii.
② [美]弗兰克:《初审法院——美国司法中的神话与现实》,赵承寿译,中国政法大学出版社2007年版,第4页。

人们注意司法活动中那些被忽略了的方面？具体而言,美国初审法院的23条传统"公理性"观点①包括:

＊司法过程中的人格因素不应当,而且通常不会对法律权利或法院判决产生多大影响。

＊在判决过程中,法律规则是决定性的因素。

＊在这些规则明确的情况下,它们通常能够避免诉讼；而且即使发生诉讼,也很容易预测判决。

＊初审法官和陪审员只享有法律规则所赋予的有限的自由裁量权；在这些规则明确的情况下,他们不享有自由裁量权。

＊判决是把法律规则适用于涉案实际事实的结果。

＊如果两个案件的实际事实相同,这些案件的判决通常是相同的。

＊初审法院经常能够查明案件的实际事实；一般会"水落石出"；无辜者几乎永远不会被定罪；人们几乎不会因法院对事实的误解而丧失财产或谋生的手段。

＊引导诉讼的激烈斗争方式是发现这些事实的最好措施。

＊可以轻而易举地有效评价绝大多数判决。

＊上诉法院能够,而且确实纠正了初审法院的绝大多数错误。

＊上诉法院远比初审法院重要。

＊与其重视对初审法官的选拔,不如重视对上诉法官的选拔。

＊几乎每一个被获准职业的律师都符合初审法官的条件。

＊与法官相比,陪审员是更合适的事实认定者。

＊在规则的制定和修改规则方面,与法官相比,陪审员更合适。

＊值得欣慰的是:陪审员应当忽视他们认为不好的所有法律规则。

＊在法律诉讼中(不论是否由陪审员进行审理),与财产和商业交易有关的法律规则都是明确的,而且它们通常会导向可预测的判决。

＊案件的个别化,如果值得加以重视的话,应当秘密地完成,而不应当公开化。

＊遵循先例的方法如果被适当运用的话,可以保障确定性和稳定性,为那些谨慎依靠它们的人提供规则。

---

① [美]弗兰克:《初审法院——美国司法中的神话与现实》,赵承寿译,中国政法大学出版社2007年版,第461~462页。

*在事实认定方面,初审法院与制定法的解释几乎没有关系。

*应当骗取非法律人相信:司法过程的结果事实上比它们实际或可能的情况还要明确、规范、统一、公正。

*不应当说服法律研究人员直接研究初审法院和律师事务所实际发生的情况。

*努力通过法律确定性(亦即判决的可预测性)比努力获得具体诉讼案件的公正判决更为重要。

基于对以上美国初审法院诸多问题的研究,弗兰克提出了改革美国司法制度和教育制度的 13 点建议:①

*改革目前指导审判的斗争模式中的一些过头之举:让司法机关承担更多责任,使他们明白在审理民事案件时,所有实际上可以获得的重要证据都应当被提交质证;在质证时,让初审法官发挥更为积极的作用;法庭质证应当更富有人性和理性;采用法官们所说的中立的"专家证人",以便证实与可以发觉的证人们的错误有关的问题;慎重采用"测谎器";放弃绝大部分证据排除规则;在刑事案件中,为被告提供自由式审前"证据开示"程序。

*改革法学教育,推动法学教育与法院和律师事务所的实际工作紧密结合,广泛采用学徒制教学方法。

*为未来的初审法官提供并要求他们接受特殊的教育,这种教育包括未来的每个初审法官都要接受强化性的心理自我检测训练。

*为未来的检察官提供并要求他们接受特殊的教育,在这些特殊教育中,将强调检察官取得并出示所有重要证据的义务,包括那些对被告有利的证据。

*为警察提供并要求他们接受特殊教育,以便他们打消采用"刑讯逼供"的念头。

*让法官们脱下法袍,别具一格地指导审判活动,普遍地放弃"法袍主义"。

*要求初审法官在所有案件中公开特别事实认定。

*除了重罪案件之外,放弃陪审团审理。

*在我们采取陪审团的同时,无论如何我们都应当对它进行革新:在所有由陪审团审理的案件中,要求提交事实裁定(具体裁定);使用见多识广的"特

---

① [美]弗兰克:《初审法院——美国司法中的神话与现实》,赵承寿译,中国政法大学出版社 2007 年版,第 464~465 页。

别"陪审员;培养在校学生履行陪审职责。

＊鼓励公开初审法官诉讼案件个别化的结果;为了达到此目的,大量修订法律规则,使这些规则明确赋予初审法官这种案件个别化的权力,而不是像现在这样,大量偷偷摸摸地进行案件的个别化。

＊在初审判决提起上诉的案件中,通过允许初审法官参与上诉法院的审理,来减少上诉中的形式主义,但初审法官不得享有投票权。

＊拍摄庭审有声电影。

＊引导非法律人,让他们认识到,初审法院比上诉法院更为重要。

弗兰克的改革主张具有鲜明的针对性,他猛烈抨击当时占主导地位的分析法学派的传统观点,并以大量事实揭露了美国司法部门特别是初审法院存在的"不公正"、"弱点"和"最不令人满意"的地方,他还在与其女儿合著的《无罪》中具体描述了36个冤案。他重视法官个性与法律的不确定之间的关系,注意到法官心理因素在审判的实际影响和作用,强调应关注现实的司法实践,这些都值得今天的中国司法改革者们反思。

第五节　新法律现实主义

一、新法律现实主义的兴起

新法律现实主义由美国威斯康星大学法学院首倡,2003年该校首先组织了有关新法律现实主义的研讨会(The "Wisconsin Tradition" and the "New Legal Realism");2004年5月美国法与社会协会(LSA)成立40周年纪念年会主题为:Law on Books and Law in Action-Legal Realism, New Formalism, and The New Legal Realim。由美国律师协会基金和威斯康星大学法学院法律研究所共同资助的"新法律现实主义项目"(The New Legal Realism Project),旨在发展一种跨学科的关于法律的经验性研究范式。经验性研究,即实证性研究,是社会学的基本方法,主要包括:观察法、实验法、统计分析法、数学模型法、问卷调查法、个案分析法等,重在通过事实资料和证据的收集提出并验证各种理论设想和制度设计模式,以追求研究和制度建构的科学性、合理性和效益性。

2005年,该学派的专业网站(http://www.newlegalrealism.org/events)登

场，这个学派的领军人物麦考利教授发表了一篇堪称宣言的重要论文"新老现实主义——今非昔比"(*The New Versus The Old Legal Realism*: *Things Ain't What They Used To Be*)，提出了新现实主义研究的7个命题：

＊法律不是自由的。

＊法律是通过一些代表自身利益、占有有限资源的角色在其所能充分掌控的场景中表现出来的。

＊很多通常被视为法律的功能实际上是由替代性机制承担的，在我们称之为"公"和"私"的因素之间，很大程度上是相互贯通的。

＊人，无论是单独或是集体行动，都不能期待他们在面对法律时被动地遵守。

＊律师除了在法庭进行对抗之外，还能发挥更多的作用。

＊我们的社会以多种方式处理纠纷，而放弃(忍让)和回避也是其中重要的方式。

＊尽管法律在美国社会中的作用至关重要，但其影响往往是间接的、微妙的和模棱两可的。

从名称上可以看出，"新法律现实主义"并不讳言其与老一代法律现实主义之间的渊源与联系。法律现实主义从庞德的法社会学理念出发，强调充分认识"书本上的法"与"行动中的法"(Law in Action)之间的差距，主张通过司法实践认识法与社会及公共政策之间的关系，倡导直接通过司法能动主义"释放法律的能量"，并彻底粉碎了传统法学精心构筑的关于法治与民主的神话。在这个意义上可以说，法律现实主义既是对传统法学原理的解构，又充满了能动主义的创造性。

二、新老法律现实主义的关系

关于新老法律现实主义之间的关系，范愉教授曾有过系统的归纳总结，[①]概括而言，这主要涉及五方面内容：

（一）新法律现实主义注重司法与社会的现实关联，老法律现实主义仍秉承司法中心主义理念

法律现实主义的基点都是强调法律与社会的现实的关联，把法视为一种

---

① 范愉：《新法律现实主义的勃兴与当代中国法学反思》，载《中国法学》2006年第4期。

与社会相关的因变量,即依社会条件而变化的因素。然而,传统法律现实主义尽管明确承认法与社会的差距,但实际上主要立足于司法金字塔的上层,即将关注的焦点置于包括最高法院在内的上诉法院,除少数现实主义者如弗兰克所做的关于初审法院的研究外,大多数研究都注目于一些"伟大"或经典的上诉判例及上诉法官的行为,也即采用了一种精英主义的立场。而新法律现实主义则倡导一种"自下而上"的经验性研究,主张从社会基层和未经法院及法律职业染指的社会生活事实着手,探讨秩序形成、法律与社会的关系,以及各种形式的"活法"或社会规范和社会权力,从而更为客观地评价和发挥法的作用。当然这种"自下而上"并不意味着完全否定"上层"的意义,严格地说是寻求"上下贯通"(bottom-to-top)。

(二)新法律现实主义坚持科学的客观立场,老法律现实主义仍存在明显的政治立场

与老现实主义相同,新法律现实主义与传统的法律意识形态以及那些从抽象理念出发的法律迷信和制度迷信完全对立,并以改造法学、改革法律教育、重构法律理念为根本目标。早期的现实主义者出于其政治目标和理念,借助一些经验事实对传统法学原理发动攻击,因而激起了法律职业集团的强烈反对。与之相比,新法律现实主义自始就强调其作为一种科学研究的基本定位和不与任何政治倾向结盟的立场。新法律现实主义坚持进行动态和发展的观察,并不认为法律只能是对习惯的确认,承认当事实本身足以证明社会的某种发展趋势和需求时,通过法律规则和制度的建构能够起到推动引导社会发展的作用。正因为如此,任何社会政策和法律的制定必须以事实为依据或出发点,将经验实证研究作为最基本的方法。

(三)新法律现实主义强调经验性研究方法的基本进路,老法律现实主义的经验性研究仍囿于传统的规范制度研究进路

传统法律现实主义尽管强调经验性研究的重要性并开此先河,但事实上他们中的多数人却很少真正实行。而新法律现实主义则将经验性研究作为其基本进路,并以此鲜明特色区别于传统法学和其他法学流派。新法律现实主义不承认任何根据传统法律意识形态和抽象理念推演出的"颠扑不破"或普适性的规律,也并不是以结论和政治立场作为其学派的旗帜,而是倡导一种实事求是的现实主义态度,用以检讨各种法律理念和制度,揭示以往被法律意识形态和形式主义掩盖或模糊化的事实,建立科学的前提与起点。同样以这种方法为纽带,新法律现实主义又能够将不同的研究者积聚到一个阵营。

（四）新法律现实主义认识到法规范的局限性与司法的克制性，老法律现实主义具有鲜明的司法能动主义指向

新老现实主义对于司法的态度不同。老一代法律现实主义本质上是法律中心主义，具有鲜明的司法能动主义指向；尽管他们承认"书本上的法"与"行动中的法"存在着差距，但是仍期待通过国家的正式司法制度（尤其是包括最高法院在内的上诉法院）推动法律与社会的进步与改革，其关注点是国家权力、法律制度和规则，依靠的则是法律精英和司法权——通过他们释放法律的能量。与之相比，新法律现实主义更具多元化倾向，他们并不否认法的作用和法治的价值，但是基于"法与社会"40余年积累的研究成果和经验性知识，他们不再认为法律在现代社会（即法治社会，至少是美国社会）起着绝对的中心作用，直言不讳地指出法律的局限性及其在社会治理和现实生活的有限作用，并与批判法学、经济分析法学共同宣告了法律形式主义或教条主义的死亡。真正在社会治理中发挥作用的，往往是社会关系自身根据需要产生的规则和制裁机制，以及道德等辅助机制，法律仅仅是通过强制力设定基本框架和边界而已。如果前一套机制无效或低效，法律往往也很难促使其发挥作用。

（五）新法律现实主义深化了老法律现实主义的社会科学研究进路，以客观科学的态度，通过经验性研究进一步统合了各种社会科学研究方法

在方法上强调与其他社会科学的整合。法律现实主义本质上并不是一个阵营绝对清晰的法学家团体，而是一种主张将社会科学方法引进法学的基本立场或方法，新法律现实主义则将这一立场发展到了一个新阶段。新法律现实主义首先在理念上统合了德国法学家埃利希的"活法"（living law）和美国法社会学家庞德的"行动中的法"（law in action）的概念，将欧洲大陆的法社会学传统（包括历史法学、法社会学和现实主义）与美国法学的实用主义精神融为一体；其次，以经验性研究方法统合各种社会科学研究方法，包括社会学、人类学、人种学、行为科学、心理学、政治学、经济学乃至于统计学等；最后，以尊重事实的立场开放性地接受一切能为经验和实践检验和证明的政策提案和立法目标，包括正式制度与非正式制度之间的协调，国家权力与民间自治的互动，裁决机制与协商调解程序的相互作用，激进的改革与守成之间的博弈，等等。

三、关于新法律现实主义的反思和展望

实际上，无论是关注法与社会之联系的法社会学，还是从事实和实际需要出发的法律现实主义思想都并非美国的专利。美国新法律现实主义在回顾其

思想渊源时,不仅将其归功于欧洲的法社会学思想家,而且高度评价法人类学对其发展的巨大贡献。在欧洲大陆,从历史法学派、马克思、埃利希、杜尔凯姆到卢曼等人为代表的法社会学(及法人类学)传统,以及斯堪的纳维亚学派的现实主义理念,不仅对其法律制度及社会制度的建构起到了深远的影响,并且在比较法研究中也体现出一种实证主义风格。

不可否认,现实主义的立场和研究方法并不能简单等同于"法律现实主义"流派,但在法社会学的研究中又确实贯通着一种共同的基本精神,并在当代不同国家的法学界中产生了共鸣。"这种共同的现实主义立场就是:坚持关注法与社会的互动,反对法律形式主义和教条主义,与法律中心主义和法律意识形态保持距离,本着实事求是的态度主张从事实出发、从社会现实条件和需求出发,根据现实的可能性和资源发现相对正当、合理和可行的社会控制与纠纷解决之路,并据此进行制度建构和改革。"① 在这个意义上,基于现实主义的法与社会研究与纠纷解决研究的内容、方法和视角是完全一致的。

在中国,尽管面对着法律意识形态和普适主义的强大抵制,但现实主义的立场和方法仍以本土化、实证研究等理念和方法显示出其力量,并直接与法律移植和制度建构、法律改革等现实议题紧密相关。不容否认,目前中国大陆的法学家也进行了许多有价值的自下而上的实证研究,大量涉及法制本土化问题的研究成果已经问世;非正式制度、调解乃至私力救济的意义逐步被法律界所承认,民间法也成为热门话题。学者倡导的现实主义和实证研究方法不仅有利于法学自身的改善,也会极大地影响到司法实务界。2004年10月,时任中国最高人民法院院长的肖扬在美国耶鲁大学发表题为"中国司法:挑战与改革"的演讲时提出:在中国目前的法院审判中,对正义执着追求的"理想主义"可能在一定程度上必须让位于解决纠纷的"现实主义"。毫无疑问,这种提法并不意味着法律界已经放弃了对法律教义(或形式)主义和法律意识形态的追求,也很难与传统的实用主义立场完全区别开来,但至少可以说明,中国法律界也开始接受现实主义的理念,与世界性的法律现实主义思潮殊途同归。尽管这并不意味着法院和法学界已经开始脱离了法律意识形态的影响甚至支配,但可以预见,今后的"司法改革"和司法实践必然是教条主义与现实主义重复博弈的过程,政策的反复在所难免,但单一化的法律形式主义和教条主义将难以再成为唯一的主宰。

---

① 范愉:《纠纷解决的理论与实践》,清华大学出版社2007年版,第33页。

总之,新法律现实主义是对传统法学方法的反思,但并非后现代主义,这种立场并不否定法治的价值和功能,但不认为法治是唯一和万能的;同样,它并不主张以非正式制度和非法律方法替代法制,而是寻求多元化的路径。现实主义强调以经验实证性方法发现事实,在此基础上科学地设计制度、分析其利弊和成本,选择现实可行、成本与风险较低的道路;其研究强调立场的客观和中立,但不排除支持一些相对保守的观点和做法。对于中国目前的社会发展和法律移植而言,法律现实主义的口号应该是法制与社会的可持续发展。对于中国法学而言,法律现实主义代表着一种从实际出发和实事求是的精神以及一种经验性的实证研究方法,其本质上是一种态度和起点,而不是一种结论和固化的政治意识形态。

行为主义法学的思想渊源

如果说法律现实主义为我们的司法实践与法学研究提供了面向司法现实的方法论转型,那么行为主义法学则将社会学方法引入到司法现实的实际观察与研究过程中,司法的纠纷解决与社会控制功能得到科学的描述与解释,以法官行为为研究重心的司法与社会的关系问题成为法学与社会学领域共同关注的话题。

第一节 行为主义法学概述

一、行为与行为科学的概念

(一)行为

行为(behavior),特指人的行为,有时也指称其他生命体如动物、植物和微生物的反应、反射活动。在心理学中,"行为"是人对外界刺激产生的积极反应,其基本单元是动作,任何行为都有其动机,动机是行为的导向;行为可以是有意识的,也可以无意识的;无意识的行为受习惯、生理因素(如遗传、疾病、节律等)、心理滞结支配;有意识的行为是有目标、并受人自主控制的行为,它具有创造性、综合性的特点。① 《国际社会科学百科全书》第 2 卷载明的"行为科学"词条指出:行为科学所研究的"行为",不仅包括明显的行为,也包括像态

---

① 郭卜乐:《行为》,http://www.zgxl.net/cptoday/manage/jljz/xingwei.htm(2008-09-28 访问)。

度、信念、期望、动机以及愿望这样一些主观的行为,而且还包括人类作为个体的行为或作为主要群体、正式组织、社会阶层或社会制度成员的行为。① 而法学意义的"行为"则是指引起法律关系产生、变更和消灭的事实之一的主体行为,是"能够引起主体自身和其他主体之间法律关系形成、变更和消除的主体自身的有意识行为",② 未成年人和精神病人等无行为能力人的行为不能称之为法学意义上的主体行为。法学意义上的行为,按照主体行为的法律性质不同,可分为合法行为、违法行为和无过错行为,而合法行为按照行为方式的不同又可分为作为和不作为。我们应注意区分"行为"一词在心理学、行为科学和法学中各自不同的特定含义。

(二) 行为科学

行为科学(behavioral science),即行为主义,有广义和狭义之分。广义上的行为科学是指 20 世纪以来兴起的有关行为主义心理学、行为主义政治学、行为主义法学等以人类行为为研究对象的学科总称。美国 1982 年版《管理百科全书》中的"行为科学"是指"包括一切研究自然和社会环境中人类(包括低级动物)行为的科学,包括心理学、社会学、社会人类学以及其他与研究行为有关的学科组成的学科群。这些学科在过去 20 年中越来越广泛地应用于研究工作环境中的人的行为"③。行为科学主张运用社会科学的方法和技术(如社会学的调查方法、计算机技术、数学模型等)研究社会中人的行为,主张排除价值分析和道德因素对研究活动的影响。行为主义心理学(behavioristic psychology)形成于 20 世纪初,由美国心理学家沃森(John Broadus Watson,1878—1958)创立,该学派认为心理学不应该研究意识,只应该研究行为,所谓"行为"就是有机体用以适应环境变化的各种身体反应的组合;研究行为的任务在于查明刺激与反应之间的规律性关系,根据刺激推知反应、根据反应推知刺激来达到预测和控制行为的目的;研究方法上摈弃内省,主张采用客观观察法、条件反射法、言语报告法和测验法等。行为主义政治学(behavioristic politics)是运用行为科学以及社会学、心理学、人类学等学科的研究成果和分析方法研究政治科学的理论学派,在 20 世纪初由英国学者华莱士、美国学者本特利等创立,在 20 世纪 60 年代鼎盛一时,该派主张政治学研究必须放弃带主观色彩的价

---

① 沈宗灵:《现代西方法理学》,北京大学出版社 1992 年版,第 374 页。
② 李步云:《法理学》,经济科学出版社 2000 年版,第 207 页。
③ 胡震、韩秀桃:《行为主义法学》,法律出版社 2008 年版,第 27~28 页。

值观念,在研究方法上从传统的静态描述转向运用现代科学技术手段的动态分析,既注重对政治系统的整体分析(范畴分析、模式分析)、策略分析(决策分析、博弈分析)和定量分析(数据分析、微机处理),也注重对政治系统中个人政治行为及相关因素的微观分析。

二、行为主义法学的概念及其特征

行为主义法学,即行为法学(behavioral jurisprudence)、法律行为主义(legal behavioralism),是借助行为科学的理论和方法研究人的法律行为,尤其是研究司法活动参与者的行为的学科,其目的是通过这种研究,发挥法律的"社会控制"作用,帮助国家当局制定出适宜社会发展的司法政策,以期造成一种理想化的法律秩序,从而控制社会,维护社会的安定状态。[①] 行为主义法学的理论渊源包括实证主义、结构功能主义、行为科学和法律现实主义,它本质上是关于司法行为的社会学研究,行为主义法学即司法行为主义论。行为主义法学是"以人类决策理论为特色的一种法学见解。行为法学试图把法律解释为发源于法律程序中主要官方参与者个人的价值观念的东西。行为法学起源于那些力求把行为科学的方法与法学研究和法律程序结合起来的法律现实主义者。虽然司法行为论者的出现要早 10 年,但是一般认为,C. 赫尔曼·普里切特 20 世纪 40 年代的著作为行为法学奠定了基础。普里切特运用定量分析方法,力求依据司法态度和价值观解释法院判决。司法行为主义者因而是一种几乎完全侧重行为分析的法律考察"。[②]

行为主义法学首先出现在 20 世纪中叶的美国,在欧洲和日本也有追随者。其学说以美国格伦登·舒伯特的司法行为主义与司法决策论、唐纳德·J. 布莱克的司法行为论与案件社会学以及日本川岛武宜的科学实用法学为代表。有学者认为,行为主义法学的基本特征和观点可以概括为注重行为的研究、崇尚"纯科学精神"、注重研究法律行为(法律运行)的变量、热衷于勾画法律行为的模式等四点。[③] 具体说来:

(1)就研究对象而言,它注重司法行为的研究。

[①] 胡震、韩秀桃:《行为主义法学》,法律出版社 2008 年版,第 6 页。

[②] [美]彼得·G. 伦斯特洛姆:《美国法律辞典》,贺卫方等译,中国政法大学出版社 1998 年版,第 6 页。

[③] 张文显:《二十世纪西方法哲学思潮研究》,法律出版社 1996 年版,第 335～343 页。

行为主义法学的研究对象是关于人的法律行为,特别是司法诉讼中的法官行为。该学派的研究限于观察、测定和分析法律行为,即立法者、执法者、司法者、法人和公民等法律主体的行为本身,"实际怎么样",而不问"应该怎么样",从而区别于分析实证主义法学和自然法学的研究,这是因为规范分析法学的研究重心放在规则的实证分析方面,而自然法学则重视法律的应然性研究即不否认法律的道德性。布莱克认为:"法律存在于可以观察到的行为中,而非存在于规则中,虽然法学语言和日常语言中,规则或规范的语言被广泛使用,但从社会学观点看,法律不是律师们认为有效的东西或有约束力的箴规,而是(举例说)可以观察到的法官、警察、检察官或行政官员的安排。"[①]舒伯特更明确地指出:"这种新的研究探讨的是人们在审判中和制度关系中如何行动,对此,我们所思考的是我们所知和可知的东西。"同时,"这种新的研究将重点集中在审判角色中起作用的人,以便理解作为普通人的法官——或广而言之,作为法官的普通人"。[②] 相应的,行为主义者研究的法不再是条文法,而是社会中的法、行动中的法。

(二)就研究方法而言,它崇尚"纯科学精神"

法律行为主义者认为,法学是一门科学。作为一门科学,它就应当严格按照科学的精神进行工作。何为"纯科学精神"呢?就是实证主义哲学传统,其基本原则是:一是科学的功能在于了解并解释世界,而不是创造世界;二是科学只能认识现象,而不能认识本质,法的本质属于法哲学,而不是法科学;三是每一种科学思想都要求某种具体的经验指涉;四是在经验世界不可能找到价值判断,价值判断在科学的法学中没有认识论的意义。因此,与传统的自然法学、历史法学、规范法学等法学流派不同,行为主义法学大量采用行为科学、社会学、心理学、统计学、计算机科学和生物学等经常使用的定量分析、测量及数量模型等研究方法,而排除对行为研究的价值分析、规范分析、历史分析和逻辑分析。

(三)就研究内容而言,它注重研究法律行为(法律运行)的变量

法律行为主义者认为,法作为一种社会控制,是现实生活的可变方面。很多因素会影响法律行为,这些因素包括社会分层、社会结构、文化、组织和其他

---

① D. Black, The Boundaries of Legal Sociology, *The Yale Law Journal*, Vol. 81, p. 1086.

② Glendon Schubert, Behavioral Jurisprudence, *Law and Society Review*, Vol. 19 (1967—1968), p. 410.

社会控制。布莱克认为:"社会生活有若干可变方面,它可分层、形态、文化、组织性和社会控制。分层是社会生活的纵向方面,是对诸如土地或水的获得、食物以及金钱等生存条件的任何不均等的分配。形态是社会生活的横向方面,是人们相互间关系的分配,包括他们的分工、结合和亲近。文化是社会生活的符号方面,如宗教、装饰和民间传说等。组织性是社会生活的组合方面或集体行动的能力。社会控制是社会生活的规范方面,它是对不轨行为的界定和反应,如禁止、谴责、惩罚和赔偿。"[①]法律行为主义者通过对这些变量的分析,归纳出一系列关于法律运行的定理或命题。

此外,就研究的目的和功能而言,它热衷于勾画法律行为的模式。

三、行为主义法学的行为模式理论

行为主义法学将数学模型和社会学的结构功能主义理论引进其法律研究中,构造了法律行为的两种模式:法的社会控制模式和法的纠纷解决模式。其中,法的社会控制模式用以描述如何发挥法律的社会控制功能,而法的纠纷解决模式则用以描述如何保证法律能够发挥其社会控制功能。只要顺利建造起这两种模式,就可以形成稳定的社会关系和法律秩序。

(1)法的社会控制模式:

法的社会控制模式表明,法的社会控制效果,取决于个人间的"相互期待行为"的"顺应"程度。如果假定 1 表示社会平衡或法律秩序的正常状态,k_1,k_2,k_3,……分别表示社会的经济、政治、道德等因素(每一领域的法律行为的顺应性)在平衡状态中所占的比例,其公式可表示如下:

$$1 = k_1 + k_2 + k_3 + \cdots\cdots + k_n,$$

即 $$1 = \sum_{i=1}^{n} K_i$$

(2)法的纠纷解决模式:

为了保证相互期待行为的顺应,法律行为主义者又进一步设定了解决法律纠纷的法律规则的"必要功能",建立起法的纠纷解决模式。具体来说,当某项结构发生功能不足时,社会便陷于不平衡,造成法律秩序的紊乱,即:

$$\sum_{i=1}^{n} K_i \neq 1$$

---

① [美]唐纳德·J.布莱克:《法律的运作行为》,唐越、苏力译,中国政法大学出版社2004年版,第1~2页。

这就需要向该结构中注入"必要功能"(设为 C_i),令

$$\sum_{i=1}^{n} K_i(K_i * C_i) = 1$$

以期社会状态复归平衡,使法律秩序复归正常。

当 $C_i = 0$ 时,表示 K_i 不注入"必要功能";

当 $C_i < 1$ 时,表示 K_i 要注入"必要功能"。

朱景文教授将现代西方法社会学关于纠纷解决模式归纳为四种类型:纯理论模型、试验法、人类学研究以及现代法律制度解决纠纷模式。[1] 至于人们选择什么样的纠纷解决模式,要受到特定社会的政治、经济、文化等众多因素的制约。法律行为主义者认为,纠纷当事人的社会分层、关系距离、文化距离、组织化程度等都可以解释和预测"法的类型",即选择什么模式的纠纷解决方式。人们选择什么样的纠纷解决模式取决于诸多的社会条件,包括分层、分工、亲密性、边缘性、组织、文化等。布莱克的研究表明,根据几种不同的社会控制模式,可以观察到几种不同法的纠纷解决模式,包括刑罚型、赔偿型、治疗型或者和解型。"法律样式也是个变量。根据社会生活中比较普遍存在的社会控制样式,可以观察到几种法律样式。这些社会控制的样式有刑罚、赔偿、治疗和和解。每种样式都有对不轨行为的界定方式,并有各自的对策。"[2] 其中,刑罚控制和赔偿控制都是指控型的社会控制,而治疗性控制和和解性控制是补救型控制。当然,这些模式也会随着社会分层、形态、文化、组织和社会控制的变化而变化。在一个环境中可能比另一个环境有更多的刑罚、赔偿、治疗或和解。

第二节 行为主义法学的代表:舒伯特

一、舒伯特简介

舒伯特(Glendon Schubert,1918—2006),1918 年 6 月 7 日出生在纽约

---

[1] 朱景文:《现代西方法社会学》,法律出版社 1994 年版,第 184 页。
[2] [美]唐纳德·J. 布莱克:《法律的运作行为》,唐越、苏力译,中国政法大学出版社 2004 年版,第 4~5 页。

州奥内达市(Oneida, N.Y.),在纽约州希拉丘兹大学(Syracuse University)分别于1940年和1948年获得英语和数学学士学位、政治学博士学位。1947—1951年,他在美国东西岸的几所大学的政治学系执教;1952—1967年在密歇根州立大学政治学系任教;1960—1961年,在斯坦福大学行为科学高级研究中心从事研究;1963—1965年,在位于火奴鲁鲁的美国东西方研究中心高级项目研究所作高级学者;1975年因为其杰出的研究工作被授予里根奖章(the Regents Medal);1999年被美国政治科学学会授予终身成就奖。2006年1月15日与世长辞。

舒伯特的研究集中在司法行为研究和生物政治行为研究,后者的研究来源于他对司法行为根源的长期关注。他的关注司法行为的第一篇论文《作为政治行为的司法决策研究》(the Study of Judicial Decision-Making as an Aspect of Political Behavior)于1958年12月发表在《美国政治学评论》(American Political Science Review)。有关司法行为研究的代表作还有:《司法行为的定量分析》(Quantitative Analysis of Judicial Behavior, 1959)、《宪法政治:最高法院大法官的政治行为及其宪法决策》(Constitutional Politics: The Political Behavior of Supreme Court Justices and the Constitutional Policies That They Make, 1960)、《司法决策》(Judicial Decision-Making, 1963)、《司法政策制定》(Judicial Policy-Making, 1965)、《司法心态:最高法院大法官的态度与意识形态》(The Judicial Mind: The Attitudes and Ideologies of Supreme Court Justices, 1965)、《行为主义法学》(Behavioral Jurisprudence, 1967)、《政治态度和意识形态:一个跨文化的学科间研究方式》(Political Attitudes and Ideologies: A Cross-Cultural Interdisciplinary Approach, 1977)、《比较司法研究》(Comparative Judicial Study, 1981)、《政治文化与司法行为(两卷本)》[Political Culture and Judicial Behavior (Two Volumes), 1985]。

二、舒伯特的司法行为主义

在《行为主义法学》一文中,舒伯特指出,行为主义法学的理论先驱不是庞德的法社会学,而是法律现实主义。行为主义法学具有四个特点:"这种新的研究探讨是关于人们在审判角色中和制度性关系中如何行动,对此,我们所思考的是我们所知和可知的东西。这种研究还设计人们选择行为的一般理论。""这种新的研究将各种数据建立在对影响判决的诸多因素、对这种判决赞赏的价值以及判决对其他人行为的效应之观察的基础上。""这种新的研究将重点集中在审判角色中起作用的人,以便理解作为普通人的法官,或广而言之,作为法官的普通人。""新的研究非常关注文化和亚文化的差异对审判行为的效应。"

舒伯特主要运用社会心理学的方法,对法官的自由裁量问题进行了研究。他认为,要正确地认识和预测法官的裁判行为,可从三个层面着手分析:第一个层面是法官的态度,这是最靠拢判决时投票和撰写判决意见时的心理状态。为此,要全面研究法官对有关公共政策以及他们之间或其他有关人的态度,这既需要研究法官对待判决问题的感觉,也要研究法官对待事实的感觉和他对实质性评价的标准指标的感觉。第二层面是法官为什么会有这种态度?法官针对同一事实为什么会产生不同的态度?法官的态度不同,是因为他们有各自不同的生活经验,有些人接受了某些信念,有些人拒绝了某些信念。一个法官要依靠他的政治、宗教和种族关系,要依靠他的妻子、经济安全和社会地位,要依靠他所接受的正式的与非正式的教育,以及他做法官以前所从事的法律事业的种类。他的这些关系、婚姻、社会经济地位、教育和事业,又大大受他出生的地方、时间和家庭的影响。第三个层面是一个法官的产生地点、时间和家庭为什么有影响,怎样发生影响?也就是说,文化差别为什么以及怎样决定了司法属性?显然,在特定政治制度内部以及在不同政治制度之间,文化的变数是重要的。如就特定政治制度内部的差别而言,为什么一个来自南部州的、民主党人和浸礼会教派的法官,同另一个来自北部州的、民主党人和犹太教徒法官,在对待不同种族通婚的"合法性"问题上有不同态度?

在1965年出版的《司法心态:最高法院大法官的态度与意识形态》中,舒伯特运用他的行为主义司法学分析了1946—1962年美国最高法院18位大法官的司法行为特点:一是司法判决中大法官的态度大致可以分为自由派、经济上的实用主义保守派和政治上的教条主义保守派,其中,自由派大法官既有自由派的态度又有自由派的意识形态,他们在作出判决时也是自由主义的立场;后两类大法官在意识形态上都是保守主义的,但在处理具体案件的态度上却不统一表现为保守主义,而是有的比较接近教条主义,有的则以实用主义作为断案的指导思想。二是在整体上,最高法院所表现出来的司法判决态度和大法官在意识形态很少一以贯之,经常发生变化;同时,最高法院大法官在人员构成、文字表述及判决风格等方面也表现出多样性。1946—1948年,最高法院的态度偏向保守主义;1949—1954年,由于人事变化,克拉克和明顿取代墨菲和拉特里奇成为大法官,最高法院有时趋向保守,有时则趋向温和,这一阶段占主导地位的意识形态是教条的保守主义,但相对于第一阶段,在自由主义的立场上有较为明显的进步;1955—1962年,最高法院无论在政治上还是经济上日益变成自由主义,它已成为最高法院占主导地位的意识形态。三是最高法院的自由主义心态的实质,即无论政治问题要求消除种族隔离还是经济问题方面鼓吹建立福利国家,就是平等主义,也即在种族结合、各州重新分配议席以及公民权利等方面的平等主义。

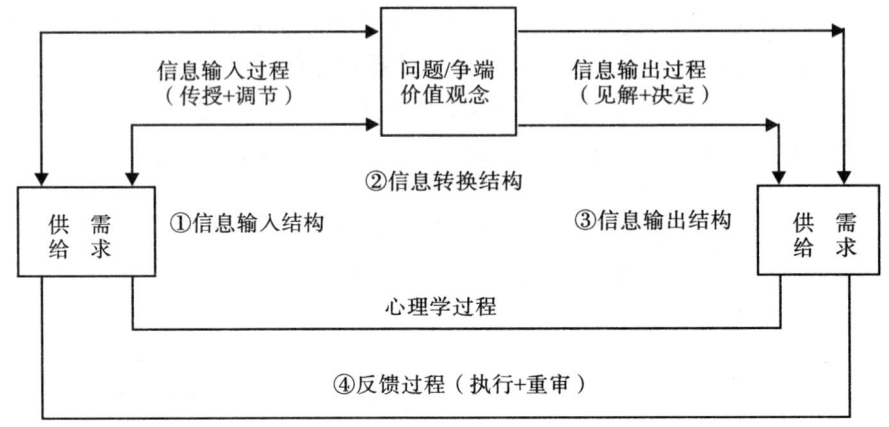

图 3.1 司法政策制定模型

三、舒伯特的司法政策制定论

在1965年《司法政策制定》一书中,舒伯特进一步研究了司法政策制定问题,并以上述图表形式(图3.1)表达出他的"司法政策制定的整体模型",用以描述三个规定的结构间相对稳定的功能关系,各结构通过输入过程和输出过程连接,以转换过程为中枢环节,输出结构通过反馈过程同输入结构相互作用。

其中,输入结构①的内容是司法人员主观上对于有关案件的客观事实(供给)的选择(需求),它作传授和调节的信息进入输入过程;转换结构②是司法人员借助自身的价值观念认识案件中的问题或争端所在,它作为见解和决定的信息进入输出过程;输出结构③是司法人员借助法律规范而作出处理案件的判决。至此,司法人员对于一桩案件的处理基本结束,但未完全结束,因为还要在判决的执行和案件重审的反馈过程④中验证判决的正确性,进而验证法律规范的正确性。

关于这个司法政策制定模型,舒伯特认为可适用于美国的联邦和州的司法制度,甚至可以用来分析其他国家的司法制度。但应注意的是,该模型难以分析不同国家和地区司法制度的差异。与法律现实主义者弗兰克重视法官判决的个性(personality)因素不同,舒伯特更重视法官判决中的态度(attitude)因素,主张运用最新科学技术和方法实证地分析和解释各类司法行为。

第三节 行为主义法学的代表:布莱克

一、布莱克简介:

布莱克(Donald Black,1941—),现为美国弗吉尼亚大学(the University of Virginia)社会科学教授。1963年,在印第安纳大学(Indiana University)获得社会学学士学位;1965年,在密歇根大学(the University of Michigan)获得社会学硕士学位。1968年在密歇根大学获得社会学博士学位后,他作为卢赛尔·塞奇访问学者(Russell Sage Fellow)进入耶鲁大学法学院(Yale Law School)从事法律与社会科学的博士后研究,然后在耶鲁大学法学院和社会学系任教。1979年,他转入哈佛大学(Harvard University)法学院和社会学系任教。1985年至今,他进入弗吉尼亚大学社会学系任教,并在法学院担任过教职。

布莱克是纯粹社会学的创立者,并运用他创立的社会科学范式预测和解释所有人际关系发生的行为冲突,并以此建立了案件社会学。他的主要代表作包括:《法的社会组织》(The Social Organization of Law,与 M. Mileski 合著,1973)、《法律的运作行为》(The Behavior of Law,1976)、《警察的行为方式》(The Manners and Customs of the Police,1980)、《社会控制的一般理论》(Toward a General Theory of Social Control,1984)、《司法社会学》(或译为《社会学视野中的司法》,Sociological Justice,1989)、《正确与错误的社会结构》(The Social Structure of Right and Wrong,1993年初版,1998年再版)、《纯粹社会学的认识论》(The Epistemology of Pure Sociology,论文,1995)、《纯粹社会学》(The Purification of Sociology,论文,2000)、《纯粹社会学之梦》(Dreams of Pure Sociology,论文,2000)等。

布莱克于1986年成为美国人类学会(American Anthropological Association)会员,1991年成为美国犯罪学会(American Society of Criminology)会员。1994年,他撰写的《正确与错误的社会结构》荣获美国社会学会

(American Sociological Association)授予的法社会学类杰出图书奖(Distinguished Book Award)和理论类理论奖(Theory Prize);1997年,他荣获美国社会学会授予的法社会学类杰出学者奖(Distinguished Scholarship Prize)。布莱克的学术活动遍及美国和世界各地,他在美国各大学以及日本、荷兰、芬兰、瑞典、丹麦、苏格兰、英格兰、加拿大、法国、奥地利、匈牙利等地的大学发表过演讲和参加过学术会议。

二、布莱克的法行为理论

(一)法行为的定性分析:法律的社会控制样式

在《法律的运作行为》一书中,布莱克首先阐述了他对"法律"一词的看法:"法律是政府的社会控制,或者说它是国家和公民的规范性的生活,如立法、诉讼和审判。"①但是,他认为,法律并不包括政府机构的日常生活,如邮局或消防部门中的社会控制,因为这只是对其雇员而不是对公民本身的社会控制;法律也不包括公立学校、监狱或军队中的纪律,因为这也不是对公民本身的控制。所以,法律只是实现社会控制的一种手段,没有法律的社会是无政府状态的社会,法律就是政府对国家和公民的社会控制。季卫东认为,布莱克对法的概念界定是狭义的,即法是政府对社会的控制,具体包含三层含义:首先,法是一种社会控制;其次,只有统治机关对公民的社会控制才可称之为法;最后,社会控制的本质是对越轨行为的定义和处理。季卫东认为,布莱克所列举的法律现象包括立法、诉讼、逮捕、行政处分、判决、刑罚、损害赔偿等,而依照法学惯例将应属于法的范畴的一些要素排除在外,如涉及统治机关的设立与权限的组织规范、授予特权的法规和设定私人权利义务的契约等;同时却将不应属于法的要素不加以明确的判定,如对统治机关自身的违法行为、秘密关押等;他的法律概念强调有关法的强制性,而忽略了合意及其制度性保障的重要意义。②

布莱克认为,法律是个变量,它可以增减,法律的任何运作包括法律的提起、诉诸或适用都意味着法律的量的变化,法律总是随着社会环境的每一方面——分层的纵向方面、形态的横向方面、文化方面、组织性方面或者规范方

---

① [美]唐纳德·J. 布莱克:《法律的运作行为》,唐越、苏力译,中国政法大学出版社2004年版,第2页。
② [美]唐纳德·J. 布莱克:《法律的运作行为》,唐越、苏力译,中国政法大学出版社2004年版,代译序Ⅲ。

面——而变化。除了这种一般意义上的法律的量外,我们还可以对法律的样式、法律的社会控制样式作出解释,而法律的样式也是个变量。布莱克认为,法律存在刑事控制、赔偿控制、治疗控制与和解控制四类社会控制样式①。(参见表3.1)

表 3.1 四种社会控制样式

	刑事控制	赔偿控制	治疗控制	和解控制
标准	禁令	债	正常	和谐
待解决的问题	罪过	债务	需求	冲突
案件提起	群体	受害者	不轨行为人	争议双方
不轨人身份	违反者	债务人	受害人	争议某一方
解决方案	刑罚	偿付	帮助	协议

就上述四种社会控制的纯粹形式而言,刑事控制禁止某种行为,并以惩罚保证禁令的实现;当禁令被违反时,群体作为一个整体对被控的违反者提出追诉,决定他有罪还是无辜。相比之下,赔偿控制则由受害者提起诉讼,他指控某人没有履行义务,是他的债务人,并要求对方偿付。刑事控制和赔偿控制都是指控型的社会控制,都有争议双方;对双方而言,要么全部请求得到满足,要么一无所获。但是,治疗控制和和解控制则是补救型控制。治疗控制的目的是恢复正常,不轨行为者因为自身利益而采取主动,他本身就是受害者而需要帮助。和解控制的目的是实现社会和谐,争议双方提出聚会并寻求将他们的关系恢复到先前状况;当然,他们也可能增加一个调解人或其他第三方协商,以求得各方可接受的妥协方案。但是,事实上的社会控制可能偏离四种样式的纯粹形式,一种社会控制会以不同方式同另一种相结合。并且,法律的样式也会随着时间和空间而变化,它会随着地区、年代、社会和团体的不同而异变,随着关系、法律环境、法庭和案件的不同而变化,因社会生活的分层、形态、文化、组织性和社会控制而变化。

(二)法行为的定量分析:法律的变量关系命题

布莱克提出通过一些命题来解释法律的量和样式,但是他关于法行为的

---

① [美]唐纳德·J.布莱克:《法律的运作行为》,唐越、苏力译,中国政法大学出版社2004年版,第6页。

定量分析基于他的纯粹社会学立场,既不考虑个人行为的心理学因素,如个人的理性、价值和情感等,也不考虑无法以事实检验的社会生活。这些命题"不假设也不暗示法律的目的、价值或影响。它只说法律的量随其他社会控制的量而变化,以及怎样变化。它只解释法律的运作行为,也仅此而已"。[①] 布莱克将社会归结为分层、形态、文化、组织和社会控制等基本方面,并使之转换为一组普遍变量来预测和解释法律行为的变化,最终提出了关于法律变量关系的五组命题:

1. 法与分层

"法律的变化与分层成正比",即一个社会的分层越多,法律也就越多。分层是社会生活的纵向方面,是对诸如土地或水的获得、食物以及金钱等生存条件的任何不均等的分配,即财富的不平等体现。在司法社会学中,该命题意味着司法行为(因变量)与分层(自变量)成正比。他认为,一旦发生纠纷,不同等级的人之间更有可能诉诸法院或其他法律机构解决,而同一等级的人之间更有可能采取和解、调解的方式解决。不但公民之间的分层不同,公民与司法官员的分层也是不同的,法律会随着这类关系的分层而增加,并适用于司法官员与诉讼当事人之间以及陪审团内各派别及其成员之间的关系等。他还为此提出了两个相关的命题:"法律的变化与等级成正比"(当其他因素不变,较低等级的人们比较高等级的人们拥有的法律少)和"向下指向的法律多于向上指向的法律"(当其他因素不变,每一种法律——不论是法令、指控、逮捕、起诉、诉讼、判决、损害赔偿或刑罚——向下指向的可能性都大于向上指向的可能性)。

2. 法与形态

"法律与分化之间的关系呈曲线形",即法律的变化与分化成正比,达到某一点后则成反比。形态是社会生活的横向方面,是人们之间相互间关系的分配,包括人们的分工、互动网络、亲近和社会一体化。"法律与关系距离之间的关系呈曲线形",即在关系密切的人们中间,法律是不活跃的;法律随人们的距离增大而增多,而当增大到人们的生活世界完全相互隔绝的状态时,法律开始减少。在司法社会学中,该命题意味着曲线的上升阶段,在其他条件不变时,人们之间一旦发生纠纷,一个人对其亲属控诉的可能性最小,其次是朋友、熟人、邻居、同一地域的人,控诉的可能性随着关系距离的增加而增加,直到他所

---

① [美]唐纳德·J. 布莱克:《法律的运作行为》,唐越、苏力译,中国政法大学出版社2004年版,第10页。

接触的世界结束;而在曲线下降阶段,人们生活在不同的世界,有比陌生人还远的关系距离,则诉诸法律的可能性减少。实际上,关系距离也能预测和解释法律样式:控告式法律与关系距离成正比,补救式法律与关系距离成反比。一方面,"法律的变化与社会一体化程度成正比",即处于或靠近社会生活中心的人们的法律多于处于社会边缘的人们,也就是说,在其他因素不变时,处于社会边缘的人的诉讼比社会一体化的人较少涉及诉讼,即使涉及诉讼也存在较低的胜诉率;但另一方面,社会边缘人对社会一体化的人的侵害则比反方向的侵害性质严重,所谓"离心方向的法律多于向心方向的法律"。

3. 法与文化

"法律的变化与文化成正比",即文化稀少之处,法律就少;反之,文化越多,法律越多。文化是社会生活的符号方面,包括对什么是真善美的表现。就法律文化自身而言,法律的变化与它自身的文化、它的戒律和规则的量成正比;法律文化丰富之处,法律控制也越多,表现为诉讼更易发生,损害赔偿加重,刑期更长。"法律与文化距离之间的关系呈曲线形变化",即在很少或不存在文化距离即文化多样性的地方和这种差异性极大的地方,法的存在都有较小的可能。在司法社会学中,法更适于解决不同文化之间的人的纠纷,同一文化背景的人之间的纠纷更可能采取非法律途径。文化距离也预示和解释法律的样式,当其他因素不变时,刑事性法律的变化与文化距离成正比,赔偿性法律的变化与文化距离成反比。如纠纷双方是同一民族的成员时,警察更可能设法使受害人得到赔偿或促使双方和解;在法庭上,法官也可能较少惩罚违法者而采取刑事和解。

4. 法与组织性

"法律的变化与组织性成正比。"组织是社会生活的合作方面,是集体行为的能力。在司法社会学中,组织和群体比个人更好诉,组织化程度越高的群体越好诉。公司比志愿者协会更具有诉讼性,且公司的组织化程度越高,诉讼性越强,由此看来,个人诉讼性的变化与个人的成员资格和所属组织成正比。而且,组织对个人提起的诉讼的获胜可能性大于个人对个人的诉讼。组织在诉讼中处于有利地位还表现在:当组织对个人违法时,其受到的处罚较轻;而当个人对组织违法时,受到的处罚较重。因此,"指向低组织性的法律多于指向高组织性的法律"。布莱克的分析表明,原告和被告的组织化程度对于违法的严重性顺序有重要影响。在其他条件不变时,违法的严重性为:最严重的违法是个人对组织(组织化程度低对组织化程度高)的违法;其次是组织对组织(组织化程度同样高)的违法;再次为个人对个人(组织化程度同样低)的违法;组织对个人(组织化程度高对组织化程度低)的违法,受到的处罚最轻。

5. 法与其他社会控制

"法律的变化与其他社会控制成反比",即在其他社会控制比较弱的地方,法律相对强大。几乎所有社会的家庭比其他群体对其成员存在更多的控制,因此家庭纠纷诉诸法律的可能性更小,家庭越强大,诉讼的可能性越小。社会控制是社会的规范方面,它规定了对不轨行为的反应。除法律外,社会控制还包括礼仪、习惯、伦理、官僚制等。相关的命题还包括"法律的变化与体面成正比"、"指向较少体面的人的法律多于指向较多体面的人的法律"等。体面程度的差别就是规范距离:"指向较少体面的法律的变化与规范距离成正比"、"指向较多体面的法律的变化与规范距离成反比"。

三、布莱克的案件社会学

(一)纯粹法社会学的方法论

关于他倡导的纯粹法社会学,布莱克在《社会学视野中的司法》中进行了系统阐述:"法社会学可以在性质上和方法上成为真正的科学,不涉及政策,不为应用方面的考虑所扰。法律可以作为一种自然现象来研究。研究的目的可以是一种普遍适用的理论,它能够预测和解释各种法律行为。可以为理论而理论,不及其余。成为一门纯粹的科学。"[1]

纯粹法社会学实际上是一门法律的微观社会学,它不同于法律的宏观社会学,后者是对法律原则及其制度是如何反映其所处的社会和文化的更为广泛的研究。布莱克认为纯粹社会学是对传统社会学的超越,因为它不仅在社会学中引进了几何逻辑,而且消除了早期社会学中长期阻碍社会学科学性发展的一些方面,特别是使心理学(以人类的心理内容来解释人类的行为)、目的论(以达到某种目的手段来解释人类的行为)甚至人自身不再成为该学科的研究主题,使社会学成为更易被检验、更具有普遍性和更为简单的理论。"纯粹法学理论既不是关于人们如何看待法律或对法律的感觉的理论,也不是关于人们的目标或法律的目标的理论。它只关注法律的行为,即不同案件实际发生的情况。它只描述我们能直接观察到的情况,并只提供我们可以对其正确

---

[1] [美]唐纳德·J. 布莱克:《社会学视野中的司法》,郭星华等译,法律出版社2002年版,第2页。

性进行检验的理论。"①因此,纯粹社会学将法律看作一种可以观察、预测和解释的自然现象,而不诉诸价值判断,也不力求实现整个法律制度的宏观分析和评价。

布莱克比较了有关法律研究的两种方法论模式:法理学模式和社会学模式。他认为,法律的法理学模式与社会学模式在诸多方面存在差别:(1)前者将法律视为规则,由法律条文直接提供法律的语言,案件的社会结构不重要;后者将注意力集中在案件的社会结构,由案件的社会结构提供法律语言表达的语法。(2)前者视法律为逻辑过程,对案件的评估就是对法律条文的运用,通过演绎和类比决定结果;后者视法律不在于逻辑,而在于行为,法律所述的是人们实际上如何行动。(3)前者视法律为从一个案件到另一个案件是不变的,法律可以通用,以相同的方式适用于所有案件;后者视法律是可变的,法律和案件的社会结构是因变量与自变量的关系。(4)前者是参与者的角色,从业律师用它来探求法律条文如何逻辑地推演出特定结论,而法官也例行公事地根据法律和确定的案件事实形成司法裁决;后者是观察者的角色,它主要关注当事人的社会特征,而不太考虑律师和法官强调的那些方面。(5)前者是实用的,它所关注的是应该如何作出决定;后者是解释的,它所关注的是针对案件的决定实际上是如何作出的。(参见表 3.2)

表 3.2 法律的两种模式②

	法理学模式	社会学模式
焦点	法律条文	社会结构
过程	逻辑	行为
范围	普适的	可变的
视角	参与者	观察者
目的	实践	科学
目标	作出决定	提供解释

应注意的是,一方面,布莱克肯定法律的法理学模式在当时的法律界和教

---

① [美]唐纳德·J. 布莱克:《社会学视野中的司法》,郭星华等译,法律出版社 2002 年版,中文版序言第 4 页。

② [美]唐纳德·J. 布莱克:《社会学视野中的司法》,郭星华等译,法律出版社 2002 年版,第 17 页。

育界仍占主导地位,有其现实存在的理由。另一方面,他说我们尚无法评价社会学的最终意义,但也充满信心地展望社会学模式对法律实践的实际意义:"社会行动正在成为一种社会学知识的自觉应用。社会学的威力正在被开发利用,一种新的能源诞生了,其威力简直难以想象。这个社会将是社会学的社会。这将是人类发展的一个新的阶段。"① 纯粹社会学的发展应用也使得法律听命于科学,并将有力地推动法律研究及其实践的变革:"纯粹法学理论促进了新形式的社会学技术的产生,并且通过这一新技术我们可以使法律本身发展改变。"②

(二)案件的社会结构分析

布莱克运用纯粹社会学的理论和方法对案件的社会结构进行了科学分析。他指出:"纯粹法社会学的核心是案件的几何排列,或者用本书的语言说是案件的社会结构。通过运用这一术语我指称的是法律案件在社会空间中的位置和方向:谁与谁发生冲突;谁会作为第三方参与冲突,如律师、证人和法官。这些参与者之间的距离有多大?谁的社会地位高,谁的社会地位低?案件的命运取决于它的几何排列。"③ 可见,布莱克所指的"案件的社会结构"实际上就是具体案件处理过程中所涉及的不同诉讼主体的社会关系状况,他为此设定了法律量、案件强度和歧视量等相关函数来分析案件处理过程中出现的对手效应、律师效应和第三方效应,并有针对性地提出了诉讼应对策略。

1. 关于法律变化的基本函数④

(1)法律量函数。法律量是指施加于个人或群体的政府权威的数量。针对被告的每一项法律行动是案件所引起的法律总量的一个增量。因为法律量的变化与法律行为紧密相关,而法律行为包括给警察打电话、拜访律师、被逮捕、被指控、被起诉、庭审胜诉的可能性、处罚的严厉程度以及上诉成功的可能性,这些因素作为法律的变量都将影响法律量的函数变化。关系距离、文化距

---

① [美]唐纳德·J. 布莱克:《社会学视野中的司法》,郭星华等译,法律出版社2002年版,第117页。

② [美]唐纳德·J. 布莱克:《社会学视野中的司法》,郭星华等译,法律出版社2002年版,中文版序言第4页。

③ [美]唐纳德·J. 布莱克:《社会学视野中的司法》,郭星华等译,法律出版社2002年版,中文版序言第1~2页。

④ 参见李瑜青等:《法律社会学经典论著评述》,上海大学出版社2006年版,第62~64页。

离、规范距离等都是重要的法律量函数。

(2)案件强度函数。案件强度实际上就是原告胜诉的可能性,强度越大意味着原告胜诉的可能性越大,强度越小意味着原告胜诉的可能性越小;而对于被告而言,强度越小则对被告越有利。案件社会学重视法律的社会特征,因为它决定了案件的强度函数。

(3)歧视量函数。歧视量是指类似案件所作不同裁决之间的距离变化,即法律差异的量。在不同的社会和法律环境中,差异的量也有所不同,它会随着社会、社区、法庭和案件的变化而变化。该函数首先与社会的异质性相关,当案件的社会结构预示着案件处理方式时,案件之间社会结构的差异的异质性程度决定案件处理的法律程度,法律差异正是社会异质性的功能之一。该函数还与种族相关性紧密关联。在存在种族歧视的社会,种族间的分化也会成为法律裁判的内在标准,不同的裁判者具有自己的种族倾向,种族距离越大,法律的歧视量越大,反之就越小。

2. 关于案件的社会结构

(1)对手效应,即谁控告谁。原告与被告是案件诉讼的主要当事人,处于对抗的诉讼地位,他们的社会地位如财富、教育水平、受尊重程度、社会参与程度以及传统性等将是影响案件处理的重要因素。在美国,原告的社会地位比被告更能预测案件的处理结果,较高社会地位的当事人比较低社会地位的当事人具有更多的诉讼优势,他们的关系距离、文化距离、亲密程度、是组织还是个人以及得到法律之外选择的范围等都是与法律变数有关的社会因素。

(2)律师效应,即谁支持谁。律师、证人、旁观者及其社会特征具有同样的影响模式,但影响的程度取决于其参与的程度,其中律师的法律影响甚大。律师的社会地位也有高低,社会地位越高的律师给当事人带来的利益越多。尽管律师不能消除与社会地位优越当事人对抗的所有不利因素,但通过提升地位较低一方的当事人地位可以使司法机构对案件的处理均质化和平等化。律师还可能显著地改变案件的关系结构,他们的影响取决于对立的双方是什么人——他们彼此的亲密程度,并且取决于律师之间的纽带关系;但是当对立双方的社会地位接近时,律师的影响可能相反,如律师介入家庭成员的内部纠纷时会增加当事人之间的社会距离而提高诉诸司法的可能性,甚至损害当事人之间不进行司法诉讼的努力。

(3)第三方效应,即谁是干预的第三方,谁是法官、检察官、警官、陪审员。他们不同的社会结构也会影响案件的处理,一般而言,第三方的社会地位与案件权威性成正比。拥有权威的法官和陪审员更倾向于选择一个获胜方,而不寻求折中的方式寻求和解或调解。陪审员的社会地位低于法官,而不具有法官的权威性却比法官宽容,他们倾向于折中而不拘泥于法律。社会地位较高的陪审员不仅更具有权威性,而且发表意见更多,他们对陪审团有不成比例的影响。法官和陪审员与当事人的关系亲近时,除了适用回避制度外更有利于关系亲近的一方。警察与当事人的亲密关系不会受到大的抗议。不过,布莱克认为,大多数第三方与对立双方在社会距离上是等距的,通常站在亲密关系等腰三角形的顶点。第三方的权威性与第三方同对立双方之间的关系距离成正比。此外,布莱克还考察了讲话方式对法律变化的影响程度。他认为,官司的成功还取决于他们的言语表达方式,如社会地位较高的人在法庭上的作证更具有可信度。

为了体现案件社会学的实用价值,布莱克提出了"运用社会学知识的诉讼"问题,即运用纯粹法社会学的方法对当事人及其代理人的诉讼策略进行了探讨,具体包括:从专业角度选择案件;设计费用支出;选择参与案件人员;决定是否要求庭外调解;审判前的准备工作;选择法官、陪审员、审判地点;设计审判中的策略;败诉后决定是认罪还是继续上诉等。此外,布莱克积极参与司法改革,具体构想了一些改革方案:通过法律合作社团的引入改变案件的社会结构(提高个人的组织化程度和缩短关系距离);通过法律的非社会化(部分的非社会化、激进的非社会化和电子司法)改变处理案件的过程;通过社会的非法律化(寻找法律的替代物并实现法律最小化)改变法律权限本身,将法律系统的歧视和不平等减到最少。

第四节 行为主义法学的代表:川岛武宜

一、川岛武宜简介

川岛武宜(かわしまたけよし,1909—1992),1909 年 10 月 17 日出生在大阪府岐阜县岐阜市,日本当代法社会学家、法文化学家、民法学家,日本法社会学和法文化学两个领域的主要奠基人。1932 年毕业于东京帝国大学(现东京大学)法学部,担任日本著名民法学家我妻荣的助教,1934 年被聘为该法学部副教授,1945 年升为教授,1970 年退休并任东京大学名誉教授。1979 年成为日本学士院会员,1991 年被授予文化功劳者,1992 年 5 月 21 日逝世。

法社会学方面的代表作包括：《日本社会的家族构成》(日本社会の家族の構成，1948)、《法社会学中法的存在构造》(法社會學に於ける法の存在構造，1950)、《作为科学的法律学》(科學としての法律學，1955)、《近代社会与法》(近代社会と法，1958)、《日本人的法意识》(日本人の法意識，1978年)、《法社会学》(四卷本，岩波书店1982版)、《法律学》(二卷本，岩波书店1982版)等。

二、川岛武宜的实用法学

(一)作为科学的法律学

川岛武宜非常清楚地认识到，法律社会学是一门需要发展的新兴学科，这不仅取决于社会学本身是一门新兴学科，还取决于作为法律社会学研究对象的法所具有的特殊性。"所谓法律，是指作用于社会、要求人们为一定的行为、在必要时动用国家的政治权力强制行为实现的体系，或指依该强制所保障的行为的命令(规范)。"① 而法律包含有两个要素，即赋予立法与审判以动机并决定其内容的价值判断(特别是先例的判决理由)及作为实现该价值判断的手段所采用的词语的技术(主要表现为法律命题)，它们都是法律学的研究对象。但是，作为科学的法律社会学的主要研究对象是关于审判过程中的法律技术，即审判工程中所做的具体的价值判断及其词语构成的技术。

川岛武宜区别了传统的法律解释学与非解释的法律社会学。他认为，前者都以主观上的正当，而且在多数场合下是以价值判断作为研究课题；而后者却是以客观世界中发生的现实的社会问题作为自己的研究对象。"法律社会学中的法律不仅现实地规范着人们的行为，而且还在为人们的活动指示着方向。总之，在法律社会学中，法不仅是应然的问题，而且还是实然的问题。"②

(二)科学的实用法学即市民的法律学

1. 关于市民实用法学的目的

川岛武宜注重法学的实用研究，并强调实用法学的"科学性"。他认为，实用法学并不都具有解释学的属性，从某种程度上来说，它更具有实用性。"非解释学性质的法律学并不以对法律进行解释为目的，而是将重点放在以审判

---

① [日]川岛武宜:《现代化与法》，申政武等译，中国政法大学出版社2004年版，第241页。

② [日]川岛武宜:《现代化与法》，申政武等译，中国政法大学出版社2004年版，第216页。

的先例为素材、对将来的审判进行预见上。"①

2. 关于市民实用法学的社会背景

川岛武宜之所以将科学的法律社会学称之为"市民的法律学",是因为该学科产生于市民社会这一特定的社会背景之下,并服务于市民社会。"它是市民社会对法律的态度——价值观。"②它要求国家的法律原则上应确认和尊重市民社会内在的权利秩序,特别是资本主义的生产秩序。这种要求来自于资本主义企业对在将来发生的财产计算和预测的需要,这种需要使得他们要求法院应确实地对权利关系给以保护以及平等的保障。此外,市民社会——特别是资本主义企业还要求,政治权利应为市民社会服务,实现政治权利与市民社会对等,这种要求体现在司法权优先、审判应受先例制约等法律制度之中,并以一定的方式加以保障,司法裁判的可预见性自然成为现实。

3. 关于市民实用法学的课题

市民实用法学以裁判的预见为目的,因此,它必须了解法官对何种事情作出何种判断,换言之,搞清楚规定法官裁判行为的各种因素——裁判活动中的经验法则。首先,裁判先例的判断框架——判决理由是规定裁判活动的主要因素。其次,审判先例判断框架以外的因素——法官的个性和价值观、事件的具体事实、法官所处的社会环境(特别是习惯、习俗、舆论及在该社会中占支配地位的价值体系等,都是作为裁判行为的要素具有重要的意义)。最后,实用法学对裁判的作用。实用法学的任务不仅仅在于预见裁判,还在于它应对裁判有效地发生作用。也就是说,司法权为代表的政治权力不是目的,市民社会才是它实现正当性的社会基础和价值归宿,市民社会也应主动地参与司法,利用司法的正当程序和民主原理促使司法向有利于己方的利益发展。

4. 关于市民实用法学与其他社会科学的关系

市民法律学是一门经验科学,其研究的中心课题是裁判现象特别是裁判行为,它与法律解释学形成鲜明对比,但是它毕竟是法律学的特殊领域,属于广义的法律社会学中的一个组成部分。法律社会学与市民的法律学可以或应该相互吸收对方的研究成果、相互促进、相互发展。同时,市民法律学也可与经济学、政治学、人类学、社会学、心理学、历史学等经验科学相互联系、相互学习和促进。

---

① [日]川岛武宜:《现代化与法》,申政武等译,中国政法大学出版社 2004 年版,第 300 页。

② [日]川岛武宜:《现代化与法》,申政武等译,中国政法大学出版社 2004 年版,第 303 页。

第四章　后现代主义法学的思想渊源

后现代主义法学为我们的司法社会学研究提供了方法论与认识论意义上的诸多反思,如对法律中心主义的反动,对法律多元和共识形成的强调,对特定群体权益保护的司法关注,对权力知识化与知识权力化的深刻担忧等。为此,我们也正好展开关于纠纷解决与社会控制模式思想的系统梳理。

第一节　后现代主义法学概述

一、后现代主义

在词义上,后现代主义(postmodernism)意指现代主义(modernism)之后的某种思潮和运动,是与现代主义相关联或相断裂的另一时代。它既可以理解为时间上属于现代之后的一种思潮和运动,也可以理解为一种与现代主义迥然有别而对现代主义的反思、解构和超越的另类思维方式。因此,对"现代"一词的理解有助于"后现代主义"一词的理解。在英语世界,"modern(现代)"通常泛指17世纪英国工业革命以来的整个资本主义时代,有时指"近代",可以上溯到文艺复兴和思想启蒙的更早时期,它与"contemporary"(当代,特指20世纪六七十年代以来)存在一定的差别。"现代主义"一般是指笛卡尔以来形成的现代哲学思潮,它以理性主义、科学主义和自由主义为基本特征,强调普遍、同一的逻辑方法论。

"后现代主义(postmodernism)本来是指称一种以抛弃普遍性、背离和批判现代主义的设计风格为特征的建筑学倾向,后来被移用于指称文学、艺术、美学、哲学、社会学、政治学甚至自然科学等诸多领域中具有类似倾向的思潮。"①在哲学意义上,后现代主义存在于诸多的哲学流派,如新实用主义、西方马克思主义、后结构主义、新自由主义等,其代表人物主要包括罗蒂、德里达、利奥塔、福柯、伽达默尔等。特别是利奥塔在《后现代状况》曾明确地将"后现代主义"界定为"对元叙事的不信任",而强调非连续的、突变性的和悖谬的小叙事(little narrative)科学观。所谓"元叙事"(即巨型叙事、大叙事,great narrative)就是指现代启蒙思想家关于"永恒真理"和"人类解放"的故事,也就是康德所说的"普遍的人类历史观念":所有人类历史都趋向一个终极目的,即达到一个普遍的自由王国。

二、后现代主义法学

后现代主义法学即后现代法学,是20世纪后半叶以来后现代主义思潮和运动在法学领域的反映,存在诸多流派。信春鹰认为,后现代法学存在激进女权主义法学、法律与文学运动、种族批判主义法学等三大主要流派。这是因为关于后现代法学流派的认定标准,一个基本共识是看其是否承认法律的普遍意义;批判法学不被看作后现代法学,因为它在对资本主义法治进行激烈批判的同时,承认制度的整体性而不是把制度分解;同理,同性恋法学也不是后现代法学流派,因为它没有形成自己系统的理论。为此,信春鹰在分析归纳后现代主义哲学的特征与现代法学面临的挑战的基础时,指出了后现代法学的四个基本观点:理性的个人作为自治的法律主体并不存在;现代社会的进步是虚幻的;法律的普遍性是虚拟的"宏观话语";法律的中立原则仅仅是一种假设。②

此外,朱景文主张将批判法学(Critical Legal Studies)、女性主义法学(Feminist Jurisprudence)、批判种族法学(Critical Race Theory)、法律与文学运动(Law and Literature)、法律经济学(Law and Economics)、权利与原则法学(Rights and Principles Jurisprudence)纳入后现代法学思潮的研究范围。他为此归纳了后现代主义对法学影响的三种情况:一是出现了一些公认的后现代主义的代表人物,如福柯、德里达、利奥塔、罗蒂、费希等,他们对法学的影

---

① 刘放桐等编:《新编现代西方哲学》,人民出版社2000年版,第615页。
② 信春鹰:《后现代法学:为法治探索未来》,载朱景文:《当代西方后现代法学》,法律出版社2002年版,第19~33页。

响主要表现为方法论,尽管他们也不乏研究法律问题的著述,如福柯专门研究刑罚发展历史的著作《规训与惩罚》;二是它影响了属于"亦已亦彼"的人物,如批判法学的肯尼迪、法律经济学的波斯纳,以及激进的女性主义法学、种族批判法学、法律和文学等的许多代表人物;三是它也影响了一些公认的属于现代法学、自由主义法学的代表人物,如德沃金、罗尔斯。[①]

本书采用广义上的后现代法学概念,将一切受后现代主义思潮影响的学派和人物归入此类而不拘泥于激进女权主义法学、法律与文学运动与种族批判主义法学之三大主要流派及其代表人物。

第二节 后现代主义的多元化纠纷解决论

一、纠纷解决研究概述

现代西方法社会学关于纠纷解决方式的研究,主要可以分为纯理论模型、试验、人类学和现代法律制度四类模式[②]:第一类是纠纷解决的纯理论模型,这种研究借助数学家、经济学家和心理学家提出的博弈论,即游戏和策略分析,把它运用到现实生活中选择解决纠纷的模式问题上。第二类是选择纠纷解决方式的试验,试验设计者一方面确定可供选择的几种不同的纠纷解决方式,如审判、仲裁、调解和谈判等;另一方面又规定一系列的可改变的条件,如是否有时间要求,是否有明确的解决纠纷的标准,是否要双方对解决问题的决定有一致的意见。设计者把这些可改变的条件作为自变量,把解决纠纷方式的选择作为因变量。研究者发现,人们选择什么样的解决纠纷方式,依据上述条件的变化而改变。还有的学者将试验的方法运用到对英美法系和大陆法系两种不同的诉讼程序的比较研究中。第三类是解决纠纷方式的人类学研究,这种研究具有明显的反西方中心论。第四类是现代法律制度解决纠纷方式的选择。现代西方社会把解决纠纷的重担放在法院肩上,却因此产生了"诉讼爆

[①] 朱景文:《当前美国法理学的后现代转向》,载朱景文:《当代西方后现代法学》,法律出版社2002年版,第2页。

[②] 朱景文:《现代西方法社会学》,法律出版社1994年版,第184～185页。

炸"现象,即诉讼成灾、积案成山、办案拖延等现象。对此,有学者主张通过扩大法院规模、简化诉讼程序、提高诉讼费来解决;更多的人主张通过调解、仲裁、行政执法程序等方法解决;也有学者对法院外解决方式的效益产生怀疑。

至于人们选择什么样的纠纷解决方式,受制于不同的社会条件。布莱克从行为主义法学的角度,提出法律不外乎是政府对社会的控制,并提出惩罚、赔偿、治疗和和解等四种纠纷解决类型,而这些类型会随着案件的不同社会结构(分层、形态、文化、组织性和其他社会控制)的变化而呈现不同的发展模式。而结构功能主义则把注意力放在社会经济发展与法律审判量、法律职业及法律教育的关系,并存在两种不同的看法:一种看法是认为它们之间存在曲线关系,即在工业化刚刚开始时法院的审判量低,随着工业化的发展法院审判量迅速提高,而工业化的进一步发展则出现诉讼拥挤和拖延,法院审判量又下降;另一种观点则认为在经济发展与法律发展之间的关系是线形的,而非曲线的,如美国联邦法院的法律活动在工业化发达的州一直在增加,而在工业化缓慢的州的律师活动减少、诉讼增加。

后现代主义法学通过解构现代主义的西方中心论和现代化的法治发展模式(宏观叙事),着眼于司法社会化与社会自治研究的小叙事视角,从而促使人们形成关于多元化社会调整和纠纷解决方式的社会共识。这里主要介绍批判法学的代表人物昂格尔与受后现代主义重要影响的当代法社会学代表诺内特和塞尔兹尼克的纠纷解决观。

二、昂格尔的"超越自由主义"法律发展观

昂格尔(Robert Mangabeica Unger,1947—),批判法学运动的典型代表,1947 年出生于巴西,1969 年在巴西里约热内卢大学获得文学学士学位,随后赴美国哈佛大学法学院深造,并于 1976 年获得法学博士学位,28 岁成为哈佛大学法学院历史上最年轻的教授。代表作包括:《知识与政治》(*Knowledge and Politics*,1975)、《现代社会中的法律:社会理论的批判》(*Law in Modern Society:Towards a Criticism of Social Theory*,1976)、《激情:论人格》(*Passion:An Essay on Personality*,1984)、《批判法学运动》(*The Critical Legal Studies Movement*,1986 年)、《可塑性权力:关于经济与军事成功的制度条件的比较历史研究》(*Plasticity into Power:Comparative-Historical Studies on the Institutional Conditions of Economic and Military Success*,1987 年)以及三卷本的《政治学:建设性的社会理论工作》[*Politics:A Work in Constructive Social Theory*(3 *vols.*)1987 年]、《法律分析应是什么》

(*What Should Legal Analysis Become*,1996)、《左派应建议什么》(*What Should the Left Propose*,2006)等著作。昂格尔早年还从事过记者工作,并曾作为巴西政治活动家积极参与组织工会和政党,担任过巴西政府要职。

昂格尔激烈地批判传统的自由主义,强调要从批判到建设,以一种全新的理论来代替自由主义,并以此提出社会改革计划和设计一个更合理的新社会。在《批判法学运动》中,昂格尔提出了"超越自由主义"(superliberalism)的社会构想。他认为该社会具有三个基本特征:一是充分的自由与民主,个人获得真正的自由,个性完全解放并得到丰富的发展机会,根绝精英政治,公民广泛参与国家政治生活,并在社会生活形式(工厂、学校、机构)中实行民主管理。二是社会结构的流动性,永恒不变和自然合理的社会制度是不存在的,应向既存的社会制度及传统观念不断挑战,将其重塑。社会中一切束缚人性的故态结构将被打破,实现"无结构的结构"。三是政府权威性与政治权力分散性相结合,应赋予政府以真正权威来推行改革,同时又使政府部门多样化,权力分散化,避免权力的过度集中。①

昂格尔在批判孟德斯鸠、马克思、杜克凯姆等的传统社会理论的基础,通过区分不同的法律发展阶段类型,提出构建"超越自由主义"的社会秩序。他提出要重塑现代性问题,"现代性问题的解决要求我们发现占主导地位的意识形态与日常生活经验之间的关系。前者把非个人的法律放在社会的中心地位,后者则将法律放在社会生活的边缘。"②但是,"法律的特性会因社会生活形态的不同而变化。每一社会都通过法律显示它用以团结其成员的那种方式的最深层奥秘。而且,不同类型的法律彼此之间的冲突还表明:约束社会群体可以有不同的方式。"③因此,有必要通过讨论法律类型与社会形态的不同关系来研究社会秩序问题。他认为,人类社会的法律发展依次可区分为习惯法、官僚法和法律秩序三种不同的阶段类型:一是习惯法:"在最广泛的意义上讲,法律仅仅是反复出现的、个人和群体之间相互作用的模式,同时,这些个人和群体或多或少地明确承认这种模式产生了应当得到满足的相互的行为期待。

---

① http://www.fatianxia.com/wiki_list.asp?n=%B0%BA%B8%F1%B6%FB(2008-08-06 访问)。

② [美]R. M. 昂格尔:《现代社会中的法律》,吴玉章、周汉华译,译林出版社 2001 年版,第 41 页。

③ [美]R. M. 昂格尔:《现代社会中的法律》,吴玉章、周汉华译,译林出版社 2001 年版,第 44 页。

我将称为习惯法或相互作用的法律。"①习惯法不具备公共性和实在性,它来自整个社会而专属于置身于其他群体之外的中央集权的政府,因此它是一种"非国家的法";同时,它只适用于狭窄限定的各类人和关系范畴,不存在明确的公式化的行为规则标准。二是官僚法:"官僚法由一个具有政府特征的组织所确立和强制的公开规则组成。"②该法又称为规则性法律,是国家的法。与习惯法不同,这种法律具有公共性和实在性,并且使习惯与义务的区别或制定规则与适用规则的区别第一次变得有意义。该法之所以称为官僚法,是因为它使得国家与社会实现分离,而法律专属于中央集权的统治者和他们的专业助手的活动领域,它是国家强加的,而不是社会自发形成的。三是法律秩序:它是更为严格、属于狭义上的法律,不是各种社会的普遍现象,而只存在于特定的社会环境(西方自由主义社会),"作为法律秩序的法律不仅具备公共性和实在性,而且具备普遍性和自治性"③。其中,自治性表现在实体内容、机构、方法和职业四个方面,它们相互依存,赋予立法的普遍性理想和适用法律的一致性理想特殊的意义。因此,该法可称为社会的法。

　　他指出,这三种类型的法律都有其缺陷而不能成为法治的理想,自由主义的现代"法律秩序"也不例外:"虽然,自由主义国家的多元化与超验宗教的偶然相遇有助于法治理想的形成,但是它们之间的对立却最终损害了理想的内聚力和体现理想的制度的稳定性。"④因此,他提出了具有后现代主义倾向的"超越自由主义"社会秩序的理想问题。他认为,当代西方社会已经由自由主义社会走向后自由主义社会,与此相应的法律形式也由法治转变为"福利——合作国家"(welfare-corporative state):"我汇总在福利国家和合作主义趋向标题下那些众所周知的变化所作的分析提供了一种理解后自由主义社会法律史的结构。"⑤在他看来,福利主义即加强国家对社会生活的干预,不再是按照

---

① [美]R. M. 昂格尔:《现代社会中的法律》,吴玉章、周汉华译,译林出版社2001年版,第46页。
② [美]R. M. 昂格尔:《现代社会中的法律》,吴玉章、周汉华译,译林出版社2001年版,第48页。
③ [美]R. M. 昂格尔:《现代社会中的法律》,吴玉章、周汉华译,译林出版社2001年版,第49～50页。
④ [美]R. M. 昂格尔:《现代社会中的法律》,吴玉章、周汉华译,译林出版社2001年版,第82页。
⑤ [美]R. M. 昂格尔:《现代社会中的法律》,吴玉章、周汉华译,译林出版社2001年版,第212页。

形式主义的原则而是按照实质正义的原则对社会财富进行再分配,从而使行政自由裁量权不断扩大,作为法治原则的普遍性和独立性由此遭到破坏,人的理想和社会秩序发生重大变化;而合作主义使国家与社会、公共与私人的领域逐渐接近,表现出公私法的划分被打破,以及私人组织的国家化和法律化。①法的这种变化必然导致社会调整方式和纠纷解决方式的变化,即从作为主体的诉讼解决模式转向多元化的纠纷解决机制。

三、诺内特和塞尔兹尼克的回应型法律发展说

塞尔兹尼克(Philip Selznick,1919—　),当代美国法律社会学伯克利学派的领军人物。1919年出生于美国新泽西州耐沃克,1938年获得美国纽约城市大学(City College of New York)社会科学学士学位(B.S.S),1943年和1947年分别获得哥伦比亚大学(Columbia University)的人文科学硕士学位(M.A.)和哲学博士学位(Ph.D.),1951年获得芬兰乌切奇特大学(University of Utrecht in Netherlands)的 Dr. Jur. Hc,1952年先在密苏里大学、加利福尼亚大学洛杉矶分校工作,后一直在加利福尼亚大学伯克利分校任职,2003年获得美国法律和社会学会颁发的 Kalven prize。法社会学的代表作包括《法律社会学》(1957)、《社会学和自然法》(1961)、《法律、社会和工业正义》(1969)、《转变中的法律与社会:迈向回应型法》(*Law and Society in Transition: Toward Responsive Law*, with Boalt colleague Philippe Nonet, 1976)等。诺内特(Philip Nonet),出生于比利时,后留学美国得到塞尔兹尼克指导,与塞尔兹尼克都是加利福尼亚大学伯克利分校教授,长期主持"法理学与社会政策研究项目"。

表 4.1　法的三种类型

	压制型法	自治型法	回应型法
法律的目的	秩序	正统化	权能
合法性	社会防卫和以国家利益名的理由	程序公正	实体正义
规则	粗糙而烦琐的,对规则制定者只有微小的约束力	精细的;被认为同样约束统治者与被统治者	从属于原则和政策

---

① 参见范愉:《非诉讼纠纷解决机制研究》,中国人民大学出版社2000年版,第305～306页。

续表

	压制型法	自治型法	回应型法
推理	特殊的；便利而具体的	严格遵循法定权威；容易被指责为形式主义和法条主义	有目的的；认知能力的扩大
自由裁量权	普遍的；机会主义的	由规则限定的；授权范围狭小	扩大了的，但对目的负责
强制	广泛的；受微弱限制	由各种法定约束所控制	积极寻求替代物，即各种鼓励性、自我维持的义务体系
道德	公共道德；法定道德主义；"强迫的道德"	机构道德；即，专心于法律过程的完整性的道德	公民道德；"合作的道德"
政治	法律从属于权力政治	法律独立于政治；分权	法律愿望与政治愿望一体化；权力混合
对服从的期望	无条件的；不服从本质上被作为蔑视加以惩罚	依法证明为正当的背离规则行为；如检查制定法或命令的有效性	按照实体危害评估不服从；被看作是提出了各种正统性问题
参与	谦恭的依从；批评被作为不忠诚	评价受既定程序限制；出现法律批判	评价由于法律辩护和社会辩护的一体化而扩大

在《转变中的法律与社会：迈向回应型法》中，诺内特与塞尔兹尼克创立了"伯克利观察法"，这种方法的宗旨是：力求能够说明法是怎样适应社会需求、解决现实问题，主张用"软性法治"取代"硬性法治"，在法学研究方法上将价值追求与经验研究结合起来。[①] 他们运用伯克利观察法，将社会上存在的法律现象分为"压制型法"、"自治型法"和"回应型法"。其中"压制型法"作为压制性权力的工具，其主要特征是政法合体和放纵裁量，表现为法对特权的保护、不安定和正当化程度低，它已成为历史的法的追述；而"自治型法"则是对现实法制的描述，作为能够控制压制并维护自己的完整性的特别法律制度，以普遍性准则、权力的分立和制衡及程序正义为特点；只有回应型法才是法律改革方向的规范模式，它作为回应各种社会需要和愿望的便利工具，强调目的对制度

---

① 参见李瑜青等：《法律社会学经典论著评述》，上海大学出版社 2006 年版，第38 页。

和法的引导，根据社会的需要和要求缓和或解决法治的形式主义以及规则与价值的矛盾。这三种法律类型之间既相互重叠，又表现出发展的阶段性。他们认为，回应型法作为改革的纲领，法实现了从形式正义（程序正义）到实质正义（实体正义）的转化以及法的功能的变化，使纠纷解决不再是法院甚至法律的主要功能。"在回应型法的情况下，权利要求被理解为暴露无序或障碍的机遇，因而可以作为管理资源来评价。但是，解决争端不可能还是典型的关注对象，法律也不可能依靠这一过程去履行其责任。……法律的能量应该贡献于诊断那些制度上的问题，贡献于重新设计那些制度上的安排。"[①]因此，纠纷解决的功能不再主要由法院来承担，而转向由各种非诉讼的替代性方式和社会主体自主性的合作承担。（参见表4.1）

第三节 后现代主义的反传统社会控制论

一、社会控制的一般理论

社会控制，首先由美国学者 E.A. 罗斯提出，它也可称之为社会调整。社会控制的概念往往用来表示把个人及其集体的行为纳入到一定社会规则和秩序的范围内的过程，认为它是实现社会秩序、维持正常运行的必须手段，是使人们接受社会价值、原则或规范的整个过程。[②]

在西方法社会学的著作中，社会控制一词往往在两种意义上使用[③]：一种是广义的，它是指使人们接受社会价值、原则或规范的全部过程，包括使人们社会化的所有措施。如罗伯特森提出："社会控制是社会保证其成员一般以所期望和同意的方式行为的机制和过程。"这种意义上的社会控制实际上与社会规范、社会秩序甚至社会化是同义的。在狭义上，社会控制一词总是与异常行为相联系，指人们如何确定异常行为并对异常行为作出反应。如布莱克认为："社会控制是社会生活的规范方面。社会控制规定了不轨行为并对这种行为

---

① ［美］P. 诺内特、P. 塞尔兹尼克：《现代社会中的法律》，吴玉章、周汉华译，译林出版社2001年版，第120页。
② 孙国华、朱景文：《法理学》，中国人民大学出版社2004年第2版，第20页。
③ 朱景文：《现代西方法社会学》，法律出版社1994年版，第171页。

作出反应,它规定什么是应当的:什么是对或错,什么是违反、责任、反常或扰乱。"①当代西方法社会学倾向在狭义上使用社会控制的概念。他所指的社会控制包括法律、礼仪、习惯、伦理、官僚制和对精神病的治疗等一切社会控制手段。狭义上的社会控制与纠纷解决面临的问题相同:"在这个意义上,社会控制与纠纷解决研究涉及的问题——消除社会冲突、恢复社会秩序——大致重合。"②

关于社会控制的构成和类型,罗伯特森提出了广义的社会控制的两种基本形式:社会通过附加条款即奖惩措施执行它的规范,对服从行为加以支持和奖励,对异常行为实施惩罚和制裁。这两种形式既可以正式地、以典型化有组织的方式适用,也可以非正式地、通过其他人的自发的反应适用。由此,便形成了四种社会控制的具体形式:正式的肯定性的措施,如授予奖章或毕业证书;正式的否定性的措施,如监禁或处以死刑;非正式的肯定性的措施,如表示鼓励或祝贺的握手;非正式的否定性的措施,如大声辱骂或躲避异常行为者。其中,肯定性的措施表明社会控制生效,否定性的措施表明社会控制失败。③

布莱克则采用狭义的社会控制概念,在《社会学视野中的司法》中认为:"今天,人们一如既往地保留着几个世纪以前的做法,在因受到不公正待遇而产生不满情绪时,常常选择以下方式解决冲突问题:(1)自我帮助;(2)逃避;(3)协商;(4)通过第三方解决;(5)忍让。虽然不同的社会有其各自不同的具体策略,但某种程度上讲所有的方法都殊途同归。"④这些方式进一步可归纳为两类:一类是通过本人参与的社会控制,包括自我帮助、逃避、协商和忍让;另一类是第三方的社会控制,由权威的第三方如调解人、仲裁人、法官等主持裁决。后来,布莱克由将社会控制样式进一步区分为刑事控制、赔偿控制、治疗控制与和解控制等。

埃克里森仍采用广义的社会概念,却运用"社会控制体系"一词全面而系统地分析了社会控制的内部构成:"一个社会控制体系被界定为由一些在规范意义上恰当的人类行为规则构成。这些规则通过制裁执行,施行这些规则本

---

① [美]唐纳德·J. 布莱克:《法律的运作行为》,唐越、苏力译,中国政法大学出版社2004年修订版,第123页。
② 范愉:《纠纷解决的理论与实践》,清华大学出版社2007年版,第92页,脚注④。
③ [美]罗伯特森:《社会学》,转引自朱景文:《现代西方法社会学》,法律出版社1994年版,第172页。
④ [美]唐纳德·J. 布莱克:《社会学视野中的司法》,郭星华等译,法律出版社2002年版,第82页。

身也受一些规则的支配。"[①]因此,埃克里森认为,一个社会控制体系可分解为两种制裁、五种施行制裁并制定规则的控制者以及五种规则,并运用图表进行了阐释。(见表 4.2)

表 4.2 一个社会控制全面体系的诸多因素

	控制者	规则	制裁	结合体系
1	第一方控制 行动者	个人伦理	自我制裁	自我控制
2	第二方控制 根据合约的行动者	合约	个人自助	受诺者执行的合约
3	第三方控制 社会力量	规范	替代自助	非正式控制
	组织	组织规则	组织执法	组织控制
	政府	法律	国家执法	法律制度

埃克里森所指的两种制裁即奖赏和惩罚,由此他将人类行为分为三类:应予以奖赏的好行为、应予以惩罚的坏行为以及无需回应的普通行为。五类控制者是指行动者本人(依据个人伦理进行自我控制)、双方当事人(根据约定或合意进行自力救济)、社会力量(根据社会规范进行非正式控制)、特定组织(根据组织规则进行执法或控制)和政府机构(根据法律规则或制度进行执法或控制)。五种规则即实体规则(即基本行为模式,体现规则制定者预期的控制目标)、救济规则(即行为后果或报应、制裁)、程序规则(决定制裁前对行为者作出评价的规则)、构成规则(涉及不同政府部门或组织之间的权力配置或资源分配、权限的正当性来源以及组织构成)和选择控制者的规则(允许当事人自行选择或由法律强制规则控制者)。

应注意的是,人类社会自产生之日起就具有一定的社会化程度,而随着社会形态从低级向高级、从前资本主义社会到现代社会直至后现代社会的发展,社会控制的手段和机制也不断地完善和发展。正如庞德所指出的:"社会控制的主要手段是道德、宗教、法律。在开始有法律时,这些东西是没有什么区别的……在近代世界,法律成为社会控制的主要手段。在当前的社会中,我们主

---

① [美]罗伯特·C. 埃里克森:《无需法律的秩序——邻人如何解决纠纷》,苏力译,中国政法大学出版社 2003 年版,第 150 页。

要依靠的是政治组织社会的强力。"① 而就法律自身而言,以国家暴力为后盾的强制性是它区别于其他社会控制手段的主要特征,它经历过混沌的习惯法、单一的制定法、法典化的过程,从强调国家法到社会法、行动中的法,与各种社会控制形式相互作用、法律的社会化与社会的法律化交互作用的过程。法律已成为现代社会的主要控制手段,但也不能排除和否定其他社会控制手段的特定功能。

二、后现代主义反西方为中心的传统社会控制论

在意识形态方面,后现代主义具有鲜明的反西方自由主义传统特征,主张平等主义,强调不同阶级阶层的人和谐共处,充分尊重不同种族和民族的价值观和生活方式;在哲学方法论上则采用解构主义、新实用主义或后结构主义的立场,对西方法律中心主义的社会控制论展开严厉的批判和反思。

(一)后现代主义思想先驱的法律观

1. 利奥塔

利奥塔(Jean-Francois Lyotard,1924—1999)在《后现代状况》一书中展开了关于"法律与正义"的思考。他认为,在一个多元文化的社会,不同的社会群体存在不同的正义观,他们之间应和谐共处,后现代社会就应鼓励多元和差异的存在;但是权力与知识却结成同盟,权力的知识化和知识的权力化成为现实,社会关于正义的话语权总掌握在所谓拥有"真理"的人手中;所谓的法律共识不过是强权压迫的产物,建立在"共识"基础的法律和判决只可能反映强者的力量,因为弱势者不拥有话语的表达权,后现代社会就应打破权力话语的垄断,尊重不同群体的价值观。

2. 德里达

德里达(Jacques Derrida,1930—)运用解构主义方法,在《法律的力量:权力的神话基础》演讲稿中阐述了他的解构即正义的法律观:解构不是政治虚无主义,而是一种不惜代价为边缘人实现正义的无限努力;正义是不可解构的,但法律则能够被解构;法律不完美,是关于永恒正义的无限追求;正义的发展要经历三种悖论的形式和过程,即规则的搁置(suspension of the rule,由于法官的司法属性,他们既要适用判例和法律又要否定它,以避免司法立法),不可决断性的幽灵(the ghost of the undecidable,由于正义的无限性与法律的可

---

① [美]庞德:《通过法律的社会控制·法律的任务》,沈宗灵、董世忠译,商务印书馆1984年版,第9~10页。

考量性的矛盾,法官实现的有限正义容易被人们遗忘)以及判决的急迫性阻碍了知识的完全把握。人们总是在永恒的正义与有限的法律规则之间进行选择,司法正义永远只表现为残缺不全的正义。

3. 罗蒂

罗蒂(Richard Rorty,1931—　)运用新实用主义方法,在《实用主义的平庸和正义的诗话》等文中承认他的实用主义是冒牌的平庸的实用主义,因为它不企图为任何案件或问题提供系列模式,也不企图构建某种严格意义上的关于法律与正义问题的法律理论。他以20世纪50年代的布朗案和罗伊案为例,认为它们都是司法能动主义的产物,两案都拒绝适用体现种族主义和性别主义的判例与立法,从而以判决形式进行了一场平等主义的社会实验。两案都带来了明显而积极的社会效果,但是法官事先并不知道它们判决后的社会效果。因此,只有运用"实用主义的后果论"方能解释法律的实践变化并解释法官的当时行为。因此,法庭并不是在寻找法律中业已存在的权利,而是进行一场关于某种观念的实验,对于法官的司法判决只能抱着"试试看"的实用主义态度。他的司法实用主义实际上否定了卡多佐和卢埃林等人的法官预测论。

4. 福柯

福柯在《规训与惩罚》等著作中运用后结构主义方法对传统的法律进步观进行了批判。传统的法律进步观认为法律越来越人性化,法律的强制性也越来越少。福柯则认为,个人的隐私权和自治权淹没在由规训和强制所构成的准法律制度之中,因此,法律的强制性不仅没有减少,反而在准法律制度的掩盖下仍保持着它那锋利的棱角。他通过监狱制度的演变考察,认为法律日益规范化和制度化,使得权力的触角不仅在传统的公权力领域得到强化,还不断地渗透到社会的各个领域。

(二)后现代法学主要流派的法律观

1. 种族批判法学

种族批判法学是20世纪70年代以来与批判法学运动具有密切联系的后现代主义法学流派,他们揭露和批判传统以来关于自由主义公民权的法哲学理论,认为这些理论是对社会正义"色盲"(color-blind)的研究范式,他们的研究成果融合了后结构主义的学术风格,以讲故事的形式阐述处于社会底层和被边缘化的群体状况,挑战传统的自由主义或保守主义种族观。代表人物包括阿桑提(Molefic Kete Asante)、贝尔(Derric Bell)、德尔哥达(Robert Delgado)、毕林斯(Gloria L adson Billings)、劳伦斯(Matsuda Lawrence)等。

该学派认为,现存的法律并非中立,因为法律决定或司法判决所反映的不过是某种基于更广泛的社会秩序与规则层面上的种族权力与焦躁不安的心理状态之间的平衡,或者说体现了某种权利施舍与权力占有之间的策略性平衡。他们辩称,1954年的布朗诉教育委员会案的判决仅仅是权宜之计,而非正义原则的胜利。该判例体现的是占优势地位的白人利益向黑人权益的小小妥协,因为它恰恰符合白人的根本利益:争取黑人和第三世界人民来对抗共产主义者;安抚黑人,尤其是在第二次世界大战中浴血奋战的老兵们;促使南方经济现代化。他们呼吁作为边缘人的有色人种自我意识的觉醒,争取更广泛的种族平等。

2. 激进的女权主义法学

激进的女权主义法学是20世纪60年代以来出现的女权主义法学的三大思想派系(还包括传统的女权主义和文化的女权主义)之主流,其领军人物是麦金侬(Catharine Machinnon)。该学派挑战西方社会传统的男性中心主义,强调研究法律与社会的真实关系,法律应认真处理和协调两性关系之间的生物学意义上的重要差别;要求对西方法律展开比批判法学更为彻底的批判,因为由男性控制的西方法律规则无法为女性提供实质正义。如麦金侬在《性骚扰:司法实践的十年回顾》中对"强奸"一词进行了法律分析,认为它是男性中心主义的产物,因为它关注的是男性的地位和利益,而往往将法律取证的重点转移到女性受害者一方,使女性最终成为制度的受害者。又如米娄(Martha Minow)在《社会性别化的司法》中批判了主流的司法中立理论,认为法官并非不带有任何视角或偏私态度,而女性的话语权也应成为法律话语的重要组成部分。还有些学者认为美国的隐私权法律并没有为妇女的生育权提供完备的保护,因为在涉及生育权的系列判例中忽视了一个根本性问题,即妇女有权决定自己应当怎样生活。还有学者猛烈抨击了色情作品的合法性问题,认为这是将妇女的"性特征"商品化,体现男性统治权的永久性制度化和结构化的有力证据。色情作品的泛滥昭示了妇女的附庸地位,政府应采取措施规制此类作品。

3. 法律与文学运动

法律与文学运动兴起于20世纪70年代,主要代表人物有怀特(James. B. White)、维斯伯格(Richard Weisberg)、波斯纳(R. Posner)、费希(Stanley Fisn),该运动的主题是:"将法律视为生产各种式样的文学艺术作品的实践,包括解释、叙事、角色、修辞性的演示、语言符号、比喻和表白等,而这些运动的对象则是社会生活。它将法律视为'意义'的创造过程和现代文化生活的重要组成部分。"(维斯伯格)法律与文学运动的主张包括：法律从根本上来说是一种众多法律角色的解释性实践活动；应抛弃救世主式的法律图景观，而让读者直面人类社会的苦难现实；法律和司法意见中的文学色彩部分可视为一种说服性、劝诫性活动；将法律视为某种文学的形式，一种语言的运用而已。① 波斯纳的立场与其他法律与文学运动的代表人物不同，他对这些人物进行的法律的文学批判持基本的否定态度，却不否认文学技巧对法官适用法律和制作司法文书乃至法律辩论的影响，他特别推崇霍尔姆斯和卡多佐等大法官在制作司法意见书时展现的文学魅力。

三、福柯的后结构主义权力论

(一)福柯简介

福柯(Michel Foucault,1926—1984),1926 年 10 月 15 日出生于法国普瓦捷(Poitiers),其父为一名外科医生,其母是一名外科医生的女儿。1946 年进入法国高等师范学院学习哲学,1948 年在法国巴黎大学取得哲学硕士学位,1951 年获得大学教师资格,后来完成博士论文,曾在法国高等师范学院、克莱蒙费朗大学、巴黎第八大学和法兰西学院等大学任教,1984 年 6 月 25 日去世。他一生中多次出现自杀念头,存在诸多心理困惑,但热衷社会运动(1950 年加入法国共产党,次年就退出),还对中国的"文化大革命"发生过兴趣。代表作包括：《古典时代疯狂史》(*The History of Madness in the Classical Age*,1961)、《疯癫与文明》(*Folie et déraison*,1966; *Madness and Civilization*,1965)、《临床医学的诞生》(*Naissance de la clinique*,1963; *The Birth of the Clinic*,1973)、《词与物》(*Les mots et les choses*,1966; *The Order of Things*,1973)、《知识考古学》(*L'Archéologie du Savoir*,1969; *The Archaeology of Knowledge*,1972)、《规训与惩罚》(*Surveiller et Punir*,1975; *Discipline and Punish*,1977)、《性史》(*Histoire de la sexualité*, 3 volumes,1976; *The History of Sexuality*,1988—1990)等。"福柯是一个很难界定的哲学家,他的学术进路是哲学的、心理学和心理学史的,他的著作却涉及医学和社会科学的历史,而他的激情又属于文学和政治的。"② 他是一个

---

① 高中：《后现代法学思潮》,法律出版社 2005 年版,第 153 页。
② Michel Foucault, see Stanford Encyclopedia of Philosophy, http://plato.stanford.edu/entries/foucault/

结构主义者,又是一个后结构主义者、后现代主义者。

(二)福柯的方法论:知识考古学——系谱学

知识考古学(archaeology of knowledge)是福柯著作的特有研究方法,它是"借用田野作业寻找挖掘历史遗迹的一项比喻性说法,实际上是指一种挖掘知识的深层,在现存的知识空间中拾取历史时间的因子,从而发现被现存历史埋没的珍贵的历史线索,进而对现行的知识作进一步解构的思想史方法。换言之,福柯的考古学就是对知识的先在结构作本原的揭示,然后对各种话语出现的条件,变化的形式、环节和规律进行分析"①。不过,关于福柯的"知识考古学"方法应注意两点:第一,关于他的"知识"观,他所说的知识实际上是关于某一话语的系统描述:"由某种话语实践按其规则构成的并为某门科学的建立所不可缺少的成分整体,尽管它们并不必然会产生科学,我们可以称之为知识。"②而知识是在详尽的话语实践中可以谈论的东西,它由可以获得或不能获得科学地位的对象构成;它承认主体性,是主体可以占有一席之地的话语空间;它也是一个陈述的并列和从属的范围,一个由话语所提供的使用和适应的可能性范围。简言之,他的知识观不同于追求本质、同一、主体性被消解的现代科学知识观。第二,考古学不是一门科学,而是一种后结构主义的方法,它贯穿了话语实践—知识—科学的分析进路。他一再强调考古学的非科学本质:"确实,我从未把考古学当作科学,甚至把它当作某一门未来科学的最初的基础来介绍。……考古学一词没有丝毫的超前价值:它只是指在分析词语性能中某一条着手研究的线路,即详述某种层次,如陈述和档案的层次;确定和阐述某个范围,如陈述的规律性、实证性;运用诸如形成规律、考古学派生、历史先验知识等概念。"③"考古学所涉及的范围不构成一门科学,一种合理性,一种精神状,一种文化;而是实证性际的交错,这种实证性际的界限和交叉点不可能被一下子确定。考古学是一项比较分析,它不是用来缩减话语的多样性和勾画那个将话语总体化的一致性,它的目的是将它们的多样性分配在不

---

① 郝庆军:《作为研究方法的知识考古学》,载《天津社会科学》2004 年第 4 期。
② [法]米歇尔·福柯:《知识考古学》,谢强、马月译,三联书店 2007 年第 3 版,第 203 页。
③ [法]米歇尔·福柯:《知识考古学》,谢强、马月译,三联书店 2007 年第 3 版,第 229 页。

同的形态中。"①

知识考古学是福柯的早期研究方法，他在后期发展出系谱学方法，用以分析《规训与惩罚》所涉及的知识与权力关系："本书旨在论述关于现代灵魂与一种新的审判权力之间相互关系的历史，论述现行的科学—法律综合体的系谱。"②系谱学（genealogia）一词首先由尼采提出，用以说明道德偏见的起源。福柯拿来关于起源的考察，系谱学方法与考古学方法没有实质上的区别，它们都试图从微观的角度系统描述知识和权力的历史及其非连续性、断续性，而不是深究知识和权力的普遍发展规律。有学者也指出了这两种方法的差别："系谱学在事物历史开端发现的不是它们本原的纯粹同一性，而是相异事物的纷争，是差异；系谱学考察的重心不再是知识，而是权力，不再是思想而是欲望。"③然而，知识考古学不仅追求话语和知识的多样性，也强调知识与权力的相互结合。在《规训与惩罚》一书中，福柯就敏锐地指出后现代社会广泛存在的知识权力化与权力知识化现象："或许，我们应该完全抛弃那种传统的想象，即只有在权力关系暂不发生作用的地方知识才能存在，只有在命令、要求和利益之外知识才能发展。或许我们应该抛弃那种信念，即权力使人疯狂，因此弃绝权力乃是获得知识的条件之一。相反，我们应该承认，权力制造知识（而且，不仅仅是因为知识为权力服务，权力才鼓励知识，也不仅仅是因为知识有用，权力才使用知识）；权力和知识是直接相互连带的；不相应地建构一种知识领域就不可能有权力关系，不同时预设和建构权力关系就不会有任何知识。"④因此，我们不应过分解读考古学与系谱学的方法论差别，它们也只是反映了福柯的思想发展变化以及研究侧重点的转移。

(三)福柯的权力观

1. 关于权力合法化的两种模式

前文已提到，在《规训与惩罚》一书中，福柯的写作目的就是运用系谱学方法分析以刑罚和监狱制度为代表的司法权（功能意义上的司法权）的合法性问

---

① [法]米歇尔·福柯：《知识考古学》，谢强、马月译，三联书店2007年第3版，第177页。

② [法]米歇尔·福柯：《知识考古学》，谢强、马月译，三联书店2007年第3版，第24页。

③ 张艳玲：《解读福柯：从"知识考古学"到"系谱学"》，载《河北师范大学学报》（哲社版）2004年第6期。

④ [法]米歇尔·福柯：《知识考古学》，谢强、马月译，三联书店2007年第3版，第29页。

题:"本书旨在论述关于现代灵魂与一种新的审判权力之间相互关系的历史,论述现行的科学—法律综合体的系谱。在这种综合体中,惩罚权力获得了自身的基础、证明和规则,扩大了自己的效应,并且用这种综合体掩饰自己超常的独特性。"①也就是通过历史话语的解构描述研究考察刑事司法权如何演变,如何获得历史和现实的合法性,又如何渗透到社会生活的各个领域等一系列的问题。他的后结构主义的系谱学研究透视出深重的关于司法社会学的历史视野。"因此,《规训与惩罚》很大程度上是一部关于刑事机构与话语机制的研究作品,是一部关于刑罚的制度变迁、话语变迁及其权力机制之间关系的研究作品。最终的趣旨乃是在于证成:灵魂进入刑事司法舞台以及'知识'进入法律实践,乃是权力干预肉体的方式发生变化的结果。"②但是在关于知识权力关系的研究中,福柯反对洛克、哈贝马斯等人采用的"司法—论述性权力"模式,而采用微观权力的系谱学模式。所谓"司法—论述性权力"模式就是"通过界定权力的范围与产生的基础的方式,为权力的产生提供了合法性基础。这样的分析模式是以二分的划分为基础的,即合法的与非法模式。"③这种模式重心是关注"权力如何获得合法性"的问题,包括洛克的社会契约论、哈贝马斯的沟通论,都是企图以共识代替合意的合法与非法的二分框架,而福柯则将关注的重心放在"权力是如何运作"的问题上,特别是微观权力的隐匿性和生产性问题。

在福柯看来,一旦审判成为焦点,司法也就成为各种权力参与的场域,各种知识和真理也就参与到审判过程中来。在这种情形下,法官并非审判的唯一主角,整个刑事诉讼的审判与执行充斥着一系列的辅助权威,他们围绕着审判衍生了大量的小型法律体系和变相的法官:精神病和心理分析专家、执行判决的官员、教育工作者、监狱服务人员。④ 所有的这些人都分享着合法惩罚的权力。由于司法决策权威的大量衍生,决定权开始扩展到了判决以外的领域。

---

① [法]米歇尔·福柯:《知识考古学》,谢强、马月译,三联书店 2007 年第 3 版,第 24 页。
② 张海斌:《福柯〈规训与惩罚〉解读》,见 http://www.fatianxia.com/paper_list.asp? id=20311(2008-08-06 访问)。
③ 韩平:《微观权力分析:读米歇尔·福柯的〈规训与惩罚〉》,载《河北法学》2006 年第 11 期。
④ [法]米歇尔·福柯:《知识考古学》,谢强、马月译,三联书店 2007 年第 3 版,第 22 页。

可以说,围绕着辨认和改造罪犯,形成了一个严密的权力网络,各种知识权力的参与,标志着审判日益民主化,从而使刑事司法通过非常司法体系的嵌入而获得了合法性,并使一整套的知识、技术和话语逐渐形成并参与到惩罚实践之中。福柯意义上的知识型实际上就是一种权力机制,是通过规训的一种权力表达,规训塑造了个体,是权力的特殊手段。个体既是权力行使的对象,又是权力行使的工具。各种知识参与合作的刑事司法过程目的在于规范化,消除一切不规范的社会和心理因素,通过对身体和精神的规训,塑造出温驯和有用的主体。各种参与规训的学科由于也参与了共同的政治目的而具有了社会规范的功能,这些学科的研究相应地强化了规训手段,最终强化了社会控制。按照福柯的观点,规训代替酷刑是古典时期转向现代时期的一个重要标志。这个过程不是启蒙思想家们宣扬的人性的张扬,而是一种新的知识型的产生,一种新的控制和塑造人的权力机制的产生,其实质是从一种控制到另一种控制,它的目的在于通过提高惩罚的效率和扩充其网络来减少其经济和政治代价,并相应地建构一种关于惩罚权力的新结构与新制度,从而导致监狱制度的诞生。

2. 关于作为强力社会控制的规训手段

(1)层级监视很大程度上是对规训的物理结构和组织结构的双重要求,它可以表现为在规训场所的设计上,也可以表现为监视组织的设计上。层级监视不仅在规训者与规训对象之间建立监视关系,而且在监视者内部建立监视关系,使任何人都逃脱不了监视,使规训过程没有任何晦暗不明之处。

(2)规范化裁决乃是规训系统中的小型的处罚机制:"它享有某种司法特权,有自己的法律、自己规定的罪行、特殊的审判形式。"[1]这种规范化裁决经常体现为纪律及其执行,是一种正式惩罚的法律制度不染指的领域,往往在法律不那么关心的细节上体现着规训。规范化裁决在许多规训机构的内部规则中实施检查。

(3)检查是把层级监视的技术与规范化裁决的技术结合起来的一种手段,也是权力行使的一种技术,检查不是把权力的符号强加给对象,而是在一种使对象客体化的机制中控制对象。这三种手段是三种配套的技术,它们相互契合将身体置于一种可控制和分析的结构中,并围绕着身体朝着某个特定目标

---

[1] [法]米歇尔·福柯:《知识考古学》,谢强、马月译,三联书店 2007 年第 3 版,第 201 页。

建立起知识和制度。因此,权力的实施不再是表象的、戏剧性的、能指的、公开的、集体的方式,而是弥散的、细致的、微观的、无微不至的。在这里,权力已经不是政治意义上的法律权力,而是一种微观的权力。规训作为一种微观的权力行使,往往是在规避合法性、隐蔽地行使着,由于它必须借助于对身体的一种外部控制和训练,所以往往涉嫌对权利构成了一种隐蔽的侵害,而这种侵害往往容易在公众视线中被忽视。因此,公开的惩罚转化成规训,实际上是权力的行使策略从公开转为隐蔽、从宏观转向微观的一种形式,最终表现为新的知识型的产生。

3. 关于作为现代社会规训形式的监狱

监狱是现代社会产生以来规训形式的典型代表,福柯《规训与惩罚》一书的第四部分对此进行了具体分析。他认为,监狱的诞生意味着规训形式的根本转变:"从公开处决(具有壮观的形式,其技术与制造痛苦的仪式混合在一起)到监狱刑罚(被沉重的建筑物所埋葬,被管理机构的机密性所掩盖)的转变并不是向一种无差别的、抽象的、混合的刑罚的转变,而是从一种惩罚艺术向另一种毫不逊色的精巧的惩罚艺术的转变。"① 监狱的诞生作为一种规训的手段,显然有些强化性地模仿了社会已有的各种机制,如兵营、医院和疯人院。但是,监狱不完全类似于其他规训机构,它是一种更为彻底和严厉的规训机构:首先,与学校、工厂和军队不同,监狱必须对受规训者的所有方面全面负责,包括身体训练、劳动能力、日常行为、道德态度、精神状况;其次,监狱是一种封闭的规训,没有受到外界干扰,没有任何内部的断裂,直至目标实现,因此是一种不停顿的规训;最后,监狱的规训对于罪犯实施的是一种几乎绝对的权力,它最大限度地强化了在其他规训机制中的各种做法,更为彻底和有效地实现规训的目标。②

监狱的诞生是规训进入现代司法系统并变得极为有力而有效的标志。监狱在使审判和惩罚分离的同时,隐匿了惩罚的压迫形式,使其变成一种在技术上可以监控的教育、治疗和矫正行为。如果说专制时代的惩罚是进行肉体消灭的话,那么以规训为特征的现代惩罚机制则是一种制造新人的生产性活动。对于这种以监狱为典型的规训机构的广泛权力,福柯表示了应有的担心,他指

---

① [法]米歇尔·福柯:《知识考古学》,谢强、马月译,三联书店 2007 年第 3 版,第 290 页。

② [法]米歇尔·福柯:《知识考古学》,谢强、马月译,三联书店 2007 年第 3 版,第 264 页。

出,如果说围绕着监狱有一个全局性的政治问题,但是这个问题不是它是否应该具有矫正作用,也不是法官、精神病学家或社会学家是否应该在监狱中行使比管理人员更多的权力,"目前的问题是,这些从事规范化的机制及其通过新纪律的扩增所具有的广泛权力被过分使用了"。①"监狱是执行法律、教育人尊重法律的机构,但是它的全部运作都具有滥用权力的形式。"②福柯还有意识地重申规训社会的任务及其实质:"所有这一切都是为了制造出受规训的个人。这种处于中心位置的并被统一起来的人性是复杂的权力关系的效果和工具,是受制于多种'监禁'机制的肉体和力量,是本身就包含着这种战略的诸种因素的话语的对象。在这种人性中,我们应该能听到隐约传来的战斗厮杀声。"③福柯认为,人性中这种足以令人警醒的厮杀场景,应当成为一种研究知识与权力的历史背景。这反映出福柯对主体命运的深深忧虑,而这种忧虑之中也渗透了极大的无奈。

---

① [法]米歇尔·福柯:《知识考古学》,谢强、马月译,三联书店 2007 年第 3 版,第 352 页。
② [法]米歇尔·福柯:《知识考古学》,谢强、马月译,三联书店 2007 年第 3 版,第 300 页。
③ [法]米歇尔·福柯:《知识考古学》,谢强、马月译,三联书店 2007 年第 3 版,第 354 页。

纠纷解决与 ADR 程序的一般原理

社会本身是一个个统一体所构成的大的有机体,有时可能处于相对稳定和谐的状态,但更多的时候(特别是社会转型时期)则处于不同利益主体纠纷频发的冲突状态。所谓纠纷即矛盾、冲突,它可置于法学和社会学的不同分析视角。如有社会学家认为,它是"任何两个或两个以上的统一体由至少一种对抗性心理关系形成或至少一种对抗性互动关系形成相连接起来的社会情况或社会过程"。① 社会学家重点研究可观察的纠纷外部表现及其社会原因,过程分析方法成为其重要的方法论选项;而法学家则更加关注纠纷所引起的法律规范原因与制度设计问题,主要采用制度分析方法。本章即是通过对日本棚濑孝雄教授和中国范愉教授有关理论学说的评介来系统介绍纠纷解决与 ADR 程序的一般原理。

第一节 纠纷解决的理论框架

一、纠纷、纠纷解决与过程分析

(一)纠纷

纠纷,即争议、争端、冲突,"是特定的主体基于利益冲突而产生的一种双边(或多边)的对抗行为"。② 纠纷不仅是个人之间的行为,也是一种社会现象。纠纷是与秩序相对应的范畴,纠纷的发生意味着一定范围内的协调均衡

---

① [德]C. F. 芬克:《社会冲突理论中的难题概念》,载《解决冲突杂志》1968 年第 12 期。
② 范愉:《纠纷解决的理论与实践》,清华大学出版社 2007 年版,第 70 页。

状态或秩序被打破。在社会学意义上,纠纷的概念涵盖了法律纠纷。而法律纠纷通常指属于法律调整范围的纠纷,它既包括由于法律所确认的权利受到侵害或无法实现时提出的救济诉求,也包括需要并可能通过司法裁决作出判断的各种利益纷争。"可诉性"或"可司法适用"通常是区分法律纠纷与其他纠纷的主要标准。按照范愉教授的观点,作为一种社会现象,纠纷的产生应当具备三个条件:一是纠纷主体,即具体而特定的行为主体——纠纷当事人,当事人的社会关系及其关系距离以及当事人的身份和社会地位、实力、能力、价值观、社会背景乃至性格、心理等因素,都是纠纷产生和解决的影响因素;二是纠纷形成动机,即植根于实际生活中真正的利害关系的对立——纠纷对象或内容的存在及纠纷主体的意识;三是纠纷行动,即双方当事人已经清楚地相互意识到对方的行为,而实施一定相对的行为,可以分为纠纷行为、纠纷手段、纠纷主张和纠纷的影响四个方面。①

(二)纠纷解决

1. 纠纷解决的概念界定

所谓纠纷解决,它"是指纠纷发生后,特定的解纷主体依据一定的规则和手段,消除冲突状态、对损害进行救济、恢复秩序的活动"。② 纠纷解决既可以是双方当事人之间进行的活动,如协商、谈判,也可以是当事人在中立第三人的主持或协助下进行的活动,如裁决、调解。纠纷解决既可以通过社会力量进行,如民间调解,也可能需要依靠国家职权,如司法审判。此外,在社会学看来,纠纷解决还可能表现为当事人单方面的行为,如直接的非难、嘲笑、骚扰,或者自杀、逃避隐退或忍让等,但这些解决纠纷的手段并不彻底而且往往留有隐患。

2. 纠纷解决的影响因素

影响纠纷解决的因素是多方面的,如所依据的规范和双方力量对比,以及第三方的作用等。在考察具体的纠纷解决过程时,最重要的因素是:纠纷解决机制,包括各种制度、程序、机构、人员及其运作状况等;纠纷解决的依据,包括法律规则和社会规范的明确性、合理性、可操作性及实效;社会环境,包括文化和传统及社会主体的法律意识;其他社会条件,如社会的分层、形态、关系距离、组织、稳定等因素。③ 在《纠纷解决的理论与实践》一文中,范愉又将纠纷

---

① 范愉:《纠纷解决的理论与实践》,清华大学出版社2007年版,第72~73页。
② 范愉:《纠纷解决的理论与实践》,清华大学出版社2007年版,第71页。
③ 范愉:《非诉讼程序(ADR)教程》,中国人民大学出版社2012年第2版,第6页。

解决的各种因素进一步归纳为主观因素(首先是纠纷当事人及其纠纷行动)、客观因素(纠纷对象——指向的利益)和关联性因素(包括社会结构、文化传统、道德、宗教、社会经济文化发展程度、纠纷的社会价值等各类社会因素)。①她还认为,纠纷解决过程不仅是个系统的社会工程,可归属于社会控制和社会治理的重要手段;它同时也是一个动态的发展变化过程,一般经历了"不满"或前冲突阶段、"冲突"阶段和"纠纷"处理共三个相互关联的阶段。②

(三)制度分析与过程分析

纠纷解决是现代司法的基本功能,是法解释学和法社会学共同关注的对象,但却存在不同的研究进路。因为法解释学着眼于纠纷解决的审判制度分析,而法社会学则将研究视野"从对制度的描述、分析转向对过程的描述、分析",从狭义的审判制度分析扩展到纠纷解决的一般过程分析。虽然"从社会学的角度看来,所谓诉讼案件实际上就是纠纷本身"③;但是,法社会学对纠纷解决问题的关注从审判过程的社会学分析转向了审判过程之外更为广阔的社会学分析。这是因为,社会上发生的所有纠纷并不是通过审判来解决的,如果将研究的视野仅仅考虑在审判过程内的纠纷解决,就会将研究对象局限在极为狭小的领域;何况,即使被法律认为适合通过审判解决的纠纷,在现实中没有通过纠纷解决的也不计其数;而且,通过审判解决的纠纷并非意味着纠纷的终结,也可能产生新的纠纷,或者存在纠纷未了的隐患;最后,人们出于对法院审判的畏惧、抵触或诉讼成本、社会声誉等方面的考虑,也会将纠纷解决的范围放在法院之外。

"制度"一词通常用来表示种种内在联系着的社会规则给人们的相互作用以一定的方向性并使之定型化。所以,纠纷解决的制度就是关于什么样的纠纷应该如何被解决的实体和程序上的规范体系。法解释学就是针对这种规则体系进行解释和描述的。这种分析方法着眼于规则与事实的对应,借助类比推理或演绎推理,将司法程序视为简单的逻辑推理过程,审判被视为法官的主要活动,而当事人和其他诉讼参与人以及社会公众的作用被忽略。法解释学的分析框架容易形成审判过程中人的主体性地位的认识论盲区。"法律的生命不在于逻辑,而在于经验"这一现实主义立场得到棚濑孝雄的肯定,他认为,

---

① 范愉:《纠纷解决的理论与实践》,清华大学出版社2007年版,第79~80页。
② 范愉:《非诉讼程序(ADR)教程》,中国人民大学出版社2012年第2版,第5页。
③ [日]棚濑孝雄:《纠纷的解决与审判制度》,王亚新译,中国政法大学出版社2004年修订版,第1页。

即使对审判制度的研究也应重视现实中使审判制度运作的活生生的个人行为的研究,"因为通过审判而进行的纠纷解决也是具有不同利益和社会背景的当事人、律师以及法官之间的相互作用过程,是社会中无数相互作用过程的一种"。① 在《纠纷与审判的社会学》一书中,棚濑孝雄系统阐述了他的过程分析方法:"过程分析就是把审判视为过程,即程序参与者的相互作用的过程。具体一些说,具有各自固有的利害关系的当事者,围绕一个审判权,怎样去达到自己的目标呢——过程分析就是从这样的角度理解现实的审判的方法。……由这样的过程分析可以得到以下三个作为认识审判的基本观点的普遍命题:一个是否定严格区分决定程序和合意程序。……第二是否定把审判过程视为只有法官与诉讼当事人的封闭的审理空间的看法。……第三是判定性判决的相对化。"② 棚濑孝雄的过程分析方法不仅适用于审判过程的分析研究,也适用于各种制度化、非制度化的准审判过程的分析研究,包括对民事调停、家事调停、仲裁、公害纠纷审查委员会的程序以及行政机关决定等,因为它们同样具有纠纷解决的功能,涉及当事人、裁判者等各类关系主体的参与活动。

二、纠纷解决的制度形态

制度分析主要着眼于分析对象的要素构成的静态考察,而过程分析则着眼于分析对象的动态考察。按照范愉教授的观点,纠纷解决一般由解纷主体(即作为第三方的机构或组织,包括公力救济、社会救济到私力救济的各种国家机关、社会组织、共同体或民间力量等)、程序与手段(即纠纷解决的方式,包括裁决程序和协商程序两大类型并可以借助鉴定、评估、调查等辅助手段)和规则(即纠纷解决中所依据的规范,包括法律或习惯等民间社会规范)三大基本要素构成。纠纷解决的三个要素之间的不同组合,会使纠纷解决在程序、效率与成本、结果、效力等方面出现差异,并可能产生不同的法律效果和社会效果。(参见表5.1)

(一)机构与规则(规范)之间的关系

纠纷解决必然依据一定的规则,而不同的机构和程序在规则的选择适用上存在很大的区别。在公力救济中,法院的裁判主要依据国家法;而地方政府在

---

① [日]棚濑孝雄:《纠纷的解决与审判制度》,王亚新译,中国政法大学出版社2004年修订版,第6页。
② [日]棚濑孝雄:《纠纷的解决与审判制度》,王亚新译,中国政法大学出版社2004年修订版,转引自代译序(季卫东)Ⅲ。

执法中不仅相对尊重地方社会规范,情势和社会效益(舆论)的影响也更大;行政主管部门则对市场规则和行业规则比较关注。私力救济尽管不完全排除法律的规制,但习惯等社会规范显然具有更高的适应性和使用几率。在包括人民调解在内的民间性社会组织的纠纷解决程序中,虽然强调依法原则,但事实上,根据需要适用不同的规则——包括共同体规范、约定和习惯乃是其应有之义。

(二)纠纷解决方式与规则之间的关系

在不同的纠纷解决程序和手段中,法律与习惯等社会规范的应用会有完全不同的形态。裁决方式倾向于依据具有确定性的法律规则或惯例;而调解等协商性方式则具有选择规则的灵活性。即使是法院或其他公力救济机构,当法律裁决在解决纠纷时遇到障碍或效果不佳时(如违背情理、引发民众抵抗或社会动乱等),主持解决纠纷的中立第三方(包括法官)也会产生通过协商性方式(和解、调解)和适用民间社会规范的动机和积极性。而民间性机制则会更多地引进社会规范、经验或自由约定,规则的创新能力也更强。

(三)机构、方式与规则的不同组合

不同的机构根据其程序价值取向和功能方面的区别,有可能在不同要素之间进行选择和平衡,从而组合成多元化的纠纷解决机制,例如,法院引进社会力量主持或参与调解(法院附设 ADR),既可以补充司法资源的短缺,亦可克服司法与诉讼的局限;仲裁与调解的结合,可以增加裁决的灵活性和协商性,并减少一裁终局的风险;多元化取向的调解机构设置可满足当事人的不同需求等。

表 5.1　纠纷解决各要素的相互关系状况[①]

主体(机构)	公力救济(国家权力)	社会救济	私力救济
	司法机关	仲裁	协商和解
	行政机关	各种制度化调解组织	其他民间途径
	(投诉信访)	行业性解决机制	
		消协等社会团体	
		市场化(营利性)服务机构	
规范	国家法	社会规范	
	法律法规	乡规民约	
	行政规章	行业规范、标准、惯例	
	地方性法规	传统(地域性、民族性)习惯	
	政策、司法解释	市场经济条件下的新规则	

[①] 范愉:《纠纷解决的理论与实践》,清华大学出版社 2007 年版,第 230 页。

续表

程序与手段	裁决程序	协商性程序	辅助手段
	仲裁	谈判协商、和解	保险
	行政裁决	民间调解	中介调查机构
	司法裁判	社会组织、行业协会调解	营利性机构
	司法审查	行政调解	鉴定
	司法调解	私人代理机构	

说明：本表格中的三个横向层面与纵向之间不形成对应，例如，不意味着公力救济仅仅通过国家法并必然采取裁决程序，社会救济只采用协商性程序等；各种要素之间可以形成多元组合，例如，司法机关可以采用调解方式，并允许当事人选择适用民间社会规范。

三、纠纷解决的过程分析

（一）关于纠纷解决过程的类型化

为了给纠纷解决过程的分析提供有意义的理论框架，有必要进行类型化的尝试。这些类型不仅可以作为开始分析时正确设定问题和收集必要资料的指针，也是对得到的资料进行加工整理并引出有益结论的工具。不过，此类类型化尝试毕竟作为逻辑分析的工具使用，而现实中的纠纷解决类型要复杂得多，这些理论模型与所谓的制度分类往往存在相互交错的关系。

棚濑孝雄将纠纷解决过程以两条相互独立的基轴表示，其中，纵向的基轴按照纠纷是由当事者之间自由的"合意"还是由第三者有拘束力的"决定"来解决而描出，横向的基轴则表示纠纷解决的内容（合意或者决定的内容）是否事先为规范所规制这一区别。他认为，"合意性—决定性"的纵向基轴表示的是合意与决定两极之间连续的数量关系，其中，决定的典型例子就是审判；而和解、调解等则是合意的例子。"状况性—规范性"的横向基轴表现了"规范性的解决"和"状况性的解决"不同的纠纷解决方式，其中，近代审判制度可视为规范性的典型，存在严谨精致结构的规范体系；国际社会中国家间纠纷的解决过程则是状况性的典型，力量对比关系很大程度上决定纠纷解决的内容。他说，使用上述类型轴强调的不是司法审判制度，而是现实中的纠纷解决过程。也就是说，必须从"法官应当根据法律判断当事人的主张是否有理，纠纷应当按照这个判断的内容（判决）得到解决"这一规范的层次（制度）再进一步，去探究现实中法官的判决是否真正只是依照法律规范作出；如果规范以外的因素也起了作用，这些因素又是在何种条件下以何种方式影响法官的判决形成。同时，就决定这一方面来说，现实中纠纷是否真正按照判决得到了解决呢？如果没有，判决又是以何种形式影响纠纷最终解决的呢？还有，法官作出判决之前往往试图得到当事者默示的同意,这是为什么?这些问题都是力图就纠纷解决过程展开实证研究的法社会学必须给予解答的。(参见图 5.1)

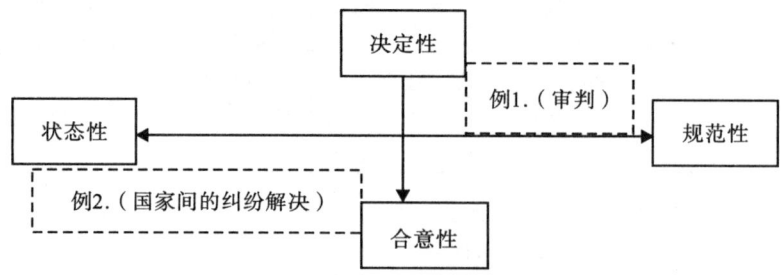

图 5.1　纠纷解决过程的类型轴①

(二)关于纠纷解决类型的过程分析

1. 根据合意的纠纷解决

"所谓根据合意的纠纷解决,指的是由于双方当事者就以何种方式和内容来解决纠纷等主要点达成了合意而使纠纷得到解决的情况。"②也就是说,这种纠纷解决过程不需要或较少需要国家公权力的直接介入,而主要通过当事人之间的妥协来解决纠纷,基本上不受规范的制约。为此,有必要区分两种典型的根据合意的纠纷解决方式:交涉(谈判)和调解。

(1)交涉(谈判)

交涉是当事者或利害关系者通过自由的讨价还价达成的合意,而不需要任何第三方的直接参与和介入。交涉需要当事者寻找彼此妥协点,但不排除规范性契机的存在。这是因为,第一,当事者为佐证本方利益或要求的正当性,总是援引一般的规范支持本方的主张;第二,当事者在寻求第三方支持时,也会将规范性(如所谓的舆论审判)导入交涉过程;第三,如存在根据规范来强制解决的审判制度成为当事者的现实选择时,通过交涉形成的合意内容一般受到规范的制约。

交涉属于纠纷解决的私力救济方式,行为主义者布莱克称之为协商,视为实现社会非法律化的基本方式之一。布莱克认为:"人们通过相互协商对冲突

---

① [日]棚濑孝雄:《纠纷的解决与审判制度》,王亚新译,中国政法大学出版社 2004 年修订版,第 9 页。
② [日]棚濑孝雄:《纠纷的解决与审判制度》,王亚新译,中国政法大学出版社 2004 年修订版,第 10 页。

本身进行讨论,并寻求解决冲突的办法,也就是说是一个相互妥协的过程。"①他还举例说,美国律师常通过协商的方式解决对被告的犯罪指控,并在民事案件中大量地采用此方式解决民事纠纷。而美国法社会学者诺兰·海利根据不同的价值取向和策略,将交涉分为对抗取向的谈判和解决纠纷取向的谈判(见下表),他实质上指出了交涉的不同效果与局限性,即交涉不是纠纷解决的最终手段。他认为,对抗取向的谈判目标是最大限度地争取自身利益,采取竞争性的实质交易方式,其结果是利益的分配,可能获胜,也可能失败,甚至两败俱伤。而解决纠纷取向的谈判以寻求互利为目标,综合地考虑和平衡双方利益,力图双赢。一般而言,若当事人处于优势地位,采取对抗式的谈判有可能为其争取最大利益;但若双方势均力敌,选择后种方式有利于减少风险和成本。(参见表5.2)

表 5.2　谈判(交涉)的两种策略②

	对抗取向	解决纠纷取向
目标	最大限度地争取自身利益	寻求互利
行为	竞争性实质交易	促进性利益权衡
对结果的理解	分配性的(distributive) 零总和(zero-sum) 胜负分明(win-lose)	综合性的(integrative) 非零总和(non-zero sum) 双赢(win-win)

(2)调解

"所谓调解过程,指的是具有中立性的第三者通过当事者之间的意见交换或者提供正确的信息,从而帮助当事者达成合意的场面。"③调解不排除存在决定性的契机,特别是当调解者的地位处于当事者的上层或者当事者在经济上依赖调解者时,或者当事者面临舆论的压力和司法诉讼的障碍时,调解存在强制性的合意可能。

棚濑孝雄运用功能主义方法分析了调解的具体模式。他认为,调解可以满足在纠纷解决问题上不能由审判处理却又期待审判式处理的社会心理需求。他仍采用横向基轴(表示纠纷解决的成本和解决内容的性质作为其功能

---

① [美]唐纳德·J.布莱克:《社会学视野中的司法》,郭星华等译,法律出版社2002年版,第83页。
② 范愉:《非诉讼纠纷解决机制研究》,中国人民大学出版社2000年版,第173页。
③ [日]棚濑孝雄:《纠纷的解决与审判制度》,王亚新译,中国政法大学出版社2004年修订版,第13页。

上的特质何者更为重要)和终向基轴(表示调解的基本目标是发现法律上正确的解决还是让当事者选择自己所喜好的解决)构成的坐标,来整理为了对应对审判式处理的期待而形成的性质或位置,他将这些调解总称为"对立消除型的调解",因为它们都消除当事者对立为基本目标。

　　棚濑孝雄认为,把发现法律上是正确的解决作为调解应该贯彻的第一目标,同时在与审判比较的意义还是把降低发现正确解决所需要的成本作为调解固有的长处,就得到近似于判断型的调解类型,如日本民事调停和行政性纠纷处理机关提出的"简易迅速的解决"就反映出此类调解的喜好。但它存在结构上的缺陷,即通过第三者的判断解决所需要的第三者的主动性与其强制性之间存在不对称。交涉型调解的交涉是指各当事者在估计纠纷由审判处理时可能得到的解决(a)以及所需成本(b)的基础上,以(a)和(b)为下限,眼前有可能获得的最有利解决为上限,与对方进行谈判及讨价还价的过程。该类型调解是把该过程作为获得合意以解决纠纷的基本框架,以促进及保证这样的交涉更有效率地进行为目的的调解类型。教化型调解首先强调的是严格依法解决的僵硬;它不谋求审判的再现,而以发现调解自身特有的正义或所谓正确的解决作为自己的任务;它发生作用的前提是共同体本身的存在,以及那里的规范确实能够制约和支配人的生活和思维方式。治疗型调解基本上把纠纷作为人际关系的一种病理现象,试图通过广义上的人际关系调整方式来治疗病变,使其恢复正常。(参见图 5.2)

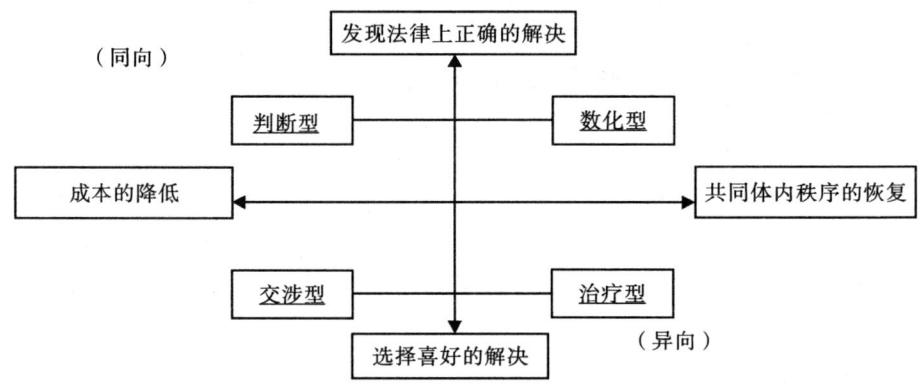

图 5.2　对立消除型调解的功能定位[①]

---

　　① [日]棚濑孝雄:《纠纷的解决与审判制度》,王亚新译,中国政法大学出版社 2004 年修订版,第 54 页。

2. 根据决定的纠纷解决

"所谓根据决定的纠纷解决,指的是第三者就纠纷应当如何解决作出一定的指示并据此终结纠纷的场面。"[1]根据决定的内容是否受到规范限制,构成两种根据决定解决纠纷的极端类型,即法的决定过程与随意的决定过程(不合理的决定过程)。此外,还存在实质的决定过程与先例的决定过程两种中间类型。

(1)非合理的决定过程

随意的决定过程属于根据决定的纠纷解决的极端方式,是指专制君主、神话的领袖等对包括当事者在内的社会一般成员享有绝对权力的第三者如果存在,无论决定的内容如何,当事者都只能无条件地服从。由此,一旦由权威的第三方作出决定,纠纷一般据此解决。但是,如果把决定委诸偶然的情况或者非人力所能控制的自然现象的场面,如以抽签来决胜负,或者把手放进开水看有无烫伤来决定是非曲直等方法,就是"非合理的决定过程",因为它不是根据人的理性解决纠纷。

(2)实质的决定过程

它是由第三者根据当事者实质上的是非曲直,即包括当事者在内的社会成员一般接受的实质性道德准则及正义感而作出决定的过程。该决定类型在于以在当事者之间确立实质上的平衡为目的,而当事者的动机、社会性以及将来的影响力等作为决定的资料,该决定具有明显的规范性契机,主要发生在相对封闭的共同体社会中。

(3)先例的决定过程

它是在与过去相类似的情况下,以过去的决定为样板作出决定的过程,它以类似事实的存在为前提,使第三者的裁量余地受到限制,规范性大为提高。但是,这种决定过程中的先例究竟何种程度上对决定的内容起作用,还有赖于当事者得到公正对待的要求之强弱、决定者使决定得到正当化的必要性程度以及律师等实际法律工作者对决定基准明确性的要求迫切与否等因素。

(4)法的决定过程

在这种类型中,先于决定而存在的一般性规则以"有事实 A 则必须作出决定 B"的形式被给定,第三者的决定权限及责任受制于对一般性规则的正确

---

[1] [日]棚濑孝雄:《纠纷的解决与审判制度》,王亚新译,中国政法大学出版社2004年修订版,第14页。

认识、把握和要件事实是否存在的判断上。该类型以规则的明确和事实的确定为前提。但是司法审判的过程却存在太多的不确定因素,包括规则和事实的不确定,并且司法审判程序的过于刚性反而容易造成实体上的不公正。因此,此类决定的过程存在规范性与状况性的消长关系,我们应通过影响决定的诸多社会因素的分析来把握。

从以上分析来看,棚濑孝雄建立了系统的关于纠纷解决过程分析的法社会学框架,并在实质上将司法诉讼也置身于广义的纠纷解决机制之中。而从人类近代法治发展进程来看,法律中心主义、司法中心主义曾经占据法治理论的主角地位,但是自20世纪下半叶以来,各国开始出现司法社会化现象,可替代诉讼的纠纷解决机制问题受到广泛关注,ADR程序也逐渐得到立法和司法界的制度认可。

第二节 非诉讼纠纷解决机制(ADR程序)

一、ADR的概念及其特征

ADR,即 Alternative Dispute Resolution,该词语最初来源于美国,始于20世纪30年代的劳动争议和劳动申诉领域的调解(mediation and conciliation),其目的是通过能够影响双方的局外的中立者,劝说劳资双方为了更为重要的社会利益而妥协,即"社会干预"(social intervention)。后来,ADR用来统称各种诉讼外的纠纷解决方式,可译为"代替性(替代性、选择性)纠纷解决方式"、"审判外(诉讼外或判决外)纠纷解决方式"、"非诉讼的纠纷解决机制(程序)"、"法院外纠纷解决方式"、"非诉讼程序"等。ADR程序首先且主要涉及的是一种特殊的民事诉讼程序,但它已在当代世界各国的行政争议、刑事和解以及公共事件处理中被广泛地引入和使用。

ADR概念强调的是它与法院的(民事)诉讼程序(或判决)的区别和联系。范愉教授认为,关于ADR概念的界定可根据"替代性"、"选择性"和"解决纠纷"[①]三个要素来进行。具体说来:第一,替代性,是指对法院审判或判决的替

[①] 范愉:《非诉讼纠纷程序(ADR)教程》,中国人民大学出版社2012年第2版,第16页。

代。ADR 是一系列纠纷解决程序的统称,而每一种 ADR 程序都是对法院判决的替代,这是其共性所在。相对于通过诉讼得到的判决而言,处于这一最后阶段之前的任何纠纷解决方式和程序都可称之为 ADR。不过,这种替代性并不意味着取代诉讼,反而以法院审判为前提和基础。第二,选择性,是指这种纠纷解决方式以当事人的自主合意和选择为基础。这种选择是当事人的自主权利,既可以是对程序的选择,也可以是对其实体权利和诉讼权利的处分,但归根结底意味着在法院的审判和判决与各种非诉讼方式之间进行选择。因此,现代非诉讼程序的存在和运作,是以法院和诉讼程序的存在以及当事人的诉讼权利和处分权为前提的,ADR 只能为当事人提供选择的可能性,而绝不能剥夺当事人的诉讼权利和处分权。在此基础上,当事人可以对纠纷解决的方式、规范、程序和结果进行自主选择,其选择的动机和标准也可能是多方面的——既可能是基于成本效益、便利快捷等方面的考虑,也可能是对情感和长远关系的顾及;既可能是由于对诉讼的回避,也可能是出于对常理性公正的追求。第三,解决纠纷,这是 ADR 的基本功能。无论何种形式的 ADR 都以解决纠纷的特定功能区别于一般组织或行政机构的管理性、职能性活动,以及行政机关的附带性纠纷解决工作。同时,以解决当事人双方纠纷为目的的 ADR 也不同于纵向的、单方面的问题解决,如举报、申诉等。ADR 的特点主要在于:一方面,它通过促成当事人的和解和妥协来达到解决纠纷的目的;另一方面,ADR 的这一功能使它有可能与法院的民事诉讼程序相互衔接和互补。

由此,我们可以从广义和狭义的不同层面对 ADR 概念进行界定:广义的 ADR 既可以包括当事人借助第三者的中介达成的自行协商和解,也可以包括各种专门设立的纠纷解决机构的咨询和调处;既可以包括传统的民间调解和商事仲裁,也可以包括当代行政机关和其他社会组织的进行的行政性和准司法性解纷机制,以及混合型纠纷解决方式和可能出现的其他纠纷解决机制。[①]狭义的 ADR 则将仲裁和行政机关的准司法程序排除在外,而将 ADR 限定在非诉讼非仲裁的纠纷解决方式范围内,主要指协商性或民间性纠纷解决方式,

---

① 德国法社会学家莱塞尔还从解决民事领域社会冲突的角度对广义 ADR 作过富有启发性的另一种类型化处理,即分为微观的具体解决和宏观的抽象解决。前者包括参与方的解决和通过第三方的解决。而参与方的解决又包括回避或断绝冲突关系;一方屈服,另一方获胜;补偿;协商与妥协;以诸如威胁、勒索、阻碍、施以暴力等形式斗争。通过第三方的解决包括顾问、调解、仲裁和判决。后者包括立法与分权。参见[德]托马斯·莱塞尔:《法社会学导论》(第 5 版),高旭军等译,上海人民出版社 2011 年版,第 269~279 页。

特别是调解,一般不包括行政处理(尤其是裁决),它们与传统的非诉讼纠纷解决机制有不同的时代背景和理念。世界各国的研究者和司法实务者更倾向于采纳广义的 ADR 概念。

按照范愉教授的观点,ADR 的基本特征主要包括程序上的非正式性、纠纷解决基准上的非法律化、纠纷解决主体的非法律职业化、性质与形式的多样性、程序构造的平等性和纠纷解决过程的平和性与结果的互利性。[①] 具体来说:第一,程序上的非正式性。ADR 以其简易、灵活的非正式程序特点可以在一定程度上弥补诉讼程序的复杂性和高成本及延迟等问题。第二,纠纷解决基准上的非法律化。ADR 在法律规定的基本原则框架下有更大的适用空间,并可视实际需要采用法律之外的各类社会规范。第三,纠纷解决主体的非职业化。无论是调解员或仲裁员,乃至小额诉讼和专门法院的"法官"和陪审员,都可以由非法律职业人士承担,并可由非律师代理或完全由当事人本人进行。第四,性质和形式的民间化或多样化。ADR 本身具有多元化的特征,其中以民间性(社会性)为主:无论从机构组织的数量、覆盖面,还是从实际解决纠纷的数量上看,民间社会性 ADR 均占有明显优势。同时,司法性(法院附设)ADR 和行政性 ADR 也各有其特定的形式、作用范围和功能。各种性质和形式的 ADR 形成了一种功能互补的多元化系统。第五,程序构造的平等性。ADR 与诉讼程序存在本质区别,纠纷解决者与当事人之间的关系属于非权力化的水平或平等性构造。在包括仲裁在内的 ADR 程序中,参与解决纠纷的中立第三人并非行使司法职权的裁判者(法官),不具有行使国家权力性质和地位;纠纷解决程序的启动、运作和结果主要取决于当事人的处分权和合意。第六,纠纷解决过程和结果的互利性与平和性(非对抗性)。尽管一部分 ADR 以追求接近法律的解决为基本指向(司法取向),但也同样会寻求通过互利与平和的程序获得与诉讼不同的结果;更多的 ADR 以促成和解以及圆满解决纠纷为取向,双赢(多赢)与平和是其中最受关注的价值,也是当代世界对 ADR 最为认同的优势。

二、ADR 的基本类型与主要方式

(一)ADR 的基本类型

1. 根据主持纠纷解决的主体或第三方,即 ADR 机关,可分为:(1)法院附

[①] 范愉:《非诉讼纠纷程序(ADR)教程》,中国人民大学出版社 2012 年第 2 版,第 17~18 页。

设 ADR，即司法性 ADR，它一般不适用司法诉讼程序，而是依据专门程序进行，或以专门的程序法规定，如日本的民事和家事调停、美国的法院附设 ADR。（2）国家的行政机关或准行政机关所设或附设的 ADR，如行政申诉、劳动争议仲裁、消费者协会调解等，即行政（或准行政）性 ADR。（3）民间团体或组织主持的 ADR，即民间（社会）性 ADR，它既包括民间自发成立的纠纷解决组织，也包括由政府或司法机关组织或援助的民间纠纷解决机构，如日本的交通事故纷争处理中心、美国的邻里司法中心（Neighborhood Justice Center）、中国的人民调解、各国的国际贸易仲裁等。（4）此外，还有由律师主持的专业咨询或法律援助性质的 ADR 机构；国际组织所设的纠纷解决机构，如 WTO 设立的 DSB（Dispute Settlement Body）；在线纠纷解决机制（ODR），它主要应用于电子商务领域等。

2. 根据 ADR 的启动程序，可分为：（1）合意 ADR，即当事人双方合意决定非诉讼程序解决纠纷，它既可以通过事先的约定对纠纷解决方式达成合意，也可以在纠纷发生后，经过协商合意选择某种 ADR 方式，但一般不是由一方当事人单方申请开始启动；（2）半强制 ADR，即 ADR 机关或组织根据一方当事人的申请即可进行纠纷处理，但一般不是诉讼的必经阶段，当事人也可直接提起诉讼，现代社会往往通过法律规定或仲裁协议选择 ADR 机构；（3）强制 ADR，即根据法律规定或法院的决定，把 ADR 设定为解决某类纠纷的前置程序，如离婚、劳动争议和小额债务纠纷等，但此处的"强制"限于参加的强制，而不是指当事人必须接受处理结果，也不意味着剥夺当事人的诉权。

3. 根据 ADR 处理结果的效力，可分为：（1）有拘束力或终局性的 ADR，即经过调解、仲裁等程序形成的处理结果（调解协议或裁决）具有强制性的法律效力，如一方当事人不履行义务，另一方当事人则可申请法院强制执行；（2）无拘束力或非终局性的 ADR，即结果不具有可强制执行的效力，当事人在纠纷解决的合意未达成时，可直接转入司法诉讼程序，或在达成协议后的一定期限内仍可提起诉讼。

4. 根据 ADR 机构在纠纷解决过程中的作用，可分为：（1）中立性 ADR，它主要是为当事人提供一种对话的渠道，调解者尽量不提供意见或方案；（2）指导性（评价性）ADR 则侧重为当事人提供最接近判决（裁决）的法律意见，如律师或法官调解。

5. 按照 ADR 处理的纠纷类型，可分为：（1）解决一般民事（包括经济）纠纷的 ADR，如一般的民事调解或调停制度；（2）解决特定纠纷的 ADR，如劳动纠纷、消费者纠纷、家事纠纷、医疗纠纷、交通事故纠纷、建筑纠纷、公害环境纠纷、知识产权纠纷、国际贸易纠纷等。也可将处理私人间纠纷的 ADR（PADR），与处理企业间纠纷、政治社会的公共利益纠纷以及国际纠纷的 ADR 相区别。

6. 根据 ADR 的起源和运作方式，(1)首先可分为传统型 ADR 与现代型 ADR：前者主要指以调解和仲裁为代表的从传统资源发展而来的非诉讼程序，如商事仲裁、日本的调停和中国的人民调解；后者是指 20 世纪后叶发展而来的，主要用于解决特定类型纠纷的，或法院新设立的纠纷解决程序，如劳动仲裁、消费者协会的调解或仲裁、美国的法院附设 ADR 等。(2)它还可分为公益性 ADR、非营利性 ADR 和营利性 ADR[①]：公益性 ADR 的目的是服务于社会公众，以纠纷解决和维护社会和谐为目标，通常由国家和地方政府、司法机关或民间社会团体以公共财政或社会资助、基金方式建立，其组织建立、人员选任或运行程序均需要一定的法律依据或授权，不从纠纷解决业务中获取收入或赢利，其运行需要接受社会监督，当事人原则上无须交纳费用；非营利性 ADR 也带有公益性，但其机构和运作方式不依赖于公共财政或公益性基金等的支持，而是依靠市场化机制运行向当事人收取服务费，自负盈亏，但不以营利为目的，其收入原则上不作为资本收益进行分配，而可以用于扩大规模和日常运作，多数商事仲裁属于此类；营利性 ADR 则是通过提供纠纷解决服务获取一定收益，一般可以以企业或财团法人等形式成立，完全依照市场规律进行运作，自负盈亏，并可以获得营利，如日本的交通事故纷争处理中心（财团法人）。

（二）ADR 的主要方式

1. 谈判

（1）谈判（negotiation），即交涉，与中文的"和解"含义相通，它是一种旨在相互说服的交流或对话过程，其实质是一种双向的交易活动。谈判的目的是达成解决纠纷（或预防潜在纠纷）的协议。在纠纷解决的意义上，谈判就是双方当事人为了达成和解（特别是诉讼外和解）的协商交易过程或活动。谈判的特征在于：第一，它不是一种特定的制度，而属于一种手段，在其他纠纷解决方式中也可使用；第二，在形式和程序上比较随意，具有通俗性和民间性；第三，它通常不企求第三者的介入，具有最高的自治性，但现实中还是有第三者的参与，因此，谈判可分为相互的谈判和第三者促成的谈判。

[①] 范愉：《非诉讼纠纷程序（ADR）教程》，中国人民大学出版社 2012 年第 2 版，第 20～21 页。

(2) 谈判的功能:第一,对话和协商功能,即双方以解决问题为目的,通过对话方式提出自己的主张和要求;第二,交易功能,通过交易达到纠纷解决的目的;第三,自主判断功能,谈判是在事实和标准较为清晰、当事人有一定判断力的情况下,首先考虑采用的纠纷解决方式;第四,自治功能,谈判是自主达成并依靠自律来实现的;第五,纠纷解决功能及程序利益,谈判是一种最便利、快捷、低成本(甚至无成本)和符合实际利益的纠纷解决方式,可使当事人实现"双赢"。

(3) 谈判的构成条件:第一,当事人解决纠纷的愿望或诚意,表现在纠纷发生后当事人能够走到一起谈判,虚心听取对方的理由和主张,尊重对方的权利和尊严,对对方抱有最起码的信任,遵守谈判规则,遵守协议和承诺等;第二,当事人具有进行判断和权衡的理性或能力,既不能过高地估计自己的实力,也不能过于计较细节的东西,或者轻率地让步,而应正确地捕捉时机并达成协议;第三,当事人作出一定的妥协的现实可能性。

(4) 谈判的局限性:谈判的优势也是其局限性所在,完全依靠当事人自主和自律达成并履行的和解,往往由于没有第三方的参与和制约,在运作的不同阶段会出现障碍。谈判是否适宜,只能视条件是否具备,并针对特定的纠纷,根据特定的时间和地点,适用于特定的当事人。作为补充手段,谈判也被广泛地运用到其他 ADR。

2. 调解

(1) 调解(mediation,conciliation),它是在第三方协助下进行的、当事人自主协商性的纠纷解决活动。在某种意义上,调解是谈判的延伸,但二者的区别在于有无第三者的参与,而其中的第三者即调解人的作用也不同于审判和仲裁的关系因素——调解人没有权力对争执的双方当事人施加外部的强制力。调解的特征包括:第一,中立第三方参与的纠纷解决活动,第三方可以是国家机关、社会组织、专门机构的人员和普通公民。第二,以当事人的自愿为前提,它属于非强制性的纠纷解决程序。第三,调解协议本身的达成和生效不具有国家强制性,但其效力能够得到法律的保证;具有程序的便利性和处理的灵活性与合理性。

(2) 调解的主要形式:第一,根据中立第三者的性质,可以分为:民间(组织)调解,既包括民间组织自发的,也包括由政府或司法机关组织或援助的调解组织机构的调解;行政(机关)调解,包括专门设立的行政性非诉讼程序和行政机关附带性的纠纷解决;律师调解,第一类是单向咨询,律师通过向当事人一方提供法律意见、评估预测判决结果、分析诉讼的利弊,使当事人考虑是否进行诉讼、能否达成诉讼前和解,第二类是律师作为中立调解人进行双向调解;以及法院附设的诉讼前调解。第二,根据调解与诉讼的关系,可以分为:诉讼外调解,即私法上的调解,性质属于一种契约或对契约的修订(合同变更行为),产生民法上的效力;诉讼前和解或称起诉前和解的目的是不起诉或撤诉,所涉及的内容不在于民事法律关系的建立、变更或消灭,而主要是纠纷的解决,而且达成的协议往往需要第三方确认,还可能将调解延伸到起诉后而与诉讼中调解衔接;诉讼中调解,它发生在诉讼过程中,既是一种诉讼行为,也构成诉讼程序的一部分。

(3)调解的程序:调解的程序依制度及性质有所不同,法院附设调解的程序通常由法律规定,其他调解程序依据主持的机关而定,具有很大的灵活性,但一般包括以下程序:纠纷的受理;调解员的选择和确定;调解员主持下的调解;调解的终结程序;调解协议的履行。

(4)调解的局限性及问题:调解普遍存在的问题主要涉及:第一,调解人的素质及其中立性的保持;第二,调解机关的威信和程序的公正性;第三,调解员的选任程序;第四,调解程序在查明事实上的局限;第五,调解的效力与生效判决相同是否具有充分的正当性;第六,调解程序上的灵活性是否会导致强制与不公正的结果等。这些问题有些属于调解制度固有的矛盾体现,如中立性与评价性的矛盾,通俗性、便利性与规范性的矛盾;有些则可以通过调解制度自身的改进和完善得以解决,如加强调解组织和调解员选任制度的建设等;有些则涉及调解与诉讼程序的衔接,需要整体的通盘考虑。

3. 仲裁

(1)仲裁(arbitration),它是根据当事人的合意(仲裁契约),把基于一定的法律关系而发生或将来可能发生的纠纷的处理,委托给法院以外的第三方进行裁决的纠纷解决方法或制度。仲裁的特征包括:第一,必须以当事人之间(事先)达成的仲裁协议为前提。这里的"事先"既可以是当事人在纠纷发生之前订立的仲裁条款,也可以是纠纷发生后当事人基于仲裁程序关于解决纠纷的特别约定。当然,某些特定的仲裁,如劳动仲裁,则是根据法律的规定启动程序。第二,仲裁裁决具有终局约束性。当事人一旦同意通过仲裁解决纠纷,就不得拒绝接受仲裁裁决;仲裁裁决与法院判决具有同等效力;仲裁程序一旦启动,当事人不得就同一事项提起诉讼;法院对既定的仲裁裁决只有程序审查的权力。第三,在实体规范和程序方面具有相当大的灵活性。仲裁机关可以灵活地选用实体规范,包括制定法与民间社会规范。在程序方面,仲裁一般不公开举行,灵活机动,费用低廉,迅速。

(2)仲裁的形式:国内仲裁与国际仲裁;制度性仲裁与个别性仲裁;传统仲裁与现代新型仲裁;仲裁法院仲裁、法院附设仲裁、仲裁委员会仲裁和行政仲裁等。传统的仲裁主要体现在商事和国际贸易领域的纠纷处理,但当代社会逐渐发展了许多新型的仲裁方式,如俄罗斯的仲裁法院仲裁、美国的法院附设仲裁,以及在解决劳动争议、处理交通事故、消费者纠纷、产品责任纠纷、医疗纠纷、土地产权纠纷等方面所发展的诸多行政性或民间性仲裁形式。

(3)仲裁的程序:仲裁的程序依据国家和仲裁的类型而有所不同,但一般要经历以下阶段:双方当事人订立仲裁协议,承诺放弃诉讼而参加仲裁,并接受仲裁裁决;仲裁的开始程序,由当事人一方或双方提起;选任仲裁员;开庭审理;调解和仲裁;终结程序。

三、ADR 的主要功能及其局限性

(一)ADR 的主要功能

司法诉讼的功能可以从不同的层面上进行分析:诉讼的直接功能是解决纠纷,调整社会利益,保护社会主体的合法权益;由于诉讼也是一个法律适用的过程,在这个过程中,诉讼具有确认、实现或发展法律规范,保证法律调整机制的有效和正常运转,从而建立和维护稳定的法律秩序的功能;而诉讼制度的建立与运作还是国家司法权的行使和法的实现的重要环节,因此,诉讼最深刻的社会功能还在于维护整个社会的政治秩序和国家权力的合法性。不过,现代社会中诉讼也面临一些压力和弊端,具体体现为:诉讼量的激增与积案问题;诉讼费用高昂;诉讼的延迟;解决新型纠纷的局限性;出席的复杂性;判决结果不符合情理;法院难以审理"多极"或复杂的纠纷;诉讼与审判的公开性等。而作为非诉讼程序的 ADR 可以有效地对司法和诉讼补偏救弊,并具有特殊的优势,在现代社会承担着纠纷解决、保障当事人自治、协调社会关系和提供积极的对话渠道等作用;一旦走上法制化轨道,它将与司法审判程序更好地协调和互补,发挥更为积极的社会功能。具体说来,范愉教授认为,ADR 的功能主要体现为基本功能、程序利益和社会功能以下三方面[①]:

1. 基本功能:以平和的方式解决纠纷。ADR 程序对抗性低,有利于促成和解,无论是对于市场经济秩序的合理有序发展,还是对于家庭、邻里等各种

---

① 范愉:《非诉讼纠纷程序(ADR)教程》,中国人民大学出版社 2012 年第 2 版,第 24~25 页。

错综复杂的人际关系、社会关系的安定和谐的维系,以及促进社会文明道德程度的提高,都具有诉讼所不及的特殊价值。由于多数 ADR 的结果建立在当事人的合意之上,其履行率远比判决高,由此亦可免除执行风险和成本。基于这一基本功能,ADR 可能从同向和异向、"质"与"量"两方面与诉讼程序并存互动:一方面,作为纠纷解决的主力,分担法院压力,维护司法权威;另一方面,作为一种缓冲机制,在满足特定主体纠纷解决需求的同时,协调和避免法律与社会、国家与自治共同体之间的冲突。

2. 程序利益:最大限度地节约社会和当事人在纠纷解决中的成本,促进实现司法资源和司法效益的最大化。诉讼需要建立在必需的程序保障之上,通过司法改革降低诉讼成本、克服延迟、简化程序总是有限度的,过度简化可能减损甚至破坏这种基本保障,降低或贬损司法的本质功能。相比之下,通过 ADR 提供低成本的纠纷解决程序,对社会和法治的风险则小得多。在效益原则已获得充分正当性的条件下,ADR 就成为社会和当事人的一种最合理的选择。由于 ADR 处理的纠纷远比法院管辖的范围大得多,实际上扩大了法律利用的范围;法院还可以借此筛选出相对重要的案件进行审理和裁决,发挥诉讼特有的社会功能和程序公正优势,使有限的司法资源得到更有效合理的使用。

3. 社会功能:一是改善社会关系和社会治理方式。随着公共领域与私人领域的相互融合,ADR 作为自主调整社会关系的基本手段日益受到重视。ADR 的发展不仅增加了当事人自治的可能性和机会,也有利于促进社区共同体的凝聚力和自治、自律功能的发挥;有助于形成和维系共同体规范和共同的道德体系以及共同体成员的认同感。民间性 ADR 的重要作用标志着社会主体无需国家无微不至的呵护,有能力进行自我管理。它既是公共权力社会化的结果,又是促进这一进程的动力。由此能够提高社会的和谐和稳定程度,预防纠纷的发生,最大限度地减少社会在利益冲突中付出的成本和资源浪费,并体现出社会主体的理性素质的提高和社会关系的非对抗性特征。二是通过纠纷解决积累经验,促进新的社会规范和法律规则的形成。当社会中出现新的利益冲突,需要重新分配权利义务关系时,往往在既定的法律规范中找不到相应的处理标准。在这种情况下,等待法院通过判决确立规则固然更具权威性和正当性,但一方面,所需成本(包括时间和经济成本、道德成本等)过高;另一方面,由于法官本身并无经验积累,亦非该领域的专家或决策者,所作出的判决不但未必符合实际,甚至有可能出现重大的政策性失误,导致高昂的错误成本。同时,过多地通过法官的裁量确立规则也会增加规则的不确定性,容易诱发更多的诉讼。如果由专门性或行政性 ADR 来处理这类纠纷,则不仅可以依靠其专家优势驾轻就熟地解决纠纷,而且能够积累经验、形成惯例,并可进而形成行政规章或法规,为此后的立法提供信息和资料。鉴于 ADR 在程序上的灵活性和非正式性,其政策和规则的形成也更加富有弹性,错误成本也更低。三是探索新的司法模式。现代 ADR 的目的绝非取代司法和诉讼,但其发展与司法改革却在一定程度上不谋而合,并成为司法改革的重要内容。如前所述,由于 ADR 具有非形式主义的平等性和灵活性,注重当事人自身的参与及重视实质正义之价值,易于达到"符合实际的解决",当事人的满意度和社会效果往往胜于诉讼,因此,在世界性的司法改革浪潮中,ADR 与诉讼程序的改革相互衔接,促成了一种新的协商性或和谐司法模式。

(二)ADR 的问题和局限性

ADR 不可避免地存在内在的弊端和被滥用的可能性,它的利用有时不得不以当事人牺牲或放弃一部分实体权利和诉讼权利为代价,其效果也并不总如人意。因此,我们对 ADR 存在的现实问题和固有弊端必须有清醒的认识,避免过分夸大 ADR 在法治社会中的作用和功能。这些问题和弊端主要表现为:

1. 某些非诉讼程序在实体法和程序两方面都缺乏规范性和制度的保障,特别是在程序方面,亟待加以严格规制。如调解人或中立者的资格;对当事人诚实参加的限制;依法调解或仲裁的必要性;继续诉讼时,当事人在 ADR 中的主张、证据和自认的拘束力;ADR 的审级的复审;ADR 的既判力等。此外,一些 ADR 形式由于缺乏理念和制度的支持,往往自生自灭,在内在基准和程序上具有极大的随意性和非规范性。

2. 非诉讼程序在追求低廉和迅速解决的同时,可能出现"廉价正义"的问题,即可能导致一些低质量甚至非正义的结果。如当事人的妥协使自己的权利不能全面实现;抹杀和淡化当事人的权利意识;不是以权利和义务作为处理纠纷的核心和标准;在运作中出现违反当事人自主和合意原则的诱导和强制的可能性;ADR 的过度扩展,有危及公共利益的可能性等。

3. 非诉讼程序的滥用可能会侵害当事人的诉权,其结果可能会对国家的司法权造成一定的侵蚀。因此,过分发展或强调 ADR 会导致社会忽视审判的功能乃至消除公民的权利意识和为实现自身权利而努力的斗志。特别是在当事人的实力对比悬殊的情况下,协商和交易可能存在不平等、实质正义受到轻视等。

第三节　纠纷解决中的司法诉讼与 ADR 程序

一、ADR 程序与司法诉讼的关系

（一）非诉讼程序与诉讼程序的共同点

作为非诉讼纠纷解决的非诉讼程序与诉讼纠纷解决的诉讼程序的共同点主要包括：都具有纠纷解决的功能；都不同程度地受到实体法和正当程序原则的约束；民事纠纷的解决都必须以当事人的处分权为基础，第三方原则上必须中立。

（二）非诉讼程序与诉讼程序的主要区别

1. 性质不同：诉讼及法院判决代表国家司法权（审判权）的正式行使；而非诉讼程序主要依靠当事人的处分权解决纠纷。

2. 功能不同：诉讼与判决除了解决具体纠纷外，还具有通过判例确认乃至发展法律规范、维护法律的正当性和权威性的功能；非诉讼程序的主要功能在于解决纠纷，并在权利救济、实现社会控制与治理方面具有特定的功能。

3. 价值取向不同：这主要表现为一系列对立的范畴，如对抗与协调；权利义务界定与利益权衡；双方胜负分明与互利妥协；普遍公正与个别公正；程序公正与结果合理；利益与伦理；规则与情理；个体利益与群体利益等。

4. 程序设计与运作原理不同：前者严格复杂、公开、专门化和审级制度；后者程序灵活简便、不公开、常识化和一次性等。

5. 规范适用的严格性不同：在审判中，法官虽然享有一定的自由裁量权，但仍需要严格依法裁判，根据法律和确证事实作出相对客观的判断；在非诉讼程序中，尽管也存在司法审查的制约，但仅以一般性的有无违反强制性的法律的审查为限，而且可以广泛地适用民间社会规范。

6. 中立性程度不同：诉讼程序中的法官代表公共利益的中立第三方，同时也是裁判者和决定者。而在非诉讼程序中，第三方的地位和作用视情况而不同，既可能是消极的见证人，也可能是积极的劝导者；既可能是平等对话的中介人，也可能是权威的决定者；既可能是当事人社会关系网络中的成员，也可能是居于当事人之上的行政机关的决策者。

7. 处理结果的形式和效力不同：诉讼是以判决作为典型的处理结果，其

特征是具有法律效力,既具有以制裁作保障的强制执行力和法律上的既判力,它在生效后具有终局性,可以彻底地解决纠纷;非诉讼程序则依据形式和性质不同,表现为两个极端,或严格意义上的仲裁,一次处理即具有终局性,或者纯属于无约束性的意见和方案。(参见表 5.3)

表 5.3 司法诉讼与非诉讼程序的区别与特征[①]

	诉讼程序	非诉讼程序
主要参与者	法官和律师	当事人
中心问题	案件事实:时间、地点、后果等	纠纷的细节、历史、背景等
程序重点	查明事实真相	交流/倾诉,有时无须查明真相
责任	明确确定责任	有时无关紧要
依据	证据、客观事实;法律规则	主观事实和观点;多元化规范
关注点	过去和现在;合法性、正当性	未来关系的继续;利益和需要
第三方作用	判断决定	劝解、沟通媒介、影响
结果	胜负分明,零和	双赢,并能解决许多附带问题
形式	判决、裁定	合意、和解

(三)非诉讼程序与司法诉讼的关系发展

范愉教授认为,如今的非诉讼程序(ADR)与司法诉讼程序之间的关系日益紧密,并表现出以下四大方面的发展趋势和走向:[②]

(1)二者的关系从对立和差异为主而发展成为一种相互融合和互补的趋势。一方面,法治已成为当代社会主要的纠纷解决和社会治理模式,司法的功能不可替代,非诉讼程序的功能发挥只能以司法权的核心地位为前提,司法救济成为公民不可剥夺的基本权利;另一方面,司法自身的发展和效益原则要求调动各种非诉讼程序来为其分担压力、补偏纠弊,因而接纳了 ADR 的多元化理念,以更好地维护司法权威和社会功能。

(2)当今世界各国纷纷将调解和仲裁等非诉程序纳入到广义的民事司法

---

① 范愉:《非诉讼纠纷程序(ADR)教程》,中国人民大学出版社 2012 年第 2 版,第 24 页。

② 范愉:《非诉讼程序(ADR)教程》,中国人民大学出版社 2002 年版,第 181~182 页。

程序,并通过立法和法院规则等对两种程序加以衔接,以形成多元化的纠纷解决机制。

(3)当前的世界各国法院都出现了一种响应非诉讼程序的思潮和动向,法院和法官对 ADR 的介入和参与日益经常化、制度化。

(4)随着民事诉讼制度、程序的改革和与非诉讼程序的相互渗透,一部分民事诉讼程序与非诉讼程序的功能产生了明显的重叠,以致这些程序除了主体上的不同外,几乎不存在本质上的区别。因此,由于对效益的重视和对和解的推崇,民事诉讼程序的设计和运作都明显地出现了以功能为中心的迹象,一方面,同一种功能可能通过多种不同的制度或程序体现出来;另一方面,一种特定的制度或程序也可能承载多种不同的功能。

二、纠纷解决中的司法诉讼角色

(一)司法诉讼的核心地位没有动摇

在当代法治国家,司法诉讼制度在多元化纠纷解决机制中占据最重要的核心地位,尽管在许多国家,通过诉讼特别是判决处理的纠纷所占比例极小,但是这并不意味着司法或诉讼将最终被非诉讼方式所取代。范愉教授认为,恰恰相反,司法诉讼制度是非诉讼(ADR)机制存在、运行和发展的基础与前提。这是因为:

(1)司法与诉讼制度的存在是实现民主法治和人权保障的先决条件。以宪政和民主制度作为基本定位的现代国家已经逐步达成一个基本共识,即建立独立行使审判权的司法机关,并切实保证公民的诉权。一个独立、公正、具有公信力的司法体系,是民主与法治的象征和人权的保障,也是现代国家必须具备和每一个公民都可以利用的公共资源。

(2)司法与诉讼制度是纠纷解决的最终途径。在各种纠纷解决机制无法解决某些纠纷或其处理结果发生冲突的情况下,一般只能由司法机关作出终局性判断,使案件得到最终处理,结束其纠纷状态。最高司法机关的裁判不仅具有终局性,而且可以由此形成具有约束力的判例或规则,成为向社会公众公开发布的法律信息和公共产品,从而发挥其决策和指导的社会功能。司法审判是纠纷的"法律"解决的典型形式,它所提供的是一种法律的标准答案,因此,也是其他解决方式的参考系数,因此,这种解决能够对其他纠纷的解决起到间接性的作用。

(3)司法与诉讼制度具有对非诉讼机制的指导、制约和保障作用。在现代社会,公众对法律的态度是多元化的,但是,由于法律是以国家意志的形式发布并由国家强制力保证实施的,因此在发生纠纷时,唯有法律规则和司法处理具有最高的权威性和效力。ADR 的正当性及发展之所以在当代社会得到确认,正是由于司法和诉讼制度的存在:首先,司法和诉讼制度是多元化纠纷解决机制存在的前提,能够切实保障当事人的程序选择和规则选择的自愿、公平和正当;其次,司法审查和相应的救济可以避免 ADR 的错误和滥用,保证社会公正,事实上也会打消公众对 ADR 的戒备;第三,司法诉讼程序与 ADR 的衔接以及司法的社会化,使得 ADR 的利用范围和效力日益扩大。当代 ADR 的发展实际上很大程度是由于司法政策的转变和司法改革而推动的,而许多国家和地区的 ADR 管理与协调工作也是由法院承担的。

(二)司法诉讼对 ADR 程序的依赖增强

不过,按照范愉教授的观点,尽管司法制度和诉讼程序在当代社会具有不可或缺的意义,但这并不意味着社会可以仅凭借扩大司法、增加司法资源维持司法对纠纷解决的独占。这是因为:

(1)司法资源的短缺及供需失衡。当代世界各国的司法制度虽然具有不同的程序设计和价值理念,其侧重点和社会功能也各有不同,但是司法的供求失衡都是绝对的,在任何国家都不同程度地存在。司法资源的有限性不仅是民事诉讼程序设计中繁简分流的理由,也是 20 世纪后期世界各国民事司法改革的原因和目标——通过合理使用司法资源应对司法的压力。此外,由于多数国家人口不断增长,纠纷和诉讼的总量也日益增长,然而,多数国家并不期待法院规模与此同步扩大,因此司法资源的短缺又是相对的——即使不存在真正意义的"诉讼爆炸",即诉讼案件量与人口的比例属于正常,不断增长的案件量、延迟和高昂的诉讼成本也足以成为社会抑制诉讼的正当理由。

(2)司法的固有弊端和局限性是难以根除的。司法诉讼本身的程序性、技术性和专业性要求,以及民事诉讼程序的中立性、对抗性和平等性以及当事人主义的基本理念,使得诉讼必然需要付出一定的时间和经济成本,必然具有对抗性和对双方关系的破坏作用,而这些弊端和局限性不可能通过司法改革或程序设计完全消除。因此,借助非诉讼机制改善司法的效率和处理结果、减轻司法压力的必要性和合理性将会长久存在。

(3)司法与纠纷解决民主化和社会化的需求。一方面,社会的司法需求仍在不断增加,但司法机关和司法资源却无法满足社会的需求。另一方面,随着当代社会对法治的反思,对法律与司法的迷信也越来越被一种现实主义的立场所取代。而社会自治能力的提高也开始使当事人在纠纷解决实践中逐渐脱离对于国家司法权的全面依赖。由此,国家和法院不得不将原来由其专属的部分功能和权限向社会分流或开放,出现了司法社会化的趋势,反映出日益增长的社会自治和群体自治的需求。司法社会化趋势与作为现代司法制度内在价值的司法民主化理念合流,集中体现在司法诉讼程序与社会力量的结合上。非诉讼程序(ADR)分流正是其中的主要内容,通过法院的委托调解,让社会人士(专家、民众、社区代表、利益群体代表等)参与到纠纷解决(特别是调解)程序和过程中,对于改善司法和社会治理的效果具有极其重要的意义。

(三)司法制度及其程序设计呈现多元化趋势

最后,范愉教授总结了当代世界各国司法制度及其程序设计本身存在的六个方面的多元化特点[①]:

(1)诉讼与非诉程序的衔接。法院的主要职能是处理争讼,因此首先要将诉讼程序与非诉程序加以区别,以非诉或行政化的方法处理大量常规性非争讼的事务和案件,如督促程序、协议离婚、身份确认等。

(2)诉讼程序的繁简分流。各国的诉讼法均根据案件的繁复程度、标的额等多种因素,划分小额、简易与普通程序等不同的繁简程序,并通过诸如即决裁判、简易程序等,实现简易案件的快速审理,提高司法效率。

(3)根据纠纷的性质和类型采用不同的审判方式。例如,家事、劳动人事程序的专门化等,不仅可以有针对性地采用不同的原理、审判方式和举证责任,也有利于合理配置使用司法资源并寻求更好的纠纷解决效果。

(4)和解、司法调解和裁判机制的协调。通过和解和调解方式,尽可能使已经进入诉讼系属的当事人能达成纠纷解决的协议,由此避免裁判带来的关系破坏、执行困难等弊端,以及上诉等程序的成本与风险。一些审前准备程序,如争点整理、证据交换、和解会议等,都能很好地发挥促成和解的作用。

(5)基层司法与普通法院。基层司法往往是指农村或城市基层社区的司法系统,包括各国的治安法院、农村法庭、社区法院、简易法院、小额法院等。由于面对的是基层民众和一些琐细的案件,通常在制度、程序上与普通法院有很大的区别。

(6)一审、二审乃至再审程序的合理配置。通过不同的审级及其程序,设置不同的重点和功能(如初审、法律审及纠错等),采用不同的审判方式(如独任审判、合议制、开庭或书面审等)。

---

① 范愉:《纠纷解决的理论与实践》,清华大学出版社 2007 年版,第 244~245 页。

三、ADR 的立法与多元化纠纷解决

(一) 多元化纠纷解决的制度建构

一方面,多元化纠纷解决机制是相对于单一的纠纷解决方式而存在的,其意义在于不把纠纷的解决单纯寄予某一种程序,如诉讼,并将其绝对化;不排除来自民间和社会的各种自发的或组织的力量在纠纷解决中的作用和积极性。另一方面,多元化纠纷解决机制也意味着多种纠纷解决方式的有机结合以及互补与互动,而不是简单的并列。在现代法治国家,一般而言,多元化纠纷解决机制通常是以司法诉讼为主导或核心而构成并进行运作的。在不同的历史时期、不同的社会体制乃至不同的文化背景下,这种多元化的功能互补格局会呈现出迥然不同的状态;它取决于社会发展和主体的需求,体现着社会主体功利性的选择与社会理念的价值取向,而且必然始终处于动态的发展变化之中。多元化纠纷解决机制的最高价值就在于其各个部分或方式之间的协调和平衡。而如何实现和保障这种协调和平衡,就需要通过理性的制度建构。

当代多元化纠纷解决机制必然是社会生成(自然形成)与国家理性建构相结合的产物。也就是说,其需求来源于社会,其形式往往汲取于传统资源,其运作需要适合特定社会或社区公众的生活习惯以及精神和文化需求,并能够满足当代社会纠纷解决和社会治理的需要。这种机制及具体制度建构或改革,通常是基于社会的解纷需求,针对现实问题,通过局部的实践和尝试而开始的;当经验积累达到一定程度时,国家决策者就应该对这种需求及时作出反应:或者通过立法加以确认,或者进行合理的制度设计,或者通过政策加以推广,从而将这些个别和局部的经验纳入到多元化纠纷解决机制之中。

按照范愉教授的观点,实现广义的 ADR(多元化纠纷解决机制)的制度建构至少需要满足以下四方面的基本条件:[①]条件之一是制度建构需要建立在对社会需求的正确认识之上。纠纷解决之所以强调从事实出发和自下而上的研究方法,就是要客观和实事求是地认识社会纠纷解决的实际状况、需求和问题,发现改革、创新和发展的必要性、可行性和所需条件。而不是仅仅根据法律意识形态的价值理念和逻辑推理凭空建构,已不能简单照搬国外的既有规则和制度。条件之二是制度建构必须建立在民主决策制度之上。民主决策能

---

① 范愉:《纠纷解决的理论与实践》,清华大学出版社 2007 年版,第 235 页。

够保证理性的建构具有正当性,目的是通过充分的讨论和信息公开,使社会公众对于制度建构提案的合理性和必要性达成认同。一种制度的现实合理性取决于其可行性和制度成本,公众的认同既是保证其实施的社会心理条件,也会增加自觉遵守的程度,节约制度实施的成本。条件之三是制度建构需要建立在理性和科学的分析论证之上,具有充分的现实性和可行性。当代的社会科学研究将各种科学方法引入到决策的分析论证中,通过成本效益分析以及结果反馈等一系列方法,有可能对一种制度或决策作出相对科学合理的分析预测,并及时通过反思机制进行必要的调整。条件之四是制度建构应注重利用传统资源。为了提高制度的适应性、降低运行成本,建构应尽可能建立在社会生成的基础上,充分利用传统资源,对既有的纠纷解决机制进行客观的利弊分析,最大限度地将其与制度建构结合起来,根据新的社会需求和价值进行改造。

总之,只有综合考量兼顾以上几个方面的因素,正确认识社会需求、依靠民主决策和科学论证,才有可能在社会现实基础上建构一个有利于社会和谐发展的多元化纠纷解决机制。需要注意的是,当代世界各国对多元化纠纷解决机制的理性建构或推动,已从最初主要依靠民间社会力量和司法机关的局部努力,进入到国家通过立法与政策全面促进非诉讼机制及其与正式司法制度相互衔接的发展阶段。

(二)国家政策对 ADR 发展的促进

20 世纪下叶以来,多数国家对于 ADR 都经历了一个政策转变过程,从最初的限制甚至抵制,到逐步认同其意义和价值,直至积极推动其利用和发展。一般而言,都会经历以下几个发展阶段:

(1)允许阶段:ADR 作为事实自发或自在地存在并发挥着作用,国家或明示或者默许其存在。如许多民间仲裁或一些中介服务机构等。ADR 纠纷解决功能和效力在不同司法模式背景下各有不同,国家注重通过法律承认民间机制的合法性和边界,并加以严格规制,但其实际影响和作用不可能与诉讼分庭抗礼,其效力亦往往没有保障。

(2)鼓励阶段:国家基于私法自治以及合理利用司法资源的需要和认识,开始鼓励、促进 ADR 的建立和运行,承认和解与调解协议的合同效力和民间仲裁的效力,并注重对 ADR 进行管理规制;在法律规制的前提下促进 ADR 的发展。这一时期的 ADR 立法,多为授权性立法,并呈现出开放性的特点。

(3)有条件的强制要求阶段:国家开始有意识地通过立法、政策积极推动

ADR 的利用和发展。或者由国家出面积极建立各种新型的 ADR 机制,或者根据需要建立部分法定前置性或强制性 ADR(主要是指特定类型的民事纠纷,如小额债务、家事纠纷、房屋租赁、邻里纠纷等)。同时通过各种 ADR 的建构全面推动和改善多元化纠纷解决机制的运作和发展。

目前大多数国家都处在第二阶段,但已有一些国家和地区(在部分民事纠纷或有关社会保障方面的争议)开始进入第三阶段,如北欧一些国家、德国的某些州、日本及其他一些亚洲国家和地区(包括我国香港特别行政区和台湾地区)、英国等。

(三)ADR 立法的基本框架与形式

1. ADR 立法的基本框架

目前,世界各国在 ADR 立法方面尚未形成具有普遍性的制度和经验,除仲裁、调解之类较为成熟的制度外,系统的 ADR 法尚不多见。范愉教授认为,根据世界各国的实际情况,涉及 ADR 立法需要解决的问题主要包括以下七方面[①]:

(1)ADR 基本法:涉及国家宏观性的 ADR 发展战略和制度建构,重点在于解决 ADR 的正当性与合法性问题,内容包括合理规划和分配用于纠纷解决的资源和权力,确定各种纠纷解决机制的法律性质、法律地位、管辖权限、人员构成和功能等。ADR 基本法的渊源包括宪法对非诉讼程序的原则规定,法院组织法对司法权与 ADR 之关系的界定,以及司法与行政权在不同的纠纷解决中的权限划分等,一部分则表述在民事诉讼法的基本法典中。同时还有大量此类规范体现在部门法中。

(2)ADR 程序法:当代世界各国的 ADR 法主要是指其程序法,其内容除了 ADR 程序的基本原则外,主要是围绕其运作的各个环节作出的具体规定(可以通过程序立法、法院规则或者各种纠纷解决机构的程序规则等不同形式),ADR 程序最重要和最基本的功能是保障当事人的自愿和自主。

(3)当事人行为法:包括有关当事人的权利能力和行为能力以及与此相关的代理制度;有关当事人在非诉讼程序中的行为(即权利与义务)的规定——当事人的参加;代理人的和解权限;证据调查;防止某些当事人恶意滥用非诉讼程序作为拖延纠纷解决过程和向对方施压的手段;相应的制裁措施(责任和罚则)等。

---

① 范愉:《纠纷解决的理论与实践》,清华大学出版社 2007 年版,第 238~240 页。

(4) ADR 组织法及纠纷解决者的行为规范：即有关 ADR 组织机构的设置，以及 ADR 机关及其人员的组织形式、人员构成、工作原则以及行为规范等。

(5) 关于 ADR 的效力：包括非诉讼程序的时效中断效力；ADR 处理结果的生效条件；生效后的效力；ADR 的既判力问题；ADR 处理结果的执行等。

(6) 司法审查：在现代法治国家中，唯有司法的解决是真正具有终局性的。在多数国家，尽管仲裁受法律和当事人约定的双重保证，也并不能彻底排除司法审查的可能性。而强制性 ADR 作为法定前置程序，一般不能剥夺当事人的诉权和司法审查权。司法审查的方式主要有法定审查和依当事人申请的审查。

(7) 费用：ADR 本来是为了解决"诉讼爆炸"、减轻或降低法院和当事人的支付成本而出现的，我们需要根据公益性 ADR、市场化自律性或营利性 ADR 和法院附设 ADR 等的不同形式和性质制定费用成本原则和做法，如公益性 ADR 一般为免费的，具有非营利性；法院附设 ADR 可以考虑收费，但要考虑法院的公共权力属性；而市场化、自律性或营利性 ADR 则主要运用市场机制进行调节，但也要受到国家制度的必要规制。

2. ADR 立法的基本形式

ADR 立法需求主要是指法律涉及的内容，这并不意味着每一部分必须分别由不同的法律文件(或渊源)加以规范，而只是一种对 ADR 立法基本框架的描述。在实际立法中，当代世界各国既有通过 ADR 基本法申明国家鼓励 ADR 的政策和立场，而将具体制度和程序的设计交付地方和各法律部门的做法，如美国的《ADR 法》、《民事司法改革法案》和各州有关法律的结构；也有通过民事诉讼法或民事司法改革将 ADR 与民事司法系统和诉讼程序加以整体规划的，如英国的民事司法改革和德国民事诉讼法的修改；更普遍的则是在部门法制定中将实体法、程序法及纠纷解决机制的设计有机地结合为一体，统筹建立，如各国的劳动法、环境保护法、消费者权益保护法等，中国有关劳动法的系列立法，包括劳动合同法、劳动争议处理法以及涉及劳动社会保障方面的立法；同时也有根据社会需要，通过单行组织法建立特定的纠纷解决组织并规定其程序的，如日本制定的《民事调解法》、我国台湾地区有关乡镇市调解的法律规定以及我国大陆颁布的《人民调解法》。值得注意的是，各国新型的 ADR 立法中很大部分属于授权性立法，即授予某些国家机关、地区、部门或社会团体等，建立、组织或实施发展和利用 ADR 项目的权利或权力，而不是以规制管理为目标。总之，随着 ADR 的发展，对其进行规范化和法制化的需要和努力也在不断增加。一方面,ADR被有意识地纳入司法系统,诉讼程序与非诉讼程序在追求效益的目标下相互渗透和接近,形成了有机的互补。另一方面,纠纷解决机制的多元化趋势愈加明显,形形色色的ADR的功能及特点日益得到重视和发挥,司法对它们的作用给予认可,并在保证司法审查权的前提下,赋予其更大的自主性。

第六章 司法诉讼与 ADR 程序的衔接机制

第一节 司法诉讼程序概说

一、司法诉讼程序的概念

(一)司法与程序

1. 司法

司法有广义和狭义之分,其中"狭义的司法,即形式意义上的司法,特指法院的权限及其审判活动。在这个意义上,司法机关即法院,司法程序即诉讼程序。……广义的司法,即实质意义上的司法,是指与立法和行政相对的、通过适用具体法律规范解决争讼的一种国家的专门活动,在这个意义上,除法院以外的许多国家机关或机构也承担着一定的司法功能(或准司法功能)"。[①] 本章的司法概念主要在狭义上使用,特指法院的诉讼权限与程序性活动。相对于立法与行政范畴,司法概念更强调其程序价值。

2. 程序

所谓程序,"从法律学的角度来看,主要体现为按照一定的顺序、方式和手续来作出决定的相互关系"。[②] 程序的普遍形态是:按照某种标准和条件整理

[①] 范愉:《司法制度概论》,中国人民大学出版社 2003 年版,第 1~2 页。
[②] 季卫东:《法律程序的意义——对中国法制建设的另一种思考》,中国法制出版社 2004 年版,第 17 页。

争论点,公平地听取各方意见,在使当事人可以理解或认可的情况下作出决定。程序是对恣意的限制,是理性选择和公正价值的保证。我们通常所说的法律程序主要包括立法程序、行政程序、司法程序等几种主要的类型,其中司法程序最为重要和典型,也最能体现程序公正的价值理念。司法公正是现代司法的本质要求和最高价值目标,一切司法活动都是围绕着公正裁判、实现正义展开的,公正是现代司法制度和司法程序设计中的最终目标。司法公正包括实体(或实质)公正与程序公正。实质正义是追求司法活动结果的正确,包括事实判断和法律适用的正确;而程序正义则是为了实现正义和公正必须保证司法活动在形式、手段和方法上以及过程中的公正,它特别强调程序的正当性和合理性,即实现正当程序。传统的司法正义观在追求实体正义的同时,往往忽视过程、方法或程序的重要性,因此司法程序的价值是附属于实体正义的。随着现代法治的发展,程序的独立价值逐渐得以突现,并逐渐成为评价司法公正和正义的主要标准,并最终上升为国家宪法的基本原则和制度。

(二)司法程序与司法诉讼程序

所谓司法程序就是指司法活动中必须遵循的法定形式、步骤和方法,主要指司法诉讼程序。司法程序概念可以作广义与狭义的理解。广义上的司法程序,可以涵盖司法机关的组织规范、行为准则、司法行政程序和部分非诉讼程序(如调解程序、仲裁程序)等;狭义的司法程序则指诉讼程序,特别是法院的审判程序。司法程序从权力主体的角度上与立法程序、行政程序相互区别;从性质、功能和效力上与非诉讼程序(ADR)及一般执法程序有所不同。在外延上,司法程序主要包括刑事诉讼程序、民事诉讼程序、行政诉讼程序和宪法诉讼程序,但在我国目前并不存在宪法诉讼程序。就刑事诉讼、民事诉讼和行政诉讼三大诉讼程序而言,它们在解决的纠纷性质、适用的实体法规范、具体的程序制度设计、举证责任归咎原则、诉讼主体构成、诉讼结果履行等方面存在诸多差别。其中,刑事诉讼是司法机关在当事人及其他诉讼参与的情况下,依照法定程序依法处理犯罪案件并定罪量刑的活动,强调罪行法定、无罪推定、控审分离、禁止重复追究等原则;民事诉讼是司法机关在当事人及其他诉讼参与的情况下,依照法定程序依法处理民事案件、解决民事纠纷的活动,强调平等公正、诚信协商、程序效益等原则;行政诉讼是司法机关在当事人及其他诉讼参与的情况下,依照法定程序依法解决行政纠纷的活动,强调举证责任倒置、相对人权益优先、合法审查等原则。(参见表6.1)

表 6.1　民事诉讼与刑事诉讼和行政诉讼比较①

	民事诉讼程序	刑事诉讼程序	行政诉讼程序
原告	民事主体	公诉人、自诉人	行政相对人
被告	民事主体(自然人、法人等),可反诉	犯罪嫌疑人,不可反诉	行政主体(行政机关及其授权组织),不可反诉
诉讼对象	民事权益纠纷	定罪量刑	行政主体行为的合法性
实体法	民事法律规范	刑法	宪法、法律、行政法
程序法	民事诉讼法	刑事诉讼法	行政诉讼法
功能目的	解决民事权益纠纷	追究犯罪(惩罚与预防)	对行政权的司法监督与救济
当事人关系	平等(民告民)	追诉/被追诉(官告民)	民告官
当事人权利	选择权、处分权(和解、撤诉、放弃权利)	受辩护权,不可和解(但存在辩诉交易)	被告处分权受限制,不可调解
受理原则	不告不理(可私了)	犯罪必究(不得私了)	不告不理
举证责任	谁主张谁举证	指控方	行政机关(法定)举证倒置
法院权力	调查、裁判、调解(受当事人处分权制约)	调查、裁判、裁量(可超越公诉人起诉改判)	调查、确认合法性(原则上不变更)
结案方式	判决、裁定、调解	判决、裁定	判决、裁定(维持、撤销或要求被告重新作为)

---

① 参见范愉:《司法制度概论》,中国人民大学出版社 2003 年版,第 358 页。本表略有改动,作者注。

二、司法诉讼程序的模式

司法诉讼程序模式即司法诉讼程序中贯穿始终的基本样式、方法和本质特征,它是各国各地区共同或相似的文化传统、法治理念、政治体制以及经济的、社会的、心理等诸多因素综合作用的结果。不同的司法诉讼程序模式是划分不同法系的重要标尺之一,当今世界各国的民事、刑事和行政诉讼制度构成不同的司法诉讼程序模式。不过,我们不能过分夸大这些不同司法诉讼模式之间的区别特征,因为它们更深植于不同国家和地区活生生的不同司法现实实践中。

(一)民事诉讼程序的模式

就民事诉讼程序而言,当今世界最具代表性的诉讼模式为以德国为代表的大陆法系国家职权主义(exofficio doctrine)模式和英美法系国家当事人主义(adversary system)模式,不过20世纪以来两种模式出现了某种程度的相互融合,如20世纪以来的法国和日本的民事诉讼制度都出现了一种混合性的独特模式。不过,由于民事诉讼具有内在的规定性和特征,即使在不同模式的民事诉讼中,当事人一般都拥有处分权和启动程序的主动权(不告不理),因此就其本质而言,任何民事诉讼模式实际是都是以当事人为基点的。在这个意义上,诉讼模式的区别主要指诉讼的不同形式和运作方式,其实质在于诉讼参与人(主要是当事人和法院)之间权利义务的分配。当事人主义又称对抗制,其特点包括:(1)强调当事人责任,实行完全的"处分权主义",诉讼程序的启动、终结、诉讼请求的确定、诉讼资料和证据的搜集和证明主要由当事人负责。(2)法官在诉讼中处于消极和顺应的地位,对当事人的主张和诉讼行为不作干预,也不能主动进行证据调查和调解。(3)在庭审程序方面,充分发挥当事人之间的对抗作用,通过对抗性的交叉质证、法庭辩论和证人制度等,发现事实、判断事实。(4)陪审制,它以陪审团作为事实的判断者,法官的作用在于指导陪审团并适用法律,由此形成系统的证据规则。当事人主义程序具有程序的高度对抗性和法官的中立性、消极性特点,以此保障程序公正,并较好地解决了法官和当事人之间的责任分担问题。职权主义是指法院在诉讼程序中拥有主导权,主要包括两方面内容:一是职权进行主义,法院在民事诉讼程序的进行中具有高度集中的指挥权;二是职权探究主义,法院拥有收集调查诉讼资料和证据的权力,可以进行职权调查。职权主义民事诉讼程序的进行依靠法院的指挥和推动,法官根据自由心证原则负责事实判断和法律适用,减少了当事人对抗和陪审团环节,具有成本较低、诉讼效率相对高的优势。我国改革开放前的民事诉讼程序以简便、非职业化、职权主义和注重调解为特征,如今仍进行中的民事诉讼改革开始借鉴英美当事人主义的某些做法,重视当事人的平等诉讼权与自由处分权的实现,并强调贯彻"调解优先、调判结合"的民事诉讼原则,除了通常存在的二审终审制外,还存在一审终审的简易程序以及特别程序、审判监督程序、督促程序、公示催告程序和企业法人破产还债程序等。

(二)刑事诉讼程序的模式

就刑事诉讼程序而言,当今世界也形成了英美法系当事人主义诉讼程序或对抗制和大陆法系职权主义诉讼模式,其中前者源于欧洲封建时期的陪审制和弹劾主义诉讼,它强调双方当事人在诉讼中的主体地位和对抗性,通过当事人双方在诉讼中积极主动、相互对抗的诉讼行为,查明案件事实,促进案件的处理,法院原则上不主动行使调查权,不对当事人双方和证人主动究问,只起居间公断的作用,诉讼程序一般不把警察侦查活动纳入其中而开始于逮捕或传讯犯罪嫌疑人,审级制度一般实行二审终审或三审终审制,原则上采用陪审团制;后者注重发挥侦查机关、检察机关和法院在刑事诉讼中的职权作用,特别是法官在审判中的职权作用,法官可以主动询问当事人和证人进行法庭调查,并指挥双方当事人的诉讼行为,警察机关、检察机关及其他有侦查权的官员依职权主动追诉犯罪,特别是检察官承担法定的公诉职责,存在公诉前的预审程序,在审级上通常采取三审终审制,其中第三审为法律审。我国如今的刑事诉讼程序采用职权原则,由公检法分工行使刑事诉讼权,其中公安机关负责刑事案件的侦查、拘留、执行逮捕和预审,检察机关负责检察、批准逮捕、对检察机关直接受理案件的侦查和提起公诉,人民法院负责审判;一般实行二审终审制,并存在死刑复核程序、审判监督程序、涉外刑事案件审理程序和执行程序等。

(三)行政诉讼程序的模式

就行政诉讼程序而言,世界各国大体可以划分为三种模式:一是双轨制,即行政诉讼独立模式,如法国、德国和英国,建立了独立和专门的行政法院或法庭(裁判所)负责审理行政诉讼案件,行政法院一般存在独立的行政诉讼程序,法德仍坚持职权主义诉讼原则;二是单轨制,即不单独设立行政法院和行政诉讼程序,而由普通法院采用民事诉讼程序审理行政诉讼案件,如美国的司法复审,并沿用当事人主义诉讼原则;三是混合制,一般由普通法院审理行政诉讼案件,存在特定的行政案件审判组织和诉讼程序,如日本和我国。我国的行政诉讼存在行政复议前置原则,有些案件必须经过行政复议方可提起行政诉讼;坚持审查具体行政下的合法性原则,抽象行政行为如行政立法行为被排除在行政诉讼受案范围之外;行政诉讼不影响行政行为的生效和执行,如今开始尝试引入调解程序。

三、"诉讼爆炸"与司法的社会化

在近现代法治国家,诉讼和审判作为公民权利实现的最终和最重要的手段,在制度和理念上始终受到高度重视。20世纪后半叶以来,西方社会中司法的社会功能不断扩大,司法机关在社会生活中的地位进一步提高。与此同时,审判机制面对日益增长的诉讼开始显得力不从心,诉讼的高成本和延迟成为世界性的问题,许多国家都试图通过诉讼程序的改革来适应这种发展。然而,诉讼程序的改革虽然在一定程度上可能缓解司法机关的压力,却无法从根本上抑制诉讼的激增,而且,如果仅仅通过程序改革使诉讼变得低廉、迅速,那么由此可能"激发更多的诉讼"的两难困境也是不得不认真对待的。在这方面,可以说美国已成为前车之鉴,而"诉讼爆炸"也已成为使法社会学家和国民深感忧虑的社会问题。"之所以称之为爆炸,不仅是因为诉讼数量多、能量大,已超过了民事诉讼制度的负荷,还因为诉讼及其运作机制已对这个国家的社会生活产生了如此深刻的影响,以至于诉讼竟成为美国社会的一个象征。"[1]美国式诉讼爆炸是典型的,却并不是绝无仅有的现象,在其他国家特别是西方发达国家也不同程度地存在。

范愉教授根据美国学者奥尔森的法社会学分析,指出了美国引发"诉讼爆炸"的三方面原因:一是美国人的好讼法律传统。奥尔森以统计数字说明美国的诉讼在社会生活中的地位居发达国家之最,如1987年美国国民人均律师人数几乎是英国的3倍,就人均案件数而言,美国的侵权诉讼至少高出英国10倍;医疗失误诉讼高出30至40倍;而产品责任诉讼则高出近100倍;美国花在人身伤害诉讼上的费用相当于其他主要发达国家的5倍,这一差距不是在缩小而是在继续扩大,在过去的60年间的人身伤害诉讼的成本由于通货膨胀上升了14倍,而此间美国经济规模实际仅增长了3倍。二是诉讼社会功能的扩大和法学领域对权利主张的过度支持。早期的美国普通法传统把诉讼视为一种恶,最多是一种必需的恶,而老一辈的立法者和法官也倾向于承认诉讼是一种浪费,因而倾向于对诉讼的限制。但是从另一个角度看,诉讼似乎有其积

---

[1] 范愉:《诉讼的价值、运行机制与社会效应——读奥尔森的〈诉讼爆炸〉》,载《北大法律评论》(1998)第1卷第1辑,第159页。

极的一面,诉讼的成功可以给起诉者带来某些利益,如金钱和某些权益等,所以它可能被视为一种社会福利工程的实现方式,一些人通过诉讼可能满足自己的部分需要,或者通过诉讼,法院可以禁止某些行为。奥尔森指出,到了20世纪70年代,法学院中关于诉讼的时代思潮开始转变。先是表面上的中立,继而转向对诉讼的赞赏和支持。诉讼越来越多地被描述为"权利的主张",这一进程到1977年达到了顶点,那一年联邦最高法院以5对4票决定正式承认不再将诉讼视为恶的新观念。三是在制度的变革方面,对诉讼率发生最直接影响的是美国民事诉讼程序规则的一系列改革,其宗旨在于解除对律师业务的种种管制或约束,奥尔森称"这种尝试成为一种灾难,是一种彻头彻尾的失败",是诉讼爆炸的根本诱因。1938年的《美国联邦法院民事诉讼规则》统一了联邦法院民事诉讼程序,简化了诉讼形式,并确立了证据开示制度。之后,特别是60至70年代,对这些规则又进行了一系列失败的改革:传统诉答制度的许多重要原则被彻底遗弃了,这让律师在没有确信案件事实、没有考虑好法律争点时就直接开始诉讼,这样就使他们可能并鼓励其提出更多的诉讼;对管辖权的严格限制被逐步取消,选择诉讼地成为律师扩大责任、任意发动诉讼以及各州利用诉讼增加地方收入的手段,也成为诉讼当事人负担增加和诉讼延迟的原因之一;证据开示制度的设立特别是1970年的修改,构成了对当事人隐私和企业秘密的严重侵害,而律师对证据开示的滥用已成为当今美国民事诉讼中最棘手的问题之一。尽管这一系列改革是否达到了其最初的目标尚存疑问,但它们在解除对诉讼当事人及律师业务的管制或约束方面却卓有成效,特别是直接促成了以律师为核心的诉讼产业的蓬勃发展。奥尔森认为,律师及诉讼产业是诉讼爆炸的原因及抑制诉讼的关键。范愉教授最后指出,美国的诉讼爆炸对我国的启示就是诉讼决非良药,好讼的恶果将是对整个社会的腐蚀,在大力弘扬权利意识的时候,不应将诉讼率作为衡量法律意识、甚至现代化的尺度。同时美国的诉讼爆炸也对我国司法改革提出了慎用自由裁量权的警戒。诉讼适度地实现社会分流,法院更多地引入社会力量解决纠纷,不失为解决诉讼爆炸的基本途径。事实上,20世纪后半叶出现的司法社会化现象,以及非诉讼纠纷解决机制的滥觞,正是顺应了"诉讼爆炸"所反映的诉讼中心主义纠纷解决格局进行必要改革的时代潮流。

　　司法社会化的出现缘于司法功能的转变和扩大,即由传统的法律适用与审判解决功能转向广泛的公共决策和纠纷解决功能,而及时回应当代社会多元化的纠纷解决需求并实现司法功能的社会分流也逐渐成为普遍的司法现象和事实。当今世界各国司法社会化的主要表现包括:第一,法院的纠纷解决功能向社会、民间机构和非诉讼程序(ADR)分流;第二,部分司法机构出现私有化现象,即将一部分传统上由国家严格控制管理的司法机构向社会开放,允许私人经营管理,如私营监狱;第三,私营警察和私人侦探机构等新的服务业出现,这些行业适应社会主体的需要,填补法律服务市场的短缺,为当事人提供法律服务,它们虽然不拥有传统的司法权,但却实际地分流或承担了司法机关的部分职能,如调查取证。① 这些司法社会化现象直接体现了传统司法机关的功能危机与社会分流,是对现实社会多元化法律需求的司法回应,它为我们运用社会学方法研究司法现象提供了客观的社会研究基础。此外,还有一类司法社会化现象也值得我们高度关注,那就是法律人在司法实务中越来越多地关注和吸收社会科学的经验材料和方法论成果,用来界定具体案件事实,支持法规范依据,强化法律决定的法律效果和社会效果,此类可归为"司法中的社会学介入"。总之,司法社会化是司法供应与社会需求不相协调的表现,有其积极的法律意义和社会意义,这有助于我们深刻反思传统的法治与司法功能,破除法律中心主义和诉讼主导的纠纷解决机制迷雾,大力推进司法的社会化改革,着力发展多元化的诉讼替代性纠纷解决方式,并通过加强诉讼与非诉讼程序衔接的制度化法律化建设,来规范和调节司法社会化过程中出现的司法问题和法治难题。

第二节 调解与仲裁程序概说

一、调解

(一)调解的界定与类型

调解(mediation, conciliation),它是在第三方协助下进行的、当事人自主协商性的纠纷解决活动。首先,调解强调第三方的参与(与审判和仲裁相似),有别于当事人之间的谈判与和解活动。第二,调解以当事人的自愿为前提,调解的达成与生效都需要当事人的合意,但没有仲裁和审判那般的国家强制性。就权威性的强弱而言,审判具有最高的权威性,它的判决代表国家,具有直接

---

① 范愉:《司法制度概论》,中国人民大学出版社2003年版,第45页。

的法律效力;对其他纠纷解决的方式,如调解和仲裁,当事人可以向法院提出申诉,法院可以宣布它们无效。仲裁的权威性不如审判,仲裁机关隶属于行政机关或民间组织,它的管辖依赖于当事人双方事前或事后的一致选择;而法院的管辖只需一方提起诉讼,另一方必须应诉;法院在审判中应遵循回避原则,但仲裁则要求有当事人方的利益代表参加。调解的权威性最低,调解人需是当事人双方信任的第三方,目的是促成双方的和解。当然,现代调解逐渐渗透到仲裁和审判中,形成了法院调解和仲裁调解,并具有直接的法律效力。按照调解人的性质和身份不同,调解可分为:

1. 民间调解

民间调解既包括民间组织自发成立的,也包括政府或司法机关组织或援助的调解机构进行的调解,如我国的人民调解。这类调解在纠纷解决中具有介入早、中立第三方与当事人之间有特定联系等特点,整个过程往往不需要任何费用或收费低廉,在解决日常民间纠纷中具有不可替代的优势。

2. 行政调解

行政调解既包括专门设立的行政性非诉讼程序,也包括行政机关附带性的纠纷解决。由于法律没有赋予行政机关作出裁决的权力,行政机关只能主持调解,促成当事人达成协议。如公安派出所在处理治安案件中对民事赔偿部分和婚姻与家事纠纷的调解等。此类调解不需要收费,具有国家权威的优势。

3. 律师调解

就功能和形式而言,律师调解可以分为两类:一是单向法律咨询,律师通过向一方当事人提供法律意见、评估预测判决结果,分析诉讼的利弊,使当事人考虑是否进行诉讼、能否达成诉前和解;二是作为中立调解人进行双向调解。近年来出现的社区法律服务所也属此类。律师调解一般不包括代理调解,即律师作为代理人代表当事人参与调解。

4. 法院调解

法院调解可分为两类:(1)法院附设的诉讼前调解,如日本的调停、我国台湾的调解、美国的法院附设调解等。(2)诉讼中的法官调解,我国的法院调解属于此类。它是在诉讼过程中由本案主审法官或审判组织组织的调解,可以作为结案方式替代判决。如我国现行民事诉讼法第9条规定:"人民法院审理民事案件,应当根据自愿和合法的原则进行调解;调解不成的,应当及时判决。"特别是离婚案件在判决前应进行调解。

(二)调解的制度设计

1. 日本的调停制度

日本近现代调停制度的建立和发展始于系列调停法,如 1922 年的《借地借家调停法》、1926 年的《商事调停法》和《劳动争议调停法》、1951 年统一的《民事调停法》等。日本的调停制度大致分为民事调停和家事调停两大类,分别由《民事调停法》、《民事调停规则》和《家事审判法》、《家事审判规则》调整,性质上属于法院调解。

(1)民事调停:在简易裁判所进行,由法院组成调停委员会,其中法官担任主任,其他委员为法院任命的、具有相关专业知识和经验的非专职人员。调停程序通常由当事人的申请开始,当事人提起诉讼后,法院也可依据职权对认为需要调停的案件实施调停。当事人在调停中达成合意作成调停笔录,与诉讼和解具有同等效力。如当事人不能达成调停合意,则由法院衡平后作出决定,当事人不服决定的可上诉。日本民事调停适用于除了家事事件和劳动事件以外的所有民事纠纷,并对房地产、农事、商事、矿业、交通事故、公害等纠纷采用特别程序。

(2)家事调停:由家庭裁判所管辖。《家事审判法》第 18 条规定:"提起诉讼的当事人,在诉讼开始前,必须经过家庭裁判所的调停。""如果当事人在提起诉讼时没有申请调停,地方裁判所可以依职权将该诉讼转付家庭裁判所先行调停。"即所谓的"调停前置主义"。家事调停的对象,依程序分为三类:乙类事件、人事诉讼事件(第 23 条事件)和民事诉讼事件(第 24 条事件)。① 其中,乙类事件是指可依当事人的合意,至少是当事人可以自主解决的纠纷事件。包括:其一,与夫妻关系有关的夫妻同居、夫妻间的协助、婚姻费用的分担、离婚财产分配、夫妻财产契约管理人的变更及夫妻共有财产的分配、指定祭祀财产的继承;其二,与父母子女及亲属关系有关的亲权人的指定和变更、子女监护人的指定、变更、抚养费的请求等;其三,与抚(扶)养有关的扶养请求、扶养义务人的指定、扶养顺序的确定、抚(扶)养费的增加的请求;其四,与继承有关的遗产分割、(生前)推定继承人的废除、取消等。《家事审判法》第 20 条规定,对于乙类事件,家庭裁判所可以在任何时候依照职权进行调解。人事诉讼事件是指:与夫妻关系有关的婚姻无效、取消,涉外婚姻无效,协议离婚无效、取消;以及与子女亲属关系有关的嫡生子女的否认,确认亲子关系的存否,涉外

---

① 李青:《中日"家事调停"的比较研究》,载《比较法研究》2003 年第 1 期。

亲子关系不存在的确认、认知、认知无效、取消、收养关系无效、取消、协议离缘无效、取消、父亲的确定等。民事诉讼事件则专指人事诉讼中的离婚和离缘及民事诉讼事件中与家庭有关的事件或纠纷。家事调停在家庭裁判所进行,调停程序一般依当事人向家庭裁判所提出的调停申请而开始,调停申请可以是书面的,也可以口头的,管辖机构或为被告人所在地的家庭裁判所,或由双方合意而定,对无管辖权的家庭裁判所的调停申请,原则上移送有管辖权的家庭裁判所受理。调停委员会的决议由组成人员的 1/2 以上意见通过。当意见各占半数时,由家事审判官定夺。调停成立时,裁判所制作的调解书与确定判决具有同等法律效力;调停不成立时,或转入家事审判程序,或转入地方裁判所的人事诉讼程序。家事调停是非公开的,调停委员会的决议也是秘密的,如果调停委员或作为调停委员的人无正当理由泄露了评议的过程和意见,根据法律规定,将被处以 10 万日元以下罚金。调停委员会原则上由"一名审判官和两名以上的调停委员"组成(《家事审判法》第 3 条)。

2. 美国的法院附设调解与小型审判

(1)法院附设调解:美国法院的附设调解可由当事人申请,也可由法院指定进行,通常包括以下步骤:首先,调解员使双方对程序事项达成一致;其次,双方当事人交换基本观点;再次,如双方当事人同意采取会议式程序进行,则调解员以秘密会议的方式与各方会见,并寻找解决方法;复次,如双方当事人的意见缩小差距,调解员则带着双方的要约和反要约往返于双方之间,或者双方当事人重新坐在一起交换意见;最后,如双方当事人同意解决草案,经过细节性的确认后签定调解协议。美国法院的附设调解程序最著名的就是比喻为"丝绒锤"的"密歇根式调解"。法院备有调解员名单,双方当事人各选一名调解员,再由两名调解员另选一名作为中立调解人。双方必须在规定的期限内送交有关材料,在调解日必须出席。调解员在听证程序后 10 日内作出书面决定,而双方当事人在收到决定后的 20 日内必须作出接受或拒绝的表示。如双方同意接受决定,则由法院备案或作出裁决,产生法律效力;如一方拒绝该决定,即进入诉讼程序,并将调解决定密封保存,如法院判决与调解决定之差额不超过 10%(被告)或 50%(原告),则拒绝接受调解决定的一方需要向对方支付诉讼费,以示惩罚。

(2)小型审判:美国小型审判(Mini Trial)不是严格意义上的审判,而是一种综合谈判交涉、中立评价、调解和裁判等程序而构成的制度性和解程序,属于典型的"混合性"ADR。该模式最初是作为处理企业间纠纷的程序而设计的,主要为民间团体和政府机关所利用,美国仲裁协会还制定了《小型审判程序》,后来法院也用来作为附设的 ADR 程序。小型审判由当事人选任的中立建议者主持,多由退休法官或资深法庭律师担任。双方当事人一般由企业法人代表或有决定权的企业主管参加。双方首先达成该程序的合意,并根据确定的规则准备文件和争点;在审理期日,双方律师进行简要的辩论;之后,当事人之间自行进行和解谈判,寻找解决途径;如谈判出现问题,中立建议者可以向当事人提供意见,分析和预测法院判决结果。整个调解过程不公开,并规定了和解的最后期限。如当事人在固定期限内达成和解,则将和解内容写进法院判决书,发生法律效力;如当事人不能达成和解,则可诉诸正常诉讼程序。

此外,美国的调解机构还包括行政机关附设的调解组织,如解决劳动争议的美国联邦调解和调停服务机构(Federal Mediation and Conciliation Service);以及民间调解组织,如邻里调解(Neighborhood Conciliation)等。

3. 我国的人民调解制度

我国存在关于调解的深厚文化底蕴。孔子在《论语·颜渊》中说:"听讼,吾犹人也,必也使无讼乎。"调解正满足了统治者"无讼"、"息讼"的理想。中国历史就存在民间调解和官府调解相结合的多元化解决机制。其中,民间调解包括:一是民间自行调解"私和",通常由有威望的长辈、贤士等出面斡旋调解;二是乡治调解,如宋代的"保甲长"、元代的"社长"(50 户为一社)、明代的"里长"(110 为一里)等都有调解的职责,《大明律集解附例》载"凡民间应有词状,许乡老里长准受于本亭剖理";三是宗族调解。官府调解,地方官以刑讯为威胁,以道德教化和晓以利害为手段,以和解协议为手段,尽可能地劝诱甚至强迫当事人达成和解。我国近代调解孕育于第一次国内革命战争时期的农民运动,如广东海丰农会的"仲裁部"、湖南农村乡民大会选举产生的"公断处"等。抗战和解放战争时期的革命根据地颁布了大量的调解法规,如 1943 年陕甘宁边区颁布的《陕甘宁边区民刑事案件调解条例》、1949 年华北人民政府颁布的《关于调解民间纠纷的决定》等,直接影响了新中国的人民调解制度。1954 年 2 月,政务院颁布《人民调解委员会暂行组织通则》规定"人民调解委员会"为群众性的调解组织。1954 年 12 月公布的《城市居民委员会组织条例》规定居民委员会设立人民调解委员会,该条款也写入了 1982 年宪法。1982 年《民事诉讼法(试行)》确认了人民调解的法律地位。2002 年 9 月,最高人民法院通过《关于审理涉及人民调解协议民事案件的若干规定》,以司法解释的形式明确了人民调解协议的性质和效力;同时,司法部发布《人民调解工作若干规定》,对人民调解委员会的工作范围、组织形式、调解程序等作了具体规定。《城市居民委员会组织法》和《农村居民委员会组织法》以及 2007 年 12 月通过的《劳动争议调解仲裁法》都确认了人民调解的法律地位。2010年8月,第十一届全国人大常委会第16次会议通过《人民调解法》,对人民调解委员会的性质、组成、程序和法律效力等问题作出系统规定,该法已于2011年月1日生效。

(1)关于人民调解组织的法律地位。1982年宪法第111条规定:城市和农村按居民居住地区设立的居民委员会或者村民委员会是基层群众性自治组织。居民委员会、村民委员会的主任、副主任和委员由居民选举。居民委员会、村民委员会同基层政权的相互关系由法律规定。居民委员会、村民委员会设人民调解、治安保卫、公共卫生等委员会,办理本居住地区的公共事务和公益事业,调解民间纠纷,协助维护社会治安,并且向人民政府反映群众的意见、要求和提出建议。此外,《宪法》并未对村居委组织之外的调解组织作出规定。根据这一规定,人民调解组织是建立于基层群众性自治组织村居委会中的附属性纠纷解决机制。《村民委员会组织法》和《居民委员会组织法》也都有相同内容的规定。而2011年1月1日生效的《人民调解法》第7条规定,人民调解委员会是依法设立的调解民间纠纷的群众性组织;同时第8条还规定,村民委员会、居民委员会设立调解委员会,企业事业单位根据需要设立人民调解委员会;而第34条还规定,乡镇、街道以及社会团体或者其他组织根据需要可以参照本法有关规定设立人民调解委员会,调解民间纠纷。因此,该法实际上将人民调解组织从《宪法》规定的自治组织内扩展到了其他基层"单位"(企事业、社会团体和行政机关等),并且发展出跨地域、跨行业性的联合调解委员会和集贸市场调解委员会,它在事实上也努力将其扩展为一种超越地域性、自治性组织的独立的解纷制度。

(2)关于人民调解组织的本原功能。① 一是社会治理和政治功能。人民调解依托于村居委会组织,具有群众性和自治性,属于社会治理系统的一个基本环节。基层自治组织在实现自我管理功能的同时,还承担着一些重要的政治、行政及意识形态功能,包括代表国家对基层民众进行组织、管理和教育(包括普法)等。可以说,在我国,人民调解是社会治理的一种不可或缺的手段。尽管今后在发展中,基层社会结构会不断变化,但只要自治性组织或社区共同体存在,依托于基层社会组织的民间调解就必然有其存在的理由,并承担着这

---

① 参见范愉:《纠纷解决的理论与实践》,清华大学出版社2007年版,第470~472页。

方面的功能。二是传承文化、道德和社会组织（自治）功能。调解在解决纠纷中，不仅依据法律与政策，而且大量依据公共道德、习俗、情理等社会规范。基层调解及其对社会规范的适用，实际上起着传承与维系传统文化以及"和为贵"和礼义伦常等价值观、维护公共道德和公共利益、培养社区凝聚力及和谐人际关系的功能。在经历了"文化大革命"之后，传统文化在社会中的影响日益衰落，道德失范成为当代社会的切肤之痛。然而，由于在社会治理中越来越依赖国家权力和法律强制，调解在文化方面的功能似乎已经被淡忘或忽视。因此，在民族精神和文化、道德的复兴以及社会共同体的重建中，应该重申人民调解所具有的这一功能，并以此推动社区建设。人民调解的地域性和依附于社会共同体的特点，作为社会自治与基层民主的基本要素，可能孕育积极的社会力量和重要社会价值。三是纠纷解决功能。相对于政治与文化方面的功能而言，纠纷解决是人民调解制度最基本和最重要的实际功能。在基层社区，调解作为一种具有平等、自愿、参与、自主选择和灵活便利经济的纠纷解决方式，永远具有不可替代的魅力，在当代法治社会中，调解的价值则进一步得到了提升。实际上，上述三种功能不可分割地并存于人民调解制度及其实践中。人民调解就其原有的制度设计、性质及功能而言，属于一种以地域（社区）组织为依托的纠纷解决方式，其社会治理和文化功能既依附于纠纷解决功能，又蕴涵于具体的纠纷解决过程之外，体现在维持社区的凝聚力及和谐度，预防和减少纠纷、降低纠纷的对抗程度、避免纠纷的升级激化等方面。这些功能一方面承载于调解组织及人员的日常工作和具体的纠纷解决实践中，另一方面，依托社区或地域组织（包括乡土社会的村落和现代的小区等形式）、通过属地加属人管理的方式得以实现。在这个意义上，不应将人民调解仅仅视为一种单纯的纠纷解决机制；村一级调解组织和人员往往并不是独立（也不宜独立）于村委会或党支部，作为村治的组成部分，与治保、管理与协调等多方面的自治性功能不可分割。正因为如此，人民调解才有可能起到防范、预警和早期直接主动介入的作用，而这些功能都与一般民事纠纷解决机制不告不理的基本原理和程序相悖。然而，纠纷解决功能又是可以独立于特定组织或形式而存在和运作的。在现代社会，调解作为一种基本解纷方式，可以超越地域的限制，依托于多种机构或制度——既可以根据性质和主体的不同区分为司法、行政和民间调解；又可以根据纠纷的类型及特殊性分为不同的专门性解决机制，如劳动争议、环境纠纷、家事纠纷、交通事故纠纷、医疗纠纷等。随着社会的发展，调解的组织形式和作用方式也必然趋向多元化。

当然，除了人民调解外，我国的调解制度还包括法院的诉讼调解、委托调解和协助调解等形式。近年来,人民调解与司法诉讼的关系越来越紧密,出现了诉调对接的诸多机制创新,而人民调解也越来越向"大调解"的方向发展。

二、仲裁

(一)仲裁的界定与分类

1. 仲裁的界定

仲裁(arbitration)作为古老的纠纷解决方式,早在古希腊神话就有所反映。广为流传的神话故事就是帕黎斯就三个女神中最美丽的一位作出裁断。古巴比伦时代,根据犹太人记载的故事,犹太人社区发生的纠纷是通过他们自行进行的审判程序予以决定。古罗马时期的《十二铜表法》已有成文规定,如第7表"土地权利法"第5条规定:"当发生境界争执时,我们得请三个仲裁者参加,进行划界"。近现代以来,仲裁作为处理国际贸易和商事纠纷的惯用方法占有重要地位,并逐渐发展成为ADR的基本形式之一。1347年,英国法有了仲裁的规定。14世纪中叶,瑞典确认仲裁为解决民商事纠纷的有效制度。1697年,英国颁布关于仲裁的第一个法案,并于1889年制定第一部仲裁法。1790年,法国国民会议确定仲裁为解决国民争议的最合理方法,并在1880年《法院组织法》就仲裁作出法律规定。美国最高法院于1854年认可仲裁决议的拘束力,美国国会于1925年颁布《联邦仲裁法》确认仲裁为解决国内民商事纠纷的基本法律制度。仲裁是根据当事人的合意(仲裁契约),把基于一定的法律关系而发生或将来可能发生的纠纷的处理,委托给法院以外的第三方进行裁决的纠纷解决方法或制度。仲裁的特征[①]:(1)一般以当事人事先达成的仲裁协议为前提;特殊情况也可根据法律规定进行,如劳动争议仲裁。(2)裁决具有终局约束力。当事人一旦同意通过仲裁解决纠纷,就不得拒绝仲裁;裁决为终局裁决,具有法律效力。(3)实体规范和程序适用的灵活性。仲裁适合于特定专业领域的纠纷裁决,而仲裁员一般为各专业领域的专家。仲裁程序不公开,方便快捷,费用低廉等。

2. 仲裁的分类

(1)按照适用规范和管辖权不同,可以分为国内仲裁和国际仲裁。国内仲

[①] 也有学者将仲裁的特征概括为自愿性、专业性、灵活性、保密性、快捷性、经济性和独立性等七大方面,更详细地展示了仲裁相对于诉讼和调解的优势所在。参见江伟:《仲裁法》,中国人民大学出版社2009年版,第13~16页。

裁受国内法管辖,适用于国内民商事纠纷的裁断;国际仲裁涉及国家间关系和国际法规范,通常按照国际惯例运作。

(2)按照案件性质和仲裁机关不同,可以分为:民间仲裁,仲裁机关为民间组织,处理普通的民商事纠纷,如我国各地仲裁委员会的仲裁;行政仲裁,仲裁机关为行政机关或其附设机构,处理经济法和劳动法等社会法领域的纠纷,如我国改革开放前隶属于国家工商行政管理局的经济合同仲裁委员会进行的经济合同纠纷仲裁和如今各地的劳动争议仲裁;司法仲裁,仲裁机关为普通法院(仲裁仅为其附设职能,如美国的法院附设仲裁)或者专门的仲裁法院(采用特定的司法仲裁程序,如俄罗斯联邦仲裁法院)。

(二)仲裁的制度设计

1. 美国的仲裁体制

作为 ADR 的典型代表,美国仲裁也呈现多元化特点:

(1)作为民间仲裁机构的美国仲裁协会(American Arbitration Association,AAA):1768 年,美国纽约商会创立仲裁庭以替代传统的司法诉讼。1926 年,美国仲裁协会社团和美国仲裁基金会在纽约合并成立美国仲裁协会,逐渐发展成为国内外有重大影响的公益性仲裁机构,它主要通过仲裁、调解、协商和民主选择等方式解决各种民商事争议,受案范围涉及国际经贸纠纷、劳动争议、消费者争议、证券纠纷等诸多领域,制定有《国际仲裁规则》、《商事仲裁规则》、《专利仲裁规则》等程序规则。协会的仲裁员来自世界各地,当事人也可以在仲裁员名册之外指定仲裁员。在没有约定的情况下,所有案件只有一名仲裁员,即独任仲裁员。但如果仲裁协会认为该案件争议复杂时,可决定由三名仲裁员组成仲裁庭。美国仲裁协会支持法院使用 ADR 方式,主要是通过律师组成仲裁庭对争议问题进行公平评估,而有些法官退休后也成为调解仲裁员。

(2)法院附设仲裁:1951 年,宾夕法尼亚州根据立法决定将一定数额以下的案件由法院强制性地付诸仲裁处理,此为法院附设仲裁的开始。20 世纪 80 年代以来,联邦法院进行附设仲裁的试点。这种仲裁不同于传统意义的仲裁,它是作为强制性的诉讼前置程序而存在的,裁决不具有终局性,它的存在在于简化审判程序,尽快解决纠纷。法院附设仲裁的基本程序:当事人在审前达成书面协议,认可仲裁庭的裁决为终局裁决,并由法庭发布裁决书;当事人从法院提供的仲裁员名单中选任仲裁员;双方必须在审理前提交有关事实和法律方面的材料,否则面临处罚;双方必须参加仲裁庭审理;仲裁员审理结束后宣布裁决,报告法院,由法院秘书将裁决送达当事人;当事人任何一方在仲裁裁决后的30日内可以向联邦地区法院起诉,但裁决书一旦公布就不得起诉。

此外,美国还存在调解—仲裁的混合程序,即第三人既可以作为中立调解人,也可以作为仲裁员;一旦调解失败,即进入仲裁程序,这结合了调解和仲裁的优点,有利于降低诉讼率。

2. 俄罗斯的仲裁法院

仲裁法院(арбитражный суд)是具有俄罗斯特色的仲裁司法制度,属于法定的国家司法机关,对经济纠纷案件及与经营性活动和经济活动有关的其他案件拥有管辖权。它由四个审级即俄罗斯联邦最高仲裁法院、10个联邦大区仲裁法院、20个复审仲裁法院和81个联邦主体仲裁法院组成,实行三审终审制。俄罗斯联邦仲裁法院受1992年联邦宪法、1996年联邦法院体系法、1995年《仲裁法院法》和2002年《仲裁程序法典》调整。在司法程序上,联邦仲裁法院视不同的案件采用不同的诉讼程序;对于涉及民事法律关系的经济纠纷,通过一般诉讼程序审理;对于涉及行政法律关系和其他公共性质法律关系的经济纠纷,则通过行政诉讼程序受理,这种性质的经济纠纷主要由于社会组织和公民从事经营性活动和其他经济活动产生;可通过特别诉讼程序审理事实确认案件,事实指对组织和公民在经营性和其他经济活动的权力的产生、变更和终止均有法律意义的事实。此外,联邦仲裁法院对仲裁庭裁决提出异议和对仲裁庭裁决颁发执行令的案件和对承认和执行外国法院判决和外国仲裁裁决的案件具有管辖权。联邦仲裁法院对下列案件具有专属管辖权:破产案件;组织设立、改组和解散纠纷;对法人和个体经营者拒绝国家登记或者拖延登记的案件;股份公司与股东之间以及其他形式公司出资人之间在公司活动中产生的纠纷,劳资纠纷除外;关于保护经营性和其他经济活动中的商业信誉的纠纷等。俄罗斯联邦最高仲裁法院除具有上诉审和终审的司法管辖权外,对下列案件具有初审管辖权:对俄罗斯联邦总统、俄罗斯联邦政府、执行权力联邦机关涉及申请人在经营性和其他经济活动的权力和合法权益的规范性文件提出异议的案件;对俄罗斯联邦总统、俄罗斯联邦会议联邦委员会和国家杜马、俄罗斯联邦政府不符合法律且涉及申请人在经营性和其他经济活动中的权利和合法权益的非规范性文件提出的异议;俄罗斯联邦与俄罗斯联邦主体之间以及俄罗斯联邦主体之间的经济纠纷。

3. 中国的仲裁制度

仲裁在我国传统上称为公断。我国现代意义的仲裁可追溯到1912年北洋政府司法、工商两部颁布的《商事公断处章程》及同年9月颁订的《商事公断处办事细则》。1921年颁布的《民事公断暂行条例》规定仲裁可以适用于一般的民事争议。1930年,国民政府颁布《劳动争议处理法》规定的劳动仲裁程序适用于雇主与工人团体或15名以上工人之间发生的纠纷。1933年江西革命根据地颁布的《中华苏维埃共和国劳动法》也有仲裁的规定。1943年4月9日,晋察冀边区行政委员会颁布《关于仲裁委员会工作指示》对仲裁机构的组织、任务和权限作了明确规定。1949年后,我国大陆建立涉外与国内两套仲裁制度。其中,涉外仲裁开始于50年代中期,政务院于1954年通过《关于在中国国际贸易促进委员会内设立对外贸易仲裁委员会的决定》;1956年正式设立对外贸易仲裁委员会并制定了《对外贸易仲裁委员会仲裁程序章程暂行规定》;1959年正式成立海事仲裁委员会,制定相应的海事仲裁规则。我国的涉外仲裁一直遵循国际通行的民间仲裁、自愿仲裁和一裁终局的原则。但是,我国国内仲裁的发展要曲折得多。计划经济时代的仲裁实质上是一种行政裁决程序。改革开放以后,我国民间仲裁与行政仲裁都得到发展。1981年颁布的《经济合同法》规定经济合同发生纠纷时,当事人协商不成的,可向国家规定的合同管理机关申请调解或仲裁,也可以向人民法院起诉。1983年,国务院颁布《经济合同仲裁条例》,统一仲裁机构的设立和程序规范,改以前的二级仲裁为一级仲裁,不服仲裁裁决的可向人民法院起诉。1995年9月1日,《仲裁法》的生效标志着我国开始建立统一的经济仲裁制度,而涉及劳动争议、人事争议和农业集体经济组织内部的农村土地承包经营合同纠纷的仲裁则另行规定。2007年10月1日,中共中央组织部、人事部和中国人民解放军总政治部联合颁发《人事争议处理规定》生效。2008年5月1日,《劳动争议调解仲裁法》生效。2010年1月1日,《农村土地承包经营纠纷调解仲裁法》生效。总之,我国如今已发展起普通民事仲裁制度与包括劳动争议仲裁、人事争议仲裁和农村土地仲裁在内的特别仲裁制度相结合的仲裁法律制度。

(1)《仲裁法》与民事仲裁制度

仲裁机构:各类仲裁委员会和仲裁协会具有民间机构的性质,仲裁属于民间性的准司法制度。仲裁委员会在直辖市和省、自治区人民政府所在地的市设立,也可根据需要在其他设区的市设立,不按行政区划层层设立。各仲裁委员会之间没有隶属关系。

仲裁范围:平等主体的公民、法人和其他组织之间发生的合同纠纷和其他财产权益纠纷,可诉诸仲裁;但婚姻、收养、监护、扶养、继承纠纷和依法应当由行政机关处理的行政争议,不可仲裁。

仲裁庭组成:由1名仲裁员独任仲裁或3名仲裁员合议仲裁。审理可公开,也可不公开。

仲裁效力：仲裁实行一裁终局的制度。仲裁裁决作出后，当事人就同一纠纷再申请仲裁或者向人民法院起诉的，仲裁委员会或者人民法院不予受理。

仲裁审查：对于仲裁裁决，当事人可提起司法审查，即当事人举证仲裁裁决存在法律规定的不法事实的，可向仲裁委员会所在地的中级人民法院申请撤销裁决；或者在强制执行过程中，被申请人举证仲裁事项不属于仲裁协议范围或仲裁机构无权仲裁的，经人民法院合议审查，可裁定不予执行。

(2)《劳动争议调解仲裁法》与劳动仲裁制度

劳动仲裁性质：劳动行政部门附设的准司法制度。

劳动仲裁机构：省、自治区人民政府可以决定在市、县设立；直辖市人民政府可以决定在区、县设立。直辖市、设区的市也可以设立一个或者若干个劳动争议仲裁委员会。劳动争议仲裁委员会不按行政区划层层设立。省、自治区、直辖市人民政府劳动行政部门对本行政区域的劳动争议仲裁工作进行指导。劳动争议仲裁委员会由劳动行政部门代表、工会代表和企业方面代表组成。劳动争议仲裁委员会组成人员应当是单数。

劳动仲裁范围：我国境内的用人单位与劳动者发生的下列劳动争议：因确认劳动关系发生的争议；因订立、履行、变更、解除和终止劳动合同发生的争议；因除名、辞退和辞职、离职发生的争议；因工作时间、休息休假、社会保险、福利、培训以及劳动保护发生的争议；因劳动报酬、工伤医疗费、经济补偿或者赔偿金等发生的争议等。

劳动仲裁流程与效力：由1名仲裁员独任仲裁或3名仲裁员合议仲裁。审理可公开，也可不公开。当事人申请劳动争议仲裁后，可以自行和解。达成和解协议的，可以撤回仲裁申请。仲裁庭在作出裁决前，应当先行调解。调解达成协议的，仲裁庭应当制作调解书。调解不成或者调解书送达前，一方当事人反悔的，仲裁庭应当及时作出裁决。下列劳动争议，除本法另有规定的外，仲裁裁决为终局裁决，裁决书自作出之日起发生法律效力：追索劳动报酬、工伤医疗费、经济补偿或者赔偿金，不超过当地月最低工资标准12个月金额的争议；因执行国家的劳动标准在工作时间、休息休假、社会保险等方面发生的争议。劳动者对本法第47条规定的仲裁终局裁决不服的，可以自收到仲裁裁决书之日起15日内向人民法院提起诉讼。当事人对本法第47条规定以外的其他劳动争议案件的仲裁裁决不服的，可以自收到仲裁裁决书之日起15日内向人民法院提起诉讼；期满不起诉的，裁决书发生法律效力。

劳动仲裁审查：用人单位有证据证明本法第47条规定的仲裁裁决有下列情形之一，可以自收到仲裁裁决书之日起30日内向劳动争议仲裁委员会所地的中级人民法院申请撤销裁决：适用法律、法规确有错误的；劳动争议仲裁委员会无管辖权的；违反法定程序的；裁决所根据的证据是伪造的；对方当事人隐瞒了足以影响公正裁决的证据的；仲裁员在仲裁该案时有索贿受贿、徇私舞弊、枉法裁决行为的。人民法院经组成合议庭审查核实裁决有前款规定情形之一的，应当裁定撤销。当事人对发生法律效力的调解书、裁决书，应当依照规定的期限履行；否则，另一当事人可申请人民法院执行。

(3)《人事争议处理规定》与人事仲裁制度

人事仲裁性质：人事行政部门附设的准司法制度。

人事仲裁机构：中央机关及所属事业单位人事争议仲裁委员会设在人事部（人力资源和社会保障部）；省（自治区、直辖市）、副省级市、地（市、州、盟）、县（市、区、旗）设立人事争议仲裁委员会。人事争议仲裁委员会独立办案，相互之间无隶属关系。人事争议仲裁委员会由公务员主管部门代表、聘任（用）单位代表、工会组织代表、受聘人员代表以及人事、法律专家组成；同级人民政府分管人事工作的负责人或者政府人事行政部门的主要负责人任人事争议仲裁委员会主任。

人事仲裁范围：实施公务员法的机关与聘任制公务员之间、参照《中华人民共和国公务员法》管理的机关（单位）与聘任工作人员之间因履行聘任合同发生的争议；事业单位与工作人员之间因解除人事关系、履行聘用合同发生的争议；社团组织与工作人员之间因解除人事关系、履行聘用合同发生的争议；军队聘用单位与文职人员之间因履行聘用合同发生的争议；依照法律、法规规定可以仲裁的其他人事争议。

人事仲裁流程与效力：当事人从知道或应当知道其权利受到侵害之日起60日内，以书面形式向有管辖权的人事争议仲裁委员会申请仲裁。人事争议仲裁委员会在收到仲裁申请书之日起10个工作日内，认为不符合受理条件的，应当书面通知申请人不予受理，并说明理由；认为符合受理条件的，应当受理，将受理通知书送达申请人，将仲裁申请书副本送达被申请人。被申请人应当在收到仲裁申请书副本之日起10个工作日内提交答辩书。被申请人没有按时提交或者不提交答辩书的，不影响仲裁的进行。仲裁庭处理人事争议应注重调解。自受理案件到作出裁决前，都要积极促使当事人双方自愿达成调解协议。当庭调解未达成协议或者仲裁调解书送达前当事人反悔的，仲裁庭应当及时进行仲裁裁决。仲裁庭处理人事争议案件，一般应当在受理案件之日起90日内结案。需要延期的，经人事争议仲裁委员会批准，可以适当延期，但是延长的期限不得超过30日。当事人对仲裁裁决不服的，可以按照《中华人民共和国公务员法》、《中国人民解放军文职人员条例》以及最高人民法院相关司法解释的规定,自收到裁决书之日起15日内向人民法院提起诉讼;逾期不起诉的,裁决书即发生法律效力。对发生法律效力的调解书或者裁决书,当事人必须履行。一方当事人逾期不履行的,另一方当事人可以依照国家有关法律法规和最高人民法院相关司法解释的规定申请人民法院执行。

(4)《农村土地承包经营纠纷调解仲裁法》与土地仲裁制度

土地仲裁性质:土地行政部门附设的准司法制度。仲裁庭依法独立履行职责,不受行政机关、社会团体和个人的干涉。

土地仲裁机构:农村土地承包仲裁委员会可以在县和不设区的市设立,也可以在设区的市或者其市辖区设立。农村土地承包仲裁委员会由当地人民政府及其有关部门代表、有关人民团体代表、农村集体经济组织代表、农民代表和法律、经济等相关专业人员兼任组成,其中农民代表和法律、经济等相关专业人员不得少于组成人员的1/2。

土地仲裁范围:因订立、履行、变更、解除和终止农村土地承包合同发生纠纷的;因农村土地承包经营权转包、出租、互换、转让、入股等流转发生的纠纷;因收回、调整承包发生的纠纷;因确认农村土地承包经营权发生的纠纷;因侵害农村土地承包经营权发生的纠纷;法律、法规规定的其他农村土地承包经营纠纷。因征收集体所有的土地及其补偿发生的纠纷,不属于农村土地承包仲裁委员会的受理范围,可以通过行政复议或者诉讼等方式解决。

土地仲裁流程与效力:农村土地承包经营纠纷仲裁的申请人、被申请人为当事人。家庭承包的,可以由农户代表人参加仲裁。当事人一方人数众多的,可以推选代表人参加仲裁。与案件处理结果有利害关系的,可以申请作为第三人参加仲裁,或者由农村土地承包仲裁委员会通知其参加仲裁。当事人、第三人可以委托代理人参加仲裁。当事人申请仲裁,应当向纠纷涉及的土地所在地的农村土地承包仲裁委员会递交仲裁申请书。农村土地承包仲裁委员会决定受理的,应当自收到仲裁申请之日起5个工作日内,将受理通知书、仲裁规则和仲裁员名册送达申请人;决定不予受理或者终止仲裁程序的,应当自收到仲裁申请或者发现终止仲裁程序情形之日起5个工作日内书面通知申请人,并说明理由。被申请人应当自收到仲裁申请书副本之日起10日内向农村土地承包仲裁委员会提交答辩书。农村土地承包仲裁委员会应当自收到答辩书之日起5个工作日内将答辩书副本送达申请人。被申请人未答辩的,不影响仲裁程序的进行。农村土地承包经营纠纷仲裁应当开庭进行,开庭可以在纠纷涉及的土地所在地的乡(镇)或者村进行,也可以在农村土地承包仲裁委员会所在地进行。当事人双方要求在乡(镇)或者村开庭的,应当在该乡(镇)或者村开庭。当事人在开庭过程中有权发表意见、陈述事实和理由、提供证据、进行质证和辩论。仲裁庭认为有必要收集的证据,可以自行收集;仲裁庭对专门性问题认为需要鉴定的,可以交由当事人约定的鉴定机构鉴定;当事人没有约定的,由仲裁庭指定的鉴定机构鉴定。裁决应当按照多数仲裁员的意见作出,少数仲裁员的不同意见可以记入笔录。仲裁庭不能形成多数意见时,裁决应当按照首席仲裁员的意见作出。农村土地承包仲裁委员会应当在裁决作出之日起3个工作日内将裁决书送达当事人,并告知当事人不服仲裁裁决的起诉权利、期限。仲裁农村土地承包经营纠纷,应当自受理仲裁申请之日起60日内结束;案情复杂需要延长的,经农村土地承包仲裁委员会主任批准可以延长,并书面通知当事人,但延长期限不得超过30日。当事人对发生法律效力的调解书、裁决书,应当依照规定的期限履行。一方当事人逾期不履行的,另一方当事人可以向被申请人住所地或者财产所在地的基层人民法院申请执行。受理申请的人民法院应当依法执行。

仲裁与其他程序的衔接:发生农村土地承包经营纠纷的,当事人可以自行和解,也可以请求村民委员会、乡(镇)人民政府等调解;当事人和解、调解不成或者不愿和解、调解的,可以向农村土地承包仲裁委员会申请仲裁,也可以直接向人民法院起诉。当事人不服仲裁裁决的,可以自收到裁决书之日起30日内向人民法院起诉。逾期不起诉的,裁决书即发生法律效力。

二、调解与仲裁程序的衔接

调解和仲裁都是引入第三方的纠纷解决方式,其决定除了考虑当事人的合意外,还必须考量所处时代和社会居于主流的共同伦理价值。相对于调解程序,仲裁程序更具有刚性,在时间、人力和经费方面的耗费更多更大,仲裁程序规范也日益国家制度化。为了弥补仲裁程序的不足,调解与仲裁的程序衔接首先成为不二的补充选择,从而为当事人的纠纷解决提供了更为便捷的救济渠道。其实,以上关于仲裁制度的比较分析已包含了仲裁与调解的程序衔接内容。大体说来,具有实践价值的调解与仲裁的程序衔接主要存在调解—仲裁和调解与仲裁并行两类结合模式。[①]

(一)调解—仲裁模式

调解—仲裁模式的基本形态是在仲裁流程中设置调解前置程序,如果调

---

① 参见齐树杰:《纠纷解决与和谐社会》,厦门大学出版社2010年版,第59~63页。

解成功,则由仲裁员按照调解协议作出裁决,这种裁决被称为"合意裁决"或"协议裁决";如果调解不成,则转入仲裁程序由仲裁员作出仲裁裁决。这种调解前置程序的优势在于,如果双方当事人之间的差距比较小,运用这种方式可以降低纠纷解决的成本,并可以维系当事人之间的合作关系。如我国现行《仲裁法》第51条规定,仲裁庭在作出裁决前,可以先行调解。当事人自愿调解的,仲裁庭应当调解;调解不成的,应当及时作出裁决;调解达成协议的,仲裁庭应当制作调解书或者根据协议的结果制作裁决书。第52条还规定,调解书经双方当事人签收后,即发生法律效力;在调解书签收前当事人反悔的,仲裁庭应当及时作出裁决。此外,我国《中国国际经济贸易仲裁委员会仲裁规则》(2005)第40条也有类似规定。从实际操作来看,我国的调解—仲裁模式中的调解员与仲裁员基本上是同一的。其优势在于,由于调解员对争议的内容已有相当程度的了解,在进入仲裁程序后,他/她就能够迅速作出判断,有助于提高纠纷解决的效率。但是,这种模式也存在公正性的质疑和对合意的担忧,这是因为,仲裁员在调解过程中尤其是私下会晤时容易产生对当事人的好恶感,进而造成对当事人的偏见;再者,为促进当事人尽快达成协议,调解员可能利用其兼仲裁员的身份对当事人施加压力,促使当事人被迫让步;最后,当事人出于调解员兼仲裁员的双重身份的担心,而不愿意提供其真实信息,从而降低达成调解的可能性。如果调解员与仲裁员由不同的人担任,如此又会实质造成对调解—仲裁程序的破坏。因此,一种被称为"调解—仲裁—选择—退出"的模式被介绍进来,它赋予当事人在调解结合后一段时间内重新选择仲裁员的权利,这既可免除当事人的顾虑,又可避免调解员兼仲裁员的双重身份施加压力,也许值得推广。

(二)调解与仲裁并行模式

在调解与仲裁并行的情况下,调解和仲裁程序不存在绝对的优先顺序问题,而是两种程序同时进行或交叉进行。这种模式的最大优势就是,由于仲裁具有强制性,双方当事人会尽力搜集并在庭上出示对己有利的证据,这种证据的交流促使当事人放弃原有不切实际的想法,对案件的结果有更准确的估计,从而有利于调解协议的达成。当然,由于仲裁程序的对抗性也可能使当事人的关系陷入僵局难以恢复,进而造成裁决执行环节的困难。

调解与仲裁并行模式主要存在三种具体的表现形式:

1. 仲裁中调解:其运作模式是在启动仲裁程序后,仲裁员在仲裁过程中的任何时候都可以调解,且不论调解是否成功,最终都由仲裁员作出裁决,这是各国最常见的调解与仲裁并行方式。优点包括:公平与效率兼顾,在仲裁程序进行调解无须当事人再缴纳调解费,而当事人一旦达成调解协议即可申请撤案,一旦调解失败则可直接转入仲裁程序;民间调解协议不具有强制执行力,但是经过仲裁员达成的调解协议则可申请法院执行;有利于维护当事人的社会关系稳定和谐等。

2. 影子调解:其运作模式是纠纷进入仲裁程序后,在一个恰当的阶段启动平行的调解程序,由调解员对当事人的争议进行调解。如果调解成功,则终结当事人的争议;如果调解不成,平行进行的仲裁程序可以确保争议的最终解决。在这种方式中,调解员与仲裁员不是同一个人,调解机构与仲裁机构也不是同一机构,它是为解决"仲裁中调解"的模式弊端而设计的,但它也存在高成本的问题,当事人必须分别支付仲裁与调解两个程序的费用,调解员对案件事实也必须重新认识。

3. 调解与仲裁共存:在这种模式中,调解员与仲裁员并不同一,但他们共同列席关于纠纷之争点的听证程序。调解员有权与当事人私下会晤,仲裁员不参与这种会晤,而是由调解员负责向仲裁员披露会晤信息。调解员全程参与仲裁程序,并在时机适当的时候对当事人进行调解。这种模式综合了调解、影子调解、小法庭和仲裁诸因素的程序变体,具有优势,但也存在费用过高的问题。

第三节 司法诉讼与仲裁程序的衔接

仲裁是一种"民间司法"和"准司法"的纠纷解决方式,与司法诉讼之间存在着既相区别又相联系的矛盾统一关系。在普通民商事领域,诉讼与仲裁一般表现为两种独立并行的纠纷解决程序,但民事自治与司法强制的紧张关系并没有得到解除,甚至出现了"仲裁诉讼化"的发展趋势。而在劳动争议、人事争议以及土地纠纷等特别的民事领域,仲裁要么作为司法诉讼的必要前置程序而存在,要么与司法诉讼程序并存,单轨制或双轨制成为仲裁与诉讼关系的两大典型选项。而仲裁程序一旦终结,仲裁裁决便具有终局效力,如一方当事人不愿自觉履行仲裁协议,那么另一方当事人可以申请司法机关强制执行。此外,在俄罗斯联邦经济法领域的仲裁诉讼化现象最终成长为其特有的一种国家司法制度,即存在严格审级的仲裁法院系统。

一、司法诉讼与普通民商事仲裁的程序衔接

司法诉讼与民商事仲裁之所以能够实现程序上的有机衔接,一方面是因为它们之间存在共同性或相似性特点,如它们同属于民事程序的重要组成部分,都是为了解决平等主体的当事人之间的纠纷;对当事人之间发生的合同纠纷和其他财产权益纠纷,当事人既可以选择以仲裁的方式解决,也可以通过诉讼的途径主张权利;不管是仲裁程序还是诉讼程序,都遵循着某些共同或相似的规则和原则,如公开辩论、处分原则、调解优先、回避制度、时效制度、财产和证据保全以及举证责任分担、当事人适格原则等;而依据仲裁程序作出的调解书和裁决书与依据民事诉讼程序作出的民事判决书和调解书具有同等的法律效力等。另一方面是因为它们在纠纷解决方式上的各自独特性与功能优势互补,具体说来,仲裁与诉讼是民商事领域相互独立、相互并列的两种纠纷解决方式。对于当事人而言,双方产生的合同纠纷和其他财产权益纠纷要么采取仲裁方式解决,要么采取诉讼方式解决,二者必选其一,不能同时选择。当事人若依据仲裁协议条款首先选择仲裁,那么仲裁庭独立审理案件并作出裁决,仲裁裁决书具有终局性法律效力。当事人如首先选择诉讼,则意味着自动放弃仲裁程序,而依据诉讼程序解决纠纷。此外,仲裁体现的专业权威性、程序灵活性与便捷性和意思自治原则等特点,正好与诉讼所具有的职业化、严格审级和管辖制度以及国家公信力保证等特点形成功能上的优势互补关系。在我国民商事领域,仲裁与诉讼的衔接关系主要表现为司法对仲裁的支持和监督并通过民事诉讼程序得以具体体现。

(一)司法对仲裁的支持

我国各级人民法院对民商事仲裁活动的支持主要体现在财产保全、证据保全和裁决强制执行三个方面:

1. 财产保全

财产保全是法院或仲裁机构对受理的民事经济纠纷在作出判决或裁决前,为保证将要作出的判决或裁决在发生法律效力后能够得到全面履行,而对当事人的财产或争议标的所采取的强制执行措施。从各国司法实践来看,财产保全大体存在三种模式[①]:一是法律明文规定禁止仲裁庭作出财产保全裁决的权限,将财产保全权赋予法院单独行使,如意大利 1994 年民事诉讼法和

---

① 江伟:《仲裁法》,中国人民大学出版社 2009 年版,第 213~214 页。

奥地利1983年民事诉讼法;二是国内法或仲裁适用规则直接规定仲裁庭作出仲裁财产保全裁定的权限,如韩国1986年《商事仲裁院仲裁规则》和德国1998年民事诉讼法;三是仲裁庭和法院都有权采取财产保全措施,如英国1996年仲裁法。在我国,仲裁机构无权采取财产保全措施,必须由当事人向相关人民法院申请财产保全措施,也就是说人民法院拥有财产保全专属权。如我国《仲裁法》第28条规定,"一方当事人因另一方当事人的行为或者其他原因,可能使裁决不能执行或者难以执行的,可以申请财产保全。当事人申请财产保全的,仲裁委员会应当将当事人的申请依照民事诉讼法的有关规定提交人民法院"。我国《民事诉讼法》第256条同时规定了涉外仲裁中的财产保全问题:"当事人申请采取财产保全的,中华人民共和国的涉外仲裁机构应当将当事人的申请提交被申请人住所地或者财产所在地的中级人民法院裁定。"

2. 证据保全

证据保全是指法院在起诉前或对证据调查前,依据申请人的申请或当事人的请求以及依职权对可能灭失、损坏或以后难以取得的证据采取的强制执行措施。在我国,仲裁机构同样没有证据保全权,因此,我国《仲裁法》第46条规定:"在证据可能灭失或者以后难以取得的情况下,当事人可以申请证据保全。当事人申请证据保全的,仲裁委员会应当将当事人的申请提交证据所在地的基层人民法院。"第68条还规定:"涉外仲裁的当事人申请证据保全的,涉外仲裁委员会应当将当事人的申请提交证据所在地的中级人民法院。"至于证据保全的具体措施,民事诉讼法和仲裁法都没有作出明确的规定。从我国的司法实践来看,法院对不同的证据采取不同的保全措施:对于证人证言和当事人的陈述,可采用笔录或录音的方法加以保全;对于物证,可通过勘验笔录、拍照、录像、绘图或保持原物的方法保全;对于书证,则尽可能提取原件,提取原件有困难的,可提取复制品、照片、副本等加以保全。

3. 仲裁裁决执行

仲裁裁决执行是指国家设立的执行机构依据申请人的申请,以生效的仲裁裁决书为执行依据,运用国家强制力,强制债务人履行义务,以实现债权人的民事权利的活动。我国《仲裁法》第62条规定:"当事人应当履行裁决。一方当事人不履行的,另一方当事人可以依照民事诉讼法的有关规定向人民法院申请执行。受申请的人民法院应当执行。"我国民事诉讼法第三篇专门规定了执行程序,而仲裁裁决的执行主要包括以下措施:查询、冻结和划拨被执行人存款;查询、扣留、提取被执行人的收入;查封、扣押、冻结、拍卖、变卖被执行人财产;民事搜查;交付法律文书指定的财物或票证;强制迁出房屋或强制退出土地;通知有关单位协助办理有关财产权证照;强制执行或委托他人完成法律文书确定的行为;加倍支付延迟履行利息或迟延履行金;继续履行;限制出境;通过媒体公布不履行义务消息;在征信系统记录;拘留、罚款、拘传等间接执行措施等。

（二）司法对仲裁的监督

我国法院对仲裁的司法监督主要体现为对仲裁协议效力的审查和对仲裁裁决的审查两个方面:

1. 法院对仲裁协议效力的审查

当事人自愿并以书面形式达成的仲裁协议是仲裁程序得以启动的必要前提和依据,而我国仲裁法也承认法院对仲裁协议效力的审查权。我国《仲裁法》第20条明确规定:"当事人对仲裁协议的效力有异议的,可以请求仲裁委员会作出决定或者请求人民法院作出裁定。一方请求仲裁委员会作出决定,另一方请求人民法院作出裁定的,由人民法院裁定。"可见,我国法院对仲裁协议的有效性及仲裁管辖权享有某种程度的最终审查权和合法性监督权。

2. 法院对仲裁裁决的审查

法院对仲裁裁决的审查具体又分为三种制度:

(1)关于申请撤销仲裁裁决制度,我国《仲裁法》第58条规定:"当事人提出证据证明裁决有下列情形之一的,可以向仲裁委员会所在地的中级人民法院申请撤销裁决:(一)没有仲裁协议的;(二)裁决的事项不属于仲裁协议的范围或者仲裁委员会无权仲裁的;(三)仲裁庭的组成或者仲裁的程序违反法定程序的;(四)裁决所根据的证据是伪造的;(五)对方当事人隐瞒了足以影响公正裁决的证据的;(六)仲裁员在仲裁该案时有索贿受贿,徇私舞弊,枉法裁决行为的。人民法院经组成合议庭审查核实裁决有前款规定情形之一的,应当裁定撤销。人民法院认定该裁决违背社会公共利益的,应当裁定撤销。"

(2)通知重新仲裁:它是指一定条件下,法院可以要求仲裁庭对已经作出裁决的案件重新进行仲裁。我国《仲裁法》第61条规定:"人民法院受理撤销裁决的申请后,认为可以由仲裁庭重新仲裁的,通知仲裁庭在一定期限内重新仲裁,并裁定中止撤销程序。仲裁庭拒绝重新仲裁的,人民法院应当裁定恢复撤销程序。"

(3)对于申请不予执行裁决制度,我国《民事诉讼法》对国内仲裁裁决和涉外仲裁裁决分别作了规定,如第213条规定,"被申请人提出证据证明仲裁裁决有下列情形之一的,经人民法院组成合议庭审查核实,裁定不予执行:(一)当事人在合同中没有订有仲裁条款或者事后没有达成书面仲裁协议的;(二)

裁决的事项不属于仲裁协议的范围或者仲裁机构无权仲裁的;(三)仲裁庭的组成或者仲裁的程序违反法定程序的;(四)认定事实的主要证据不足的;(五)适用法律确有错误的;(六)仲裁员在仲裁该案时有贪污受贿,徇私舞弊,枉法裁决行为的。人民法院认定执行该裁决违背社会公共利益的,裁定不予执行。"第258条又规定,"对中华人民共和国涉外仲裁机构作出的裁决,被申请人提出证据证明仲裁裁决有下列情形之一的,经人民法院组成合议庭审查核实,裁定不予执行:(一)当事人在合同中没有订有仲裁条款或者事后没有达成书面仲裁协议的;(二)被申请人没有得到指定仲裁员或者进行仲裁程序的通知,或者由于其他不属于被申请人负责的原因未能陈述意见的;(三)仲裁庭的组成或者仲裁的程序与仲裁规则不符的;(四)裁决的事项不属于仲裁协议的范围或者仲裁机构无权仲裁的。人民法院认定执行该裁决违背社会公共利益的,裁定不予执行。"

(三)关于仲裁诉讼化问题

不可否认,司法诉讼对仲裁程序的支持和监督,有助于我们充分吸收民事诉讼程序的合理元素进而实现仲裁程序的制度化和法律化,并充分发挥仲裁在解决民商事纠纷过程中发挥其固有的优势和特色。不过,如果在仲裁的制度化法律化过程中对诉讼的借鉴和移植过多,仍坚持诉讼中心主义的司法理念,那么必然造成仲裁被诉讼同化的趋势,形成对仲裁的司法控制过度,即"仲裁诉讼化"问题。所谓仲裁的诉讼化,它是指"仲裁在程序运作上与诉讼越来越相像,即仲裁程序日趋复杂和正式,如本适用于法院诉讼的证据规则、证据开示等制度被引入到仲裁中,在某些案件中,仲裁员就像法官一样被成堆的文件所包围;同时,仲裁的诉讼化还意味着仲裁面临更多的司法干预和控制。"[①]

1. 仲裁诉讼化的表现

(1)对仲裁裁决形式和内容的严格要求。关于仲裁的诉讼化,一个明显的特征是要求仲裁裁决应像法院判决一样严谨,特别是要求仲裁员对裁决的理由予以说明。此外,要求仲裁员对其推理予以详细说明的倾向还导致出现了一股所谓"仲裁的法"的浪潮。仲裁变得越来越为先例所束缚。仲裁裁决常常包含对其他仲裁裁决的引用发展出所谓商法。

(2)要求仲裁员严格依法仲裁,即要求仲裁员严格适用有关实体法的规定以解决当事人之间的争议和确定当事人的权利与义务。这一做法显然违反了

---

① 丁颖:《论仲裁的诉讼化及对策》,载《社会科学》2006年第6期。

仲裁原本优于诉讼之处：通过适当的衡平和妥协获得个案的公正。事实上，由于私人裁决针对的对象是当事人个人，该裁决就不像法院判决那样必须有助于法律的确定性，因为这并不是私人裁决的职责。私人裁决的一个重要功能是衡平，即在法律因其普遍性而产生缺陷时对法律予以"纠正"。实体法没有也不可能就每一种情形作出规定，在遇到实体法未作规定的场合根据衡平和正义的观念提供相应的解决方案并不是破坏法律而是履行法律。

(3)仲裁程序缺乏灵活性。仲裁的诉讼化尤其体现在仲裁程序的烦琐上，适用于诉讼程序的大量规则被引入仲裁，仲裁与诉讼越来越相像，以致获得了一个贬义的绰号——仲裁诉讼。仲裁的保密性、及时性等也因此遭到破坏，仲裁曾经希望避免的诉讼中有关拖延和费用的噩梦在它自己这里重现。由此导致的结果就是产生了一种倾向其他争议解决方式例如调解和小型审判的趋势。我国上述问题尤为严重，《仲裁法》不但没有规定当事人有选择仲裁程序的权利，反而在程序方面的规定烦琐而又较为严格，带有诉讼的色彩，如《仲裁法》第45条规定"证据应当在开庭时出示，当事人可以质证。"这一规定不仅排斥了在仲裁活动中其他的质证方式，而且给采用书面审理案件的形式制造了法律障碍，因无法当庭质证而不能推进程序的进行。这都与尊重当事人意思自治、经济快捷的仲裁价值背道而驰，并且使我国的仲裁程序在操作中缺乏一定的灵活性，在某些方面几乎成为诉讼程序的翻版。

(4)过度的司法监督。仲裁诉讼化中最基本的问题是法院在撤销或拒绝执行仲裁裁决的程序中对裁决所施加的司法"控制"。可以设想，在要求仲裁像诉讼那样运作的情况下，法院就会对仲裁裁决进行严格的程序审查和实体审查，在仲裁庭的程序运作和实体决定不符合法院标准的情况下撤销或拒绝执行原本有效的仲裁裁决。其结果是商事仲裁的目的最终无法实现，当事人希望迅速、及时解决争议的合理愿望落空，仲裁的效益性被破坏，社会资源遭到浪费。中国实行国内仲裁和涉外仲裁双轨制，法院对涉外仲裁裁决只进行程序审查，不审查裁决的实体，而对国内仲裁裁决的审查标准既涉及程序问题，也涉及实体性问题。国内仲裁和涉外仲裁都是解决纠纷的方式，二者间的区别不是仲裁本质上的差异，而只是仲裁形式上的差异。从仲裁监督角度看，涉外因素并不是必须实行"双轨制"的必要条件。同时，对仲裁进行实体监督有悖于仲裁本质。因此无论对国内仲裁案件，还是对涉外仲裁案件，法院都只应对仲裁实行程序审查。

2. 仲裁诉讼化的应对

(1)首先要树立正确的民商事仲裁理念，凡涉及仲裁程序的制度设计应充分体现私法自治原则。仲裁作为与诉讼并行不悖的纠纷解决方式的根本就在于"当事人自治原则",当事人意思自治是整个仲裁制度的基石和核心,也是仲裁与诉讼最根本的区别。仲裁程序的制度设计应遵循程序主体性原则,以当事人意思自治为本位。

(2)立法对仲裁裁决的形式和内容不应存在过分苛刻的要求,尤其不应将说明裁决理由的义务强加给仲裁员。仲裁的本质特征是契约性。当事人选择仲裁而不选择诉讼,崇尚的不仅是仲裁的意思自治,更重要的是仲裁的公正。可是,仲裁所追求的公正只是相对公正,一般低于诉讼之对于公正的要求。仲裁的价值目标只能是追求效率,兼顾公正。即效率是仲裁的首要目标,公正是其第二价值目标。如果当事人对公正的要求超过了对效率的要求,则应当选择诉讼而不是仲裁。实践表明,当事人选择仲裁解决争议,除受仲裁程序简便、结案迅速等优点吸引以外,最主要的就是期望获得一份终局裁决,以避免烦琐、漫长的上诉程序。因此,立法者不应将仲裁机构解决纠纷与作为国家司法机关的法院解决纠纷不加区别,对仲裁的价值目标和功能定位过高。

(3)确立仲裁庭自裁管辖权原则。[①] 仲裁庭自裁管辖权原则与仲裁协议独立性原则在仲裁规则中常常被规定在同一条文中,这反映了二者之间的密切关系。接受独立性原则的国家一般都接受了仲裁庭自裁管辖权原则。我国采纳了仲裁独立性原则,但尚未接受仲裁庭自裁管辖权原则。我国仲裁法将仲裁自裁管辖权授予了仲裁委员会,而非仲裁庭。我国仲裁法第20条的第1款规定:"当事人对仲裁协议的效力有异议的,可以请求仲裁委员会作出决定或者请求人民法院作出裁定。一方请求仲裁委员会作出决定,另一方请求人民法院作出裁定的,由人民法院裁定",在仲裁管辖权问题上表现出强烈的诉讼中心主义倾向。

(4)弱化法院对仲裁的司法监督,将仲裁司法审查的范围限制在程序问题上,仲裁裁决撤销标准与不予执行标准尽量一致,国内仲裁裁决与涉外仲裁裁决的司法审查标准保持统一。[②] 有人认为,为了应对仲裁裁决不公正问题,需要保留法官对仲裁裁决进行实体审查的权力,以实体处理正确与否作为撤销仲裁裁决的判断标准。在司法实践中,我国对国内仲裁裁决的司法审查也保留了实体与程序的双重审查标准,而这正是需要改观的,司法审查的范围应局

---

① 丛雪莲、罗楚湘:《仲裁诉讼化若干问题探讨》,载《法学评论》2007年第6期。
② 齐树杰:《纠纷解决与和谐社会》,厦门大学出版社2010年版,第67~68页。

限于程序公正的范畴。这是因为:一方面,实体公正不像程序公正那样存在相对客观、统一的标准,而不同的人对同一案件的实体公正问题存在不同的理解和处理方案。法官审查当事人撤销仲裁裁决申请时,主要听取一方当事人的陈述,审阅一方当事人提供的材料,而不是由当事人双方就案件是非曲直进行举证、质证,按照直接言词原则进行开庭审理。以这种方式得出的对案件的实体性判断也可能存在实体不公的问题。另一方面,这种实体判断不可能在裁定书上写明,却又导致撤销仲裁裁决的后果。即便当事人对此有意见,也无从答辩并获得相应的救济。因此,这种变相的实体审查可能导致程序和实体上的双重不公。此外,无论从仲裁"一裁终局"的基本特征来看,还是从国际上仲裁审查的发展趋势来看,对仲裁的司法审查仅限定在程序范围内都是必要的,如果允许对仲裁裁决的是非曲直进行复审,无异于使仲裁程序从属于诉讼程序。总而言之,仲裁与诉讼的程序衔接不能以牺牲仲裁的特色和优势为代价,"而诉讼程序对仲裁程序的支持和监督当应体现为最低联系性"[①]。也就是说,仲裁和民事诉讼作为两种并列的纠纷解决机制,应当在各自的管辖范围内依据自己的方式和规则解决纠纷,只有在必要的时候才发生某种联系。只要是仲裁能够独立解决的事情,就不应由法院介入,只有当涉及强制力等仲裁无权处理的事项时,方可交由法院通过民事诉讼程序来完成,民事诉讼程序所体现的只是对仲裁程序缺陷的必要补充和辅助功能。

二、司法诉讼与特别民事仲裁的程序衔接

(一)单轨制与双轨制并存

在我国,处于特别民事领域的劳动争议、人事争议和农村土地承包经营纠纷等的解决虽然也存在和解、调解、仲裁和诉讼等多元化的纠纷解决机制,但却存在不同于普通民商事纠纷解决的特别立法和专门适用程序。

1. 就劳动争议而言,它与普通民事纠纷至少存在两方面的不同特点:一是争议的主体关系涉及的是用人单位与劳动者之间的管理与被管理的劳动关系,而不同于普通民商事纠纷所体现的平等主体之间的财产关系与人身关系;二是劳动争议内容反映的是用人者与劳动者因执行劳动法或者订立、履行、变更、解除和终止劳动合同所发生的争议。因此,我国存在《劳动争议调解仲裁法》的特别立法,并主要采用仲裁强制前置、先裁后审的"单轨制"纠纷解决模

[①] 江伟:《仲裁法》,中国人民大学出版社2009年版,第31页脚注②。

式。不过,劳动者和用人单位的司法救济权并不完全同一,实行的是有条件的一裁终局制:对于《劳动争议调解仲裁法》第 47 条规定的仲裁裁决,劳动者不服的,可以自收到仲裁裁决书之日起 15 日内向法院提起诉讼;而用人单位对第 47 条规定的仲裁裁决有证据证明第 49 条规定的法定情形之一的,只能自收到仲裁裁决书之日起 30 日内向劳动仲裁委员会所在地的中级人民法院申请撤销裁决,而不能提起针对此类仲裁的不服诉讼;只有针对第 47 条规定以外的其他劳动争议案件仲裁裁决不服的,不管是劳动者还是用人单位,都可以自收到仲裁裁决书之日起 15 日内向法院提起诉讼。此外,对于因仲裁发生法律效力的调解书、仲裁书,一方当事人逾期不履行的,另一方当事人可依据民事诉讼法的规定向法院申请强制执行;同时在执行过程中,被申请人提出证据能够证明仲裁裁决存在法定的撤销裁决情形的,则可以申请法院不予执行;而法院认定仲裁违背社会公共利益的,也应裁定不予执行;法院裁定不予执行仲裁裁决的,当事人仍可以在法定期限内就该劳动争议事项提起诉讼。

2. 在人事争议领域,我国存在《人事争议处理规定》的特别部门立法,存在与劳动争议纠纷解决同样的"先裁后审"的单轨制处理模式,即人事争议仲裁是诉讼的必经程序;而在执行环节,对于因人事争议仲裁发生法律效力的调解书、仲裁书,一方当事人逾期不履行的,另一方当事人可依据民事诉讼法的规定向法院申请强制执行。应注意的是,我国的人事争议一般针对国有单位工作的公务员、企事业和社会团体的工作人员(国家干部身份)与用人单位发生的人事纠纷,这完全不同于某些大陆法系国家民事诉讼中的"人事纠纷"或"人事争讼案件",后者主要指基于自然人婚姻关系、亲权关系等产生的特别民事纠纷,此类案件被称为"人事争讼案件",如日本《家事审判法》第 23 条所规定的与夫妻关系有关的婚姻无效、取消,涉外婚姻无效,协议离婚无效、取消;以及与子女亲属关系有关的嫡生子女的否认,确认亲子关系的存否,涉外亲子关系不存在的确认、认知、认知无效、取消,收养关系无效、取消,协议离婚无效、取消,父亲的确定等案件。

3. 农村土地承包经营纠纷主要指在农村土地承包过程中发包方与承包方发生的纠纷,也包括土地承包当事人与第三人发生的纠纷,我国此类纠纷的解决机制采取"或裁或审、各自终局"的双轨制模式,并存在《农村土地承包经营纠纷调解仲裁法》特别立法,如该法第 4 条规定:"当事人和解、调解不成或者不愿和解、调解的,可以向农村土地承包仲裁委员会申请仲裁,也可以直接向人民法院起诉。"第 48 条还规定:"当事人不服仲裁裁决的,可以自收到裁决书之日起 30 日内向人民法院起诉。逾期不起诉的,裁决书即发生法律效力。"

在执行环节,农村土地承包经营纠纷与劳动争议和人事争议存在同样的仲裁与诉讼衔接程序,即当事人可对发生法律效力的调解书、仲裁书申请人民法院强制执行。由此可见,我国特别民事领域纠纷的仲裁与诉讼衔接程序存在"先裁后审"的单轨制和"或裁或审"的双轨制两种模式,但"先裁后审"的单轨制模式颇受世人诟病。

(二)仲裁强制前置问题

劳资纠纷问题在世界各国受到普遍重视,为此设计了单一制和双轨制不同模式的纠纷解决机制。双轨制即"或裁或审",法院和仲裁机构对案件各有分工,各有终局效力。单一制的劳资纠纷解决模式又存在单一劳动仲裁模式、单一劳动诉讼模式和单一劳动仲裁前置诉讼模式三种具体表现。其中澳大利亚采用单一劳动仲裁模式,由劳动仲裁机构专门并终局地解决劳资纠纷,实行强制仲裁和两裁终局。德国、法国等采用单一劳动诉讼模式,由法院专门并终局地解决劳资纠纷。德国主要由劳动法院专门并终局地解决劳动争议,劳动法院是与普通法院并列的独立法院,存在自己的最高终审法院——联邦劳动法院。而法国则由普通法院的劳动法庭专门解决劳动争议案件,借助普通法院系统终局解决劳资纠纷。我国则采取先裁后审的单一劳动仲裁前置诉讼模式,其主要依据和优势就在于以其专业性的劳动争议仲裁机构解决劳动纠纷,符合解决劳动纠纷的专业性要求,有利于发挥劳动争议仲裁机构的专长而及时处理劳动争议,维护劳动者的合法权益,减轻人民法院的工作压力。但是,我国的此类仲裁前置模式事实上常常导致一裁两审,即一起劳动纠纷往往要经过一次仲裁和两级审判,这种制度安排环节过多、程序复杂,反而不利于劳动纠纷的迅速解决,并增加劳动纠纷的解决成本,尤其是不利于处于弱势的劳动者权益的保护,现行制度框架下可能形成的讼累和劳动仲裁的脆弱是此种模式造成的不利后果之一。其二,当事人对劳动争议仲裁裁决的部分不服向人民法院起诉的,依据民事诉讼"不告不理"的原则,法院只能对当事人部分不服事项是否符合法律规定进行审理,而不能对当事人已服事项进行审理。但是,根据最高人民法院《关于审理劳动争议案件适用法律若干问题的解释》第17条规定:"劳动争议仲裁委员会作出仲裁裁决后,当事人对仲裁裁决中的部分事项不服,依法向人民法院起诉的,劳动争议仲裁裁决不发生法律效力。"也就是说,当事人只能依据法院裁决的内容就不服事项向人民法院申请强制执行,但是人民法院强制执行的依据必须是已经生效的仲裁裁决,而劳动仲裁委员会对涉案当事人已服事项的裁决不发生法律效力,因此当事人必然丧失就该劳动争议仲裁裁决向人民法院申请强制执行的权利。所以,有学者提出,对于以上问题最根本的解决办法或许在于彻底改变我国目前施行的仲裁裁决前置、先裁后审的单轨制模式,借鉴"或裁或审、各自终局"的双轨制,来改善二者的关系,使二者真正和谐衔接、协调发展。① 从世界各国的有关实践来看,存在诸多可供借鉴的双轨制立法范例,如瑞典将劳动争议的类型分为权利争议和利益争议,其中权利争议可通过司法程序解决,也可通过仲裁解决;而利益争议只能由国家调解办公室强制调解,调解不成的,调解机构将会力劝双方提交仲裁解决争议。又如英国将劳动争议处理按照个人权利争议和集体争议的不同而有不同的处理程序,个人争议的当事人可选择协商、调解、仲裁或诉讼的方式解决;而集体争议的当事人只能选择协商、调解、仲裁的方式解决,不能选择诉讼的方式。双轨制的引入,贯彻了当事人意思自治的原则,也符合劳动争议处理遵循自愿原则的发展趋势;同时也更彻底地解决时效尴尬,使当事人享有仲裁和诉讼的充分救济,并且大大提高纠纷解决效率,节约纠纷解决的社会成本和当事人成本。

第四节 司法诉讼与调解程序的衔接

一、诉讼调解制度现状

诉讼调解,亦称法院调解或司法调解,即民事诉讼中的调解,是指法官在诉讼中作为中立第三方主持调解,促进双方当事人达成和解或合意的活动。我国法院的诉讼调解发端并成型于革命根据地时期,新中国成立后被确立为新中国民事诉讼的一项最具特色的基本原则和制度。在《民事诉讼法》制定实施之前,审判实践中一直遵循自愿、合法、非必经程序的三个基本原则,但由于当时实体法依据的缺乏,当事人和审判人员对调解的认同,以及审判方式自身的特性等因素的综合作用,调解结案率非常高,占80%以上,而诉讼调解一度成为民事审判的主要原则和方式。1979年2月制定的《人民法院审判民事案件程序制度的规定(试行)》规定,处理民事案件应调解为主,调解被视为诉前和诉中的必经程序。1982年3月制定的《民事诉讼法(试行)》纠正了这种偏

---

① 齐树杰:《纠纷解决与和谐社会》,厦门大学出版社2010年版,第69页。

向,正式确定为"着重调解"原则。1991年4月,我国正式公布实施的《民事诉讼法》第9条将"着重调解"原则修改为:人民法院审理民事案件,应当根据自愿和合法的原则进行调解;调解不成的,应当及时审判。此后,由于人民法院强化举证责任和庭审功能为核心的审判方式改革,调解在诉讼中的地位开始受到质疑,学术界大体出现了三种观点:一是否定与替代论①,认为我国民事诉讼法应完全取消法院调解,即取消现行立法意义上的法院调解,主要理由是认为审判更能体现程序正义和法治精神,而实践中也存在"重调轻判"的负面效应;与否定论不同的是,还有人主张从当事人中心的角度以诉讼上的和解的概念和制度重构法院调解。② 二是调审分立论,认为应在诉讼程序中确立调解的独立地位,并在对若干可供选择的方案进行比较后,提出在法院设立审前调解程序。③ 三是改革加强论,认为应积极肯定法院调解在民事诉讼中的价值和意义,主张加强调解工作,使之与其他程序更好地衔接起来。

进入21世纪以来,纠纷解决的社会需求和"综合治理"战略使得司法政策出现了一系列新的动向,并带来了调解的复兴。2003年1月,《最高人民法院关于审理证券市场因虚假陈述引发的民事赔偿案件的若干规定》公布(2003年2月1日正式施行),其中第四条明确规定:人民法院审理虚假陈述证券民事赔偿案件,应当着重调解,鼓励当事人和解。这是法院多年来第一次明确重申"着重调解",说明法院已经清醒地认识到司法在处理此类纠纷中的能力限度。2003年12月1日起施行的《最高人民法院关于适用简易程序审理民事案件的若干规定》第14条明确规定,下列民事案件,人民法院在开庭审理时应当先行调解:婚姻家庭纠纷和继承纠纷;劳务合同纠纷;交通事故和工伤事故引起的权利义务关系较为明确的损害赔偿纠纷;宅基地和相邻关系纠纷;合伙协议纠纷;诉讼标的额较小的纠纷。但是根据案件的性质和当事人的实际情况不能调解或者显然没有调解必要的除外。2004年8月《最高人民法院关于人民法院民事调解工作若干问题的规定》正式通过,自2004年11月1日起施行。根据最高人民法院的解释,制定该规定的目的就是进一步加强诉讼调解,

---

① 张晋红:《法院调解的立法价值探究——兼评法院调解的两种改良观点》,载《法学研究》1998第5期。

② 李浩:《关于建立诉讼上和解制度的探讨》,载《清华法律评论》第2辑,清华大学出版社1999年版,第211页以下。

③ 章武生、张其山:《论我国法院调解制度的改革》,载江平:《民事审判方式改革与发展》,中国法制出版社1998年版,第121页。

充分发挥诉讼调解优势。诉讼调解各项优势的充分发挥,一定要遵从诉讼调解内在的规律,因此诉讼调解工作的原则是必须遵守的。它遵从了调解的自愿、合法、保密和灵活性四大原则,以确保当事人通过自己的真实意思来解决相互之间的权利义务关系,调解结果切实符合当事人自己的利益要求。它进一步细化了确保调解自愿的规则,明确规定了当事人有决定是否调解的自愿,有决定调解开始时机的自愿,有选择调解方式的自愿,有是否达成调解协议的自愿,有决定调解书生效方式的自愿等。并强调了诉讼调解各种优势或价值,提出坚持"能调则调、该判则判,判调结合"的审判原则。2010年6月7日,最高人民法院下发《最高人民法院关于进一步贯彻"调解优先、调判结合"工作原则的若干意见》,该文件指出,"调解优先、调判结合"既是推动矛盾化解的重要原则,也是社会管理创新的重要内容,又是对法官司法能力的考验。因此各级法院必须坚决贯彻这一工作原则,不断增强调解意识,积极创新调解机制,努力提高调解能力,着力推动人民调解、行政调解、司法调解"三位一体"大调解工作体系建设,有效化解社会矛盾,真正实现案结事了,为保障经济社会又好又快发展,维护社会和谐稳定,提供更加有力的司法保障和服务。

二、诉讼调解适度社会化

(一)诉讼调解适度社会化的理念与依据

诉讼调解复兴之后,一个重要的变化就是法院内部关于"诉讼调解适度社会化"理念的提出。在关于诉讼调解的《最高人民法院关于人民法院民事调解工作若干问题的规定》制定发布之前,已经有一些法院积极进行了这种尝试,该规定第3条则正式对此加以肯定:"根据民事诉讼法第87条的规定,人民法院可以邀请与当事人有特定关系或者与案件有一定联系的企业事业单位、社会团体或者其他组织,和具有专门知识、特定社会经验、与当事人有特定关系并有利于促成调解的个人协助调解工作。经各方当事人同意,人民法院可以委托前款规定的单位或者个人对案件进行调解,达成调解协议后,人民法院应当依法予以确认。"这一理念一反以往法院急于树立唯我独尊的地位和权威,与社会纠纷解决机制争夺管辖范围、权力和市场的能动主义态势,显示出一种开放和合作的立场。《最高人民法院关于人民法院民事调解工作若干问题的规定》施行后,这一政策由各级法院因地制宜转化为各种鲜活的制度或措施,目前处在一个活跃的发展期。

(二)诉讼调解适度社会化理念的现实基础

根据实证资料和法院的阐发,范愉教授认为,调解"适度社会化"的理念主要出于以下五方面不同的理由或需求。①

1. 通过引进社会力量缓解法院调解力不足

调解是需要花费一定的时间并进行充分的对话、协商、交易过程才可以达成的,而日益繁重的审判压力使得许多主审法官事实上不可能有充足的时间和耐心进行调解,依靠法官助理或助理法官、书记员协助法官调解早已成为法院的惯例。即使如此,很多法院仍然为调解人力不足而困扰,而委托社会人士协助或主持调解则可以极大地缓解法官的压力,并能够保证调解所需的时间、环境和条件,有利于达成和解或调解协议。

2. 解决法官经验不足的问题

由于一些年轻法官在调解能力和经验上有所不足,往往难以达成合意,使调解努力付诸东流,因此,一些法院选聘有丰富调解经验的退休法官、老干部、司法所工作人员、律师和其他人员作为调解员,可以弥补法官调解经验不足的缺陷,提高调解成功率。

3. 法院实现调审分离的努力、调解的"适度社会化"无论是在诉前阶段或是在诉讼中,都可以实现调解与审判的分离,包括调解员与主审法官的分离、调解活动与审判活动的分离,以及和解或调解对象、范围、内容和结果的分离,这对于有关诉讼调解的"调审不分"可能招致的非议是一种有效的回避。

4. 实现司法社会化和民主化的理念

审判固有的局限性之一,就是国家制定的法律规则与民间社会规范的差距,以及职业法官的法律思维判断与常识和情理的冲突等,这使得在民事纠纷解决中,裁判的效果往往不尽如人意,也导致了服判的难度。通过委托社会人士参与或主持诉讼调解,可以将民众的常识思维和公序良俗引进诉讼过程,有利于通过调解及民主参与融通法律与社会,增加司法的亲和力,减少公众和当事人对司法的不解和误解。

5. 引进和借鉴国外法院附设 ADR 的尝试

近年来,很多学者、法院和法官是通过考察国外法院附设 ADR 而认同调解的价值和功能的,并提出以此为模式改造传统诉讼调解的观点,而一些法院也开始借鉴法院附设 ADR,建立起社会化的调解模式。

(三)调解"适度社会化"的形式和方法

调解"适度社会化"主要体现为委托社会力量参与诉讼调解。其基本形式

---

① 参见范愉:《纠纷解决的理论与实践》,清华大学出版社 2007 年版,第 460~461 页。

和方法包括:

1. 委托调解

委托调解即从社会人士中选拔调解员,他们接受法官或法院的委托,在诉讼的各个阶段参与或主持调解或和解,达成和解或调解协议的可以撤诉方式、诉讼调解书等方式结案;法院则可以通过审核、备案或出具调解书等方式进行监督或与审判程序衔接。包括以下形式:

(1)调解员构成:根据各地法院的资料,接受法院委托担任特邀调解员的可以是各种身份的社会人员,重点包括:退休法官、老干部、司法所工作人员、律师(作为中立第三方)、社会团体的代表、专家(如医务专家、物业管理专家、房地产专家等),以及根据需要具有特定专长和调解经验的人士。根据需要,社会团体、机关单位或有关组织也可以被法院委托参与或主持调解,除人民调解组织、司法所、社区街道居委会、企业事业单位、工会等外,近年来,行业协会和地方商会组织也经常被法院委托协助调解。有些组织中已经设立了专职人员负责协助调解。自2005年5月1日全国人大关于加强人民陪审员制度的有关规定实施后,各地法院都开始在发挥人民陪审员在诉讼调解中的作用,人民陪审员因其特殊身份不具有独立的调解"权限",因此也被列为委托调解的一种类型。此外,法官助理、书记员等不具法官资格的人员主持参与诉讼调解,也被归为委托调解之列,但与调解社会化又有所区别。从成员构成看,法院所委托的调解人员主要需要具备法律知识和调解经验,完全意义上的民间人士所占比例很小,这样更符合诉讼调解的特色,尽管如此,也仍显示出与法官不同的作用和社会化、民主性优势。其非权力化色彩,对于减少调解的强制性和决定性因素具有重要的意义。但是对于更愿意直接由法官处理,希望获取国家救济的当事人而言,自然就缺少吸引力,因此仅仅是一种选择。

(2)委托调解的阶段:各地法院委托调解形式多样,并可以贯穿于诉讼的各个阶段,一般而言主要在诉前(立案阶段),审前(立案后开庭前)和诉讼中三个阶段,其中诉前调解最多。诉前调解阶段的委托调解与庭外和解基本相似,一般比较规范化和常规化,当事人达成和解后可以撤诉,也可以达成调解协议。审前(立案后开庭前)和诉讼中的调解则需要根据主审法官的部署和当事人的意见进行,法官也会根据具体案件的需要有针对性地选择适宜的调解人,包括委托社会组织协助调解。

2. 诉前调解、庭外和解与"人民调解窗口"

(1)诉前调解,通常是指由法院立案部分设立或负责的调解或和解程序。其特点是,立案后如当事人有调解意愿,则由专门的调解人员先行调解,根据结果分别以和解撤诉、达成调解协议、制作调解书或转入审判。目前很多法院的诉前调解以社会力量为主,例如,上海市浦东新区法院聘任了多位调解经验丰富的退休法官、乡镇(街道)司法调解干部、律师、仲裁员主持调解,同时由两名法官和三名书记员组成诉前调解组,负责诉前调解工作。

(2)庭外和解与诉前调解功能相似,但强调以当事人和解撤诉为重点。许多法院的庭外和解形成了委托调解和民间调解相互结合的专门的机制。例如,2005年北京市朝阳区人民法院建立了"法官助理庭前调解、特邀调解员参与调解、律师主持和解"三项制度为主体的庭外和解工作模式(2006年10月11日)。2006年,广东省东莞市人民法院出台了五项庭外和解制度,让诉讼当事人在立案受理时申请选择:法官助理庭前调解、特邀调解员调解、商会调解、律师和解、保险公司和解。

(3)相比之下,上海市长宁区在法院建立"人民调解窗口"的做法更是可圈可点。其特点是由区司法局出资并在长宁区人民法院组建人民调解窗口,由法院提供调解员工作室和调解室。当事人立案时,法院立案大厅工作人员会主动向当事人介绍和推荐人民调解窗口,当事人同意调解的,即由常设的调解员(其情况与特邀调解员基本相同,通过公示供当事人选择)。在达成调解协议后,除涉及身份关系、必须由法院以法律文书确认的案件需要经过立案和交费(收取一半诉讼费)程序外,一般均无需立案,当事人也无需缴纳诉讼和调解费用。这一制度建立后受到当事人的欢迎,由于"人民调解窗口"并不是基于法院利益,与法院的收费和立案(政绩)完全脱离,就使得其程序利益和成本的降低直接由当事人受益。与此同时,法院收案连续下降的效果使得法院的负担和压力减轻,也降低了社会纠纷解决的总体成本,具有明显的社会效益。

三、诉调对接机制的创新

诉调对接和"大调解",是法院在新世纪与建构和谐社会中参与和推动多元化纠纷解决机制的重要形式。如果说,有关诉讼调解的司法政策表明法院开始以现实主义的态度看调解与诉讼的话,诉调对接和"大调解"则标志着司法与全国性的多元化纠纷解决机制建构融为一体。尽管各地的诉调对接产生的背景和方式各不相同,但是一个共同特点是,由于诉调对接需要有法院和其他相关部门的协调和互动,因此,通常是由地方党委(政法委)、人大、政府或综合治理机构统一领导部署,法院积极参与的。在这种情况下,不仅会达到较好的效果,而且实际上形成了一个协调互动的多元化纠纷解决机制。

(一)诉调对接概念的界定

诉调对接,即诉讼与调解相互衔接,亦有人认为,因为调解在先,应该称为调诉对接。但由于"诉调对接法"是从法院的立场或角度出发提出的口号,由于法院的基本定位是审判及诉讼,因此称之为诉调对接亦并无不可。诉调对接包括法院诉讼与法院外的人民调解和行政调解的衔接,也包括诉讼调解与判决的衔接,但重点是前者,特别是与人民调解的衔接。[1] 例如,福建省莆田中院的诉讼调解与人民调解衔接机制包括:(1)组织网络衔接。形成以法院为主干,司法所为纽带、村(居)调委会等非诉调解组织为基础,相互配合的三级调解网络,覆盖全市。(2)工作制度衔接。人民法庭与人民调解组织等诉讼外调解组织之间,通过实行特邀调解员制度、矛盾纠纷信息通报制度、委托调解和协助调解制度、人民调解员培训制度、指导人民调解组织调处纠纷和依法确认非诉调解协议及其他民事协议的工作制度等,形成基层联调联动的工作机制。(3)调解活动衔接。通过委托收案、诉前调解、委托调解、协助调解,以及依法确认非诉调处组织调解达成的协议以及其他民事协议的法律效力等,方便群众诉讼,快速、有效地化解矛盾纠纷。[2] 又如广东省深圳市龙岗区人民法院坪地法庭的 ADR(替代性纠纷解决方式)调解新模式,分为社区调解、商会调解、律师调解和法官助手调解四种模式。各种模式可交叉运用,互为补充,形成一个较为完整的调解体系。[3]

(二)诉调对接程序的样式

在我国和世界其他国家,司法诉讼与民间调解程序的对接呈现多样化的局面,主要表现为:

1. 法院调解

本身就是我国民事诉讼程序中的司法诉讼与民间调解相衔接的早期模式,如今已发展出诉讼调解、委托调解和协助调解三种具体形式。诉讼调解发生在当事人向法院起诉书、法院受理案件并最终宣判前,可分为审前调解和审中调解,都是在法院内由法官所主导的调解。而委托调解与协助调解则将调解工作更多地分流给民间调解组织,正如广东省高级人民法院与广东省司法厅 2008 年共同签发的《关于进一步加强诉讼调解与人民调解衔接工作的指导

---

[1] 范愉:《纠纷解决的理论与实践》,清华大学出版社 2007 年版,第 465 页。
[2] 黄健忠、林树文:《妈祖故里"和为贵"——莆田法院构建调解衔接机制纪实》,载《人民法院报》2006-12-26。
[3] 王华兵等:《龙岗区法院精心打造调解型法庭》,载《人民法院报》2006-10-28。

意见》(粤高法发[2008]42号)所指出的:当事人同意委托调解的案件,应当填写《委托调解确认书》,并由人民法院向人民调解工作室出具《委托调解函》及移交案件主要材料复印件;人民调解工作室对接受委托调解的案件,不管调解结果如何均应当制作《调解情况复函》,并及时将有关案件材料一并移送至委托调解的人民法院;而人民法院对于正在处理的案件,根据案件的需要,经征得各方当事人同意,可以向人民调解工作室发出《协助调解函》,邀请人民调解员协助调解。

2. 法院附设调解

它是将调解机关设在法院内的调解制度,其运作与诉讼程序严格区分,因此也不同于调审合一的诉讼调解,如美国法院的附设调解、中国各地法院附设的"人民调解窗口"等。一般而言,它实现了调解程序与诉讼程序的无缝衔接,因为一旦调解失败,就可以由当事人决定是否转入诉讼。充当调解员的法官,一般不再参与后续的诉讼审判程序。当然,调解员也可以由律师和其他社会工作者担任。

3. 强制调解前置

如今不少国家规定,某些特定类型的纠纷案件在进入诉讼程序前必须经过调解阶段,调解依法成为必要的诉前前置程序。如日本《家事审判法》第18条规定:"提起诉讼的当事人,在诉讼开始前,必须经过家庭裁判所的调停。""如果当事人在提起诉讼时没有申请调停,地方裁判所可以依职权将该诉讼转付家庭裁判所先行调停。"即所谓的"调停前置主义"。我国民事诉讼法规定了自愿调解原则,但也有过类似规定,如2003年12月1日施行的《最高人民法院关于适用简易程序审理民事案件的若干规定》第14条明确规定,下列民事案件,人民法院在开庭审理时应当先行调解:(1)婚姻家庭纠纷和继承纠纷;(2)劳务合同纠纷;(3)交通事故和工伤事故引起的权利义务关系较为明确的损害赔偿纠纷;(4)宅基地和相邻关系纠纷;(5)合伙协议纠纷;(6)诉讼标的额较小的纠纷。

4. 非诉调解协议的司法确认与执行

按照最高人民法院2009年《关于建立健全诉讼与非诉讼相衔接的矛盾纠纷解决机制的若干意见》第20条和第25条的规定,司法确认是指经行政机关、人民调解组织、商事调解组织、行业调解组织或者其他具有调解职能的组织调解达成的具有民事合同性质的协议,经调解组织和调解员签字盖章后,当事人可以申请有管辖权的人民法院确认其效力;人民法院依法审查后,决定是否确认调解协议的效力;确认调解协议效力的决定送达双方当事人后发生法律效力,一方当事人拒绝履行的,另一方当事人可以依法申请人民法院强制执行。[①] 简言之,司法确认就是赋予非诉和解或调解协议的司法强制执行力。关于司法确认概念,我们应注意以下四点:

(1)经过司法确认的民事调解不同于仲裁调解和诉讼调解,前者虽然强调法院的主导地位和指导作用,但是仍然基于民间调解组织的调解功能,当事人达成调解协议只有通过特定司法确认程序才具有司法强制执行力;而后者由仲裁员或法官主持调解,当事人达成的调解协议直接具有司法强制执行力。

(2)司法确认程序不但适用于民事调解协议,而且适用于民事和解协议。不可否认,司法确认的地方试验如定西模式首先针对民事调解协议,但是当事人自行达成的和解协议也可以适用于司法确认程序,如广州市花都区人民法院明确地将当事人和解协议与调解协议一同纳入司法确认程序,它规定当事人在区司法局、公安交警大队、区劳动和社会保障局等部门的主持下达成调解协议或自行达成和解协议后,由法院根据当事人的自愿申请,对调解协议进行实体和程序上的司法审查,经审查后,产生四种法律处理结果,其中主要的一种处理结果是对内容自愿合法、不损害第三方利益的,出具强制执行力的调解书确认纠纷终结。[②]

(3)司法确认程序不但适用于司法审判启动前具有民事合同性质的诉前调解或和解协议,也适用于司法审判终结前具有民事合同性质的诉中调解或和解协议。2008年12月22日,广东省高级人民法院和司法厅联合下发《关于进一步加强诉讼调解与人民调解衔接工作的指导意见》(粤高法发[2008]42号)显示了司法确认机制向诉讼审判过程发展的新方向,因为它规定本省基层人民法院及其派出庭对正在审理的民事案件和刑事附带民事诉讼的民事纠纷部分,在征得各方当事人同意后可以委托人民调解工作室调解或者请求其协助调解,当事人可就达成的调解协议申请法院进行司法审查,受理法院审查后出具民事调解书。

(4)司法确认程序不但适用于人民法院民事审判过程达成的调解和解协议,也适用于人民法院民事执行过程中达成的调解和解协议,甚至将此程序延伸到刑事审判执行和行政审判执行领域,这为解决司法确认的诉调对接机制

[①] 最高人民法院:《关于建立健全诉讼与非诉讼相衔接的矛盾纠纷解决机制的若干意见》,载《人民法院报》2009年8月5日第3版。

[②] 贾志生、胡德华:《突破瓶颈,先行先试:花都法院建立健全多元诉前调解司法确认机制》,载《广州审判》总第52期。

法治化提出了新的挑战和实践课题。按照最高人民法院2010年6月7日发布的《关于进一步贯彻调解优先调判结合工作原则的若干意见》(法发[2010]16号),各级人民法院要进一步完善诉讼调解衔接机制,把调解作为处理案件的首要选择,自觉主动地运用调解方式处理矛盾纠纷,把调解贯穿于立案、审判和执行的各个环节,贯穿于一审、二审、执行、再审、申诉、信访的全过程,把调解主体从承办法官延伸到合议庭所有成员、庭领导和院领导,把调解、和解和协调案件范围从民事案件逐步扩展到行政案件、刑事自诉案件、轻微刑事案件、刑事附带民事案件、国家赔偿案件和执行案件,建立覆盖全部审判执行领域的立体调解机制。

因此,准确地讲,"司法确认"的全称应为"非诉和解或调解协议的司法确认机制"。如今,非诉调解协议的司法确认程序已得到《人民调解法》的法律确认,最高人民法院于2011年3月还颁发了《关于人民调解协议司法确认程序的若干规定》,对人民法院进行司法确认的案件受理范围和排除范围、调解协议的执行以及审查监督等程序进行了详细规定。

第七章 司法组织与司法职业的社会学分析

第一节 司法组织与行为分析

一、司法组织的概念界定

(一)司法与司法组织

上章已提到,司法有广义和狭义之分。狭义上的司法即形式意义上的司法,特指法院的权限及其审判活动。在这个意义上,"司法组织"与"司法机关"和"法院"的概念外延大体重合,但有些国家如我国的检察机关也可以归入狭义的司法机关范畴。广义的司法即实质意义上的司法,是指与立法和行政相对的、通过适用具体法律规范解决争讼的一种国家的专门活动。在这个意义上,"司法组织"概念的外延大于"司法机关"和"法院",它除了法院外,还包括检察机关、警察机关、司法行政机关等国家机关以及法律授权的专门组织和与司法组织程序有衔接关系的准司法组织如仲裁机构、调解组织、公证机关、司法鉴定和法律咨询机构等。本章主要研究狭义上的司法组织——法院的行为表现。

(二)司法权的性质

法院作为狭义上的传统司法机关,按照现代法治的分权原则,它是专门行使司法权的国家机关。相对于立法权和行政权而言,法院行使的司法权性质可定位如下:①其一,司法权是一种执行权。司法是与立法相对应的活动。本质上,司法机关的职责和司法活动的使命是准确适用立法机关制定的法律规范,其权限受到主管和管辖范围的限制。在这个意义上,相对于立法权,司法权与行政权具有相似的性质和特点,但是它一般不会像行政机关那样主动地实施法律。其二,司法权是一种裁判权。司法机关适用法律的活动是一种创造性活动,其目的是依法解决各类纠纷。在这个过程中,法官需要对案件事实作出调查和判断,并通过对法律规范的解释,将其与案件事实联系起来,进行法律推理,得出法律适用的结果。在缺乏明确的法律规范或出现复杂的事实和法律问题时,法官可以行使自由裁量权发现或创造新的法律规范,推动法律的发展。司法活动适用法律、处理案件的结果是作出裁判文书,生效的司法裁判是具有终局效力的裁判,表明国家对纠纷或事项的最后判断和决定。在这个意义上,司法行为与行政执法和行政适用行为存在本质的区别。也这是这一特性,不仅明显地将检察权与审判权区别开来,实际上也将法院的审判权与执行权的区别凸现出来。其三,司法权是一种救济权。没有救济就没有权利,法律调整的最终保证就是当权利实现出现障碍时,能够提供一种权威性的救济机制,使受害者的权利得以恢复、实现或得到补救,使违法者承担相应的法律责任。司法救济通常是通过司法程序和司法裁判作出的,相对于其他救济而言,它具有最高的权威性和法律效力。不过,司法救济是一种事后救济,它主要针对已经发生的纠纷,适用正在生效的法律规范提供救济的,其根本使命不是对纠纷的预防,也不是规划未来的行为。其四,司法权是一种监督权。按照分权的法治原则,每一种权力对其他权力都具有监督和制约的功能,司法权也不例外。司法权通过行政诉讼,可以直接针对行政机关的滥用作出纠正,为受到侵害的相对人提供司法救济。同时,通过司法审查权的行使,可以对立法机关和行政机关的行为及其制定的规范性文件的合法性和合宪性作出裁判,并通过个案对民主的弊端(如多数决的非正义的法律规则或制度)进行纠正。

---

① 参见范愉:《司法制度概论》,中国人民大学出版社2003年版,第5~6页。关于司法权的性质,学术界存在判断说、权威说、裁判权说、社会权说等观点。司法的社会权说值得关注,该观点认为司法权是一种社会性权力,所谓司法权的社会性是指:"社会性是司法权的根本属性,司法权最突出地体现了人民的自治性权力;要从现实的人的社会历史实践出发,包括动态的社会性;司法的社会性并不是说社会单线决定司法,而是指司法能动地回应社会。"参见苏州大学2004届法学硕士论文《论司法权的社会性》,作者逄志龙,指导教师胡玉鸿教授。

在现代社会,司法还通过对自治性规范、社会团体的活动甚至政治行为进行司法审查和监督,以确保公共利益和福祉以及社会秩序的安全稳定。不过,司法监督一般属于事后的个案监督,不同于立法或行政层面的事先监督与事中监督。

(三)司法组织的区域布置

司法组织的区域布置主要遵循两种原则样式:

1. 按照行政区划制度设计法院,在相应级别的行政区设立相当级别的法院组织,如我国目前大陆的普通法院系统就是按照四级行政区划设计的(见图7.1),其中,基层人民法院包括县人民法院和市人民法院、自治县人民法院和市辖区的人民法院;中级人民法院包括省、自治区内按地区设立的中级人民法院,直辖市内设立的中级人民法院,省、自治区辖市的中级人民法院和自治州人民法院;高级人民法院包括省高级人民法院、自治区高级人民法院和直辖市高级人民法院;最高人民法院设在首都北京。此外,在一些大的乡镇和街道设立基层法院的派出庭。

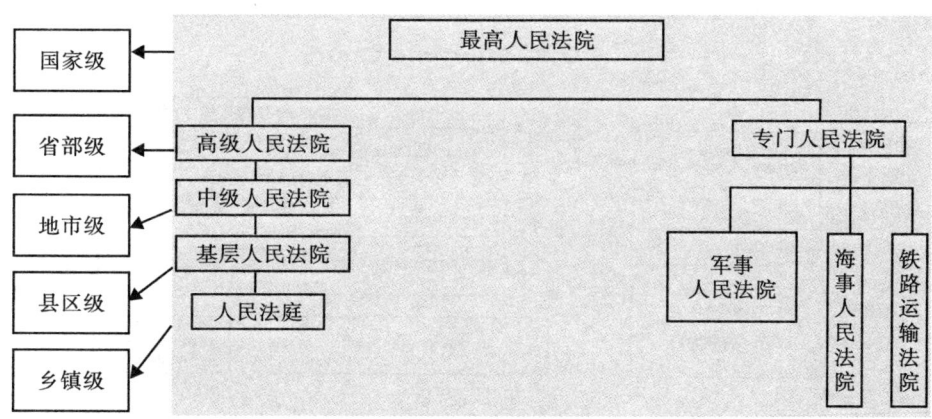

图 7.1　中国法院组织系统

关于我国法院组织的区域设置,还有一种司法改革动向值得关注,那就是2013年11月12日中共第十八届三中全会通过的《中共中央关于全面深化改革若干重大问题的决定》所指出的:"改革司法管理体制,推动省以下地方法院、检察院人财物统一管理,探索建立与行政区划适当分离的司法管辖制度,保证国家法律统一正确实施。"①该决定意味着我国法院组织的区域布置将向美国联邦法院组织配置原则靠拢。但是在可预见的将来,我国法院的区域布置仍将主要遵循行政区域划分的行政级别配置原则。

2. 将全国直接划分为若干审判区域,按照审判区域而不是按照行政区划设计法院,如美国联邦法院系统就是由94个联邦地区法院、13个联邦上诉法院和一个联邦最高法院组成(见图7.2;图7.3)。其中,每个州至少有一个地区法院,较大的州可能设立2至4个地区法院,如纽约州、得克萨斯州和加利福尼亚州就分别设有4个地区法院,全国50州共设有89个地区法院,加上哥伦比亚特区、波多黎各领地美属维尔京群岛、关岛、北马里亚纳群岛各自设立的1个地区法院;全国50州划分为11个司法巡回区,加上首都华盛顿哥伦比亚特区,每个巡回区设立一个联邦上诉法院,共12个上诉法院,另外还有一个特别的"联邦巡回区",其上诉法院称为联邦巡回上诉法院,由12名总统提名经参议院同意任命的法官组成,办公地点也设在哥伦比亚特区;联邦最高法院设在首都华盛顿。

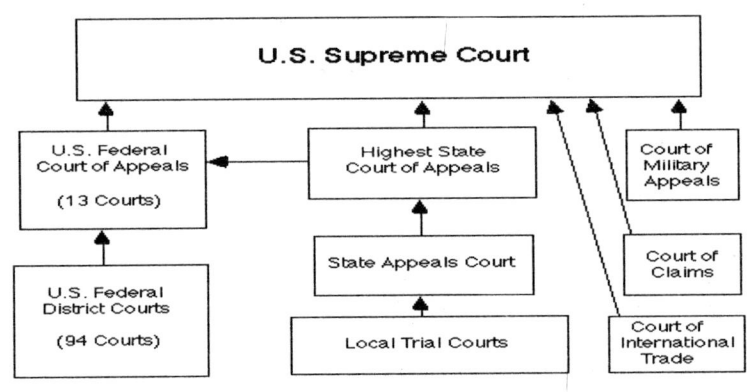

图 7.2 美国联邦法院组织系统

(四)司法组织的主要分类

司法组织的分类主要与主权归属、国家结构、审级制度、案件性质和审判管辖权等存在密切关联:

---

① 中共中央:《关于全面深化改革若干重大问题的决定》(2013-11-15 公布):http://news.xinhuanet.com/politics/2013-11/15/c_118164235.htm(2014-01-04 访问)。

1. 根据主权归属的不同,法院可分为内国法院、区域法院、国际法院和国际刑事法院,其中内国法院是一个主权国家内部设立的法院;而区域法院则是一个地区多个主权国家共同签约设立的法院,如欧洲人权法院、欧盟法院;国际法院位于荷兰海牙,是联合国六大机构之一,也是联合国的主要司法机关,成立于1946年04月03日;国际刑事法院成立于2002年,其主要功能是对犯有种族屠杀罪、危害人类罪、战争罪、侵略罪的个人进行起诉和审判,它成立的基础是2002年6月1号开始生效的《罗马国际刑事法院规约》。

2. 从国家结构上分,法院分为联邦法院和单一法院。联邦制国家的法院设置一般实行多轨制,联邦法院和联邦主体法院各成系统,互不干涉。单一制国家设立统一的法院系统,一般存在单一的最高法院。

3. 从审级上分,法院可分为初级法院、上诉法院(高等法院)和最高法院。各国各地区的法院一般存在3到4个审级,实行一审终审制、二审终审制或三审终审制。其中,初级法院是地方基层法院,主要审理情节简单轻微的诉讼案件;上诉法院多为区域高等法院,有些国家还细化为中级法院和高级法院两个级别,它除了受理上诉案件外,也可作为初审法院或终审法院受理初级法院管辖权之外的重大诉讼案件;最高法院一般为最高上诉法院,是国家的最高审判机关,也可作为初审法院审理全国性重大案件实行一审终审制。如此,我们还应区分初审法院、上诉审法院和终审法院的分类,这与初级法院、上诉法院(高级法院)和最高法院的分类不能混同。

4. 从案件的性质和审判管辖上分,法院分为普通法院和专门法院。其中,普通法院主要负责受理民事和刑事诉讼案件,它在实行法院单轨制的国家如美国还会承担行政诉讼和宪法诉讼案件的审判工作。专门法院即特别法院,享有特定领域的专门管辖权,如法国的行政法院、美国的国际贸易法院和联邦税务法院、俄罗斯的联邦仲裁法院、德国的联邦宪法法院和联邦劳动法院、日本的家事裁判所、伊朗的宗教法庭、我国大陆的军事法院和海事法院、我国香港的土地审裁处等。

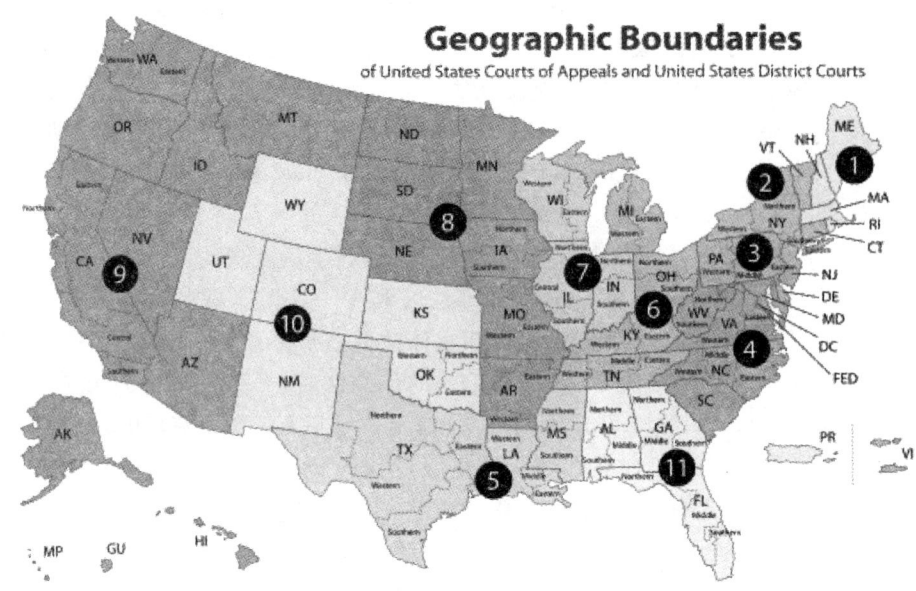

图 7.3　美国联邦上诉法院分布图

二、行为主义与功能主义范式

行为主义和功能主义被誉为法社会学研究的两大范式①，为我们分析各国各地区的司法组织的结构—功能及其行为表现提供了基本的方法论指引。其中，行为主义范式着眼于研究对象主体外在行为的动态分析，而功能主义范式是基于结构—功能的社会观而建立的、着眼于研究对象内在结构—功能关系的静态分析。

（一）行为主义范式

司法社会学中的行为主义范式，即行为主义的司法分析方法，它在方法论在遵循或坚持实证主义社会学的方法论传统，一方面强调经验性，也就是通过经验来认识司法行为，将司法组织等司法主体的司法行为视为可观察的社会

---

① 从学科史的角度来看，法社会学的范式可以概括为行为主义、功能主义、冲突理论和建构主义等四种主要类型，这反映了不同的法社会学研究者在研究法律与社会现象时遵循了不同的理论和方法论模式。参见朱景文：《法社会学》，中国人民大学出版社 2005 年版，第 64 页。

现象表现;另一方面强调验证和证实,即通过一个个具体的社会经验事实,来证明那些反映司法行为本质的一般性理论假设。因此,行为主义范式就是把各种司法行为看作是影响或导致某种司法现象的变量,司法社会学研究就是要测量这些变量及其相互关系,用来验证和建立起具有解释性的一般模型和理论。在行为主义范式中,司法行为是指个体在社会系统中与司法相关联的各种具体行动。社会系统中的司法现象本质上是各种具体司法行为相互联系和相互作用的结果,因此,不同的司法行为是司法现象的变量。如果用公式来表达,行为主义范式的逻辑结构如下:

$$F_1 = ay_1 + by_1 + \cdots\cdots + k$$

在上述公式中,F_1表示某种司法现象,y代表不同的具体司法行为,a和b分别表示不同行为变量的作用系数,k是一个常量。根据这一逻辑框架,作为一门科学的司法社会学,就需要通过经验的考察,来测量、确立和验证各种司法行为的作用系数,以便建立起一个具体的、经过经验验证的理论解释模型。行为主义法学的杰出代表布莱克,就是主张按照科学的方式来研究法律与社会的关系,他提出的"纯粹社会学"研究,实际上就是按照实证社会学的方法,建立起各种法律行为变量之间的关系模型,用以预测法律变化的趋势,为此他还特别建立起富有美国特色的司法社会学框架——案件社会学。他指出:"纯粹法社会学的核心是案件的几何排列,或者用本书的语言说是案件的社会结构。通过运用这一术语我指称的是法律案件在社会空间中的位置和方向:谁与谁发生冲突;谁会作为第三方参与冲突,如律师、证人和法官。这些参与者之间的距离有多大?谁的社会地位高,谁的社会地位低?案件的命运取决于它的几何排列。"[①]可见,布莱克所指的"案件的社会结构"实际上就是具体案件处理过程中所涉及的不同诉讼主体的社会关系状况,他为此设定了法律量、案件强度和歧视量等相关函数来分析案件处理过程中出现的对手效应、律师效应和第三方效应,并有针对性地提出了诉讼应对策略。

(二)功能主义范式

司法社会学的功能主义范式,即功能主义的司法分析方法,是结构—功能主义在司法社会学研究中的具体体现,它的核心内容是将司法看作是各种内在要素构成的整体结构,而社会中的各种司法现象便是司法整体结构或系统

---

① [美]唐纳德·J.布莱克:《社会学视野中的司法》,郭星华等译,法律出版社2002年版,中文版序言第1~2页。

的子系统和结构成分,它们的存在和变化对整个法律与社会系统都具有一定的功能。正是不同的司法结构要素及其子系统所发挥的必要功能,法律与社会系统才得以维持运行。作为学术流派,结构—功能主义是20世纪五、六十年代占主导地位的社会学流派,以塔尔科特·帕森斯和默顿等为代表。该流派强调通过"系统"范畴将社会结构和社会整体作为基本的分析单位,侧重考察社会系统的现存结构及其在维持系统生存中所发挥的社会效果,并致力于回答"一个社会系统为了维持其存在,有哪些基本条件必须得到满足以及这些条件如何得到满足"之类的基本问题。① 按照帕森斯的观点,结构的功能在于满足系统的必要条件,即 AGIL 范式:

A	I
G	L

具体而言,这些必要条件就是适应(adaptation)、达鹄(goal attainment)、整合(integration)和维模(latency pattern maintenance)四个方面,而社会作为系统的存在相应地也包括四个子功能系统:适应环境必需的经济制度、目标决策和组织实施的政体、维持系统统一的法律等社会规范以及保存与传递社会基本价值的家庭和教育等,这些功能子系统之间分别通过货币、权力、影响和声望等交换媒介实施对流式交换。默顿则强调进行功能的经验主义分析时应明确功能分析的项目,注意可观察效果中的显功能、潜功能和反功能等表现。如今该流派虽然已不再是主导社会学界的主流思潮,但是由它所发展的功能分析方法仍然被广泛地应用于法学和人文社会科学领域。在法学研究领域,功能主义的分析方法关注的问题主要包括四个方面②:(1)法律规则或规范是如何界定人们的角色及其行动意义的? 这一问题实际上主要涉及法律规章的内容、范围、意义和功能,透过分析,可以了解在规则系统内,法律是如何作用于个体的行动,乃至于对社会系统发挥其功能的。(2)人们为什么要遵守或违反法律规则? 这一问题与法律规则的合法性有关,也就是法律是怎样赋予行动规则以合法性的。关于这一问题的分析视角,是法律规则的价值与社

---

① 贾春增:《外国社会学史》(修订本),中国人民大学出版社 2000 年版,第 213~215 页。
② 参见朱景文:《法社会学》,中国人民大学出版社 2005 年版,第 67 页。

会系统目标的一致性程度考察。(3)遵守或不遵守法律规则行为的后果是什么?即法律具有什么样的效力。在分析这一问题时,个体行动的差异、法律控制以及对这种行动的整合机制是主要分析对象。(4)法律规范系统是如何实现一致的?系统的一致性是功能分析法的前提假设之一,各子系统之所以对整个社会系统发挥特定功能,且能够维持系统的运行和稳定,就是因为子系统的功能对于社会系统来说具有一致性的功能。结构—功能主义方法还可以运用于关于法律现象及其发展规律的比较研究。

三、最高法院的功能主义分析

(一)功能意义上的最高法院研究

关于当今各国最高法院的功能研究,法学界关注的不是很多,并且主要是关于中国、日本、美国等国最高法院的功能分析。综合而言,主要包括以下几类观点:

贺卫方是我国最早关注最高法院功能的学者之一,他从法治社会建构的角度列举了各国最高法院普遍具有的三种功能,即政治功能、统一法制功能和符号化功能。他认为,政治功能是我们首先应注意到的最高法院功能,因为它体现了司法的独立和司法权对于行政权和立法权加以制约和平衡的正当性。他还注意到最高法院与一般司法组织的功能差异,认为最高法院不应作为一般法院处理事实方面的争议,而只应审理那些具有法制统一意义的法律争议。最高法院的符号化功能意味着最高法院是国家法律秩序的象征,是社会正义的化身,是公民权利最强有力的也是最终极的捍卫者。[①]

张卫平认为,与西方国家的最高司法机构相比,我国最高法院存在七大突出特点:广泛的司法解释权、基本上不具有违宪审查权、既是初审法院也是上诉法院、事实审法院、在司法运作方面发挥着较强的行政管理性作用、直接受权力机关的干预、没有高资历要求等。他提出,保证法制的统一性是最高法院最主要的功能,这可以通过违宪审查和上诉案件的法律审来实现;我国最高法院应弱化并最终遗弃具有行政化色彩的个案批复制度的功能。[②]

左卫民、汪三毛通过中日最高法院的功能比较,提出最高法院具有审判、

[①] 贺卫方:《论最高法院》,载《人民法院报》2002年8月23日第3版。
[②] 张卫平:《复议最高法院》,载《人民法院报》2002年9月6日第3版。

司法立法(规则制定)、司法行政和司法政策形成共四类功能[①]。冯军、张丽霞从传统法院向现代法院功能转型的角度,进一步提出最高法院具有纠纷解决的直接功能和社会控制、权力制约、公共政策的制定等延伸性功能的基本分类。[②] 左卫民在《最高法院研究》一书中将最高法院的功能概括为政治性功能和司法性功能,其中政治性功能表现为权力制约功能和公共政策形成功能,而司法性功能包括纠纷解决功能和法制统一功能。他认为,最高法院的司法性功能首先是纠纷解决功能,一般通过上诉审的方式来实现,它不仅存在强弱之别,而且在法律适用和事实认定上也有区别,如美国最高法院的纠纷解决针对法律适用问题,而中国最高法院实施纠纷解决功能则要涉及事实认定问题。[③]

也有一些学者运用实证材料具体探讨了我国最高法院的某些功能:根据最高人民法院的历年工作报告,喻中考证了我国最高法院实际承担的三项具体政治功能:"为国家的中心工作服务"、"实现全国法官的组织化"和"促进国家和社会的组织化"[④];侯猛在其博士论文《中国最高法院规制经济的功能》专题探讨了1949年以来中国最高人民法院的经济规制功能,后来又以我国最高法院规制经济的司法过程为切入点,在研究最高人民法院的功能定位时指出,"有必要改变现在既进行法律审又进行事实审的做法,建立起以上诉审为中心的审判制度,最高法院只进行法律审"。[⑤]

罗伯特·麦克罗斯基从历史变迁的角度,将美国联邦最高法院的历史发展划分为具有鲜明特征的联邦主义、经济规制和民权保护三个时期[⑥],这实际上实证地考察了美国最高法院的权力制约、经济规制和人权保护等方面的功能表现。此外,季卫东对最高人民法院的审判监督和司法解释等方面的功能

[①] 左卫民、汪三毛:《最高法院比较研究——以中、日最高法院的功能为视角》,载《社会科学研究》2003年第6期。

[②] 冯军、张丽霞:《纠纷解决与社会控制——我国最高法院的若干功能解读》,载《河北大学学报》(哲学社会科学版)2005年第3期。

[③] 左卫民等:《最高法院研究》,法律出版社2004年版,第4~7页。

[④] 喻中:《论最高人民法院实际承担的政治功能——以"最高人民法院历年工作报告"为素材》,载《清华法学》(第七辑),清华大学出版社2006年版,第43~54页。

[⑤] 侯猛:《最高人民法院的功能定位——以其规制经济的司法过程切入》,载《清华法学》(第七辑),清华大学出版社2006年版,第26页。

[⑥] [美]罗伯特·麦克罗斯基:《美国最高法院》,任东来等译,中国政法出版社2005年版。

也进行过富有启发性的批判反思。① 傅郁林从民事诉讼审级制度的视角就中国最高法院的上诉法律审改革问题提出过自己的见解。②

(二)最高法院的审判、政治与社会功能

上述学者虽然只是就中日美等国的最高法院进行功能意义上的学术研究,但是具有典型意义,他们的研究主要涉及最高法院的三方面功能:司法功能、政治功能和社会功能。司法功能即审判功能、裁判功能、纠纷解决功能,是最高法院基本功能的表现,主要是解决各类民事纠纷、刑事控诉、行政诉讼、宪法诉愿等社会纠纷,最终以维护和实现国家法制统一为目标。其中,最高上诉审或上诉终审是各国最高法院诸多审判功能中最基本的司法功能;而政治功能和社会功能是各国最高法院所发展的延伸功能,其目的是实现权力制约与平衡、制定公共政策、规制经济、保护人权,进而实现更广泛的政治监督并满足司法的多元化社会需求。

1. 最高法院的审判功能

(1)最高法院即最高级法院,是一国审级最高的司法主体,又称为上诉终审法院,既有别于立法和行政等公权力机关,也有别于低级法院。上诉终审功能的存在和发挥甚至昭示一国的主权、司法尊严与独立。最高法院具有司法性、终审性和主权性的功能性特点。首先,最高法院是一国中央国家权力体系中具有特殊地位的司法机关,司法审判功能是最高法院区别于其他中央国家权力机关的首要功能特点。"争议的解决是司法体系的首要职能,"而"首先法院是为了解决争议而设立的机构"③。按照现代社会的分权原则,司法权由法院来行使,审判是司法的基本功能,通过审判来解决各类纠纷是法院功能的最主要体现。"在这个意义上,司法和法院的审判活动具有基本相同的内涵和外延,司法即审判,司法机关即法院,司法程序即诉讼程序。"④由此,以法院为载体的司法权体现出与立法权和行政权不同的权力属性,解决纠纷的审判功能使司法机关有别于其他公权力机关。在实践上,功能意义上的司法主体虽然并非法院一家,法院以外的许多机构,如检察机关、公安机关、调解组织、仲裁

---

① 季卫东:《最高人民法院的角色及其演化》,载《清华法学》(第七辑),清华大学出版社 2006 年版,第 4~20 页。
② 傅郁林:《审级制度的建构原理——从民事程序视角的比较分析》,载《中国社会科学》2002 年第 4 期。
③ [美]彼得·G. 伦斯特洛姆:《美国法律辞典》,贺卫方等译,中国政法大学出版社 1998 年版,第 2~3 页。
④ 范愉:《司法制度概论》,中国人民大学出版社 2003 年版,第 2 页。

机构以及消费者协会等,也承担一定的纠纷解决功能,但它们的基本功能为固有的法律监督、行政执法或非诉讼的社会协调等功能。与其他司法组织一样,最高法院虽然也是法定的国家审判机关,司法审判是其基本功能;但是它之所以为最高法院,主要是因为它的审判功能与其居于中央国家机构体系的特定地位相匹配。它"作为一个政治性机构,是一国中央政府权力体系中履行国家司法职能的重要组成部分,将其与行使国家立法职能的立法机关及实施国家行政职能的行政机关区别"。①

(2)最高法院又是一国审级最高的司法组织,它所特有的终审性与主权性使其区别于其他任何司法组织。一方面,最高法院即最高级法院,它因为享有一国最高的上诉管辖权而被称之为上诉终审法院。在当今世界各国,法院审级主要包括二级制、三级制和四级制,而最高法院居于最高审级,故称为最高级法院。"一国的整个司法体系中,最高法院通常处于司法金字塔的顶端。"② 从各国的司法实践来看,一国法院体系按照不同的审判功能大致可划分为初审法院和上诉法院:初审法院处理事实问题,主要是为了解决纠纷;而上诉法院则审查地方法院的诉讼和程序问题,主要解决案件出现的法律问题。③ 在英美法系国家,初审法院进行事实审,上诉法院进行法律审。在大陆法系国家的上诉法院除了法律审外,也进行案件事实的认定。最高法院属于最高上诉法院,它掌管全国统一的司法管辖权,是民事、刑事、行政、宪法等类案件的上诉终审法院,主要进行法律审,但也不排除它具有少量事实审的初审功能和上诉审功能。不管是采取二审终审制的国家,还是采用三审终审制的国家,各级法院都存在明显的功能划分。为了满足不同的诉讼目的,各国通常设置了初审、上诉审和终审等不同层次的司法审判体系。最高法院不是一般的初审法院,也不是普通的上诉法院,而是一国最高的上诉法院或者说上诉终审法院,它的基本功能就是进行法律的最高上诉审,以维护司法的权威和法制统一。另一方面,最高法院的上诉终审功能还是一国主权、司法尊严和独立的重要标识。主权是现代民族国家存在和独立的标志,具有对外的统一性和对内的至上性。按照现代宪政原理,只有适度地分割国家权力,保持司法权的独立、尊严和权威,并最终实现一国最高法院的上诉终审功能,才符合法治的基本价值

---

① 左卫民等:《最高法院研究》,法律出版社2004年版,第3页。
② 贺卫方:《论最高法院》,载《人民法院报》2002年8月23日第3版。
③ [美]彼得·G.伦斯特洛姆:《美国法律辞典》,贺卫方等译,中国政法大学出版社1998年版,第273～275页。

和原则。反言之,若一国不能完整地享有本国的上诉终审权,则意味着主权全部或部分地旁落与出让,中国20世纪上半叶存在的租界现象、1997年前的香港和1999年前的澳门司法终审诉诸宗主国就是例证。而英国枢密院司法委员会也不断见证原英国殖民地和附属国的司法主权回归民族国家的历史,它是根据1833年司法委员会法成立的,其主要功能就是受理来自英联邦成员国、英国海外领地、保护国、托管国和the Isle of Man等的上诉案件,是英联邦各国事实上的最高法院,但其受案数量随着印度等前殖民地的独立、香港回归中国等逐年减少;它作为加拿大宪法问题终审上诉法院的角色在1949年后被该国通过立法废除;新西兰于2003年也通过议会立法取消其对该国的上诉管辖权;根据2001年2月11个加勒比海国家达成的协议,2005年4月成立的加勒比海正义法院已取得该地区国家终审上诉法院的地位,但是该地区的巴巴多斯和圭亚那仍将英国枢密院司法委员会作为它们的最高上诉审法院。[①]

(3)最高法院的上诉终审功能通过行使宪法和司法组织法赋予的上诉管辖权实现,但会受到各国政体、国家结构、司法审级和司法传统等因素的复杂影响。在实行司法集权的国家,最高法院对民事、刑事、行政类案件乃至宪法案件行使统一上诉管辖权。在中国,最高人民法院对所有高级人民法院判决和裁定的普通民事刑事与行政案件、专门人民法院判决和裁定的军事等专门案件具有上诉管辖权。在美国,全国虽然存在并行的联邦法院和州法院系统,但联邦最高法院作为全国司法统一象征的最高法院,对各州最高法院和联邦上诉法院的裁决都拥有上诉管辖权,1789年《司法法》第25条还详细规定了由各州最高法院判决并可上诉至联邦最高法院的三类案件:州法院判决违反联邦条约或法律;州法院判决维护州法律的效力,而被当事人认为违反联邦宪法、条约或法律;州法院判决否决依联邦宪法或法律所请求的权利。[②] 在英国,上议院曾作为英国本土的最高级法院——最高上诉法院,"担当整个联合王国的民事案件和英格兰、威尔士与北爱尔兰的刑事案件在法律观点方面的终审法院,它的决定对所有下级法院具有约束力"。[③] 在实行司法分权的国家,上诉终审权由不同的司法管辖区最高法院行使,并设置有这些最高法院之

[①] The Appellate Jurisdiction of the House of Lords, pp.15~17[EB/OL]. http://www.parliament.uk/documents/lords-library/hllappellate.pdf. (2011-9-6).

[②] 转引朱景文:《比较法总论》,中国人民大学出版社2004年版,第133页。

[③] House of Lords, briefing [EB/OL]. http://www.parliament.uk/documents/upload/HofLBpJudicial.pdf(2007-3-5).

间的权能协调机构。在德国,全国设有联邦法院、联邦行政法院、联邦财政法院、联邦劳动法院和联邦社会法院五类最高法院,并建立了各最高法院组成的联席会议,以减少各最高法院根据同一事实达成的相互冲突判决的可能性,而宪法争议问题则由联邦宪法法院提供先决裁决。在法国,最高上诉法院是民事和刑事等私法领域的最高法院,国家行政法院是行政法等公法领域的最高法院,并由1849年建立的司法管辖权争议法庭来协调两类最高法院的权限争议。

2. 最高法院的政治功能与社会功能

(1)最高法院的政治功能主要表现为司法审查功能:司法审查本质是一种权力平衡机制,它通过法院特别是最高法院行使司法审查权的形式来监督代议机关的立法行为和行政机关的行政管理行为,从而形成不同权力机关的分工制约与监督关系。司法审查的形式既包括对法规规章的违法审查,也包括对一切规范性文件的违宪审查,特别是后者有助于提升法院的政治地位和司法权威,正如有学者指出的:"当违宪审查权交诸法院行使时,法院的地位便大大提升,如果说法院的传统地位仅是纠纷解决机关,那么违宪审查功能便使法院上升为政治机构,且获得一种对行政、立法机关特别是对立法机关的俯视地位,因为仅仅依据宪法来审查分立,便使得以司法为准则的法院获得一种在传统体制下的难以想象的地位。"[①] 不过,我们也不能过分夸大司法审查功能的作用,应根据各国国情具体分析,最高法院总是徘徊于能动主义或消极主义之间,在各国并不一定是强势的第三种权力。最高法院的司法审查以美国联邦最高法院最为典型,主要分布在英美法系国家。

(2)最高法院的社会功能主要表现为公共决策功能,是最高法院的司法能动主义的另一重要表现。所谓公共决策行为,就是"旨在解决或处理社会、经济或政治问题的政府行为。在此意义上,司法决策比之平常作出的处理个人纠纷或犯罪案件的判决,更为宽泛或更具综合性"。[②] 最高法院的公共决策功能不仅通过司法解释和司法审判来实现,也可通过司法审查来实现。我国的最高法院主要通过司法政策和司法解释的形式实现公共决策。在与政治部门处理的同一问题上,最高法院在司法决策方面所表现出的能动主义主要存在

---

① 左卫民、周长军:《变迁与改革:法院制度现代化研究》,法律出版社2000年版,第98页。

② 宋冰:《读本:美国与德国的司法制度及司法程序》,中国政法大学出版社1998年版,第533页。

三类形式:一是政治部门改变了政策并制定出新的政策,但法院仍遵循自身的司法判例并宣告政治部门新的政策违宪;二是最高法院和政治部门都改变了各自原有的政策,但二者方向相反或不是位于同一层面;三是法院改变了原有政策,但政治部门的政策仍保持不变。① 此外,最高法院在一国综合治理与保障社会和谐稳定方面也有不可替代的作用,并通过司法政策、司法解释与司法审判等特有方式予以实现。

……

另附:

1. 关于我国最高人民法院组织行为的社会学分析实例,可参见以下论文:《最高人民法院的角色及其演化》(季卫东)、《最高人民法院的功能定位——以其规制经济的司法过程切入》(侯猛)、《论最高人民法院实际承担的政治功能——以'最高人民法院历年工作报告'为素材》(喻中)、载《清华法学》(第七辑·最高法院比较研究专辑),清华大学出版社2006年版。

2. 关于我国地方法院组织行为的社会学分析实例,可参见以下论文:(1)王亚新:《实践中的民事审判(一)——四个中级法院民事一审程序的运作》,载王亚新等著:《法律程序运作的实证分析》,法律出版社2005年版,第3～48页。(2)王亚新:"实践中的民事审判(二)——五个中级法院民事一审程序的运作",载王亚新等著:《法律程序运作的实证分析》,法律出版社2005年版,第49～97页。(3)贺欣:《经济合同案件的执行——来自珠三角某基层法院的经验研究》,载徐昕主编:《司法》(第二辑·司法程序的实证研究),中国法制出版社2007年版,第72～109页。(4)丁为:《基层法院的困境及其变革——以秦镇人民法庭的'特邀协调员'制度为例》,载徐昕主编:《司法》(第二辑·司法程序的实证研究),中国法制出版社2007年版,第110～125页。(5)徐昀:《非正式开庭:一种话语的建构》,载徐昕主编:《司法》(第二辑·司法程序的实证研究),中国法制出版社2007年版,第134～143页。

---

① Hiroshi Itoh, *Judicial Activism in Japan*, see Kenneth M. Holland, Edited, 1991. *Judicial Activism in Comparative Perspective*, New York, St. Martin's Press, pp. 190～192.

第二节 司法职业与角色分析

一、司法职业的概念界定

(一)司法职业的概念内涵

司法职业的外延小于法律职业,但要理解司法职业的概念,必须首先理解法律职业(legal profession)的概念。"法律职业既是人们从事的直接与法律相关的各种专门活动的总称,又指以这些工作为职业的人员。"[①]作为后一种含义的法律职业,可统称为法律家(lawyer,法学家),也可俗称法律工作者(legal worker),它是指"专门从事司法及其他法律活动、具有国家授予的特定专业资格的职业法律工作者"[②],它有广义和狭义之别:狭义的法律职业,特指从事法律实务工作的法律家,包括法官、检察官和律师;广义的法律职业,还包括其他法律职业(如仲裁员、调解员、公证员等)以及立法者、法学家。我们一般意义上所理解的司法职业特指法官和检察官等从事的司法诉讼工作,在广义上它还包括律师、仲裁员、调解员、司法鉴定人员、公证员等法律工作者所从事的准司法工作。在我国大陆,根据现行的《法官法》、《检察官法》、《律师法》、《公证法》和《国家司法考试实施办法》的规定,初任法官、初任检察官,申请律师执业和担任公证员必须通过国家司法考试,取得法律职业资格。我国对法官、检察官、律师和公证员四类司法职业者实行严格的准入门槛。自2001年建立统一的国家司法资格考试制度以来,截至2012年2月,我国顺利组织了10次国家司法考试,正式授予50万人(包括台港澳同胞)法律职业资格证。[③]而2014年即将迎来我国第12次国家司法资格考试,将有更多的中国公民成为法律职业者。

司法职业的主体是以法官、检察官和律师为主要成员的司法工作者,以诉讼和非诉讼的法律适用活动为工作内容。从法社会学的角度来看,司法职业

---

① 杨亚非:《比较法总论》,吉林大学出版社2001年版,第322页。
② 范愉:《司法制度概论》,中国人民大学出版社2003年版,第65页。
③ 司法部:《10次司法考试50万人获法律职业资格》,http://www.moj.gov.cn/sfkss/content/2012-02/13/content_3347463.htm? node=299(2012-2-17访问)。

者首先是一国法律制度主体体系的基本组织部分,司法组织和司法职业者构成该国司法制度的主体;其次,司法职业者是诉讼与非诉讼活动的主要承担者,以法律规范的实施与实现为主要职业,以其专门性工作而形成特有的法律思维方式和职业共同体。因此,司法职业者的角色不同于一般的社会角色,即使它也同时兼任其他的社会角色,如公共决策、社会维稳甚至经济社会服务。司法职业者构成法律职业共同体的主体部分。

(二)法律职业共同体的特征

共同体(community)是一个社会学概念,意指团体、共同体和公社,通译为"社区",它在社会学的定义可分为两类:一类是功能主义的观点,认为社区是由共同目标、共同利害关系的人组成的社会团体;另一类是地区性观点,认为社区是在一个地区内共同生活的有组织的人群。法律职业共同体并不强调主体构成的区域性空间特征,而是强调其主体构成的结构功能特征,它是指"具有共同信念、共同价值、共同规范、共同文化的法律工作者群体"。[①] 具体而言,法律职业共同体具有如下共同特征:

1. 法律职业虽然相对独立,但内部存在分工协作的紧密关系:一方面,相对于其他社会职业,法律事业的公共属性非常明显,必须严格遵循和统一适用体现公共意志的法律规范、法律原则和法治精神,而不同于热衷权力追逐的政治活动与实现利润最大化的经济运营,因此它忠实于宪法和法律,实现社会正义,存在共同的职业伦理道德。另一方面,由于社会分工的细化和法律现象的复杂多元化,法律职业内部也形成了不同的共同体——法官、检察官、律师等,它们实行行业自治自律,独立于行政与立法部门,这些职业各司其职,在诉讼与非诉讼活动中却又关联,既互相配合又相互监督。

2. 法律职业共同体存在共同的法律信仰、思维方式和精神特质:他们是现代法治的忠实维护者,有着非常浓郁的责任意识、求实精神和逻辑思维。由于服务对象(诉讼与非诉讼当事人)和适用依据(法律规范)的特定性,他们具有非功利性(即使逐利相对明显的律师行业也不能像企业那样进行广告宣传),强调"以法律为准绳",他们首先是权利、自由和公正的维护者,承担着法律生成与再现以及法治宣传的社会责任,而不是首先为权利、自由和公正的享受者。同时,他们"以事实为根据",通过采信证据甄别法律事实,而不是简单地认定自然事实与社会事实,更不能以想象和推理代替证据的筛选与采纳,从

[①] 陈信勇:《法律社会学教程》,浙江大学出版社 2000 年版,第 80 页。

这个角度来说,他们有着浓重的现实主义情节。此外,他们思维严谨缜密,反对任何恣意与随意,逻辑和辩论艺术是其必须掌握的工作技艺。

3. 法律教育与职业培训的专业化:就法律教育而言,如今虽然存在精英教育与通识教育的争论,但在法治发达的国家和地区,法律职业者作为社会的精英阶层却是不争的事实,具有高层次的法学教育背景成为法律职业者的必要准入条件。同时,各国各地区也形成了严格而系统的法律职业培训机制,法律从业者必须经过长时间反复的职业培训和再教育才能不断适应迅速变革中的社会需求。如中国香港特别行政区市民必须具有大学本科以上的法学学位,并在指定的香港大学、香港城市大学和香港中文大学之一的法学院接受培训后方可申请律师执业;而德国公民必须经过两次国家司法资格考试,并经过两次的实习期和为期5年的候补期后才有望被任命为终身法官与检察官。二战后的日本法官任命更为严格,法科本科毕业生要参加全国统一的律师资格考试,考试合格或进入司法研修所学习工作2年,一旦获得结业证证书即可取得任职资格,分别从事法官、检察官和律师等法律职业。日本每年约有70名被任命为助理法官、50名被任命为助理检察官,其余的成为律师。助理法官由内阁根据最高法院的提名任命,获得任命后须回到司法研修所参加两个培训课程,然后就被安排到大城市的地区法院正式担任助理法官。两年后,助理法官回到司法研修所完成行政案件和青少年案件的课程,经过3年的法律职业实践后再回到司法研修所完成另一门课程——独任法官的法庭审判。经过授权的助理法官经过10年的审判和预审实践,就可以被任命为正式法官。

另附:

关于中国法律职业共同体的社会学分析,可参考朱景文:《中国法律工作者的职业化分析》,载朱景文主编:《法社会学专题研究》,中国人民大学出版社2010年版,第412~427页。

二、司法职业的角色特征

(一)角色的概念

1. 角色的内涵与特征

莎士比亚的戏剧《皆大欢喜》第二幕第七场有段著名的台词:

"全世界是个舞台,

所有的男男女女人不过是一些演员;

他们都有下场的时候,也都有上场的时候,

一个人的一生中扮演着好几个角色。"①

这段由杰克斯说出的台词很形象地描绘了人生舞台个人与社会的关系,而角色(role)作为戏剧影视的一个专有名词,自 20 世纪上半叶才逐渐被移植到社会学领域,用以表达特定时空中个人的社会地位、关系和行为模式。美国社会学家米德和人类学家林顿较早地把"角色"概念正式引入社会心理学的研究:前者研究了儿童角色意识的形成,即从想象的扮演某个角色发展成为成熟地承担某个角色,进而认为角色是在互动过程中形成的;后者于 1936 年出版《人的研究》,指出角色不过是在任何特定场合作为文化构成部分提供给行动者的一组规范。后来的社会学研究大体形成了两类角色理论:一类是林顿(Ralph Linton,1893—1953)为代表的结构角色论,这是一种结构—功能主义的研究进路,他们认为角色概念是用作构造其关于社会结构、社会组织理论体系的基石,而社会就是一个由各种各样相互联系的位置或地位所组成的网络系统,其中个体在这个系统中扮演各自不同的角色;另一类是特纳(Jonathan H. Turner)为代表的过程角色论,这是一种行为主义的研究进路,他们以社会互动作为基本出发点,围绕互动中的角色扮演过程展开对角色扮演、角色期望、角色冲突与角色紧张等问题的研究。前面提到的莎士比亚戏剧台词就很形象地解读了特纳的过程角色论,正如特纳本人所说的:"正如演员在舞台上有明确的角色,社会行动者也占据明确的地位;正如演员必须按照写好的剧本去演戏,行动者在社会中也要遵守规范;正如演员必须听从导演的命令,社会中的行动者也必须听凭权贵或大人物的摆布;正如演员在台上必须对彼此的演出相应地作出反应,社会成员也必须互相调适各自的反应;正如演员必须与观众相应,社会行动者也有必要充当多种他人或'一般化他'的角色;正如技能不同的演员赋予角色以独特的解释意义,具有不同自我概念和角色扮演技巧的人拥有其独特的互动方式。"②综合上述两类不同的角色理论,我们就可以发现,社会学中的"角色"概念与个人的社会地位、社会关系及其行为规范和模式等存在密切关系,不妨将角色的内涵和特征归纳如下:第一,角色反映出人的特定社会地位和社会身份,是个体所处社会位置的外在表现,不同的社会地位总是赋予个体不同的社会角色。但角色不是自定的,它是由他/她所在的社

---

① 朱生豪译:《莎士比亚戏剧集》海天出版社 1999 年版,第 175 页。
② [美]乔纳森·特纳:《社会学理论的结构(下)》,邱泽奇等译,华夏出版社 2001 年版,第 48~49 页。

会群体决定的。第二,角色是人的社会属性和社会关系的总和,每个个体总是扮演多种不同的社会角色,因而承载着不同的社会属性和社会关系。同时,角色是社会群体形成与发展的基础,每一社会群体总是由相同或相似的个体角色构成。第三,角色反映特定的行为模式和规范体系,它必然包涵着特定的权利义务关系。也就是说,每一种具体的角色意味着必须承担相应的义务和责任,并享有相关的权利和权力。因此,角色总是对应诸多的社会期望,这包括剧本期望、其他演员的期望和观众的期望等。

2. 角色的主要分类

按照不同的标准,社会学视野中的角色概念可以进行不同的分类:

(1)按照人们获得角色的方式不同,角色可分为先赋角色和自致角色,其中,先赋角色亦称归属角色,是建立在血缘、遗传等先天的或生理的因素基础上的社会角色,或者个人在成长过程中自然而然获得的角色。先赋角色涉及三种情况:一种是由遗传、血缘等因素决定的角色,如性别角色、种族角色和民族角色等;一种是个体在生命过程中由必经的某一阶段所决定的角色,如儿童、青年、中年和老年等角色;一种是个人出生时由社会预先规定好了的角色,是一种制度性的先赋角色,主要是指在奴隶、封建社会由社会制度因素所确定社会角色,如阶级角色和职业角色。自致角色,亦称自获角色或成就角色,它主要是通过个人的活动和努力而获得的社会角色。自致角色的取得是个人活动的结果。随着现代社会分工的发达和人口流动的加快,一些先赋角色转化成自致角色,如职务、职称、学衔等都是靠人们的后天努力获得的。

(2)按照角色追求的行为动机和目标不同,角色可以分为功利性角色和表现性角色,其中,功利性角色是指以追求效益和实际利益为目标的社会角色,如商人、企业家、私营企业主等角色;表现性角色是以社会制度与秩序、社会行为规范、价值观念和思想道德等为目的的社会角色,如各级党政干部、法官、法学教授等。

(3)按照角色规范化的程度,角色可分为规定性角色和开放性角色,其中,规定性角色是有比较严格和明确规定的角色,即对此类角色的权利和义务,可以做什么,应当做什么,不应当做什么等都有明确的规定,如法官、检察官、律师、政党党员等角色;开放性角色是没有严格明确规定的社会角色,这类角色的承担者可以根据自己对角色的理解和社会对角色的期望而从事活动,如父母、夫妻、子女、亲戚、朋友等角色。

(二)司法职业的角色特征

司法职业在法律职业群体中占据主导地位,并在现代社会扮演着不可或缺而独立性很强的法治角色。相对于其他社会角色，司法职业至少具有以下三方面的角色特征[①]：

1. 司法职业角色的自致性

司法职业角色不是因为血缘、遗传等先天因素自然赋予的，而主要通过个人的后天努力（如教育培训等）而获得的。司法职业的自致性是由法律规范对司法职业的严格要求决定的，现代世界各国对法官、检察官和律师等主要司法职业通过法律法规规定了严格的准入门槛和甄选程序，这些社会角色一般被视为社会中的精英阶层，深受世人的羡慕、尊重和信任。

2. 司法职业角色的表现性

司法职业特别是法官往往被现代人赋予社会的良心依托和法律权威的象征，因此司法职业角色具有浓厚的非功利性色彩，它承载着法律准确适用和权利最终救济的神圣职责。司法职业角色的评判标准不是收入的高低和权力的大小，而是实现社会公平公正的价值目标。

3. 司法职业角色的规定性

一般而言，司法职业不但存在严格的准入门槛和甄选程序，而且存在较为刚性的行为规范和工作程序，其中一部分通过国家立法予以明确规定，一部分通过行业习惯和职业伦理进行普遍确认。不可否认，司法职业内部也存在角色区分，如法官与律师，法官与仲裁员和调解员等的规定性就存在细微的差异，而且同样的角色在不同法系传统的国家也存在明显的差异，但是他们的行为模式的规范性仍然高于其他社会角色，司法职业者的角色不能随心所欲地转换和放弃，这也是司法职业能够形成相对独立的职业共同体的重要原因。

三、司法职业的角色扮演

司法职业的角色扮演即角色执行实践，是一个长期而复杂的法律职业化过程，就社会而言，就存在对司法职业的角色期待与角色确认的两方面问题；而就司法职业者而言，也存在角色认知与角色表现两方面问题。而在司法职业的角色扮演实践中，角色冲突与角色失调在所难免，因为角色扮演的过程与结果既关乎社会对角色的现实评价（社会认同），也关乎个体对角色的自我

[①] 陈信勇认为，法律工作者角色具有四方面的特征：角色自致性；角色表现性；角色规定性；在角色丛中的独立性。参见陈信勇：《法律社会学教程》，浙江大学出版社2000年版，第75~76页。

认同。

(一)角色期待与角色确认

1. 角色期待

角色期待即角色期望,它是指社会或他人对某一司法职业的行为模式的期待和要求,而人们在担任某一角色时首先遇到的就是社会或他人对这一角色的期望,如法官——公正的司法裁判者,检察官——权威的法律监督者与公众代表,律师——专业的法律咨询与代理人,调解员——中立的调停人。

2. 角色确认

角色确认即角色确定,它是社会关于公民的能力、地位和身份与所申请扮演角色一致性的认可仪式,即表现为人们通过法定程序为某一法律机构所接纳并成为实际司法职业者的过程,一般包括司法资格认定与法律执业认定两个阶段,如我国公民通过全国统一的司法资格考试取得司法资格证,然后通过一定阶段的实习考核后申领律师执行证,或者再通过公务员考试并由人大常委会任命取得法官或检察官资格。我国的《人民法院组织法》、《法官法》、《人民检察院组织法》、《检察官法》、《律师法》、《公证法》、《人民警察法》、《仲裁法》、《人民调解法》等规定了法官、检察官、律师、公证员、警察、仲裁员、调解员等司法职业角色的社会确认程序。

在现代社会,司法职业角色确认不当的现象是存在的,大致可归为三种情况:一是不能胜任角色,某个人不具备担当某种角色的能力却被任命到这一位置上;二是未能承担合适角色,即某些有一定才能与条件的人未能被安排到与之相适应的角色上,有可能大材小用,也有可能"此才彼用";三是选择了不适当角色,由于人与人之间的关系不止一种,一个人在某一场合中所扮演的角色也不止一种。与角色确认相关联的问题还包括角色确认的有效性问题,一般来说,人们是否被确定为某种司法职业角色,并不是由个人的主观条件决定的,而是由社会来确定的。事实上,司法职业角色确定的有效性是一个人长期活动、长期努力、坚持不懈的结果。

(二)角色认知与角色表现

角色认知即角色领悟,它是指司法职业者对其角色规范和角色行为模式的认识和理解,人们扮演某一种司法职业虽然会受到社会期待的影响,但主要受制于自身对该司法职业的认识和理解——角色领悟的结果。由于个人的法律基础、思想素质、道德水平、价值观念以及所处社会环境的不同,人们对同一司法职业角色的理解常常存在差别,甚至很不相同。角色认知是个人心中的观念,而角色表现则是个人的社会行为。从理论上说,角色认知与角色表现应当是一致的,但是在现实生活中,社会的角色期待与个人的角色表现之间往往存在距离,这是因为个人的角色表现除了受到个人的角色认知的指导外,还受到角色表现当时主客观诸多因素的影响和制约。此外,社会的角色期待与角色确认也存在不一致性。因此,人们并不能完全按照角色认知的指引付诸行动。社会学的角色理论通常将角色期待与角色表现之间存在的差距称之为角色距离。事实上,一个人对他所承担的角色,扮演得优与劣、水平高与低,很大程度上都与角色距离有关。角色距离就是一个人自身的素质、能力、水平与他要扮演的角色之间的差异现象。一个人扮演社会角色,既然角色不完完全全是其本人,一个人与其扮演的角色之间总会有差异,所以角色距离是普遍存在的。角色距离的概念由美国社会学家戈夫曼提出。"木马的游戏":小孩完全有能力控制木马,他们的能力、素质与所表演的角色是吻合的,因此他们很容易进入角色。戈夫曼认为进入角色需要具备以下三个条件:一是获得了承担某种角色的认可;二是表现出了扮演这一角色所必需的能力和素质;三是本能地或积极地,在精神上或体力上均投入这一角色。当不完全具备这些条件时,当人们与这些角色存在差距时,就不能进入角色。角色距离既包括那些行为和品质达不到角色规范的人,也包括那些素质远远在角色规范之上的人。当然不能将任何与角色规范不符的均称为角色距离,当一个人不承担某种角色时,其行为便谈不上角色距离。人们的角色扮演从来不是一帆风顺的,常常会产生矛盾,遇到障碍,甚至遭到失败,这就是角色失调。

(三)角色失调的表现及其应对

角色失调大体存在五类表现:

1. 角色不清:它是指某些司法工作者对自己担任的角色行为规范不清楚,或者是社会不了解某些司法工作者角色的行为规范。如某些党政大员对法官审案随意批示,曾经存在的法官"吃了原告吃被告"现象等。

2. 角色混同:它是指某些司法工作者不遵循特定职业角色规范的要求,将某一角色的行为方式用以充当其他角色,颠倒或混淆了角色之间的行为规范与要求。角色混同包括自我混同和他人混同两种情况:前者是指自己担任的多种角色混同,如一位担任兼职律师的法学教授,在法庭上像授课一样讲授自己的辩护意见和代理意见;后者是指自己担当的角色与他人角色混同,如一位辩护律师不为代理人的犯罪行为进行减罪或无罪辩护却主张有罪或重罪,把自己当成了公诉人,又如法官忘记自己的职责,在庭审中居然与公诉人、辩护人辩论起来,甚至与旁听群众发生争辩。

3. 角色冲突:它是指司法工作者在角色扮演中,因所担当的多种角色或本角色内部产生矛盾、对立和抵触,进而妨碍了司法工作者角色的顺利扮演。如一位模范的检察官因忙于工作无暇顾及家庭,与他担任的妻子、母亲和女儿角色发生冲突;又如法庭庭长的行政管理角色、大学兼职教授与审判者角色的冲突等。

4. 角色中断:它是指司法工作者在担任本角色之前曾担任其他社会角色,由于原社会角色行为规范与本角色行为规范存在差距,而该司法工作者又尚未为本角色做好准备,以致发生角色断层现象,如退伍军人刚进法院时发生的角色断层;或者同一司法职业角色前一阶段的行为规范与后一阶段所要求的行为规范直接冲突,如律师在同一案件起诉和上诉阶段可能发生的角色中断。

5. 角色失败:这是一种最严重的角色失调现象,是指司法职业角色扮演者无法继续扮演其角色而放弃该角色,大体存在两种情况:一是角色承担者不得不中途放弃该角色的扮演,如因违法被追究刑事责任的法官;二是角色扮演者虽然还在某个角色的位置上,但实践证明其角色扮演已经失败,如长期没有办案而登记在册的律师。

对于以上种种角色失调现象,司法工作者自身应及时进行角色调试或角色整合,学会熟练地掌握角色分析方法,对社会方面的角色期待与个人方面的角色认知与角色表现之间的变量关系进行科学分析,通过角色调试或角色整合,及时调整自己的角色行为,缩短或弥补角色距离,有针对地妥善处理角色不清、角色混同、角色冲突、角色中断,防止角色失败,逐渐接近社会的角色期待与角色确认,实现社会公众心目中比较完好的司法职业角色形象。

(四)角色的社会认同与自我认同

司法职业的角色扮演过程实际上也就是司法的职业化与社会化同时进行的过程,它既需要国家权力和社会公众的鼎力支持和正面评价,即角色的社会认同(social identity);也需要自身角色的逐渐固化与可持续性存在并形成相应的职业共同体,即角色的自我认同(individual identity)。按照角色结构论与角色过程论的不同角色理论观点,角色认同分析也可形成两种不同的研究进路,即认为角色认同取决于特定情景中的文化网络与社会结构,或者认为它取决于个体角色的规划目标与社会期望相吻合的可持续性活动过程。

司法职业的社会认同即司法职业及其行为的合法化过程,可通过相关的法律规范体系和社会公众正面的诚信评价得到实现。司法职业一旦获得社会认同,也就意味着它从国家和社会那里取得了相应的职业声望与角色回报。一般而言,司法职业的声望越高,就意味着它获得的社会地位越高,司法权威与诚信的社会认同度越高。从经济学的角度来说,司法职业角色的社会认同也就意味着司法职业者按照社会的角色期待与角色确认从事相关的诉讼与非诉讼活动而获得的基本报酬。正如社会学家布劳所言,"人们渴望社会对他们的决定和行动、意见和建议表示赞同。别人的赞同有助于他们判断,证明他们行为的合理性以及证实他们的信念"。[①] 当个体的角色行为得到社会认同时,个体自身也会感到职业行为满足与愉悦,进而不断地调整和改进自身的行为,使之更加贴近社会期待与社会确认所确定的角色。角色调试与改进的过程,也就是个体角色不断自我认同的过程,进而形成稳定的角色行为规范。

  角色的自我认同对司法职业化与职业共同体的形成与稳固具有重要意义。按照结构角色论的社会学观点,角色的自我认同受制于诸多因素的共同作用:人们理想化的观念被观众支持的程度;人们充当相应身份的程度;与身份相联系的外部与内部报酬的大小;以前对身份投入的时间和精力的多少。[②] 根据这种观点,每个个体都在互动中谋求通过角色扮演,将自己定位于显著性层级中位置较高的地方,并寻求——无论是在自己眼里,还是在他人眼里的——合法性。与此同时,每个个体都不断地理解他人的姿态,以便明白在显著性层级中什么才算是高的,以及他人的角色扮演是否值得角色支持和其他报酬。在一定程度上,情景的外部结构提供了角色认同的必要条件和标准。但是按照过程角色论的观点,大多数的角色自我认同的互动行为在一定程度上是模糊的、无结构的,即在角色扮演中拥有其他可能的执行方案和对这些执行方案的多种解释。这是因为,人们"通过在个体心灵广场(inner forum)的简单角色领会,或对词语、姿态、行为和其他标识认同和角色执行信息的认知能力,可以消除互动的大部分模糊性。这样,人们就有能力在大量信息(它们累积于心灵广场中,也就是舒茨所说的袖里乾坤)的基础上建构解释。……人们经常根据他们对他人角色的解释调适他们的定位和角色执行,从而临时准备某一角色。一旦这种临时准备发生,各种各样丰富的策略也就被使用;这些策略要考虑表现自我的某一特定形象的排演姿态,并确认在某一显著性层级中高位置的具体定位。反过来说,个体解读他人的剧场形象,以便指派和决定被这些他人所召唤的自我。这样,互动本质上是各种认同间的谈判、对话,人

[①] 转引自吴英姿:《法官角色与司法行为》,中国大百科全书出版社2008年版,第29页。

[②] [美]乔纳森·特纳:《社会学理论的结构(下)》,邱泽奇等译,华夏出版社2001年版,第43页。

们基于角色执行,就某些认同——它们是在他们各自的显要性层级中占据高位并能获得支持,或无须支持的定位——而演出丰富的戏剧化形象"。①

司法职业角色的社会认同与自我认同的交互活动形态在不同法系传统和政治文化体制的国家或地区表现各异,如英美法系国家的法律职业者统称法律家(lawyer),法官与律师的职业角色可以互换,律师一般被认为是最稳定而且最能赚钱的社会职业,法官作为公正化身的社会精英享有最为崇高的声望和社会地位;而在大陆法系国家的法官和检察官统称为司法官(magistracy),是国家公务人员,存在严重的行政化问题,他们与律师职业的互换性差,法官与律师在社会公众中的声望同样不被看好。即使检察官在同一法系国家也存在不同的角色定位,如美国的检察官与司法行政长官重合,英国的检察官独立设置而被看作法定的司法职业者,而大陆法系国家的检察官一般被视为与法官同样重要而并行的司法职业。

第三节 法官角色的社会学分析

法官角色的社会学分析就是借助社会学研究范式与方法将法官作为一个基本的社会角色展开理论或实证的分析,其特点在于"将影响法官这个主体的客观场域与法官主体在司法裁判中的具体行为选择有机地衔接起来"②。法官所拥有的多种角色期待和角色认知整合了法官这个行为主体对影响其裁判行为的一些客观因素的主观认识,并通过法官的角色定位反映出来,最终导致法官主体选择行为的发生,这种选择行为就体现在司法裁判中。法官的角色分析方法还将承认行为主体与主体所在客观场域对法官裁判行为的不同角色认知,都将对法官的角色定位和身份认同产生重要影响。法官角色的社会学分析超越了关于法官研究的传统法学方法,因为它的关注重点不再是从静态的法官制度层面关注法官的现状、任免程序和身份保障等规范制度问题,而是立足主观层面动态地考察法官的自我认知和认同对司法裁判行为的实际影

---

① [美]乔纳森·特纳:《社会学理论的结构(下)》,邱泽奇等译,华夏出版社2001年版,第44页。
② 李瑜青等:《法律社会学理论与应用》,上海大学出版社2007年版,第241页。

响,并结合社会的角色期望与认同的情景来分析法官的角色冲突与失调等问题的应对策略。

一、应然和实然意义上的法官角色

一般而言,法官是行使国家审判权的裁判者,一般指普通法院的职业法官,有些国家也包括行政法院和各类专门法院的法官。不过,非职业法官和治安法官一般被排除在外。根据行为规范的表现形式不同,法官的角色可分为应然意义上的法官角色和实然意义上的法官角色,前者一般通过专门法律将法官角色的社会期待予以规范制度化;后者则借助法官个体的司法行为,反映出法官的角色认知与角色表现的一致性程度。在我国,根据现行法官法第2条的规定,"法官是依法行使国家审判权的审判人员,包括最高人民法院、地方各级人民法院和军事法院等专门人民法院的院长、副院长、审判委员会委员、庭长、副庭长、审判员和助理审判员"。法官在我国的法律职业共同体中居于主导地位,并在各类司法诉讼活动中始终处于裁判者的地位,其判决或裁定具有有效性和终局性。应然意义上的法官角色,可以从社会与法官职业本身两个不同的考察视角予以描述。[1]

从社会的角度来看,应然意义上的法官角色应当是社会正义最后一道防线的守卫者,具体包括以下三方面的内容:

1. 法官是宪法和法律的适用者,也是宪法和法律最为坚定的维护者,因此法官一般被视为法治的守护神。马克思曾经在《关于新闻出版自由和公布省等级会议辩论情况的辩论》一文中指出,"法官除了法律就没有别的上司"。[2] 法官的角色就是完成法律的实践理性,并主要借助诉讼活动实现其特定的角色功能,而法官在法律的实施和实现过程中也始终起着主导性的作用。

2. 法官是纠纷解决的最后仲裁者,也是纠纷解决最为权威的仲裁者。现实社会存在各种矛盾和冲突,人们可以借助单方面的沉默忍让或打击报复解决矛盾和冲突,也可以通过双方的协商、谈判与和解来解决矛盾和冲突,还可以通过第三方的居间调解、仲裁和诉讼来解决矛盾和冲突,其中,诉讼却是法官裁决的最终结局方式。国家把解决各种社会矛盾和冲突的权力即审判权授

---

[1] 参见李瑜青等:《法律社会学理论与应用》,上海大学出版社2007年版,第243~246页。

[2] 《马克思恩格斯全集》第1卷,人民出版社1995年中文版,第180页。

予法院,通过法官的裁判行为实现该权力的运用。法官的裁判因为有了制度化的国家强制力保证执行而具有比其他纠纷解决方式更为正式的权威性。

3. 法官是社会的良心和正义化身。人们的正当权益受到侵害,就意味着社会上出现了不正义和不公正的现象,而当事人能够寻求正义和社会公正的最后一处地方就是法院,人们诉诸法院,请求法官公正裁判,使其合法权益得以充分实现,从而实现社会正义和公平,法官的公正裁判也必将对社会生活和秩序产生深刻影响。因此,正如古罗马一句法谚"Fiat justitia,ruat caelum"(实现公正,哪怕天塌下来)。而1770年,英国王座法庭首席法官曼斯菲尔德勋爵在威尔克斯案中更是写下传世判词:"上帝不让这样做!我们决不考虑政治后果,无论它们可能有多么可怕:如果某种后果是叛乱,那么我们不得不说:实现公正,哪怕天塌下来。"

从法官职业本身的角度来看,应然意义上的法官角色应当具有一系列独特的精神特质并超然于其他社会角色(包括其他法律职业角色)之外,具体包括以下五方面的内容。

1. 法官具有独特的职业思维方式:职业思维是区分不同职业的重要标志,法官与其他社会职业的最大区别是其内在的思维方式。从形式上来看,法官职业思维具有严密的逻辑属性,一般依据法律规范认定证据事实,通过庭审按照三段论或类比推理得出裁判结论;从内容上来看,法官思维是以制定法或判例规则为基本依据来分析当事人的权利义务关系与法律责任。而从技术上来讲,法官的思维方式必须以法律职业术语为基本的思维要素,也就是说,法官必须运用专业术语对法律问题进行观察、思考和判断,通过正确运用法言法语引导人们展开根据法律的思考。

2. 法官具有强烈的中立职业意识:法官作为双方当事人的居间仲裁人,不能偏向任何一方,与双方当事人应该不存在任何利害关系。法官只信奉法律,法官不能成为自己的裁判者。法官独立与完善的回避制度构成现代法治社会最为基础性的司法制度。

3. 具有丰富的法律工作经验:法官的职业技能一般包括法律解释技能、法律程序技能、证据采信技能、法庭辩论技能和司法文书制作技能等,必须经过长期的教育培训和实战操练方能形成。因此,各国一般存在严格的法官资历规定。如我国现行法官法第9条第6项关于我国法官任职条件之一就是关于法律职业经验年限的明确规定:"高等院校法律专业本科毕业或者高等院校非法律专业本科毕业具有法律专业知识,从事法律工作满二年,其中担任高级人民法院、最高人民法院法官,应当从事法律工作满三年;获得法律专业硕士学位、博士学位或者非法律专业硕士学位、博士学位具有法律专业知识,从事法律工作满一年,其中担任高级人民法院、最高人民法院法官,应当从事法律工作满二年。"英美法系国家更存在从经验丰富的执业律师选拔法官的司法传统。

4. 法官具有高尚的职业道德素养:司法公正与法官的良知密不可分,而法官的良知与法官的职业道德息息相关。英美法系的衡平法就是大法官根据公平、良心等自然法原则裁判案件,而大陆法系的自由心证证据制度同样必须借助法官的良心和经验法则裁判案件,因此法官高尚的道德伦理素养就十分必要。所以,西方有法谚道:"De fide et officio juicis non recipitur question, sed de sientia sive sit erroe juris sive facti"(法官诚实和正直的品质不容怀疑,但他的裁决却可因法律或事实的错误而受到指责)。

5. 法官具有独立的职业身份特征:法官的独立性是确保法官公正审判的必要条件,许多国家的有关法律都明确地规定了法官独立的法治原则,并设置有整套的法官遴选、惩戒和身份保障制度。不过,法官独立不能与司法独立混同,因为司法独立包括权能独立、组织独立和法官独立三个不同层面的司法内涵。我国现行宪法和人民法院组织法规定,"人民法院依照法律规定独立行使审判权,不受行政机关、社会团体和个人的干涉",并不包括西方国家"法官独立"的法治含义,况且人民法院也没有实现应然意义上的完全独立,因为它并没有从实质上排除执政党和立法机关对法院工作的某种干预。我国应然意义上的法官独立问题仍然没有解决。最高人民法院2005年11月4日发布试行并于2010年12月6日修订的《法官行为规范》,明确而系统地规定了我国应然意义上的法官角色内容,具体涉及忠诚坚定、公正司法、高效办案、清正廉洁、一心为民、严守纪律、敬业奉献和加强修养共八方面的内容。

应然意义上的法官角色与实然意义上的法官角色不存在重合的外延关系。从实然的角度来看,法官只是从事一定社会分工、履行一定社会职责的社会成员,在社会生活的舞台上扮演着特定的社会角色。社会角色是由一定的社会地位所决定的、符合一定社会期望的行为模式,它总是与一定的角色规范和角色期待相联系的。法官的社会属性和社会关系所具有的复杂性决定了他/她将接受不同的角色规范和角色期待的调节,如此,法官在现实社会中必然扮演多重的社会角色。由于角色期待与角色表现之间可能存在的角色距离,同一角色内部或不同的角色之间在现实生活中可能出现角色冲突甚至发生角色失调的现象,因此我们有必要认真对待并寻找出应对的策略与措施,实现角色的社会认同与自我认同的统一。

二、法官职业化与法官的角色认同

　　法官一般被认为是行使审判权的专业官员,是司法诉讼程序的主要参与人与司法诉讼程序的实际控制者,法院分设的法庭是其主要的工作场所。法官职业由来已久,在西方发源于崇尚自然理性与朴素法治精神的古希腊罗马时期,罗马共和国时期的西塞罗所言"官吏是会说话的法律,而法律是沉默的官员"①,即是对当时兼具法官角色的执政官与法律的关系的形象说明;在基督教一统天下的中世纪,法官角色则由僧侣兼任;即使诺曼公爵登陆英格兰的早期,法律工作者主要还是由掌握法律话语权的僧侣构成,后来才出现专业的律师阶层,英国法官从律师阶层的高级律师(serjeants-at-law)选拔从亨利三世开始,该惯例一直保留至今并影响到其他归属于普通法传统的国家和地区,法官职业化才迈出了实质性的一步。一般认为,现代意义上的法官职业阶层形成于西方资产阶级民主革命之后,它的形成必须具备充分的政治经济和社会条件,与发达的市场经济、高度的民主政治和完善的市民社会存在必然的关联。在中国,法官一词最早出现于战国时期的法学著作《商君书·定分》:"天子置三法官,殿中一法官,御史置一法官及吏,丞相置一法官。诸侯郡县,皆各为置一法官及吏。"法官掌管法令,"吏民(欲)知法令者,皆问法官"。法官后来作为中国民间司法官员的统称,但不同朝代的名称并不相同,如春秋战国时期的"司寇"、"士"、"廷理",秦汉时期的"廷尉"、隋唐时期的"大理"、宋明时期的"判官"、清末民国时期的"推事"等。但是,中国传统意义上的法官从来就没有成为独立的职业阶层,他们听命于君权与政治压力,更不存在作为西方基本法治范畴的法官独立,法律从来就不是法官的真正上司。按照西方法治的三权分立原则,所谓的司法独立首先是法官独立,即"法官免受政治压力和控制的范围。司法独立的价值在于它能使法官在作出判决时不必害怕受到报复,使他们能脱离外界的影响"。② 而现代中国大陆的法官自改革开放以来,已从国家干部和革命专政工具逐渐回归到职业化的司法裁判者角色,法官职业共同体也在酝酿形成之中。

　　不过,由于中国历史的人治传统惯性和现实政治体制的局限,法官的职业

---

① [古罗马]西塞罗:《国家篇法律篇》,沈叔平、苏力译,商务印书馆1999年版,第215页。

② [美]彼得·G. 伦斯特洛姆:《美国法律辞典》,贺卫方、樊翠华、刘茂林、谢鹏程译,中国政法大学出版社1998年版,第103页。

化进程仍然受累于现实中的司法行政化现象与依附性司法体制,法官的社会认同与自我认同度都不高,这具体表现为:按照行政区划标准设置的法院组织体系,使得人民法院和法官容易受到地方各类权力机关(包括执政党地方机关)与利益集团的直接影响,地域化与部门化的问题依然突出;由于我国财政预算的实际控制权掌握在各级政府手上,人民法院和法官的经费预算自然依附于当地政府,法院事实上成为政府属下的职能部门,法官也成为政府部门实质上的办事人员;法官没有成为社会公众敬仰的神圣职业,加上现实中确实存在的部分法官与律师的不正当勾兑交易,人民法院和法官的职业诚信度非常之低,"吃了原告吃被告"就是社会公众对法官龌龊行为的形象描述;法官的法律职业化水平低,法官成为事实上的大众化职业,20世纪80年代以来的"复转军人进法院"[1]和中国司法资格准入考试发生的变异现象[2]出现,加上中国实行的法官公务员身份保障制度,使得大量的非法律职业人士加入到法官队伍;而人民法院的行政化管理,使得法官也按照行政级别划分为12个等级,分为首席大法官、大法官、高级法官和法官四类。关于中国法官的角色认同度,影视剧《马背上的法庭》(图7.4)所描绘的亲民基层法官形象继承了早期的马锡五模式,法官为了调解当事人纠纷甚至可以自己掏腰包了断乡民妯娌纠纷;而最高人民法院于2010年12月3日推出的法官卡通形象(图7.5),就是一对身着黑色法袍的卡通男女,借用清官包拯的名号称之为"小包",取意古代包青天秉公执法,试图让历史上的黑脸包公扮演公正无私的现代法官形象,这引起了社会公众热议。[3](法院卡通形象见图7.6)包公与马锡五实际上分别代表了中国法官的职业角色与社会角色认同距离。云南省高级人民法院副院长田成有有段精彩的描述,正好反映了我国法官自我认同上的尴尬、错位与无奈

---

[1] 贺卫方:《复转军人进法院》,载《南方周末》(1998-1-2),参见 http://wenku.baidu.com/view/a14a516748d7c1c708a14535.html(2012-2-20 访问)。

[2] 由于种种原因,2001年以来实施的国家统一司法资格考试并没有成为法官等行业的高准入门槛,通过降分和组织另外的考试,法律资格证也分成了 ABC 三类,使得大量不合格的非法律人士受到政策照顾而被制度内化为"法官"。参见刘长、赵蕾、冉金:《这不是第一次,这是最后一次:"系统内"的司法考试》,载《南方周末》(2011-12-1),参见南方周末电子版:http://www.infzm.com/content/65562(2014-01-08 访问)。

[3] 最高人民法院推了两个卡通形象,一个是独角兽卡通,代表中国法院,而另一个为一对身穿黑袍的卡通青年男女,代表中国法官。《中国法院推出法官卡通形象面向公众征求意见》,参见 http://news.cntv.cn/20101204/103376.shtml(2014-01-08 访问)。

的心态:现在的法官,有时像调解员,要耗费大量精力调解;有时像教员,要进乡入校搞法制宣传;有时还要搞维稳,搞招商。① 可以说,中国的法官职业化建设仍然任重道远,我们必须充分重视中国法官实然意义上的多元化角色表现与角色冲突问题。

图 7.4　电影《马背上的法庭》剧照

图 7.5　中国法官卡通形象

法官的职业化既是法官角色的社会认同过程,也是法官角色的自我认同过程,它不仅意味着法官职业的精英化,而且意味着法官职业共同体的形成和发展。所谓职业化就是专门以从事某类工作为业的人们,形成独特的知识、技能、工作方法、生活方式以及专门思维模式的趋势。而法官的职业化就是意味

---

① 《中国法官形象期待再造》,载《瞭望东方周刊》2010 年第 52 期,参见 http://www.dooland.com/magazine/article_105308.html(2014-01-08 访问)。

图 7.6 中国法院独角兽卡通形象

着以专门解决社会纠纷和独立行使国家审判权为其工作的法官,形成的独特的专门知识、技能、工作方法、行为方式以及专门思维模式的趋势。法官的职业化内容大体包括四个方面:其一,从事专门的工作,即以定纷止争、解决表现为诉讼案件的社会纠纷为职业,它与立法机构和行政机构不同;其二,具有独特的知识、能力和法律思维,即不仅包括理论素养和法律知识,而且还应当包括实践素养、审理技能和经验,必须经过专门的法律训练和长期的司法实践;其三,职业化还应当包括优秀的人品道德和司法操守。具有高度的道德素质,即法官必须是具有高度正义感和社会责任感,能够刚正不阿,公正和有效率地裁决社会纠纷和社会问题;其四,具有独立的地位,即依法独立行使国家审判权的地位;一切皆决于法,只服从法律;站在法律的立场上,超脱于各种利益之上秉公执法。[①] 法官职业化具有积极的社会作用:首先,法官的职业化有助于形成法官群体的同一性即法官职业共同体,即法官群体具有"共同的知识背景、职业术语、思维方式、工作程序和适用标准"。[②] 同一性进而带来法律运行的程序化和技术化,从而在很大程度上避免了随心所欲的个人专断,使法律的公正性得到充分的保证和发挥,有利于提高和维护法律的权威,有助于保证法官的独立性和公正性。其次,法官的职业化能够把社会问题(包括政治、经济、文化等方方面面的问题)纳入法律的渠道加以解决,使得这些问题转化为技术化的法律问题,从而使得难于解决的政治、经济等僵局在客观中立的法律基础上得出多数人能够接受的法律方案。尽管这种转化并不可能真正地改变纠纷

---

① 王晨光:《法官的职业化精英化及其局限》,载《法学》2002 年第 6 期。
② 王晨光:《法官的职业化精英化及其局限》,载《法学》2002 年第 6 期。

的社会性质,但它至少可以如同魔术师一般运用"障眼法",使人们相信法律问题不等同于其他社会问题。如美国总统选举出现僵局,法律的介入不但解开了政治死结,而且通过一套烦琐并高度技术化的法言法语,淡化了其中的政治色彩,避免了一场政治危机。即便是其他类型的社会纠纷,一旦进入法律程序,也就被从具体的背景中抽象出来,剥离了个性化的情绪和恩怨,被置于法律的天平上衡量。最后,一般而言,法官高度的职业化能够带来法律运行的效率,避免社会成本的浪费。当然从另一个角度讲,职业化也可以通过职业专才的运作,拖延程序,增加成本。但这种状况是对于职业化的滥用,而非职业化本身的问题。

三、我国目前法官的角色冲突分析

(一)我国法官的多重角色表现

可以说,我国现阶段的法官至少处于"法律人"、"权力人"、"文化人"和"自然人"等四种角色规范中:①

1. 法官的"法律人"角色

法官的"法律人"角色是法官所扮演的职业角色。根据现行法官法第2条和第5条的规定,法官是依法行使国家审判权的审判人员,必须依法参加合议庭审判或者独任审判案件。也就是说,法官作为"法律人"的角色期待来自法律,法律职业社团和社会公众将根据法律标准对法官的裁判行为进行评价。

2. 法官的"权力人"角色

法官的第二重角色期待来自现存的内外部权力机构,其中的"外部权力机构"即司法权在整个国家权力体系中的位置,它涉及司法审判权与其他权力的关系;"内部权力机构"即法官在整个法院组织系统中的位置,它涉及司法审判权与法院内部其他权力如审判委员会、法院院长、法庭庭长和上级法院的关系。作为国家权力体系的一员,法官遵循的角色规范主要是法律形式的法院组织法与法官法,但也不排除最高人民法院和执政党颁布的有关司法

---

① 参见李瑜青等:《法律社会学理论与应用》,上海大学出版社2007年版,第247~248页。关于实然意义上的法官角色,还存在二重说、三重说等观点。二重角色论既可能指法官兼有官员和司法者身份,这主要针对大陆法系国家的法官公务员身份而言;也可能指法官作为社会个体存在和国家公权力化身的双重身份。三重角色论则从法官的社会文化人、职业法律人和政治权力人三重身份着眼。

政策。

3. 法官的"文化人角色"

法官生活在特定的社会结构中,中国所特定的文化也必然影响到中国法官的裁判行为。这是因为,一方面,中国传统的文化观念、伦理价值积淀成为中国法官的价值观和法律意识,进而影响到中国法官的裁判行为;另一方面,中国法官的裁判行为和结果要接受中国现实社会的评判,唯有符合主流文化价值取向的司法裁判才能获得广泛的社会认同,法官行为才具有合理性。

4. 法官的"自然人"角色

法官也是有血有肉的自然人,与常人一样有着吃穿住行方面的生活需求,也存在因血缘、婚姻等构成的亲情关系,这些正常的社会需求和家族利益也是法官不得不考虑的重要因素。前面提到,法官的应然角色之一就是作为社会正义最后一道防线的守卫者,法官是正义的化身,他/她必须"以事实为根据,以法律为准绳",但是法官由于还兼有"权力人"、"文化人"和"自然人"的角色,在司法裁判时除了受制于法律规范,他/她还受到其他角色规范的影响。事实上,由于我国法官目前仍处于法律、权力机构、文化和社会生活中不同"场域"所带来的多重角色期待,这些不同角色之间的矛盾和冲突在所难免,以致裁判结果不同程度地背离有关的法律规定。

(二)我国法官的角色冲突表现

立足中国的实际,我国法官可能发生的角色冲突主要表现在四个方面[①]:

1. 法官的"权力人"与"法律人"角色冲突

从我国目前的国家权力结构来看,我国实行的是法院独立审判制度,而不是法官独立审判制度。从法院的外部来看,法院受制于政府、人大、检察院和地方党委,法官审判不时受到其他权力机关的不正当压力。我国有些地方存在的政法委书记或兼任公安厅局长或党委副书记兼任政法委书记的做法,往

[①] 第四个方面关于法律人角色的内部冲突,是笔者增补的;其他三方面的法官角色冲突分析,参见李瑜青等:《法律社会学理论与应用》,上海大学出版社2007年版,第249～250页。关于中国法官角色的社会学分析实例,参见(1)罗金寿:《社会转型时期的中国法官角色——以"法官十杰"事迹为考察对象》,载徐昕主编:《司法》(第二辑·司法程序的实证研究),中国法制出版社2007年版,第55～71页。(2)吴英姿:《法官角色与司法行为》,中国大百科全书出版社2008版。

往造成法官判案受到政府或党委不当干预的现象。① 而从法院内部来看,法官审案要受制于本院的审判委员会、法院院长、法庭庭长以及上级法院的指示,以致发生"只审不判"和"先定后审"的司法怪象。法官的"法律人"角色与"权力人"角色冲突的结果,使得法官不能无视其他地方权力机构的意志,作出背离有关法律规定的裁判,造成大量的"人情案"和"关系案"。

2. 法官的"文化人"与"法律人"角色冲突

中国的传统文化强调"天人合一",强调人际关系方面的和谐与中庸原则,存在"息讼"、"无讼"和"厌讼"的法制文化主张。处于中国特定文化情景中的法官的审判活动必然考虑属于文化范畴的中国礼仪、习俗等因素,以期得到社会公众的价值认同。

3. 法官的"自然人"与"法律人"角色冲突

法官作为"自然人"的角色,意味着他/她也有与普通人一样的物质生活需要和人情世俗考虑,况且我国的礼仪文化的实质也是强调宗族利益至上而不是国家利益至上,法官审判案件时必然也会遇到亲情关系与依法办案的冲突,他/她必然面临秉公执法还是照顾亲情关系的选择。而在目前法官的物质待遇还不高的情况下,我国确实存在法官利用手中权力与当事人进行肮脏交易的司法腐败现象。②

4. 法官的"法律人"角色内部冲突

我国目前法官特别是基层法院法官的"法律人"角色并不限于司法审判的主体角色,除了担任审判者外,他/她还是诉讼调解人,甚至兼任司法裁判的执行者。法官作为"法律人"的多重角色存在也可能造成某些角色冲突或角色失

---

① 申欣旺、申海娇:《政法委书记兼任公安局长引争执,或致更多"铁案"》,载《中国新闻周刊》(2010-3-25),参见中国新闻网:http://www.chinanews.com/gn/news/2010/03-25/2190487.shtml(2014-01-04访问)。

② 原最高人民法院副院长黄松有受贿贪污案成为新中国成立以来受到刑事审判的最高级法官,据检方指控,2005年至2008年间,黄松有利用其担任最高人民法院副院长的职务便利和职权、地位形成的便利条件,在有关案件的审判、执行等方面为广东法制盛邦律师事务所律师陈卓伦等五人谋取利益,先后收受上述人员钱款共计折合人民币390余万元。此外,黄松有还于1997年利用担任广东省湛江市中级人民法院院长的职务便利,伙同他人骗取本单位公款人民币308万元,其个人分得120万元。后被一审判处无期徒刑,剥夺政治权利终身,并被没收全部个人财产。参见新华网:http://news.xinhuanet.com/legal/2010-01/14/content_12810931.htm(2014-01-04访问)。http://news.xinhuanet.com/legal/2010-01/19/content_12835179.htm(2014-01-04访问)。

调现象,如有些地方存在的法官主动上门调解和"送法下乡"实践,实际上可能模糊了法官作为中立的司法裁判者角色。而如今中国法院又秉承"调解优先、可调可审"的司法理念,过度地将诉讼调解率作为法官工作考核的主要指标。其实,法官作为"法律人"的角色冲突还体现在适用法律规范方面的越权行为与不作为行为,因为法官特别是地方法院的法官所适用的法律规范不仅涉及法律和地方性法规与地方政府规章的规范冲突问题,还涉及与上级法院的司法政策与司法解释的规范冲突问题,如2003年河南洛阳市中级人民法院法官李慧娟在审理一起种子案时直接宣布河南省人大常委会通过的地方性法规《河南省农作物种子管理条例》无效的行为,引起了河南省人大常委会的主动干预和社会公众的强烈反响。法官角色冲突发生的原因是多方面的,既有现有国家权力结构不合理、权力边界不清晰方面的原因,也有传统人治主义法律传统与现代西方司法独立理念存在不完全交集方面的原因,还有现有的法官遴选、考核和物质保障制度的滞后以及公民社会尚未建立等方面的原因。为此,我们的司法改革与政治体制改革应同步进行,有的放矢,正确处理传统继承与域外借鉴的关系,通过市场经济和公民社会的综合进步,有步骤地逐渐消除或解决或协调我国目前法官存在的角色冲突与角色失调现象。

第四节 检察官角色的社会学分析

一、检察官的角色定位与职业特点

(一)检察官的角色定位

检察官是检察机关的人格化,是从法官中分化而来的、专门行使国家检察权或执行公诉职能的司法官。检察官不同于检察员。检察员是一种法律职务,其概念外延小于检察官。检察官既是一种法律职务,又有衔级之分,如我国目前将检察官分为十二级,包括首席大检察官、大检察官、高级检察官和检察官四类。从历史上看,司法权是从行政权中分离出来的,而检察权又是从司法权中分离出来的,检察官才相应地发展成为相对独立的法律职业。古代刑事案件的审判模式起初为纠问式(无告而理),后发展成为弹劾式(不告不理),这种弹劾又进一步分化为三种:一是个人弹劾,由被害人或其亲属起诉(自诉);二是公共弹劾,人人均可起诉(公益诉讼);三是国家弹劾,国家设置机关专责起诉,即公诉。前两种是私人起诉,往往因受害人畏惧权势或加害人行贿而导致无人起诉犯罪,国家弹劾应运而生,由此也产生了专职检察官。

西方的检察官大约出现于 13 世纪中后叶。① 如英国的检察官起源于为国王办理财产诉讼的律师活动,检察长的前身为国王律师,副检察长的前身是国王的法律顾问。公元 1461 年,约翰·赫伯特担任"国王律师",后被改名为英国总检察长;理查·扶勒被任命为"国王辩护人",并于公元 1515 年改名为副检察长。法国的检察官由中世纪封建庄园制度的管家发展而来。在公元 12、13 世纪,为了镇压法国南部山区的异教徒,教皇设立"异教邪恶侦查委员会",从而改变了私人告诉的原则而出现了公诉制度。法国腓力普四世(公元1284—1314 年)正式设立法国检察官。17 世纪路易十六统治时期增加设立总检察官。在法国,法官和检察官各司其职,法官坐着发言,而检察官站着发言,因此检察官被称为"站着的法官",而法官则被称为"坐着的法官"。俄国十月革命后建立的苏联检察制度将检察机关定义为国家的法律监督机关,它不仅对刑事案件实行侦查和提起公诉,还包括对民事违法和行政违法的监督,并监督国家机关和公务人员以及普通公民遵守法律,检察官实行检察长个人负责制。如今中国大陆的人民检察官制度基本沿袭了苏联检察官制度,但中国检察官起源甚早,可追溯到西周时期,大司寇之下设属官 60 人,其中的"禁杀戮"一职类似于现代的检察官,而"禁暴氏"一职也具有类似今天检察官的职责。这是因为禁杀戮"掌司斩杀戮者,凡伤人见血不以告者,攘狱者,遏讼者,以告而诛之";禁暴氏"掌禁庶民之乱暴力正者,挢诬犯禁者,作言语而不言者,以告而诛之"。② 秦朝将春秋战国时期的"御史"官职提升为专职的法律监督官,以御史大夫位列三公,成为国家权力的中枢,它既是丞相的副职,又是最高监察长官。清末改制,从日本引进法德式的检察制度,将大理寺改为大理院,专掌审判;将刑部改为法部,专掌司法行政与检察。民国时期,检察官的职能扩充,根据 1932 年颁布的《法院组织法》规定,检察官的职权主要包括实行侦查、提起和实行公诉、担当和协助自诉、指挥刑事审判的执行等。

所谓检察官的角色定位,就是指检察官在国家公职人员中的性质和地位,它主要取决于该国或该地区不同的政治体制与司法权配制制度,取决于它与

---

① 关于检察官的历史演变,可参见熊先觉:《司法学》,法律出版社 2008 年版,第 196~198 页。

② 张晋藩:《中国司法制度史》,人民法院出版社 2004 年版,第 5 页。

行政公务员和法官的权力关系状况。这是因为,从比较法学的角度来看:(1)根据检察机关与审判机关的关系不同,检察机关的设置存在审检合署与审检分立两种类型,其中审检合署是指检察机关设在法院内部,但检察机关独立于法院机构,法官与检察官为不同的司法职业角色,它现为诸多大陆法系国家或地区所接受,如日本和我国台湾地区;审检分立则指检察机关单独设立,与法院组织完全分离,如我国大陆与港澳地区、英国和美国,检察官既可能是独立的司法职业角色,也可能从属于其他法律职业角色。(2)根据检察机关与行政机关的关系不同,检察机关的设置存在平行制、合一制和隶属制三种类型,其中,平行制就是在国家权力结构中,检察机关与行政机关具有同等的宪法地位,组织系统各自独立而不存在隶属关系,检察官与行政公务人员的角色分化明显,如我国大陆、越南等;合一制就是检察机关与司法行政机关合为一体,如美国司法部长兼任总检察长;隶属制是指检察机关隶属于行政机关,直接接受司法行政机关的领导、指导或监督,检察长的地位低于行政长官,如法国,而北欧的一些国家甚至将检察机关设在警察机关而由副警察局长担任检察长。由于现实中各国各地区检察制度的不同设计,学术界关于检察官的角色定位问题也形成了司法官、行政官和准司法官三种不同的观点,而准司法官论为学界通说,其主要根据在于检察权的双重属性:一方面,检察权区别于纯粹的行政权而具有司法权的属性,检察官是司法诉讼活动的主要和必要的参与人,其主要职能为准确地适用法律并作出独立的司法判断和决定;另一方面,检察权又具有行政权的某些属性而区别于审判权,检察官代表国家行使公诉权和法律监督权,检察机关之间存在领导与被领导的行政隶属关系,完全不同于司法机关之间的审判监督关系,因此,检察权是一种准司法权。

(二)检察官的职业特点

检察官是以积极的方式行使职权,以维护法律实施和保护公益为目的的国家司法官,检察官职业具有法律性、公益性和主动性与被动性并存的三个特点[①]。

1. 检察官的法律性

检察官是法律职业共同体的基本组成部分,它的根本职能就是维护法律的正确实施。作为检察官,他/她必须精通法律,能够及时地运用法律专业知

---

① 参见李瑜青等:《法律社会学理论与应用》,上海大学出版社 2007 年版,第 261~262 页。

识和技能判断行为的法律性质,一旦发现违法犯罪行为就应在其职权范围内对犯罪行为提起公诉并有限地行使侦查权。检察官的首要角色就是"法律人",它获得职业声望和稳定收入的主要资本乃是其拥有的法律专业知识和技能,他/她的社会认同与自我认同感同样主要来自其作为法律人的角色期待、角色认知与角色表现。在我国,检察官的法律性角色体现在多重的司法职责上,根据现行检察官法第6条的规定,具体包括"依法进行法律监督工作"、"代表国家进行公诉"、"对法律规定由人民检察院直接受理的犯罪案件进行侦查"以及"法律规定的其他职责"(包括参与立法、进行司法解释、接受或提请国际司法协助等)。

2. 检察官的公益性

检察官的职业价值取向为国家和社会的公共利益,它主要以公共利益代表的身份参与诉讼活动。在刑事诉讼活动中,检察官担当公诉人的身份表明其公共利益的职业价值取向,这一点类似于法官的职业角色,但是检察官却存在明显的价值偏向,而区别于作为中立裁判者的法官角色。如今法、德、英、美、日等诸多国家还规定,凡涉及国家和社会公共利益的民事案件与行政案件,在具体权利人不确定的情况下,检察官应当以公益人的代表身份提起诉讼。① 在英美法系国家,检察官还是政府的法律顾问,为政府提供必要的法律咨询。

3. 检察官的被动性与主动性并存

一般而言,检察官在普通的刑事案件诉讼活动中的角色表现具有被动性,它与法官一样只有发生了违法犯罪行为或遇到法律纠纷时才会运用法律、实施法律,不管是公诉还是抗诉,它一般以当事人的自诉和抗诉或警察机关的侦查活动为前提,而不会主动地运用权力实施法律。但是,一旦遇到国家公职人员的犯罪活动或涉及公共利益的特定民事与行政案件,以及针对司法机关与司法行政机关的法律监督,检察官则会主动以公诉人或公益人代表或法律监督者的身份介入相应的司法诉讼活动。

二、检察官的任职程序与角色扮演

(一)检察官的任职程序与角色扮演

作为法律职业者,检察官的角色扮演也是一个非常复杂而长期的过程,它

---

① 参见范愉:《司法制度概论》,中国人民大学出版社2003年版,第168～169页。

包括一系列资格限制与行为程序制度,具体包括体现角色期待的任职资格规定、反映角色确认的任职程序规范以及验证角色认同的身份保障制度等三方面的角色规范体系。1990年在古巴首都哈瓦那举行的第八届联合国预防犯罪和罪犯待遇大会通过的《联合国关于检察官作用的准则》规定,"获选担任检察官者,均应为受过适当的培训并具备适当资历、为人正直而有能力的人"。[①] 该准则对各国检察官的任职资格规定了最基本的要求,涉及道德品质(为人正直)、专业知识(受过适当的培训)和实践能力(具备适当资历、有能力)三方面,对各国确定检察官的具体任职资格条件具有规范指引的重要作用。如美国的检察官要求法学院毕业,通过州的律师资格考试,律师执业两年以上等。又如英国的检察官必须具有执业律师资格,而英国律师分为沙律师和巴律师,都存在较高的准入门槛;其中担任检察长必须具有10年以上的律师执业经验,助理检察官必须具有7年以上的律师执业经验。法国的检察官必须具有法学本科学历,通过司法资格考试,在司法研修中心接受3年的实际培训学习,经考核合格才可任命为助理检察官,又经过1～4年的业绩考核方可晋升为检察官。在我国大陆,现行检察官法的第10条和第11条分别规定初任检察官资格的积极条件和消极条件,其中前者包括具有中华人民共和国国籍,年满23周岁,拥护中华人民共和国宪法,有良好的政治、业务素质和良好的品行,身体健康,高等院校法律专业本科毕业或者高等院校非法律专业本科毕业具有法律专业知识,从事法律工作满两年等;对于省级检察院和最高检察院的检察官还有更高的条件要求。而不得因犯罪受过刑事处罚与不得因处分被开除公职则列为消极条件。

检察官的选任程序与检察官的任职资格和教育培训机制存在密切相关。世界各国检察官的选任程序大体存在两种基本的机制和模式:一是普通法国家的国家检察官通常产生于资深律师,律师与检察官属于一个职业共同体,检察官拥有律师的丰富经验,由此产生的检察官年龄较大,因而拥有娴熟的社会经验和法律职业经验,个人素质也较高。二是大陆法系国家的检察官属于独立的法律职业,他们一般经过严格的遴选程序和司法考试获得培训资格,通过特定的职业培训途径获得任职资格,经过法定程序任命后,一般可终身担任检

---

① 《联合国关于检察官作用的准则》,参见深圳宝安区人民检察院官方"宝剑网"(2005-11-26);http://www.baojian.gov.cn/about/bjjcg/2005-11/89947d410d897474.html (2014-01-08 访问)。

察官。世界各国检察官的选任方式一般包括选举制、任命制以及选举制与任命制相结合共三类模式。在美国,联邦总检察长、副总检察长和助理总检察长都由总统提名,经参议院同意后再由总统任命;联邦其他检察官经总统批准,由总检察长任命。美国各州的检察官,有的采用选举制;有的采用任命制,在有些州经参议院同意后由州长任命,有的由州总检察长任命,有的由州法院或地方法院任命。在美国,还存在独立检察官,主要对政府高官的弹劾案进行调查,来自司法部的民间法律专家。根据《政府道德法》和《司法官和司法程序》规定,独立检察官在职务上隶属于司法部,但他是在国会要求下由司法部下令,在联邦法院的监督下,由一个3人以上委员会挑选和任命;可由司法部长依法罢免,但必须经国会同意。在英国,总检察长和副总检察长由首相从执政党的下议院议员中任命,其他检察官则由其上级的总检察长和副总检察长任命。日本采取任命制,通过全国统一的律师资格考试的法科毕业生,每年约有70名被任命为助理法官、50名被任命为助理检察官,其余的成为律师。日本的检察官分为两个等级,被任命的二级检察官至少服务8年才可能被升到一级检察官,而助理检察官一般需要8年以上才有可能被推荐为二级检察官。但是,即使没有做过二级检察官,而至少做过9年的法官,或最高法院或高等法院的法官,也可直接被任命为一级检察官。在我国,检察官通过人大会议程序任免检察官,具体说来,最高人民检察院检察长由全国人民代表大会选举和罢免,副检察长、检察委员会委员和检察员由最高人民检察院检察长提请全国人民代表大会常务委员会任免;地方各级人民检察院检察长由地方各级人民代表大会选举和罢免,副检察长、检察委员会委员和检察员由本院检察长提请本级人民代表大会常务委员会任免;地方各级人民检察院检察长的任免,须报上一级人民检察院检察长提请该级人民代表大会常务委员会批准;在省、自治区内按地区设立的和在直辖市内设立的人民检察院分院检察长、副检察长、检察委员会委员和检察员由省、自治区、直辖市人民检察院检察长提请本级人民代表大会常务委员会任免;人民检察院的助理检察员由本院检察长任免。根据我国宪法和有关法律规定,检察官不得兼任人民代表大会常务委员会的组成人员,不得兼任行政机关、审判机关以及企业、事业单位的职务,不得兼任律师。

(二)检察官的职业保障与角色扮演

根据《联合国关于检察官作用的准则》的规定,各国必须建立有效的检察官职业保障制度。该准则明确指出:"各国应确保检察官得以在没有任何恐吓、阻碍、侵扰,不正当干预或不合理地承担民事、刑事或其他责任的情况下履行其专业职责;如若检察官及其家属的安全因履行其检察职能而受到威胁,有关当局应向他们提供人身安全保护;检察官的服务条件、充足的报酬,在适用的情况下其任期、退休金以及退休年龄均应由法律或者颁布法规或条例加以规定;如有检察官晋升制度,则检察官的晋升应以各种客观因素,特别是专业资历、能力、品行和经验为根据,并按照公平和公正的程序加以决定。"[①]根据该国际准则,检察官的职业保障包括身份保障、人身保障和经济保障三方面。

1. 检察官的身份保障

检察官的身份保障就是检察官一经被角色确认,非因法定理由和法定程序不得被随意罢免、撤职、调离、停职、降职、辞退等的职务保障规定。建立检察官身份保障制度的目的主要是为了实现检察官的角色认同,使之能够独立地依法履行职责,实质上就是为了实现司法公正。各国的身份保障制度往往与司法惩戒制度相关。与英美法系国家法官非经弹劾程序不被免职、被弹劾事由限于犯罪行为等情况不同,大陆法系国家法官面临弹劾的事由不仅包括职务行为,也包括职务外行为;不仅包括犯罪,也包括严重的失职和有损法官威信的行为;而弹劾的结果不仅包括定罪和免职,还包括调职和命令退休等方式。日本《弹劾法》和德国联邦基本法都有相关规定。此外,大陆法系国家还存在纪律惩戒,如德国设有法官纪律法院,受理比较严重的法官违纪案件。在我国,现行检察官法第 9 条规定,检察官"非因法定事由、非经法定程序,不被免职、降职、辞退或者处分"。而第 14 条则详细列举了检察官被免职的八大法定理由:丧失中华人民共和国国籍的;调出本检察院的;职务变动不需要保留原职务的;经考核确定为不称职的;因健康原因长期不能履行职务的;退休的;辞职或者被辞退的;因违纪、违法犯罪不能继续任职的。同时第 43 条规定了五大被辞退理由:在年度考核中,连续两年确定为不称职的;不胜任现职工作,又不接受另行安排的;因检察机构调整或者缩减编制员额需要调整工作,本人拒绝合理安排的;旷工或者无正当理由逾假不归连续超过 15 天,或者一年内累计超过 30 天的;不履行检察官义务,经教育仍不改正的。按照第 44 条规定,辞退检察官应当依照法律规定的程序免除其职务。

2. 检察官的人身保障

检察官的人身保障是指检察官的人身、财产和住所安全受法律保护。许

[①] 《联合国关于检察官作用的准则》,参见深圳宝安区人民检察院官方"宝剑网"(2005-11-26);http://www.baojian.gov.cn/about/bjjcg/2005-11/89947d410d897474.html(2014-01-08 访问)。

多国家通过法律规定了检察官享有的人身特权:如在葡萄牙,检察官可以使用、持有和自由出示防卫武器,可以凭证自由出入火车站、机场和码头,可以在巡视区内自由出入娱乐场所,免费乘坐水陆公共交通工具等。在蒙古,除非确有凿的犯罪证据,不经总统批准,不得拘禁和逮捕总检察长和副总检察长,不得搜查他们的住宅、办公室和人身;非经总检察长批准,不得拘禁和逮捕检察官,不得搜查他们的住宅、办公室和人身。我国现行检察官法第4条规定了"检察官依法履行职责,受法律保护"的人身保障原则,第9条同时规定"人身、财产和住所安全受法律保护",但是我国检察官的人身权保障制度还有待细化。

3. 检察官的经济保障

检察官的经济保障是指国家规定的保障检察官获得较充足的经济收入和较丰厚福利待遇的制度,使其过有尊严的体面生活,减少权力寻租的制度空间并有助于实现司法公正。与其他法律职业相比,检察官的收入待遇并不是最理想的,其薪资水平一般高于同级的行政公务员,但与法官待遇持平或较低。日本检察官工资法规定,日本检察官的工资待遇要比普通公务员高30%。奥地利检察官的工资水平在国家公务员中是最高的,平均高出15%左右,与法官比较,虽然工资级别标准相同,但工资起点高于法官。法国和德国检察官实行单独的工资等级和标准,检察官和法官工资水平一致,其工资起点与较高级公务员工资起点相当。美国检察官薪水和社会地位比法官和私人律师都低,检察工作没有吸引力,检察人员往往只把检察工作作为以后从事其他工作积累经验和资本的"跳板",而不是将其作为永久性职业。我国现行的检察官法设有专章规定检察官的工资福利待遇,但基本上参照行政公务员的行政级别制度管理实施,但基层检察官的待遇并不理想。

三、我国目前检察官的角色冲突分析

(一)检察官的多重角色表现

检察官的角色具有多重性,也就是说,检察官是多重角色的扮演者。在检察官的多重角色中,既有道德意义上的身份、法律意义上的身份,也有社会意义上的身份以及生物意义上的身份。检察官本身就是神圣人、法律人、社会人和自然人多重角色构成的复合体。[①] 而对于检察官多重性角色的认识,直接

---

① 参见谢佑平、宋远升:《检察官角色的冲突平衡与定位》,载《国家检察官学院学报》2010年第4期。

决定着对检察官在司法活动中的功能认识。

1. 检察官作为精神伦理中神圣人的角色

检察官因法律而神圣,检察官作为精神伦理中神圣人的角色与法律的神圣密切相关。西方法律文明创立之初,就开始了法律神圣化的过程。法律神圣化的过程,就是把法律与上帝相提并论,使法律成为一种至高无上的无所不医的灵丹妙药的过程。法律的神圣化体现在文本的神圣化与解释者的神圣化。在希腊的早期,法律与宗教没有什么区别,人们经常援引特尔斐神庙的名言作为行为准则,因为那被认为是阐明了神意的权威性意见。宗教仪式渗透到立法和司法的形式中,祭祀也成为法律规则的最权威阐释者与执行者。在现代法治社会,法律理性主义可以对法律中的神学意义上的神圣色彩去魅,但法律本身蕴涵的公平正义精神确保了法律的神圣性有了新的时代内容。现代社会的检察官的神圣性,也依靠法律的神圣性获得了保障。由于检察官是法律的重要执行人,因此,检察官的神圣是应有之义。在应然的意义上,检察官法律职业的神圣性保证其身份的神圣性,神圣性是检察官威严的保证。检察官作为公平正义的代表和发言人,其应当在道德或伦理上成为社会公众的楷模。神圣性是检察官刑事追诉或法律监督发挥效力的重要理论根源,这可以从社会公众对法律或作为法律实施者的检察官的服从、信服心理来体现。

2. 检察官作为法律制度中法律人的角色

对作为法律人的检察官而言,理性是其重要特征。检察官作为法律的适用者与贯彻者,除了自身要接受法律的约束,还要根据法律规定,搜集证据,查明案件事实,进行追诉。有些国家该给予检察官一定的自由裁量权。这一系列过程,也就是检察官运用法律理性进行逻辑推理和论证的过程。此外,作为法律人的检察官还应具有客观公正的精神。公正是对检察官作为法律人的总的要求。在司法诉讼活动中,诉讼的基本理念就是公正,公正是诉讼的生命力所在,而诉讼的公正除了来自法律规范的公正,就是作为重要诉讼参与人(主要是公诉人)的检察官的公正。公正是检察官的生命,也是诉讼的生命。

3. 检察官作为社会制度中社会人的角色

法律的社会性决定了法律信仰主体是具有群体性和普遍性特征的社会人。法律的社会性主要由维系社会公共生活秩序的和保障人们人身安全方面的规范和法律化的各类技术规范这两类法律规范的性质和作用决定的。这两类法律规范不以阶级分野和矛盾的存在为前提,而是以管理社会生产、管理社会公共事务、维系社会公共秩序和保障社会成员的基本安全和自由为目的,它体现了全体社会成员的公共意志和利益,因此,法律是社会生活规范,法律具有社会性。检察官作为法律的适用者和操作人,自然对法律怀有深深的敬仰,法律的社会性也使检察官具有社会人的角色。在具体的情景中,检察官的社会人角色还指检察官是生活在社会中的一员,检察官在诉讼活动中并不是完全适用法律,他/她必须综合考虑历史因素、民族习俗、伦理道德和公共政策等情况;同时,他/她作为社会的一员,也会受到各类权力机关和社会关系的影响。

4. 自然意义中的自然人角色

检察官受过专业的法律知识与技能训练,他/她一般能够将个人的喜好、脾气、情绪、偏见等主观的、非理性的因素排除在诉讼与监督活动之外。作为应然意义上的检察官角色,他/她在诉讼与监督活动中除了公正地执行法律,也不应掺杂非法律的因素。但是,检察官毕竟首先是生物学意义的自然人,有着自身的情感、物质待遇和亲情关系等方面的考虑。检察官作为自然人的角色,既可能拉近与社会公众的角色距离,增强其职业的社会认同感;也可能干扰其正常的检察行为,甚至发生权钱交易和徇私枉法等腐败现象,进而发生角色冲突与角色失调。

(二)我国检察官的角色冲突表现

目前,我国检察官的角色冲突主要表现在适用法律内部的冲突与适用法律外部的冲突两方面。①

1. 检察官角色在适用法律内部的冲突

检察官角色在适用法律内部冲突的最重要表现,就是检察官的追诉者与法律监督者之间存在的角色冲突。为了社会公共利益而牺牲具体犯罪人的局部利益,这是刑事追诉的正当性依据,也是公民忍受被追诉之义务的原因所在。在大陆法系国家,检察官是天然的追诉者,他/她是法定的追诉主体,而警察是形式上的追诉主体。在普通法系国家,检察官也是追诉的重要担当人。大陆法系国家的检察官虽然享有法律监督权,但主要针对警察设立的监督制度,对法官的审判活动则不置可否。在普通法国家,由于法官优位思想,检察官更无法有效地监督法官的审判行为。在我国,检察官在一般刑事诉讼案件中兼具追诉者与监督者的双重身份,而在国家公务人员职务犯罪案件中则兼备侦查、公诉和监督三重司法角色,人们自然对检察官的中立和公正性产生怀疑。而一旦发生检察官渎职或滥用职权犯罪案件,此类案件的追究往往无法

---

① 参见谢佑平、宋远升:《检察官角色的冲突平衡与定位》,载《国家检察官学院学报》2010年第4期。

可依,而仅仅借助党委的纪检部门办案又会破坏司法独立的法治原则。

2. 检察官角色在适用法律外部的冲突

(1)检察官作为法律人与社会人之间的角色冲突。首先,检察官生活在现实社会所编织的复杂权力关系网络中,既有来自地方党委和政府的权力压力,也有来自内部检察委员会、检察长等的权力压力。检察官不可能熟视无睹。其次,检察官生活在亲友编织的社会关系网络中,人情、关系必然也影响到检察官的司法判断力。此外,检察官还有来自社会上其他利益集团和社会组织的关系与利益压力。这些社会因素的存在,都有可能促使检察官违背法律人应有的职业道德与司法尊严而作出违法犯罪行为。如广西 2001 年就发生了一起检察官与警官和律师联手腐败致使轮奸犯罪嫌疑人逍遥法外的恶性案件。① 又如 2004 年河南郑州的"五毒俱全"检察官胡志忠被立案侦查。②

(2)检察官作为法律人与自然人之间的角色冲突。检察官既是社会的一员,也是单独的个体,有着自己的喜怒哀乐。检察官的个人情绪、健康状况、兴趣爱好、个性偏向等都会影响到其职业性的检察活动。

---

① 案情如下:2001 年 5 月 10 日,广西荔浦县公安局双江派出所破获黄俊等人轮奸妇女高某一案,当日便将黄俊等抓获。黄志华在得知侄儿黄俊被抓后,经其朋友企业老板梁长生建议,决定聘请该县卫天平律师事务所律师蒋仕玲担任黄俊一案的辩护人。为了让侄子早日脱罪,黄志华出资 5.5 万元给梁长生负责办理此事。蒋仕玲找到荔浦县人民检察院审查起诉科科长冯家斌,冯表示:"主要是受害人指控。"蒋心领神会,与梁一起找到高某,高某获得 2000 元"改口费"后答应改口供。梁长生塞给冯 1 万元"辛苦费"。在对高某、黄俊问话后,冯以证据发生变化为由,将黄俊一案退回公安机关补充侦查。随后,冯应蒋仕玲及双江派出所要求擅自制作了检察建议书,建议公安机关对黄俊变更强制措施。何承礼、潘德明随后以证据发生变化及检察建议书为由向县公安局呈报对黄俊的取保候审。梁长生后又送冯 3800 元,给何承礼 1 万元,给蒋仕玲 2000 元。6 月 13 日,县公安局作出取保候审的决定。强奸嫌疑犯黄俊"堂而皇之"地走出了看守所。黄俊和他的辩护律师及当事检察官和警官后被追究刑事责任。甘冰:《广西警官检察官律师联手腐败 轮奸疑犯逍遥法外》,参见新华网(2003-8-18):http://news.xinhuanet.com/weekend/2003-08/18/content_1032674.htm(2014-01-04 访问)。

② 案情如下:原河南郑州市中原区检察院检察长胡志忠私设 4700 多万元小金库肆意挥霍,贪污受贿和挪用公款,存在巨额财产来源不明,经常参与豪赌,拥有 7 名情妇,并运用反调查伎俩把纪检干部拉下水,帮助他串供。郭久辉:《"五毒俱全"的原郑州市中原区检察长胡志忠》,参见新华网(2005-8-18):http://www.ha.xinhuanet.com/xhfu/2005-08/18/content_4912551.htm(2014-01-04 访问)。

第五节　律师角色的社会学分析

一、律师的角色本质与社会功能

(一)律师职业角色的学术争议

关于律师职业的角色本质,学术界历来存在三种看法[①]:一是认为律师在本质上是自由职业者,即他们是游离于国家权力之外、为公民提供法律服务的自由职业者,并通过自己的职业行为来保护公民的合法权益,其主要理论依据是个人主义的价值观,认为个体的价值优先于社会价值,它是社会所有价值存在的前提和基础。有学者甚至明确指出,律师所行使的权利,既不是国家权利,也不是社会权利,而实际上就是公民权利,是公民权利的一种延伸。[②] 二是认为律师本质上是国家的法律工作者,即认为律师与法官和检察官的角色功能相同,其职责具有公共性,他们都是为了维护国家法制和社会公共利益,这种观点在我国20世纪90年代以前很流行,因为改革开放初期的律师被界定为国家的公职人员,而当今公职律师的实际存在和法律资源的公共属性又进一步强化了此类观点。三是认为律师本质上是社会的法律工作者,应当将前两种观点结合起来,因为律师在追求当事人合法权益的保护与维护国家法制尊严两方面存在一致性。律师作为法律工作者,有独立承办委托事务的权利,其身份独立于任何国家机关,委托人可以是政府、企事业单位和其他社会组织,也可以是公民个人;同时,律师的收入是依靠向委托人提供法律服务而收费取得的,是面向整个社会的。那么,哪一种观点更为可取呢?笔者认为,我们应从律师的历史渊源、现实生活中的行为规范及其社会功能等方面来予以动态而综合的考察。

(二)律师职业角色的历史演变

从历史上来看,律师成为独立的法律职业者有一个长期而曲折的过程。

---

① 参见(1)李瑜青等:《法律社会学理论与应用》,上海大学出版社2007年版,第283页;(2)范愉主编:《司法制度概论》,中国人民大学出版社2003年版,第198~199页。
② 陈兴良:《七个不平衡:中国律师业的现状与困境》,载《中国司法》2005年第3期。

律师的起源可以追溯到古罗马时期,约公元前3世纪,随着商品经济的发展和民事法律关系的复杂化,诉讼活动中实行的"保护人制度"逐渐发展成为律师制度。所谓"保护人制度"就是指保护人为被保护人进行的诉讼代理行为,他可以出庭并在法庭上替被告人发言,反驳控诉人的指控,这实质上类似于现代的诉讼代理人或辩护人制度。古罗马实行弹劾式诉讼,在统治阶级内部实行诉讼代理与辩论的原则,而这需要熟悉法律的人协助。公元1世纪古罗马共和国后期,不仅采用了"律师"这一职业名称,而且形成了律师职业阶层。公元3世纪罗马帝国后期,国家加强了律师管理,将律师分为从业律师和候补律师。律师的社会地位很高,常常成为法官的候选人。中世纪,欧洲各国废除弹劾式诉讼,转而采用纠纷式诉讼,出现了检察官角色,而律师基本上退出法律舞台,唯有法国在宗教法庭中短期保留了由僧侣担任的律师职位,但后被禁止。英国光荣革命前后颁布了《人身保护令》等法律,律师逐渐成为独立的职业群体,并通过行业组织(主要是四大律师学院)加强了职业化进程。1791年通过的美国联邦宪法第六条修正案明确规定:在一切刑事诉讼中,被告有权取得律师帮助为其辩护。律师在美国正式取得辩护代理人的宪法定位。日本1876年颁布《代言人规则》,规定了日本最早的律师行为规范,并在1890年的民事诉讼法中首次使用"律师"(辩护士)名称,1893年制定《律师法》。中国古代没有专职的律师,只有替人申冤书写诉讼打官司的"讼师"、"师爷"、"刀笔吏"等。清末民初,中国出现了现代律师,1912年4月北洋政府公布《律师暂行章程》,明确规定"律师受当事人的委托或法院之命令"开展业务,且限于设立法院的地方开展业务。① 1941年国民政府公布实行《律师法》。中华人民共和国成立后废除国民政府时期的法律制度,律师的作用受到轻视,直至1980年8月全国人大常委会通过《律师暂行条例》才得以恢复,该条例第1条规定"律师是国家的法律工作者",占用国家编制,是国家公职人员,律师事务所成为隶属于司法行政机关的事业单位。1996年全国人大常委会颁布《律师法》,第2条将律师改称为"依法取得律师职业证书,为社会提供法律服务的职业人员",律师角色从国家公职人员回归到社会的法律职业者;2007年的修改进一步规范了律师的角色内涵,它是指"依法取得律师执业证书,接受委托或者指定,为当事人提供法律服务的执业人员",律师与当事人的法律委托关系内涵

---

① 转引自李树良:《北洋政府法制环境对律师制度实施效果之制约》,载《商丘师范学院学报》2008年第2期。

得以明确和具体化，同时律师的职业化特征也得到进一步强调，因为他们如今必须取得法律职业资格证和律师执业证双证后方可执业。当然，律师并不是一般的自由职业者，他们与司法行为存在主要的法律联系。事实上，当今世界许多国家都把律师纳入到司法职业范畴，如日本将律师与法官和检察官合称为"三曹"，加拿大出庭律师与初级律师法规定"律师属司法辅助人员系列"，德国律师法规定"律师是独立的司法人员"等。笔者同意第三种律师角色本质论，即认为律师是社会的法律工作者，而在法治发达的欧美国家，律师（主要是私人律师）的自由职业者身份更为突出。我国律师作为法律职业者，其职业活动和社会认同受制于相关法律规范和行业规则的约束，其执业范围受到严格限制。根据2007年律师法第28条规定，律师的从业范围大体涉及诉讼与非诉讼两大业务，具体包括接受自然人、法人或者其他组织的委托，担任法律顾问；接受民事案件、行政案件当事人的委托，担任代理人，参加诉讼；接受刑事案件犯罪嫌疑人的委托，为其提供法律咨询，代理申诉、控告，为被逮捕的犯罪嫌疑人申请取保候审，接受犯罪嫌疑人、被告人的委托或者人民法院的指定，担任辩护人，接受自诉案件自诉人、公诉案件被害人或者其近亲属的委托，担任代理人，参加诉讼；接受委托，代理各类诉讼案件的申诉；接受委托，参加调解、仲裁活动；接受委托，提供非诉讼法律服务；解答有关法律的询问、代写诉讼文书和有关法律事务的其他文书。

（三）律师职业角色的社会功能

相对于法官和检察官而言，我国目前的律师不再是国家公职人员（公职律师除外），而是在诉讼与非诉讼活动过程中专门提供法律服务的社会工作者。作为社会的法律工作者，律师不再是权力人，而主要担当法律人与社会人的双重角色：作为法律人，律师担任诉讼与非诉讼代理人，维护当事人的合法权益，并为当事人提供必要的法律咨询；作为社会人，律师虽然有自身的利益考虑，但也承担必要的社会责任，律师在参与国家立法、实施法律宣传与教育、提供法律援助以及维护社会稳定与秩序等方面发挥着独有的作用和功能。具体来说，我国律师职业角色的社会功能主要体现在以下四个方面[①]：

1. 律师在国家立法活动中的参与功能

由于律师专业而娴熟的思维习惯与法律机能，以及律师共同体（律师协

[①] 参见李瑜青等：《法律社会学理论与应用》，上海大学出版社2007年版，第280～283页。

会)潜在的组织能量,律师在国家和地方的法律制定、修改和认可的系列立法活动中起着不可或缺的作用,如今有些律师不仅作为人大代表直接参与法律提案与法律草案的提出、讨论和通过活动,也通过担任人大立法顾问和政府法律顾问等形式参与立法规划与年度立法计划的起草与评估活动。

2. 律师在法律纠纷解决中的中介功能

与法官"中立者"角色和检察官"公诉人"角色不同的是,律师角色的价值取向取决于当事人的利益选择,律师的主要角色功能就是在既定的法律框架内以代理人的身份为当事人获取最大化的利益,当事人的利益取向就是律师的利益取向,不管是担任社会组织与个人的法律顾问,还是作为刑事诉讼被告的辩护人(强制律师代理)和民事诉讼与行政诉讼当事人的代理人以及作为调解和仲裁活动中当事人的被委托人(任意性代理),律师的主要活动首先不是为了争取自身的合法权益,而是服务于他/她的"临时老板"——当事人的利益需要。

3. 律师在司法救助活动中的保障功能

一个称职的律师应是名副其实的法律家,他们凭借其专业的法律知识和司法技巧不但为当事人提供法律咨询和实现当事人的权利救济,而且还承担着某些特定群体的特定案件的必要法律援助责任,如为经济困难阶层、未成年人和残疾人以及将被判处死刑的犯罪嫌疑人提供法律援助,为团体诉讼和公益诉讼提供义务的法律支持等。

4. 社会管理综合治理中的维稳功能

社会管理综合治理是具有中国特色的社会有序化实现机制,它的前身是社会治安综合治理,目的是最大限度地动员包括政治、法律、经济、文化等在内的所有社会资源全面维护社会的和谐稳定,执政党与各级人民政府在维稳主体系统中居于主导地位,律师作为最直面社会矛盾和冲突的特殊群体自然也被纳入其中。一方面,律师通过接受当事人的委托参与各种民商事及行政诉讼活动,规范化地实施相关行为,防范和避免矛盾与纠纷的发生;另一方面,律师通过代理当事人参与诉讼、仲裁、调解以及协商、谈判等活动,解决已经形成的矛盾与纠纷。可见,律师其实在以不同的社会身份和法律角色参与着不同环节和过程中的社会管理综合治理。律师往往处在矛盾与冲突的风口浪尖,事事要用法律去维护当事人的合法权益。因此,律师容易发现社会管理综合治理中的漏洞和薄弱环节,容易掌握社会各界、各行各业、人民群众对社会管理综合治理的呼声和要求,容易寻找到各方利益的平衡点,及时地化解矛盾和纠纷。在这个意义上,律师是社会管理综合治理工作建章立制的最佳建议者,是预防和化解社会矛盾与纠纷的能手,是社会管理综合治理不可替代的重要力量。不过,现实生活中的律师的维权与维稳功能是否能够实现最佳结合,还是值得关注和讨论的,我们不能因为社会维稳而限制或剥夺律师的维权功能,也不能因为律师维权行为而无视国家与社会的维稳需要。2010年4月底,连续有三位律师遭遇当地司法局处罚,面临停业,其中两位北京律师因抗议法官剥夺他们在法庭上说话的权利,罢辩退庭后被以扰乱法庭秩序之名欲吊销律师执业证书;福建律师在代理完一起高关注度案件后被责令解散律师事务所,由此引发了人们关于维稳与维权关系的热议。①

二、律师的任职资格与角色认同

(一)律师角色的社会期待与社会确认

律师的任职资格即律师角色的社会期待与社会确认,是律师职业角色扮演活动的前奏,是律师职业角色实现社会认同与自我认同的前提和基础,一般涉及律师资格与执业资格紧密相关的两个具体内容。所谓律师资格,就是根据国家的有关规定、依照一定的条件和程序所获得的国家认可的法律职业资格。当今世界各国律师资格的获取方式大体存在两种模式:一是一元化的法律执业培养模式,即律师与法官、检察官采取同样的资格条件和培训途径,如德、日和2001年以后的中国大陆,都存在统一的国家司法资格考试和培训制度,而司法资格一旦取得,通常分别就任不同的法律职业;二是单独的律师培养途径和资格获得方式,具体又分为两类,如英国和中国香港特别行政区,律师是法律职业的基础,法官和检察官的资格高于律师,并且律师又存在大律师和小律师各自不同的专业资格获得方式与培养途径,又如作为大陆法系传统代表的法国和2001年以前的中国大陆,律师与法官的培训分别进行,存在不同的任职条件,但律师与法官并无高低之分。② 各国对候选人获得律师资格的条件大致包括:国籍条件(要求具有本国国籍,但也有美、德等国允许外国人参加律师资格考试并可以获得律师资格);年龄条件;道德条件(品行良好无污点);学历条件(法学学士以上,但美国要求最低获得法律职业博士J.D);通过司法资格考试或律师资格考试。所谓执业资格,就是职业运营资格,是对角

---

① 何忠洲:《北京"吊照门":律师的使命是维稳还是维权?》,载《南方周末》(2010-4-29),参见 http://nf.nfdaily.cn/nfzm/content/2010-04/29/content_11518885.htm(2014-01-04访问)。

② 范愉:《司法制度概论》,中国人民大学出版社2003年版,第217~218页。

色扮演的行为许可,它以律师资格为前提并以实际从事律师职业为条件。一个人获得律师资格不一定可以获得律师执业资格,只有经过实习,并经过律师行业组织考核通过,才可以获得律师执业证书。我国实行律师资格与律师执业资格相分离的制度。

各国律师执业资格的获得程序并不完全相同。(1)英国的大律师(barristers)的任职条件包括:原则上具有学士学位,成为伦敦四大律师学院(林肯、格雷、内殿和中殿)之一的学生;按照规定次数(8次)参加律师学院组织的出庭律师晚餐会;通过出庭律师资格考试,考试分为"基础法学阶段"和"职业适应性阶段";律师资格考试合格者跟随5年以上资历的执业出庭律师实习1年,方可正式执业。英国法律还规定须21周岁以上,凡有犯罪记录者、宣告破产者、现任的专利代理人、商标代理人和诉状律师,都不能成为出庭律师。而1974年《诉状律师法》则规定了小律师的任职条件:年满21周岁的英国公民;通过诉状律师协会考试;考试合格者视其学历完成一定期限的律师事务所实习,有法学学位者实习1年,无法学学位者先要学习1~2年的法律专业并通过普通专业考试再到律师事务所实习1~2年;实习期满即可向本律师协会申请诉状律师资格。(2)美国律师的任职条件主要包括:具有法学学士或法律职业博士学位;通过州组织的律师资格考试;年满18周岁或21周岁以上(各州不同);没有污点记录。有些州规定必须是在本州居住满2个月或6个月的美国公民;有些州还规定外国人或持有美国绿卡的外国人可以参加本州律师资格考试。大多数的州每年安排2次考试,试题分为法律专业知识和律师职业道德两部分。(3)法国1972年以前的律师业由律师、诉讼代理人、商事代理人和法律顾问四类人员组成。1971年12月31日通过的《关于司法与法律方面专门职业改革办法》统一律师名称。法国律师的任职条件包括:具有法学学士或法学博士的法国国民;取得律师业技能合格证书,在法国大学的司法研究所接受律师考试培训课程,或者法律系四年级学生、法学学士、法学博士报名接受为期1年的培训课程;没有破产和污点记录;取得律师业技能合格证书后到律师事务所担任3~5年的实习律师,然后由律师协会决定是否授予律师资格。(4)日本律师称为辩护士(弁護士),以办理民事及刑事诉讼案件、离婚等家庭案件、对行政机关不服的申诉、和解交涉、法律咨询以及其他法律事务为业务。日本律师任职资格的取得途径为:第一步,取得法科学士学位或法务博士(JD)学位;第二步,参加全国的司法官考试,参考资格原则要求已完成法科大学院的课程,至于没有完成法科大学院课程的,只要通过预备考试的合格者,也可以参加司法考试;第三步,进入设在最高法院的司法研修所进行为期1年的实务实习,并通过毕业考试,最终合格者将被授予法曹资格。(5)中国大陆的律师任职条件:拥护中华人民共和国宪法;通过国家统一司法考试;在律师事务所实习满1年;品行良好。此外,具有高等院校本科以上学历,在法律服务人员紧缺领域从事专业工作满15年,具有高级职称或者同等专业水平并具有相应的专业法律知识的人员,申请专职律师执业的,经国务院司法行政部门考核合格,准予执业。此外,公务员不得兼任执业律师;律师担任各级人民代表大会常务委员会组成人员的,任职期间不得从事诉讼代理或者辩护业务;高校法学专业教师可作兼职律师。(6)中国香港特别行政区的律师分为大律师和小律师(小律师简称律师)。小律师的任职条件:须取得香港大学法律学士学位和法学专业证书或香港城市大学与香港中文大学的法律学学士学位及法律学深造证书,此后仍须完成两年的律师实习期,才允许在香港以律师身份执业。拟取得大律师资格的人,在取得上述学士学位及证书并完成6个月大律师实习期后,便可获认许为大律师;但要执业,还须实习6个月。其他大学的法律系毕业生可循下列途径,在香港取得大律师或律师执业资格:先考取法学专业证书或法律学深造证书,然后任实习律师两年或实习大律师一年;通过或获豁免海外律师资格考试,并符合获认许后的执业规定而取得律师资格;或通过大律师资格考试,并完成所规定的实习大律师实习期。

(二)律师职业角色的社会认同与自我认同

律师的社会地位的高低直接影响到社会公众对律师职业角色的社会认同,而律师的职业化程度又关系到律师角色的自我认同。不过,现实中存在的律师角色的诸多非职业化表现,会很大程度上损害律师角色的社会认同与自我认同。所谓律师角色的非职业化就是指律师由于种种原因从事了与其职业要求不相符合的行为,从而导致职业角色错位的现象。从目前我国律师业的发展来看,律师的非职业化表现不外乎两种情况:一是律师本身违反法律、职业道德与执业纪律的要求,将法律服务演变为"关系服务"、"金钱服务",成为职业掮客,甚至走向犯罪,极大地损害了律师的声誉和律师业的发展;二是由于对律师职业的性质、特点与服务方式缺乏了解,加之国家主义的历史传统,赋予律师过多的社会责任,造成律师角色不明。[1] 如让律师保障法律的正确实施,追求抽象的社会公平正义,在有的地方为了维护社会的稳定,明确规定

---

[1] 李保平:《律师职业及非职业化倾向》,参见中国律师执业法律网(2007-6-23):http://www.china-lawyering.com/luntan7/post/271.asp(2012-2-22访问)。

律师不能为诸如拆迁、征地补偿等社会热点案件代理,即使允许代理,也设置种种限制,甚至有些地方的信访工作,也要求律师参与。律师参与信访的方式主要有坐堂接访式、陪同下访式、疑难会诊式等。这种做法的目的是利用律师的法律知识为政府提供法律服务,本来无可厚非,政府也是律师提供法律服务的对象。但是在信访工作中,律师服务的前提不是基于委托合同,而是行政命令,由司法行政机关统一调配,这种因行政命令产生的委托关系本身是非市场化的,是违背律师职业性质的。也许行政机关是想利用律师在群众中的公信度和法律知识,以弥补上访者法律知识的缺失和政府诚信的不足,让律师"一手托两家",使上访事件得以平息或纳入诉讼渠道,但是这种行为将损害律师的公正形象和律师业的健康发展,这也是律师职业道德与执业纪律所明确禁止的。总之,律师的非职业化倾向在我国虽然还不是主流现象,但是我们切不可掉以轻心,特别是第二种非职业化倾向,以实现社会和谐和社会管理综合治理创新之名,看似具有"正当性"与"合法性",在行政强权的扶持下大行其道,但是却经不起法治理性的推敲;而社会主义法治国家和公民社会的最终实现,也特别需要注意加强我国律师队伍的职业化建设,来逐步增强律师职业角色的社会认同与自我认同。

另附:

关于律师的职业化与角色认同问题的社会学研究实例,还可参见下列论文:(1)焦武峰:《法社会学视野中的律师角色》,法学硕士论文(2004),胡玉鸿教授指导。(2)衡静:《律师拒证特权制度的社会心理基础——从职业认同的视角分析》,载《西南民族大学学报》(人文社会科学版)2010年第9期。(3)刘思达:《分化的律师业与职业主义的建构》,载《中外法学》2005年第4期。(4)林应钦:《诉讼外纠纷解决机制中的律师角色》,载《中国司法》2005年第10期。

三、我国律师职业的分布状况分析

根据我国现行律师法的规定,律师是通过国家律师考试或国家司法资格考试并取得律师执业证在律师事务所任职的法律工作者。但是如果立足功能主义的分析立场,我国的律师概念外延实际上可涵盖公证员、基层法律服务工作者、专利代理和商标代理、企业法律顾问等,因为这些人员有时也被老百姓称为"律师",为当事人提供专业律师类似的某些诉讼和非诉讼业务服务。本节的分析限于狭义上的专职律师:依法取得律师执业证书,接受委托或者指定,为当事人提供法律服务的执业人员。

经过改革开放后三十多年的发展壮大,我国律师队伍已发展成为从业人数最为庞大的法律职业工作者,同时私有性质的合伙制和个人制律师事务所得到长足发展,而国有律师事务所比例逐年降低。根据2001年的《中国法律年鉴》公布的数据表明,全国律师总人数为117260人(不包括港澳台),与基层法律工作者基本持平。根据中华律师协会的统计,在2002年,我国(不包括港澳台)有合伙制律师事务所6880个,合作制律师事务所1780个,国办所1780个①。2005年全国人大常委会关于律师法实施后的执法检查表明,全国执业律师11.8万多人,律师事务所11691个,其中合伙所8024个,合作所1746个,国资所1742个②。《2013年中国律师行业社会责任报告》指出,截至2012年底,我国律师总数为232384名(不包括港澳台),律师年均增长速度为9.1%,我国每1万人口拥有律师1.6名;律师事务所19361家(不包括港澳台),年均增长速度为6%,其中,个人所与合伙所增长迅速,合伙所达13835个,占据2/3江山,而国资所的比例逐年降低到1504个,仅占7.8%,2008年新律师法允许成立的个人所为3393个,占20.6%,而合作制律师事务所逐渐淡出律师市场。③ 从中国律师服务的客户对象分布来看,个人客户的比例低于企业和政府机关之类的组织客户,而不是欧美法律职业研究中著名的"两个半球"理论(个人客户与组织客户各占一半),从事个人法律服务的执业律师面临着更大的市场竞争压力,而从事组织服务的执业律师垄断性强,其获得的利润也更高。④ 从中国律师从事的业务内容来看,民商事案件业务高于行政与刑事案件业务,非诉讼业务多于司法诉讼业务,这已成为律师界公认的不争事实。

如果单从律师的地区分布来考察,我们就会发现存在严重的不均衡性和条块分割特征,它总体反映出我国社会转型期经济与社会发展过程中普遍存

---

① 中华全国律师协会:《2002年度中国律师业发展数据统计分析报告》(内部资料),2003年,第36页。
② 顾秀莲:《全国人大常委会执法检查组关于检查〈中华人民共和国律师法〉实施情况的报告》(2005-08-28公布),参见 http://www.npc.gov.cn/wxzl/gongbao/2005-08/28/content_5354867.htm(2014-01-07访问)。
③ 中华全国律师协会:《2013年中国律师行业社会责任报告》,载《中国律师》2013年第9期。
④ 参见刘思达:《割据的逻辑:中国法律服务市场的生态分析》,上海三联书店2011版,第27~28页。

在的类似特征。根据我国国民经济和社会发展第七个五年计划,结合经济发展水平和行政区划特征,全国被划分为东、中、西三大经济区域带,其中东部地带包括北京、天津、辽宁、河北、山东、上海、江苏、浙江、福建、广东和海南11个省直辖市,这也就是我们俗称的东部沿海地区,为我国最为发达的经济带;中部地带包括山西、吉林、黑龙江、安徽、江西、河南、湖北、湖南8个省,为我国传统的农业工业区;西部地带包括陕西、甘肃、宁夏、青海、新疆、重庆、四川、贵州、云南、西藏、内蒙古和广西12个省自治区直辖市,为我国经济不发达地区。当代中国的律师分布也大体沿袭了经济发展不均衡与条款分割的特点,即律师群体呈现出向东部沿海地区和大城市特别是北上广深等一线城市集中,而在西部地区和贫困县市极度欠缺甚至存在所谓"无须律师的社会秩序状态"[①]。根据学者2005年的调查研究发现[②]:(1)东部沿海地区人口(户籍人口)在全国人口所占比例为37.9%,却集中了全国54%的律师;中西部地区的人口所占比例分别为33.1%和28.6%,而律师所占比例分别只有23.7%和22.3%;东部沿海地区每1万人拥有的律师数为12.4,远高于中部和西部的6.3和6.8。(2)东部沿海地区10省市的省会和副省级以上城市辖区人口仅占本地区人口13.9%,但是却集中了本地区59.8%的律师;在中部7省的省会城市辖区人口仅为7%,却集中了本地区38.8%的律师;在西部6省区,省会城市人口占本地区人口的10.3%,律师所占比例也高达51.1%;在整个23个省市区中,28个大城市市辖区人口所占比例为10.3%,而律师所占比例高达53.7%;而东部沿海10省市的省会和副省级以上城市辖区每万人口拥有律师56.2,整个区域的平均数仅为13。另根据2005年全国人大常委会关于律师法实施后的执法检查表明[③]:与世界许多国家相比,我国的律师数量总体较少,仅占人口总数的万分之0.9,全国还有206个县没有律师;超过半数的律师集中在大城市和东部沿海地区,广东、北京的律师人数都在万人左右,而西部12省区市律师总数不过2.4万人。时至今日,上述律师分布的不均衡性

---

① 冉井富:《当前中国律师地区分布的非均衡性——一个描述和解释》,载朱景文:《法社会学专题研究》,中国人民大学出版社2010年版,第52页。
② 冉井富:《当前中国律师地区分布的非均衡性——一个描述和解释》,载朱景文:《法社会学专题研究》,中国人民大学出版社2010年版,第431~434页。
③ 顾秀莲:《全国人大常委会执法检查组关于检查〈中华人民共和国律师法〉实施情况的报告》(2005-08-28公布),参见 http://www.npc.gov.cn/wxzl/gongbao/2005-08/28/content_5354867.htm(2014-01-07访问)。

和条块分割状态是否有所改变呢？应该说，变化不大。《2013年中国律师行业社会责任报告》表明[①]：从人口律师比来看，我国每1万人口拥有律师1.6名；人口律师比最高的是北京市，人口律师比为11.7名；其次为上海市，人口律师比为6.7名；人口律师比最低的是西藏，为0.6名；目前每1万人口拥有不足1名律师的还有安徽、青海、甘肃、贵州、江西和西藏6省区。

---

① 中华全国律师协会：《2013年中国律师行业社会责任报告》，载《中国律师》2013年第9期。

第八章 纠纷解决视野中的法规范适用

第一节 纠纷解决中的法规范界定

在关于法规范的研究中,学术界曾经存在两种绝对分立的观点,一种是某些法人类学家和社会学家将法规范泛化为一般的社会规范,将在现实生活中起着法作用的一切规则或行为都视为"法";一种是传统的法理学或国家法理论将法规范仅仅定义为立法意义上的国家成文法,而排斥一切民间法规则与判例法。这两种对立的观点实际上反映出在认识对象和研究方法方面不同的学术进路,对我们研究纠纷解决中的法规范问题具有重要的启示作用,正如朱景文教授指出的:在传统的法学研究中,法律规范是研究的中心,对规范的分析、分类、解释、推理是研究方法,与此相适应,形成了奥斯丁为代表的"法是主权者的命令"的法的定义,把法和国家的联系看成是法的概念不言而喻的前提;而在现代法社会学研究中,研究的中心不是法律规范,而是法律规范赖以产生和作用的社会关系,是法在现实中的运作,研究方法转而对现实中的各种法律行为,立法、司法、检察、判刑、法学教育等的观察、调查和试验,是对法在现实中的运作所作的社会学解释。① 而我们立足纠纷解决的角度,关于法规范概念的界定必须基于规范实施与实现的过程,从法社会学经典作家如埃利希和行为主义法学代表布莱克等那里吸收思想的营养,而不能固守国家的成文法规立场而满足于形式推理与概念演绎,这是一方面;另一方面,关于法规

---

① 朱景文:《现代西方法社会学》,法律出版社1994年版,第49~50页。

范的界定又不能忽略国家力量在法规范形成与运作过程中的必要作用,国家制定的成文法仍然担当当代法治社会的主流角色,即使伦理道德、宗教规范与社会组织规则或民间习俗等也必须经过国家认可才能上升为法律规范的范畴。

一、书本上的法和行动中的法

法人类学家提出的"非国家的法"和法律多元主义主张并没有得到法社会学家的普遍认同,因为前者否认法与国家的必然联系,而将法与一般社会规范的界限变得模糊不清。首先,法社会学家承认法与国家的必然联系,如布莱克认为法仅仅为社会控制的方式之一,"法律是政府的社会控制,或者说它是国家和公民的规范性的生活,如立法、诉讼和审判"[①];除了法律外,社会控制的方式还包括礼仪、习惯、伦理、官僚制和对精神病的治疗等。其次,法社会学家主张研究"行动中的法"(law in action),而不是"书本上的法"(law in the books),诚如霍尔姆斯早就断言,"法的生命不在逻辑,而在于经验"。他认为"对于法院实际上将要做什么的预测(prophecies),而不是什么其他的自命不凡,就是我所谓的法律的含义"[②]。法既然属于经验的东西,那么它就是可观察的行为,是一种可变量。按照布莱克的说法,"法律的量可以用多种方式测定。例如,向一名司法人员提出请求,无论是打电话叫警察、去政府机构办事还是进行诉讼,都意味着法律的量的增加。对请求的认可也是如此,不论只是一份官方记录、一次调查,还是某种初步的听证会,都意味着法律的量的增加。在刑事案件中逮捕比不逮捕所涉及的法律的量多。搜查或审讯也是如此。控告要比不控告所涉及的法律的量多,起诉要比不起诉所涉及的法律的量多,严重罪行的指控要比轻微罪行的指控涉及的法律的量多。法律上的任何提起、诉诸或适用都意味着法律的量的增加,甚至某人主动伏法,诸如投案、招供、认罪也都增加法律的量。审判前拘留人犯要比不拘留人犯涉及的法律的量多,有保保释要比无保保释涉及的法律量多,高额保释要比低额保释涉及的法律的量多。审判或其他听证本身就是法律的量的增加,有些结果要比其他结果所涉及的法律的量多:有利于原告的判决要比有利于被告的判决所涉及的法

---

① [美]唐纳德·J. 布莱克:《法律的运作行为》,唐越、苏力译,中国政法大学出版社2004年版,第2页。

② [美]霍姆斯:《法律的生命在于经验——霍姆斯法学文集》,明辉译,清华大学出版社2007年版,第211页。

律的量多,有罪判决要比无罪判决所涉及的法律的量多。赔偿越多,涉及的法律的量也就越多。这也适用于各种情况下所确定的刑罚严厉程度。罚金越多,刑期越长,人犯所受的痛苦、肢体残伤、羞辱或剥夺权利的程度越重,所涉及的法律的量也就越多。法庭的一个命令或由任何司法官员所作出的任何一种命令,也意味着法律的量的增加。赦免、减刑或假释则是法律的量的减少,但取消假释却是法律的量的增加。如果政府对不轨行为者提供治疗,如住院治疗或恢复治疗,那么这也是法律的量的增加。争议的调解和仲裁也是如此,如果裁决不利于原告而原告上诉,这意味着法律的量的增加,因此撤消不利于原告的裁决也是法律的量的增加。但是如果被告上诉获胜,则是法律的量的减少。更一般地说,法的量是根据禁止、义务和其他人所应遵守的标准的数目和范围,根据立法、诉讼和审判的比率而得知的"。① 可见,布莱克所说的法不是人们提倡理解的作为条文形式的国家法规则,而是这些规则在现实生活中得以体现人们行为合法性的具体活动表现,即可观察的法律行为。

"行动中的法"与"书本上的法"的概念首先由美国法社会学家庞德提出,他认为:"让行动中的法与书本上的法相一致正是法律人的工作,因为它不可能通过对法的门外汉枯燥而无用的训诫达到;同样,无论如何慷慨激昂的话语都无法说服人们去服从法律,只有我们让书本上的法能够被服从,并且提供一个迅速、经济、有效的法律适用模式,才能达到这个结果。"② 实际上,"行动中的法"与"书本上的法"的区分对于理解和分析纠纷解决中的法规范含义具有重要意义,它预示了法社会学研究的现实主义转向,即关于法的概念的研究从条文上的死规则、"书本上的法"转向法的实际运作,提示我们更应重视关于法的功效和社会影响方面的实证科学研究,而侧重关注现实生活中法的实际作用表现。总的说来,"行动中的法"有两种表现形式:一种是"活法",即社会生活中实际通行的规则,它不依赖国家而存在,法律规则必须建立在它的基础上,否则不可能得到实现,它实际上是"非国家的法"的另一种表现形式,在西方法律思想史都有某种反映,如历史法学派萨维尼关于习惯法与法典的对立观和自然法学派关于自然法与实在法的区分等;另一种表现形式则是现实中的各种法律行为,法在现实中的运作与实现,用以区别于国家颁布的法律规则

---

① [美]唐纳德·J. 布莱克:《法律的运作行为》,唐越、苏力译,中国政法大学出版社2004年版,第3~4页。

② Roscoe Pound, Law in Books and Law in Action, 44 *American Law Review*, 12 (1910). pp. 35~36.

（书本上的法），它否定了非国家的法的存在，将法与国家联系起来，并将关注重心放在对立法、审判、行政、诉讼等实际法律活动上，而不是满足于对死的法律规则本身的研究。不过，我们还是应注意两点：第一，现实中运行的规则并不都具有法律意义，法律规则与行动中的规则不能混同，制定法、判例法、习惯法、宗教法等是不同的概念。因此，国家法与民间法规范的区分还是有理论与现实方面的区分意义。第二，法与现实中的法律行为不能等同，法律规则与法的运作、实现不是一回事，法律行为的实施尚需法律规则外的其他因素的配合，那种将各类法律行为（如审判、执法、仲裁等）简单认定为法律本身的观点也实际地弱化了法律的权威和效力。

另附：

关于"行动中的法"学术研究实例，可参考朱景文主编：《法社会学》（第二篇专题），中国人民大学出版社2005年版，第84～196页。

二、社会法、法学家法和国家法

奥地利法社会学家埃利希（Eugen Ehrlich，1862—1922）的最大贡献就是提出了有名的"活法"（Begriff des lebenden Rechts）论，同时，他是"第一位提出归纳研究方法、实证社会调查手段和调查问卷、搜集合同样本和举办访谈等研究方法的法律人"。[①] 按照埃利希的观点，"法社会学是法的科学理论"[②]，法学的任务并不仅仅在于从逻辑和概念上整理成文法，而法学家的任务更在于适用法律，并深入探究法条中所没有包含的"活法"项目科学研究。"活法不是在法条中确定的法，而是支配生活本身的法。这种法的认识来源首先是现代的法律文件，其次是对生活、商业习惯和惯例以及所有联合体的切身观察，这些事项可能是法律所认可的，也可能是法律所忽视和疏忽的，甚至是法律所反对的。"[③]他认为，关于"活法"项目的研究重心应放在第二个认识来源，即对法条之外的社会生活中的"活法"研究。为了展开法社会学研究，埃利希将法分为社会法、法学家法和国家法三类，他特别重视法律人在三类法的中介、桥梁

[①] ［德］托马斯·莱塞尔：《法社会学导论》，高旭军等译，上海人民出版社2011年版，第68页。

[②] ［奥］欧根·埃利希：《法社会学原理》，舒国滢译，中国大百科全书出版社2009年版，第27页。

[③] ［奥］欧根·埃利希：《法社会学原理》，舒国滢译，中国大百科全书出版社2009年版，第545页。

作用。

（一）社会法（Soziologierecht）

按照埃利希的观点，社会法就是"人类团体的内部秩序"，是某一人类团体行之有效的行为规则，是本团体成员都受其约束的"组织规则"。埃利希采用广义的"人类团体"概念，外延涉及一切可区分的社会关系，包括"国家，民族，国际法上的国家共同体，地球上远远超越国家和民族界限的文明民族之政治、经济、思想、社交共同体，宗教共同体，单个的教会、教派和宗教组织，财团法人，阶级，阶层，一国的政党，狭义和广义的家庭，社会帮派、宗派"等。他认为，人类团体的内部秩序不仅是法的最初形式，也是目前为止法的基本形式。适用于社会团体的规则主要由相关的团体自身创建，并使之与团体的构建和活动相适应，而社会和经济的变迁必然带来组织规则的相应变化。社会团体的组织规则具有强制力，但并不是团体内部适用的所有规则（一般可区分为法律规则、道德规则、宗教规则和习俗等）都具有法律性质，但它们都具有组织社会生活的共同功能。

（二）法学家法（Juristenrecht）

按照埃利希的观点，法学家法即裁判规范，是法院据以解决纠纷的规则。他说，"裁判规范像所有的社会规范一样是一种行为规则，但确实只为法院适用，它至少主要不是一种在日常生活中活动的人设定的规则，而是为他人的行为进行裁判的人设定的规则"。[1] 任何社会都会出现冲突，而团体内部的组织规则不足以解决各人类团体成员之间的利益纠纷，为此产生了法院和裁判规则。在社会学意义上，他所说的法院不限于国家法院，还应同样具有纠纷解决功能的其他法院，如"荣誉批判委员会、纪律评判庭、仲裁庭、协会裁判庭、调解局"等。每一项裁判规范都有其社会基础，这些基础包括社会内部规范、社会中行之有效的实践、统治关系、占有关系和合同关系等，同时裁判规范不同于组织规则，后者是为了建立和平与秩序。裁判规范是法学家的法，法学家有责任保证必要的规则的统一性、一般性和连续性。为此，他把上述规则称为"法官据以裁判规范的法律"，并从中形成一种法学思维方式。后来，卢曼将这种方式确定为界定规范概念的基础：裁判规范能够通过司法实践在一定时间内实现下列意义上的普遍化，即在较长的时间内将相同的裁判规则同等程度地

---

[1] ［法］欧根·埃利希：《法社会学原理》，舒国滢译，中国大百科全书出版社2009年版，第127页。

适用于众多的当事人和大量的相似案件。如此,裁判规则才最终演变成法规范,并予以成文化。

(三)国家法(Staatsrecht)

按照埃利希的观点,国家法是管辖规则,包括"只有通过国家产生的"法律和"没有国家就不能产生的"法律。国家法不同于制定法(成文法),并非所有的制定法都包含了国家法,因为有的制定法纯粹为某一法律关系创设内部秩序,如团体章程、商事规则;国家可以采取制定法的形式签订某个契约,但团体章程、商事规则和契约仍属于社会法范畴。同样,裁判规则也可以采取制定法形式。他所说的狭义上的国家法主要指军队组织规定、警察法和税法,以及被他称为干预性规范的法规。他低估了国家权力在法律规则形成与运作的实际作用,而高估社会法和法学家法的作用,认为国家只是一种服务于社会的机构。总的说来,埃利希立足社会生活本身来阐释活法的社会学内涵,将法分为社会法、法学家法和国家法,具有积极的法学理论意义和司法实践价值,在方法论层面最为突出。但是,他矮化国家法的法治角色和功能的做法,并不符合20世纪以来的历史发展事实,这就是国家制定法地位的提高和频繁化;同时随着经济全球化和法律全球化的进展,非国家形态的"非国家法"也越来越多,三类法律的地位并不固定,它们之间的界限也越来越模糊。

三、国家法与非国家的法(民间法规范)

现代法人类学的法律多元的研究框架,把非国家的法(存在于民间的社会规范)作为与国家法并存的法的重要组成部分。人类学家通过对未开发民族、氏族和部落的田野调查,发现其中存在着大量可以辨别出来的习俗,它们执行着文明社会中法的功能。因此,他们认为不能仅仅把法的概念局限于西方国家的范围内,不能只把文明社会的行为规则称为法,把未开发民族的执行着同样功能的行为规则不称为法。英国学者马林诺夫斯基通过对南太平洋岛特鲁布里安德(Trobriand)未开发部落的长期观察,给法下的定义是:"法律规则与其他规则之所以不同,就在于它们能被感受并确定为一个人的义务和另一个人的权利诉求。它们不仅仅只依靠心理动机,而是正如我们所知道的那样,是由建立在互赖基础上和互惠服务的同等安排的认同上的特定社会约束力机制所强制执行的,并将这些权利主张融入错综复杂的关系网络中才能得以实现。"①马林诺夫斯基关于法的定义明显不见国家形态(如立法机关、官僚、警察和法庭)的任何影子,他确认这些非西方国家形态的社会规则同样也可称为法。与马林诺夫斯基着眼于未开发民族的特定行为规则来界定法的概念不同,德国法社会学家韦伯则立足于现代社会,认为法是得到(身体的或心理的)强制力的可能性所保证的,目的是使人们服从或违反它加以报复的,由此目的而产生的特殊的工作人员而执行的秩序。在韦伯看来,法不仅包括国家制定的法律,也包括非国家的社会组织所制定的规则,法的执行者涉及法官、警察、仲裁员、大学生的司法会议和教堂中的宗教纪律会议等。在目前我国大陆的研究中,这些流行于民间的社会规范也往往被统称为习惯法或民间法。如果从国家的角度界定"法律"(rule),法律以外的社会规范则可以统称为"民间法规范"(social norms),因为它既可以区别国家法和不具有法律规范意义的民间社会规范,也直接反映出它与国家法的必然联系。② 不过我们也应清楚,这些民间规则唯有经过国家的认可程序方可列入现代意义的国家法范畴,国家法与非国家的民间法规范在司法适用方面还存在巨大差异,二者不能混为一谈。总的来说,习俗、行业惯例等的法律适用研究应引起法学界的重视,而不是仅仅限于社会学领域。

(一)民间法规范的基本形态③

1. 传统风俗习惯

作为一个民族的生活方式,一些历史上形成的习惯对社会主体影响至深,尽管并没有见诸文字,但这些规则通常能够为社会民众遵行,并能兼顾对个别例外情况的调整,其中有些带有普遍性或共通性,有些则带有鲜明的地方性或差异性。例如,子(女)从父姓,从夫居、婚丧嫁娶和殡葬等习俗,育幼养老的习

---

① [英]马林诺夫斯基:《原始社会的犯罪与习俗》,原江译,法律出版社2007年版,第36页。

② 范愉教授建议采用"民间社会规范"一词,旨在从事实形态上把握民间社会规范的问题,但不排除使用民间法、习惯法等用语。之所以多使用民间社会规范的概念,主要是因为法律本身也是一种社会规范,有必要在概念上避免混淆。而且,该词并不能涵盖全部"活法",如党内规则、潜规则等。范愉:《纠纷解决的理论与实践》,清华大学出版社2007年版,第579页脚注①。

③ 参见范愉:《纠纷解决的理论与实践》,清华大学出版社2007年版,第582~588页。

惯,等等。这些习惯尽管多数并没有被我国现行法律所确认和吸收,但长久以来一直被代代传承和恪守。当然,随着社会变迁,许多习惯也会随之改变,如子(女)从父姓的习俗不再严格遵循,不少家庭的子女也从母姓。

2. 民族习惯

民族习惯主要是指少数民族的特殊风俗习惯,包括各民族的特定生活方式、婚姻家庭方式等。在我国民族区域自治制度下,尊重少数民族习惯本身是一个宪法原则,一些地方性法规和政策都有相应的规定。特别是涉及婚俗、继承和日常生活方式方面的民族习惯一般均受到了尊重和保护,如川藏地区的藏族一妻多夫制与天葬风俗、青岛汉族的顶盆继承风俗等。但是出于政治原因、"人权"保护及国家安全的理由,某些民族习惯也被视为"恶俗"或违法行为,受到严格限制或打击,如青海、西藏等藏族地区的"赔命金"习惯。

3. 公序良俗、公共道德

在民法中尊重公序良俗和公共道德已经成为一项基本原则,但是在具体的民事纠纷和权益诉求中,究竟什么属于公序良俗,能否被承认为"经验法则",则需要法官具体裁量判断;而公共道德与法律规则及原则之间的平衡则更是司法难题。因此,尽管法律原则上承认了这部分社会规范的意义和地位,其作为民事行为和裁判依据的正当性已经十分清楚,但并不意味着它们当然地可以成为法的渊源或基准。近年来,一些道德入法的事例如广东、山东等地关于见义勇为的地方立法、"常回家看看"条款入老年人权益保障法等则引起人们的广泛争议,而这些条款的司法适用同样伴随争议。

4. 自治性规范

自治性规范主要指乡规民约以及行业惯例、规则和标准等。这一部分社会规范调整着共同体的成员(个人)与共同体之间的关系,并且在调整个人、社会公众与某一共同体之间关系中具有实际的规范作用。这类规范的内容有些不过是法律原则与规则的重申或细化,而重要的部分则是通过约定的形式对习惯加以确认,或基于习惯对共同体内部的权利义务及资源进行分配,这部分规范与法律的关系实质上反映着基层社会自治与国家集权之间的关系。在社会治理和纠纷解决实践中,其作用取决于国家对社会自治和基层自治的态度,也取决于公众对自治和社会共同体的认同程度。目前,这些社会规范的正当性普遍面临着挑战——在农村,村民自治正在经历严峻的考验,最典型的问题就是妇女土地权益问题,在珠江三角洲等地存在的出嫁女权益问题;在市场经济中,行业标准和行业自治则受到公众的质疑,最典型的问题当属所谓行业惯例的正当性问题;此外,司法如何介入大学自治、体育自治以及行业管理的问题也始终困扰着社会。

5. 其他社会规范

这主要包括在社会发展和实践中不断形成的新的习惯民俗和情理等。传统的商事惯例在20世纪80年代市场初建时似乎并无作用,但国际商事惯例却历来受到高度尊重,尤其是在商事仲裁中。目前,在日常生活和市场行为中,地方性或行业性的惯例和规则确实在不断出现和形成,如借贷关系、中介关系、交易行为等方面的惯例。由于这些规则具有生活的逻辑和实践理性,在正常的交易和纠纷解决中往往很容易被当事人接受。此外,随着新型的通信工具和技术手段的不断发展更新,一些网络、电子等形式的交易行为也不断形成新的惯例和社会规范,它们通常都是在法律规则形成之前出现并为人们遵行的,因此其效力和作用也应被纳入到法律和纠纷解决的视野中。需要指出的是,当下一个流行语所说的"潜规则",在一定意义上也属于此类社会规范,包括某些约定俗成的行为规则,公认的习惯,行业乃至政府机关的不成文惯例,以及一些不断形成、更新、废弃过程中的次生规则。一部分属于法律禁止或完全在法律规制之外的(甚至受到道德谴责),有些则可能是为形成中的法律规则或调整需求开辟着探索之路。

(二)民间法规范的共同特征[①]

1. 民间法规范与社会生活的密切关联性

民间社会规范直接孕育于社会生活,社会的发展对其影响是最为直接的,习惯和规则的形成往往比法律规则的形成和制定更为快速和灵活。从中可以清楚地看到物质生活方式和利益的决定性作用。生产方式的改变会导致习俗和生活方式的重大变化。例如,城市化过程促成了农民和农村的整体性变化——家庭规模缩小;男女比例和结构变化;包括衣食住行和婚丧嫁娶在内的生活方式发生重要的改变;而这些变化都对传统习惯乃至于传统的生育和养老方式等产生了极深刻的影响。如在部分农村,由于留居人口中男女比例相对失衡,男性的婚姻问题较以前更难以解决,因此事实上的买卖或交易婚姻几乎是普遍遵行的惯例,婚姻大事仍然需要依靠经济实力。由于儿媳在家庭中的地位明显提高,婆媳关系也发生了彻底的变化,乃至很大程度上改变了父母与儿子同居的习惯。城市化过程对农村家庭的影响更是巨大的,由于进城打

---

① 参见范愉:《纠纷解决的理论与实践》,清华大学出版社2007年版,第589~596页。

工而导致的离婚大幅度增加,离婚案件占农村基层法院(包括法庭)民事案件的 70% 甚至 80% 以上,其中多数是由女方(特别是出外打工女性)提出的。在城市,年轻人的婚姻和家庭形式已使传统的"从夫居"和家族继承模式失去了原有的意义;由于退休人员普遍享受退休金,物质赡养的必要性也在逐步降低。但是城乡普通居民在遇到重大疾病时往往都无力承受,因此,疾病往往成为考验家庭关系、赡养义务和孝道的关键环节。不仅如此,由于脱离父母在外地乃至国外生活的子女越来越多,有偿委托赡养、单一物质赡养、协议赡养、遗赠赡养等方式越来越普遍;无论怎样提倡"常回家看看",传统和法律提倡的养老模式、精神赡养、亲情抚慰都已经很难真正实现。总之,经济社会的发展使得物质生活方式发生了变化,也带来了传统的变化——旧的传统在衰落、改变,新的传统在形成。

2. 民间法规范发展与延续的选择性

尽管有时传统保持着相对保守和稳定的特点,但是其内容却并非一成不变,在社会转型过程中,传统习惯和社会规范的发展都呈现出相当大的灵活性——有些民族的传统习俗延续至今,有些失落的传统又重新被弘扬,有些习惯则完全消失或正在消失;由于社会交流加速,一些地方的传统习俗逐渐被其他地区和民族所接受,个人的生活方式也拥有了更大程度的自由。即使在法律明确禁止的某些领域,以社会规范规避法律、抵制法律、维护自治的可能仍然广泛存在。例如,一些地区土葬的传统被强制废除;有些地区则在禁止与恢复中不断反复博弈;随着殡葬方式的不断变化,一些殡葬"习惯"又在迅速形成。有些地区已消失多年的结阴亲陋习(私盗遗体在古代法中亦被斥为陋习,属于被禁止的行为)甚至也死灰复燃。赌博(打麻将)等风气则像一种传染病迅速蔓延到城乡各个角落,乃至于西藏这样的边陲地区,形成了一种覆盖面极广的社会"习俗"。此外,随着宗教信仰的自由程度提高,宗教习惯也出现了一定的复兴。在传统的发展与延续中,国家法的作用非常重要——法律的确认会对习惯和传统起支持和保护作用,有利于其延续和发展;法律不予禁止则留下了其生存和发展的余地;法律的禁止尽管未必能完全消灭其作用,至少会遏制其合法生长的空间。在法律非强制性或任意性调整的领域,习惯等社会规范则具有很强的自治性和文化延续性,在传统习惯和共同规范与国家法律之间,人们的选择余地仍然相当大,保留着较大的约定、协商、交易和妥协的空间;既可以选择接受国家法的统一规范,也可能自愿接受民间社会规范的约束。

3. 民间法规范的差异性和多元性

在我国这样一个多民族的大国,社会规范历来就是多元化的,而社会演变的速度和程度都会使社会规范显示出更明显的地域性和民族性特征,尽管在现行国家法和社会政治体制下,统一性受到更多的强调,但是社会的多元化和自由程度事实上在不断加强,并且随着经济发展程度的差距而继续加大。目前各地方的现代化进程、社会结构的稳定程度、教育水平、外来文化的影响和传统维系的程度都出现了显著的差别。特别是市场化和城市化对基层社会的社会组织造成了深刻的影响,共同体的凝聚力急剧下降,个人对各种传统社会规范的尊重、依从和自觉已无一定之规,每个人依其所处环境会表现出不同的规则意识。例如,当一个农民在农村生活时,通常会自觉服从当地的习惯和村规民约,但是一旦进城务工,就会尽量融入城市文化,或在城市中形成亚文化群体。很多打工者尽管在农村都有配偶,但很快在城市中与其他打工者结成同居伴侣,游离在城市法治文化和乡村传统文化之间。类似的亚文化群体还包括"信访村"、知识界的"北漂族"、传销群体、性服务群体、类似帮会的组织等。无论是主流社会还是传统文化或亚文化群体,都会有自己的一些传统和习惯;而各种行业、民族、宗教信仰、职业、不同的年龄、社会阶层等,都会使得个体对一定的文化和习惯产生不同程度的依从,这就使得社会规范的差异性和多元性愈发明显。然而,由于这些群体自身的自治自律能力和合作意识较差,除了在临时性的群体行动,如上访、申诉、暴力行动或诉讼中可能结成暂时的组织外,很难形成长久的和具有约束力的规则与秩序。因此,一旦共同体之间或个体与共同体发生冲突,这些具有高度差异性和非组织性的社会规范及组织的作用就可能非常有限,不得不求助国家法的统一规则及其权威性和强制力。

4. 民间法规范的伦理性

绝大多数社会规范都具有一定的伦理性特征,但是由于道德的多元化,伦理性并不意味着所有社会规范都具有相同的道德标准。例如,所谓盗亦有道、江湖义气也具有伦理性,但并不符合主流道德标准;有些群体规范其对内的道德标准高于对外(甚至社会公众)的道德,以牺牲他人利益满足自己(或本群体)的需求等。然而一般而言,社会规范对其约束对象应具有一定的平等性、确定性、可操作性,并要求这些成员自愿和自觉地接受其约束;违反这些规范会被视为是不道德或悖理的。当这些规范失去其约束力时,必然带来一定程度的道德失范和行为失范。因此,当社会规范特别是公共道德的效力降低、失去其约束力时,就不得不依靠国家法设立统一基本原则,以维护道德底线。

5. 民间法规范的规范性

规范性不仅指行为模式和判断标准的存在,更重要的是看其是否确实得到遵从以及能否获得救济(制裁)。民间社会规范尽管国家权力基本无关,也都有其具体的"权利义务"和责任乃至制裁机制。正如埃克里森指出的:一个法律体系包括了各种类型的法律,如实体法、救济法、程序法以及管辖法。其中任何之一在一个非正式规范体系中都有类似的存在。当然,在不同的规范中这些机制的作用是完全不同的,并与当事人对其认同和环境条件息息相关。民间社会规范可以启动的不仅仅是自力救济,也包括社会救济,在一定程度上也可能被公力救济所认可,如通过对约定和承诺的维护。

第二节 国家法与民间法规范的关系互动

一、国家法与民间法规范的冲突[①]

国家法与民间法规范的冲突表现为国家法对习惯等规范完全否定或无视,而习惯等规范对国家法的积极对抗和消极规避。在涉及刑事犯罪的法律上,国家历来严禁以习惯、私了等方式规避法律,此传统自古已然,对此民众一般是可以理解的,同时由于公权力可以对刑事犯罪主动出击干预,因此在这一领域,民间规范对法律的抵抗相对较弱。然而即使如此,在明知情况下"非法"私了的现象仍时有发生;在少数民族地区和边远地区,在涉及强奸、拐卖妇女儿童、群体械斗、"赔命金"等方面的问题时,法律往往也显得软弱无力。此外,在界限比较模糊的诸如重婚和其他轻微的公诉刑事案件中,由于公权力采取了较灵活或宽容的态度,民间处理(私了)事实上已经得到了一定程度的默许。

相比较而言,正面的冲突更多地表现在民事领域,尤其是在涉及婚姻家庭法(包括继承、收养和财产等方面)领域。这部分法律原本应源于习惯和传统生活秩序,但在我国,由于时代变迁的跨度和立法者的理念等因素,法律规则与社会生活的脱节最为明显,在涉及民众生活的婚姻家庭、收养、继承和邻里关系之类的问题上,习惯等社会规范往往与法律确定的规则、原则大相径庭。

[①] 参见范愉:《纠纷解决的理论与实践》,清华大学出版社 2007 年版,第 606～612 页。

如《婚姻法》完全否定民间婚礼、事实婚姻、同居关系的效力,而迄今为止,农村民众对民间婚俗的认可程度仍然很高,视各种以民俗民间自愿明示方式结成的"非法"同居为明媒正娶,将这种关系的解除视同离婚。而对于事实婚姻或"非法"同居的违法性则不以为然。但是,根据婚姻法及有关司法解释,同居等不符合法定婚姻要件的关系一律被视为"无效婚姻"。人民法院对于解除同居关系案件,除该同居关系属于"有配偶者与他人同居"的情形以外,一律不予受理;但可以审理其中涉及财产分割及子女抚养的纠纷。司法解释之所以这样规定,主要考虑到"有配偶者与他人同居"是婚姻法明令禁止的行为,如果当事人提起诉讼要求解除这一同居关系,人民法院当然应当受理,并依法解除同居关系。至于无婚姻关系的男女双方的同居关系,因不是法律保护的社会关系,当事人如果起诉仅仅要求解除同居关系,人民法院应当不予受理。如果当事人就同居期间的财产分割和子女抚养问题提起诉讼,人民法院应当受理。这是因为,当事人在同居期间形成的财产关系、子女抚养关系属于法律保护的民事法律关系,人民法院应当依法给予保护。这种态度还表现在,法院对于解除同居关系中财产分割和子女抚养问题的处理不得以调解方式、只能以判决方式结案。此外,我国历史悠久的过继、事实收养、隔代抚养关系等,在法律上没有得到承认。在某些方面,法律规定虽然并不直接否定传统与习惯,但是由于二者存在根本不同,乃至于在发生冲突和龃龉时必然以牺牲习惯等为结局。例如,法律规定子女姓名既可随父也可随母,夫妻之间如协商不成则可能出现矛盾;如诉诸诉讼只能否定习惯的必然性。幼子在离婚时通常由女方抚养,但是依农村习俗,男孩子应继承父亲的家族,而且有时留在男方家庭更有利于其生长和教育,但是如果女方坚持,法院通常会支持女方的要求。还有姻亲之间尤其是不同辈分之间的婚姻(如公公与原儿媳)按传统属于乱伦,但不违反婚姻法,等等。

即使在国家允许法律变通的少数民族地区,地方性法规明确确认的习惯也非常有限,并且在允许习惯存在的同时,实际上正在通过法律改造和压制着其作用范围。例如,《西藏自治区施行〈中华人民共和国婚姻法〉的变通条例》对婚姻法的变通实际上仅有涉及婚龄、亲属关系等有限的几个方面,而并没有明确具体地列举所保留的民间习惯以及与婚姻法发生冲突时的处理原则。因此,法院在处理婚姻家庭案件时,同样按照内地区别合法婚姻与"非法同居"的原则办案(如"非法同居"必须以判决解除而不能以调解结案),只是更为灵活而已。从地方立法到司法实践,乃至当地妇联、政府等,基本都体现出一种倾向,即视地方习惯为一种向统一国家法过渡进程中暂时保留的传统生活方式,当然在执法者中不乏理解、宽容和赞赏的态度。

总体看来,由于国家制定法对习惯基本上采取一种强势和全面无视的态度,通过普法和国家权力的强制,今天,民众对法律的权威性并不陌生也不否定,而习惯的作用已经显著降低且缺乏正当性。这对于移风易俗和提高公民的权利意识和人权保护确实颇有裨益。然而,一方面,基层民众的生活方式和传统习惯有其内在的合理性,并非可以随意令其改变;而适应社会生活的需要,各种新的习俗和社会规范还会不断产生。另一方面,法律自身的种种弊端与局限往往不足以使民众获得应有的利益和充分有效的救济,也并没有展示出令人信服的公信力和有效性,因此,民众往往会依其实践理性和从众心理判断是依法还是从习惯。于是,社会生活中就充斥着大量"违法"现象,在某些地方和阶段甚至已经超过了合法行为方式(如婚姻登记),乃至于执法者不得不视而不见。但是,当纠纷发生后,这类问题摆在执法者和法官面前时,习惯等社会规范与法律的冲突经常会给他们带来大量的困惑。尽管司法的职能是维护法律权威和保护公民合法权益,但实际上由于习惯和情理等规范事实上仍然具有很强的生命力和合理性,如果在纠纷解决中僵化地适用法律甚至可能出现适得其反的结果——导致纠纷的激化、冲突的升级,甚至对弱者权利的侵害。在很多涉及收养和同居关系的案件中,依法办事甚至导致了弱者一方的不利后果。

二、国家法与民间法规范的博弈[①]

国家法与民间法规范的博弈,迫使法律或司法对习惯等社会规范作出适度让步。事实上,即使国家期望通过法治理念、普法运动和统一的司法程序达到法律对社会的全面治理,但实际上并不具有这种能力,于是,在与习惯等社会规范的博弈中,从强势逐渐转变为变通和灵活,即使这些民间规范可能在一定意义上属于"陋俗"。其中司法机关的态度转变最为明显。以订婚彩礼为例,1980年《婚姻法》施行后,尽管真正意义上的(由父母违背本人意愿确定的)买卖婚姻已基本不复存在,但基于市场经济的作用和农村婚嫁的实际情况,结婚彩礼在各地仍然非常普遍。随着离婚逐渐增多,离婚(主要是短期结婚或婚后立即离婚的情况)时男方要求退还彩礼的诉讼亦不断增加。由于法

---

① 参见范愉:《纠纷解决的理论与实践》,清华大学出版社2007年版,第613~617页。

律不承认订婚和买卖婚姻,在最初的司法实践中,很多法官将彩礼视为婚前赠与,对索要彩礼的请求一般不予支持,一判了之,社会效果很不好。而更多基层法院的法官则往往会根据地方习俗,促成当事人双方通过调解合理解决彩礼问题。2000年以后,最高人民法院在制定《〈婚姻法〉司法解释(二)》进行调研时发现,"结婚前给付彩礼的习俗在我国许多地区还相当普遍。在广大农村及一些经济欠发达地区,许多家庭为了给付彩礼而全家债台高筑,负担较重。这次司法解释向社会公开征求意见时,群众意见最多、最集中的,就是对这个问题应当如何规定……鉴于现在我国许多农村地区给付彩礼的情况较为普遍,如果对彩礼问题完全不管,可能会使一些当事人的财产权益受到严重损害。根据现实生活中存在的情况,我们在《解释(二)》第10条中规定了可以要求返还彩礼的几种情形:一是双方未办理结婚登记手续的;二是双方办理结婚登记手续但确未共同生活的;三是婚前给付导致给付人生活困难的。解释中规定的第二和第三两项,应当以双方离婚为条件。尽管作出了上述规定,我们依然呼吁广大青年和他们的家长们,要大胆破除给付彩礼的旧风俗,树立社会主义男女平等的新风尚,使我们的婚姻关系能够建立在幸福美满的爱情基础之上"。这实际上是一种对习惯的适度妥协。

在农村基层政府的行政行为中,对民俗则更需要特别关注,否则就可能导致一系列复杂的问题或纠纷。这些问题在行政诉讼中也有所反映,法官同样需要考虑民俗与法律的冲突问题,否则即使作出裁判,往往也难以执行。然而,法院在面对习惯或乡规民约等社会规范时也会遇到许多尴尬,进退两难。例如,农村外嫁女土地承包权和利益分配(如土地补偿金分配等)问题就是一个非常棘手的问题。这一问题既涉及习惯问题,也涉及基层自治的问题,并直接对法院的权限和能力提出了挑战。实际上,针对这类案件,一些法院早已以个案方式受理并作出裁判,在多数情况下,这些妇女的合法权益都得到了救济。但是,不可否认,此类案件的受理和裁判确实极大打击了基层村民自治的权威,破坏了地方的习惯和秩序,在土地资源极端匮乏的情况下,通过统一强制的手段保护出嫁女的利益,以牺牲整个基层村民自治和社会秩序为代价,显然并不是最佳选择。在这个问题上,可以清晰地看到国家法的逻辑与乡土社会的生活逻辑存在着相当大的冲突,在一些个体不愿接受乡土秩序的规则而求助于司法,而法官们又无力调解解决时,只能维护国家法律规则的权威和统一适用。然而,随着司法权的干预日益增多,更多的人会受到鼓励从背离习惯和既定秩序中追求利益,由此民间规范的地位乃至乡土社会的秩序必然随之动摇,社会和共同体的凝聚力也将随之涣散。而如果相应的建构不能建立起更合理的秩序,就可能加剧混乱和冲突的状态。这种结果不仅危及地方政府的治理,最终还会将难题重新送回到法院。事实上,随着外嫁女越来越意识到土地的预期利益,富裕村或可获得土地收益的村组的女性结婚后都拒绝将户籍外迁,借以增加获得分配的几率。由于此类纠纷和起诉的数量增长极快,法院不得不改变策略,开始采取不予受理的政策和做法;有些法院则经历了从一概不受理,到部分受理,又回到一概不予受理的过程。2005年8月修订的《中华人民共和国妇女权益保障法(修正)》第55条经过修改,行文为:"违反本法规定,以妇女未婚、结婚、离婚、丧偶等为由,侵害妇女在农村集体经济组织中的各项权益的,或者因结婚男方到女方住所落户,侵害男方和子女享有与所在地农村集体经济组织成员平等权益的,由乡镇人民政府依法调解;受害人也可以依法向农村土地承包仲裁机构申请仲裁,或者向人民法院起诉,人民法院应当依法受理。"在法学界和女权保护主义者高调呼吁司法强势介入和现实的难题之间,立法再次选择了一种中庸之道。

三、民间法规范对国家法的补充[①]

这主要表现为国家允许合法保留的民族习惯,民事关系中承认的公序良俗、经验法则,日常社会生活中不与法律矛盾的乡规民约、不断形成的新惯例等。这种情况大致表现为:

(一)在制定法中明确承认尊重公序良俗、公共道德的原则

我国现行《民法通则》第7条规定:"民事活动应当尊重社会公德,不得……扰乱社会经济秩序。"这一原则被民法学界称为公序良俗原则。其中良俗,即善良风俗,一般认为是指为社会、国家的存在和发展所必要的一般道德,是特定社会所尊重的起码的伦理要求。公序良俗原则具有填补法律漏洞的功效。一旦人民法院在司法审判实践中,遇到立法当时未能预见的一些扰乱社会秩序、有违社会公德的行为,而又缺乏相应的禁止性规定时,可直接适用公序良俗原则认定该行为无效。又如《合同法》第7条规定,当事人订立、履行合同,应当遵守法律、行政法规,尊重社会公德,不得扰乱社会经济秩序,损害社会公共利益,也属于公序良俗原则。但是,根据我国法学界的解释,公序良俗原则仅仅是在没有具体明确的法律规定或禁止性规定的情况下,由法官根据

---

① 参见范愉:《纠纷解决的理论与实践》,清华大学出版社2007年版,第618~621页。

自由裁量对案件具体情况作出判断的指导原则。实际上,究竟何种习惯风俗属于良俗,仍需要在司法实践和个案审判中进行判断。这一原则的意义,在于正面确认了在民事行为中尊重公共道德和习惯的正当性和法官据此作出裁判的合理性。在近年的司法实践中,依习惯提起的民事诉讼或权利主张越来越多地受到了重视和支持,如亲属对死者的"悼念权"或"祭奠权",某些附条件婚约的违约赔偿请求,等等。

(二)少数民族自治地区的地方性法规和变通规则

我国自1949年以来,对少数民族始终实行民族区域自治政策,在涉及民族生活习惯的法律和制度方面基本上以尊重传统习惯为基本原则,《婚姻法》等基本法律也都授权民族自治地区制定变通条例。因此,相比较而言,少数民族地区的民事习惯保留更多、效力更高。例如,迄今为止,云南省丽江摩梭人仍保留着其特有的"走婚"制度。西藏自治区没有实施1950年的第一部《婚姻法》,藏族婚姻关系主要由当地的风俗习惯予以调整。第二部《婚姻法》实施后,1981年西藏自治区人大根据该法授权,制定了《西藏自治区施行〈中华人民共和国婚姻法〉的变通条例》,开始在西藏地区正式施行《婚姻法》。《变通条例》基本与《婚姻法》的精神保持一致,如第5条规定"结婚、离婚必须履行登记手续",第4条规定"禁止利用宗教干涉婚姻家庭",第2条规定"废除一夫多妻、一妻多夫等封建婚姻",第六条规定"对非婚生子女生活费和教育费的负担,应按《中华人民共和国婚姻法》第19条的规定执行,改变全由生母负担的习惯"。但第2条在规定废除一夫多妻、一妻多夫封建婚姻的同时,又规定"对执行本条例之前形成的上述婚姻关系,凡不主动提出解除婚姻关系者,准予维持",第3条规定"对各少数民族传统的婚嫁仪式,在不妨害婚姻自由原则的前提下,应予尊重"。除此之外,西藏自治区人大还制定了《西藏自治区施行〈中华人民共和国收养法〉的变通规定》,其中第2条规定:无子女的藏族和其他少数民族收养人可以收养两名子女。从上述两个变通规则可以看出,针对民族习俗的宽容并不非常明显,原则上仍是以基本法的原则和规则为基点的。此后,在西藏农牧区,"一夫多妻、一妻多夫"的传统婚姻形态因为法律的禁止而明显减少,却并没有被彻底废除。这使得婚姻家庭纠纷的发生和解决具有鲜明的地方特色,法院在处理此类案件时仍需要更多地在法律与习惯中融通。新疆维吾尔自治区同样对少数民族婚俗习惯高度尊重,尤其是对汉族与某些少数民族之间的通婚极为慎重。在司法实践中,如当事人一方或各方为少数民族,则诉讼中必须有少数民族审判人员参与审判,以通过程序保障少数民族的权益。

(三)基层自治和行业自治规范

我国基层自治为宪法所确认,近年来无论是村民自治还是城市的社区自治都有了一些新的发展。与此同时,行业自治也得到了国家的确认,行业协会逐步开始脱离行政主管部门走向自治。但是,事实上村规民约等规范在多数情况下效力很低,一旦其成员个人通过国家权力和法律向自治规范提出质疑和挑战,往往难以得到支持;而行业习惯或标准等规范在与消费者和外界利益发生冲突时,也很难获得认可。而且即使国家原则上鼓励自治,但由于自治传统和能力弱,实际上也很难实现真正意义上的自治。例如,目前通过业主大会、业主委员会对居住小区进行自治管理困难重重,当业主之间的利益冲突大于业主与开发商和物业管理公司之间的冲突时,由于缺少民主参与意识,往往既难以形成自治规则及统一意见,也很难靠业主自律遵守,同时协商也很难奏效,因此冲突各方强烈地期望国家以更具体明确的法律规则加以规范,并不得不依靠司法机关介入纠纷的解决。

(四)通过司法实践确认的习惯、行业惯例、交易习惯、约定以及经验法则等

除了最高法院发布的正式司法解释外,在具体案件的处理中,法官实际上会大量涉及传统习俗、日常生活习惯和交易惯例,其中部分是作为解决纠纷的补充性规范,有些则是在认定事实时作为无需证明的经验法则得到承认。如对事实上的收养关系、继子女关系、交易行为以及损害结果的确认等。其实,法官也是社会公众的一员,公众知道的事实(包括经验事实),法官也应当知道。在这种情况下,法官完全可以依据社会生活中的经验事实,从公正和良知出发,直接认定损害事实的存在。在诉讼制度中,因采用自由心证主义,无论其诉讼构造是当事人主义还是职权主义,法官对案件事实的判断都有自由裁量权,但其合理的判断必须是基于经验法则所作出的理性判断。

四、持续博弈下的任意性选择

在法律尚未调整或尚无能力顾及、介入的领域,实际上存在大量灰色地带,在这个领域当事人自由选择的可能性较大,但风险也较大,表现为在纠纷解决中通过协商选择法律以外的习惯做法,以及在法律的阴影下交易的可能性。目前在法律并不强制性禁止或虽然禁止但仍有其生存发展空间的领域,出现了一些诸如私人信息咨询调查机构、私人收债、中介形式的纠纷解决机构等。被民间称作"私人侦探"的调查机构尽管多次被公安部门声称为非法,一些机构甚至被取缔,但却继续以中介调查或信息机构的名义发展,甚至多次召

开"峰会",公开探讨合法化的问题。一些民间私力救济形式,如讨债组织也应运而生,活跃于城乡之间。这些机构在解决纠纷时主要依据的是行规、地方习惯和各方的约定,视情况采用各种特殊手段(不排除恐吓、暴力、威胁等非法手段),但是又并非完全游离于法律之外:一方面,非常谨慎地避免突破法律的禁区,以免被国家取缔甚至追究刑事责任;另一方面,会努力争取合法的生存空间和地位,并努力与执法机构保持良好的关系或适当的距离;同时,这类机构在运作中也会受到法律规则的影响,因此,一般不能简单将其断定为非法或违法。社会治理的客观需求呼唤建立多元化的纠纷解决方式和社会结构,随着社会的发展,许多私力救济方式必然会被国家吸收或认可,而任意性、选择性的规则和调整机制也将更多地发挥其积极作用,为社会带来更大的活力。在这个意义上,民间法规范的发展空间仍会继续扩大,国家法对私力救济的影响和选择也将持续:一部分危害性较大的在妨害社会公共利益、引起国家警觉后可能会被禁止和取缔,如具有黑社会性质的组织;一部分有利或无害的则可能走向合法化,形成自己的行业规范和组织形式,如调查公司;更多介于二者之间的私力救济组织将继续在边缘地带生存,其发展或命运将会取决于市场与社会的选择。

第三节 民间法规范的司法适用示例

20世纪80年代以后,我国对习惯等民间法规范的认识,从最初在理论上无视与事实上的默认,到目前开始正视其作用,不但通过成文立法对某些民间法规范予以确认,而且借助经验法则补强证据、法律漏洞填补和解释转换等技术方法予以司法认可,充分发挥司法审判和非诉讼纠纷解决中的民间法规范功能。

一、民间法规范适用的立法确认

在子产、赵鞅等制刑以前,我国是一个习惯法占统治地位的国家。进入封建社会后,习惯与判例、制定法成为主要的法源。清末的民法草案第1条规定"习惯法"为法源;民国第二次民法草案改"习惯法"为"习惯"。民国初年,大理院四年的122号判决规定:"法律无明文者,以习惯;无习惯者,以条理。"1929年5月民国政府公布的《民法总则》第1条、第2条规定:"民法所未规定者,依习惯,无习惯者,依法理。"1949 年后的中国大陆,仍然承认某些地方习俗和民族习惯的法律地位。1949 年《共同纲领》第 53 条规定"我国各少数民族均有保持或改革其风俗习惯及宗教信仰的自由"。1982 年现行宪法第 4 条第 4 款规定:"各民族都有使用和发展自己的语言文字的自由,都有保持或者改革自己的风俗习惯的自由。"而在我国目前的民商事司法中,也仍然留有民间法规范作用的较大空间,这首先体现为部分法典或单行法中的原则性确认,并一般作为制定法的法源补充形式存在。如我国大陆 1999 年合同法第 60 条规定:"当事人应当遵循诚实信用原则,根据合同的性质、目的和交易习惯履行通知、协助、保密等义务。"又如该合同法第 61 条规定:"合同生效后,当事人就质量、价款或者报酬、履行地点等内容没有约定或者约定不明确的,可以协议补充;不能达成补充协议的,按照合同有关条款或者交易习惯确定。"此外,还有我国香港特别行政区基本法第 8 条规定:香港原有法律,即普通法、衡平法、条例、附属立法和习惯法,除同本法相抵触或经香港特别行政区的立法机关作出修改者外,予以保留。实际上,内地某些传统习俗在香港法律中是得到承认的,如根据《新界条例》(第 97 章)第 13 条,法庭可以认可并执行与新界土地有关的中国习俗或传统权益;而在《婚生地位条例》(第 184 章)第 14 条中,中国法律和习俗也得到承认。我国台湾地区现行"民法典"第 1 条规定:"民事,法律所未规定者,依习惯;无习惯者,依法理。"该"民法典"还存在若干相关具体适用条款,如第 439 条规定,收受租金,依习惯为先收后住,否则应先住后收;第 483 条规定,报酬按价目表,未定,按习惯;第 838 条规定,土地所有人得禁止他人侵入其地内,但依地方习惯,未设围篱者,得进出、放牧、割草等。其次,经过特定的立法程序,民间法规范特别是习俗上升为制定法规范,则为我国司法机关的审判活动提供了更为直接的立法依据。如天葬原为藏族极为重要的丧葬习俗,西藏自治区人民政府于 2005 年 12 月 5 日特发布《天葬管理暂行规定》对此习俗予以立法保护。又如本属于公共道德范畴的见义勇为行为规范,在我国各地已普遍上升为省级地方性法规,如山东省人大常委会早在 2001 年 4 月 6 日就通过《山东省见义勇为保护条例》,安徽省人大常委会于 2011 年 4 月 22 日通过《安徽省见义勇为人员奖励和保护条例》、广东省人大常委会于 2012 年 12 月 29 日通过《广东省见义勇为人员奖励和保障条例》等。

二、民间法规范适用的解释转换

从民间法适用的司法实践来看,法院直接参照习惯裁判案件的情形很少,大多数情况下是根据现有的法律原则和精神对习惯进行解释性转换。具体来说,法官在司法裁判过程中,首先需要对法律或案件事实依据习惯进行规范性解释和逻辑推论,从中探悉习惯蕴涵的行为模式与价值取向,并寻找出与之最为接近的法律规范,然后通过具体解释方法的运用将习惯转换成具有法律依据的表达形式(所谓"法言法语"),形成具有说服力的裁判理由并作出判决。一般而言,将习惯通过解释转换为规范化表达的方法多为社会学方法,它着重于社会效果预测和目的衡量,在法律条文可能的文义范围内阐释法律规范的意义内容。

1. 青岛顶盆继承案①

青岛顶盆继承案涉及青岛乡镇存在的顶盆过继习俗问题,该习俗的基本内容是:老人去世出殡时,要有一个人把烧纸钱的火盆顶在头上然后摔碎,俗称摔盆儿,摔盆儿的这个人一般是家里的长子。如果去世的老人没有子女的话,往往要在叔伯兄弟的孩子中找出一个人作为嗣子,由他来摔盆儿,这叫顶盆过继。2005年9月,原告石坊某以非法侵占房屋为由提起诉讼,请求依法确认自己和石君某之间的赠与合同有效,并判令被告石忠某立即腾出房屋。被告辩称房屋是自己继受所得,且房产证、土地证等手续一应俱全,房屋应为自己所有。青岛市李沧区人民法院2006年12月6日的一审判决认为,赠与合同的权利义务相对人仅为石坊某及石君某,原告以赠与合同是否有效起诉石忠某于法无据,本院不予支持。另外,被告石忠某是因农村习俗,为死者石君某戴孝发丧而得以入住石君某留下的房屋,从戴孝发丧当晚入住至今长达8年之久,被告并非非法侵占上述房屋。原告对一审判决不服提起上诉,青岛市中级人民法院于2007年3月作出维持原判的终审判决。本案中,法官首先认同地方习俗"顶盆继承"蕴涵的权利义务关系,然后通过解释认定被告通过"顶盆继承"习俗占有被继承人房屋不违法,原告多年来也无异议,被告取得房屋产权合情合法。承办法官韩雪认为,原告虽然手中持有房产公证书,但是从来没有向被告主张过这项权利,说明他是知道顶盆发丧的事实的;顶盆发丧虽然是一种民间的风俗,但是它并不违反法律的强制性的规定,所以法律不应该强制地去干涉它。

---

① 案例参见央视国际:《八年前的公证书》(2006-04-14),参见 http://www.cctv.com/program/jjyf/20060417/101904.shtml(2014-01-08 访问)。

2. 广西《南国早报》春节休刊案①

广西《南国早报》春节休刊案涉及平面媒体节日休刊的行业惯例问题。南宁市民陈洪东订阅广西日报社主办的《南国早报》,向该报社发行中心支付订报款 168 元,发行中心遂出具了一张订报发票并注明:报刊名为《南国早报》,订报日期从 2004 年 1 月 1 日至 12 月 31 日,数量为 1 份,价款为人民币 168 元。2004 年 1 月 21 日,当天出版的《南国早报》刊出一则《敬告读者》,其内容为:"本报从 1 月 22 日至 24 日(正月初一至初三)休刊 3 天,25 日、26 日分别出 16 个版,27 日、28 日分别出 24 个版,29 日恢复正常出版。特此敬告,并祝广大读者朋友春节快乐,猴年吉祥!"陈洪东经向广西新闻出版局了解,证明《南国早报》是周七刊,属日报。他认为,该报负有每日出版并向订户提供报纸的合同义务,发行中心也是按全年的订报天数收取了订户的报款,该报春节休刊 3 日,致使其订户无报可读,当属违约。他遂以报社和发行中心为被告,要求法院判令两被告退还其订报费损失 1.37 元并承担本案的诉讼费用。被告发行中心、广西日报社共同答辩称:第一,我社与原告订立的订报合同中并未明确约定我社必须在法定节假日向原告提供《南国早报》,且我社在订户订阅时散发的宣传资料中已说明了该报将在部分节假日休刊。从行业惯例来看,绝大多数如《南国早报》这样的市场化都市类报纸都在春节休刊。我社的休刊行为并没有违反合同义务。第二,我社的休刊已向广西壮族自治区新闻出版局提交了报告并获得批准,并非违法停刊。第三,即使如原告诉称的我社休刊行为导致其损失,但 3 天无报的 1.37 元损失并不影响整个合同利益的实现,因此不应将我社休刊认定为违约。一审法院认为,原被告的订报合同关系成立,而被告依约履行了送报义条,被告刊登的"休刊通知"已向订户履行了告知义务和报请广西壮族自治区新闻出版局备案并得到批准。被告报社的行为未超出报纸出版的行业惯例,亦未违反法律禁止性规定,并无不当。原告要求两被告退还订报经济损失 1.37 元的诉讼请求,因证据不足,不予支持。陈洪东对一审判决不服,向南宁市中级人民法院提出上诉。二审法院于 2004 年 12 月 13 日受理了陈洪东的上诉,经法院主持调解,双方当事人协商达成共识,报社及报刊发行中心认同陈洪东提出的主要观点、事实和理由:如果订报时没有告知订户,《南国早报》春节期间休刊 3 天则在法律上属于擅自更改合同的违

---

① 参见宋小卫:《春节休刊引出的违约之诉:陈某诉广西日报社、广西日报社报刊发行中心案释评》(2009-01-27), http://www. civillaw. com. cn/Article/default. asp? id = 43046(2014-01-08 访问)。

约行为;报社及报刊发行中心拥有其经营自主权,包括自主决定是否休刊,但应事先告知订户。本案中,报社及报刊发行中心未适时履行告知上诉人的义务,即因该社工作人员的疏忽,在上诉人订报时未能提醒其阅读《致订户的公开信》,致使上诉人在决定是否订阅前未能了解到该报刊将在部分节假日休刊的计划。在此基础上,双方当事人自愿达成协议:被上诉人广西日报社及报刊发行中心同意退还因《南国早报》休刊3天而给上诉人造成的订报费损失1.37元。本案一审案件受理费100元、其他诉讼费50元,二审案件受理费50元,共计200元,由被上诉人与上诉人各承担50%。

三、民间法规范适用的经验法则

经验是人们社会生活中所认同的基本常识。习惯等民间法规范在司法过程中的适用,既可以作为裁判案件的规范性依据,也可以作为认定案件事实的经验性证据。在案件审理过程中,当出现案件事实真伪不明的情况时,法官和律师既可以根据习惯的内容反推案件当事人行为的合理性和正当性,也可以反驳案件当事人行为的失当性与不合法性,由此习惯便起到了补强证据乃至证明或证伪事实的作用。从证据法的角度来看,上述推论方法即司法实践常用的经验法则。经验法则既包括一般人日常生活所归纳的常识,也包括某些专门性的知识,如科学、技术、艺术、商贸等方面的知识等。经验法则是人们对事实状态的一种认识,而非事实本身,它只是人们对事物状态、性质存在、运动规则的经验性认识。"所谓经验法则,是指人们从生活经验中归纳获得的关于事物因果关系或属性状态的法则或知识。"[①]按照张卫平教授的观点,经验法则大体分为五大类:自然法则或自然规律;逻辑(推理)法则;道德法则、商业交易习惯;日常生活经验法则;专门科学领域中的法则。可见,习俗、交易习惯等民间法规范也归属于经验法则的适用范畴(第三和第四类),是人们工作和生活过程中长期形成的相对固定的行为规范。经验法则不同于其他法律渊源之处就在于,它在证据链的司法采信程序中不需要严密的逻辑论证和法律解释,而主要依据人们在经验认知层面上的直观共识。经验法则在我国的《最高人民法院关于民事诉讼证据的若干规定》第9条和《最高人民法院关于行政诉讼证据的若干规定》第68条得到确认。

---

① 张卫平:《认识经验法则》,载《清华法学》2008年第6期(总第12卷)。

1. 陈某收取彩礼案①

陈某收取彩礼案涉及男方民间彩礼是否可退还的习俗问题。陈某(女)与柳某于2000年3月30日登记结婚,后于2003年提起离婚诉讼。柳某同意离婚,但坚持要求陈某返还订婚礼金5000元及白金钻石戒指和项链等物。陈某否认收取彩礼事实。柳某请证婚人曹某就彩金作证,后又请蒋某、朱某和周某出庭作证。陈某则以四人均是柳某好友提出抗辩,仍然否认收取彩礼事实。法院认为:被告主张彩金事实虽然只有曹某佐证,但当地习俗是男方要给彩礼女方,彩金存在讨价还价,曹某出面商谈礼金符合常理;而蒋某和朱某可以就被告的三金主张相互印证,原告收受白金钻戒与项链事实属实。因此作出判决:原告归还被告全部彩礼。判决后,原告与被告均未上诉。该案执行过程中,陈某承认收取彩礼,并履行了返还义务。

2. "超级玛丽"诉北京朝阳公安分局案②

"超级玛丽"诉北京朝阳公安分局案涉及在紧急情况下,公安人员是否应破门救助的行业惯例问题。2006年3月1日,"超级玛丽"组合罗某和韩某在北京的租住地——潘家园松榆东里22号不幸煤气中毒,从此昏迷不醒,目前一死一成植物人。事后,她们的家人将朝阳警方告上法院。他们认为,朝阳区潘家园派出所两民警接到"超级玛丽"可能在家中出事的报警时,一名警察在警车上睡觉,另一名警察说要等天亮后才能想办法找房东拿钥匙开门。从接警到发现原告煤气中毒,警方花了9个小时,是行政不作为。2006年12月8日,朝阳法院开庭审理此案,双方就警方是否应该"破门施救"展开辩论。18天后,一审法院认定,朝阳公安分局的行为不属于行政不作为,警方没有"强行破门"救人是因为当时掌握的情况不能构成警方采取这一非常规措施的必要条件,据此驳回"超级玛丽"家人的起诉。一审判决后,家属不服上诉至市二中院。2007年11月,市二中院经过审理后认为,一审法院的判决程序不当,应予撤销,并裁定发回重审。2009年5月,"超级玛丽"家属获得公安局200万元赔偿款后撤回此行政诉讼。

---

① 姜堰市人民法院(2003)姜法民初字第482号,参见汤建国、高其才主编:《习惯在民事审判中的运用——江苏省姜堰市人民法庭的实践》,人民法院出版社2008版,第47~48页。

② 裴晓兰:《"超级玛丽"诉北京朝阳公安分局案发回重审》(2007-11-20),参见http://society.people.com.cn/GB/6551465.html(2014-01-08访问)。

四、民间法规范适用的漏洞补充

凡法律都存在漏洞,但法官不能因为没有法律规定而拒绝裁判。但是,如果习惯、惯例等民间法规范得到制定法的确认,则不存在司法适用的漏洞补充问题;只有当制定法没有明确规定可适用的习惯或行业惯例时,依据习惯或惯例裁判案件才是漏洞补充。在存在法律规定的漏洞情况下,法官则可以考虑利用习惯、惯例等民间法规范来解决法律纠纷。不过,习惯、惯例等作为制定法适用漏洞的填补手段必须满足三个必要条件:不得与成文法规范相抵触或发生冲突;不得违背社会道德及社会的善良风俗;不得违背社会正义的基本要求。实际上,按照习惯或惯例处理法律纠纷,既采取了为当事人所容易理解和接受的民间法规范方式,有助于提升社会公众对司法裁判公信力的认同度;也为司法裁判案件提供了实际可行的规范依据,有助于提升法治权威并最终形成国家、社会和公民之间的法治共识。不过,为了填补制定法存在的漏洞,除了习惯等民间法规范的司法认可外,还可以采用法律原则、判例法、公共政策和法理学说以及类比、反向推论等众多司法手段和法律方法,不再赘述。[①]

1. 最高人民法院关于赘婿要求继承岳父母财产问题的批复[②]

这是最高人民法院西南分院 1951 年 7 月 18 日对云南省人民法院丽江分院关于赘婿继承财产问题的请示报告所作的批复,它明确地回答了地方习俗对法律漏洞的补充功能,其内容如下:(一)赘婿与岳父母是姻亲关系,与收养及血亲关系有所不同,因之李钜忠对其岳母杨李氏的原有财产,原则上是没有继承权的。(二)继承的开始,一般是在被继承人死亡时,现在杨李氏没有死亡,所以也谈不到继承问题。(三)离婚,对婚姻关系来讲,只能是分割家庭财产的问题,而不能是男女双方任何一方向对方提出继承对方直系亲属财产的问题,李钜忠所请继承杨李氏的原有财产一半,显然是不合理的。但入赘婿应享有家庭财产权才合理,因其入赘即参加家庭的劳动生产。如赘婿与妻离婚后,生活有困难,而女方经济情况好时,则女方并应给男方生活费。(四)如李钜忠在共同生活中,一向不参加劳动,离婚后又想分得财产依作生活,也不能允许。(五)如当地有习惯,而不违反政策精神者,则可酌情处理。

---

① 详见郑永流:《法律方法阶梯》,北京大学出版社 2008 年版,第 194~220 页。
② 《最高人民法院西南分院关于赘婿要求继承岳父母财产问题的批复》(1951-07-18),参见 http://www.people.com.cn/item/flfgk/gwyfg/1951/113206195106.html(2014-01-08 访问)。

2. 苗猪病死赔偿案①

苗猪病死赔偿案涉及江苏姜堰市农村存在的苗猪三天不吃食应由卖方承担责任的习俗适用问题。2004年4月8日,原告周某经被告孙某介绍向被告吴某等购买苗猪34头,贷款10900元。双方履行合同的次日,苗猪出现病症,原告将病情告知被告,被告表示猪病不会传染,并愿意承担由此产生的医疗费用。苗猪后来受病情传染陆续死亡。原告与被告对苗猪出现不吃食病死事实都没有异议,由于原告在苗猪病死后未及时保全证据,卖方被告对口头承诺的当地习俗,即苗猪三天不吃食应由卖方承担责任的习俗不予承认。于是,原告通过证人到庭证实该习俗为当地农村普遍认同。法院对双方当事人调解未果后判决认为,应充分尊重地方习俗的存在,但原告也有过错,因此卖方应承担适当的赔偿责任,应向原告赔偿4000元经济损失,并驳回原告其他诉讼请求。

---

① 姜堰市人民法院(2006)姜法民初字第0424号,参见汤建国、高其才主编:《习惯在民事审判中的运用——江苏省姜堰市人民法庭的实践》,人民法院出版社2008版,第69页。

参考文献

一、中文论文：

1. 姚小林：《作为科学形态的司法社会学》，载《兰州学刊》2009年第6期。
2. 崔永东：《司法社会学的学术旨趣与基本问题试探》，载《法治研究》2011第7期。
3. 林端：《司法社会学对台湾司法改革的意义》，载林端：《儒家伦理与法律文化：社会学的观点》，中国政法大学出版社2002年版。

二、中文著作：

1. 袁方：《社会研究方法教程》，北京大学出版社1997年版。
2. 范愉：《非诉讼纠纷解决机制研究》，中国人民大学出版社2000年版。
3. 范愉：《ADR原理与实务》，厦门大学出版社2002年版。
4. 范愉：《司法制度概论》，中国人民大学出版社2003年版。
5. 范愉：《多元化纠纷解决机制》，厦门大学出版社2005年版。
6. 范愉：《集团诉讼问题研究》，北京大学出版社2005年版。
7. 范愉：《纠纷解决的理论与实践》，清华大学出版社2007年版。
8. 范愉：《非诉讼程序（ADR）教程》，中国人民大学出版社2002年第1版,2012年第2版。
9. 朱景文：《现代西方法社会学》，法律出版社1994年版。
10. 朱景文：《法社会学》，中国人民大学出版社2005年版。
11. 朱景文：《法社会学专题研究》，中国人民大学出版社2010年版。
12. 朱景文：《中国法律发展报告2011：走向多元化的法律实施》，中国人民大学出版社2011年版。
13. 朱苏力：《送法下乡——中国基层司法制度研究》，中国政法大学出版社2000年版。
14. 王亚新等：《法律程序运作的实证分析》，法律出版社2005年版。
15. 徐昕：《司法程序的实证研究》，中国法制出版社2007年版。
16. 李瑜青：《法律社会学理论与应用》，上海大学出版社2007年版。

17. 李瑜青等:《法律社会学经典论著评述》,上海大学出版社2006年版。
18. 熊先觉:《司法学》,法律出版社2008年版。
19. 吕世伦:《西方法学思潮与流派》(社会学法学、现实主义法学、行为主义法学、后现代主义法学等)。
20. 高其才:《当代中国民事习惯法》,法律出版社2011年版。
21. 高其才:《多元司法:中国社会的纠纷解决方式及其变革》,法律出版社2009年版。
22. 汤建国、高其才:《习惯在民事审判中的运用——江苏省姜堰市人民法庭的实践》,人民法院出版社2008年版。
23. 张永和、于嘉川等:《武侯陪审——透过法社会学和法人类学的观察》,法律出版社2009年版。
24. 吴英姿:《法官角色与司法行为》,中国大百科全书出版社2008年版。
25. 张康林等:《多元化纠纷解决机制研究——以北京市西城区人民法院"四点一线"多元化纠纷解决机制为中心》,人民法院出版社2010年版。
26. 刘思达:《割据的逻辑:中国法律服务市场的生态分析》,上海三联书店2011年版。
27. 公丕祥:《民俗习惯司法适用的理论与实践》,法律出版社2011年版。
28. 李宏勃:《法律现代化进程中的人民信访》,清华大学出版社2007年版。
29. 顾培东:《社会冲突与诉讼机制》,法律出版社2004年版。
30. 何兵:《现代社会的纠纷解决》,法律出版社2003年版。
31. 侯猛:《中国最高人民法院研究——以司法的影响力切入》,法律出版社2007年版。
32. 祁建建:《美国辩诉交易研究》,北京大学出版社2007年版。
33. 郭星华、陆益龙等:《法律与社会——社会学和法律的视角》,中国人民大学出版社2004年版。
34. 麦高伟、崔永康:《法律研究的方法》,中国法制出版社2009年版。
35. 杨智杰:《千万别来念法律》,中国政法大学出版社2010年版。
36. 秦策、张镭:《司法方法与法学流派》,人民出版社2011年版。
37. 姚小林:《人权保护中的司法功能——基于最高法院的比较研究》,知识产权出版社2012年版。

三、外文著作:

1. [美]霍姆斯:《普通法》,冉昊、姚中秋译,中国政法大学出版社2006年版。
2. [美]霍姆斯:《法律的生命在于经验——霍姆斯法学文集》,明辉译,清华大学出版社2007年版。
3. [美]卡多佐:《司法过程的性质》,苏力译,商务印书馆1998年版。
4. [美]卡多佐:《法律的成长法律科学的悖论》,董炯、彭冰译,中国法制出版社2002年版。

5. [美]卢埃林:《普通法的传统》,陈绪纲、史大晓、仝宗锦译,中国政法大学出版社2002年版。

6. [美]弗兰克:《初审法院——美国司法中的神话与现实》,赵承寿译,中国政法大学出版社2007年版。

7. [美]斯图尔特·麦考利:《新老法律现实主义——今非昔比》,范愉译,载《政法论坛》2006年第4期。

8. [美]布莱克:《法律的运作行为》,唐越、苏力译,中国政法大学出版社2004年版。

9. [美]布莱克:《社会学视野中的司法》,郭星华等译,法律出版社2002年版。

10. [美]布莱克:《正义的纯粹社会学》,徐昕、田璐译,浙江人民出版社2009年版。

11. [日]川岛武宜:《现代化与法》,王志安、渠涛、申政武、李旺译,中国政法大学出版社2004年版。

12. [美]昂格尔:《现代社会中的法律》,吴玉章、周汉华译,译林出版社2001年版。

13. [美]诺内特、塞尔兹尼克:《转变中的法律与社会》,张志铭译,中国政法大学出版社2004年版。

14. [美]埃里克森:《无需法律的秩序——邻人如何解决纠纷》,苏力译,中国政法大学出版社2003年版。

15. [法]福柯:《知识考古学》,谢强、马月译,生活·读书·新知三联书店2007年版。

16. [法]福柯:《规训与惩罚》,刘北成、杨远婴译,生活·读书·新知三联书店2007年版。

17. [美]理查德·A. 波斯纳著:《法律与文学》,李国庆译,中国政法大学出版社2002年版。

18. [美]理查德·A. 波斯纳:《联邦法院挑战与改革》,邓海平译,中国政法大学出版社2002年版。

19. [美]理查德·波斯纳:《法官如何思考》,苏力译,北京大学出版社2009年版。

20. [美]萨利·安格尔·梅丽:《诉讼的话语——生活在美国社会底层人的法律意识》,郭星华、王晓蓓、王平译,北京大学出版社2007年版。

21. [日]棚濑孝雄:《纠纷的解决与审判制度》,王亚新译,中国政法大学出版社2004年版。

22. [日]棚濑孝雄:《现代日本的法和秩序》,易平译,中国政法大学出版社2002年版。

23. [日]谷口安平:《程序的正义与诉讼》(增补本),王亚新、刘荣军译,中国政法大学出版社2002年版。

24. [日]高见泽磨:《现代中国的纠纷与法》,何勤华、李秀清、曲阳译,法律出版社2003年版。

25. [奥]欧根·埃利希:《法社会学原理》,舒国滢译,中国大百科全书出版社2009年版。

26. [美]马修·戴弗雷姆:《法社会学讲义》,郭星华、邢朝国、梁坤译,北京大学出版社

2010年版。

27. [德]托马斯·莱塞尔:《法社会学导论》,高旭军等译,上海人民出版社2011年版。

28. [英]西蒙·罗伯茨、彭文浩:《纠纷解决过程:ADR与形成决定的主要形式》(第二版),刘哲玮、李佳佳、于春露译,北京大学出版社2011年版。

29. [美]詹姆斯·E.麦圭尔、陈子豪、吴瑞卿:《和为贵:美国调解与替代诉讼纠纷解决方案》,法律出版社2011年版。

30. [美]迪特里希·鲁施迈耶:《律师与社会:美德两国法律职业的比较研究》,于宵译,上海三联书店2011年版。

31. [美]约翰·莫纳什、劳伦斯·沃克:《法律中的社会科学》,何美欢、樊志斌、黄博译,法律出版社2007年版。

后 记

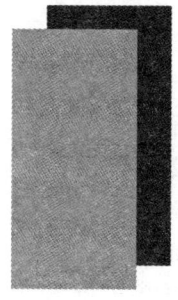

本书源于我所在单位开设的硕士研究生课程——司法社会学。2007年,广东商学院(现改名广东财经大学)法学理论专业硕士点正式对外招生,我接受该硕士点负责人房文翠教授邀请,于2008年开始为该点硕士研究生主讲司法社会学选修课程,我的学术研究重点也由此转入司法领域。2012年,司法社会学由选修课调整为专业必修课,该课程建设工作进入可持续发展轨道。关于司法社会学课程建设,我咨询过读博期间的指导教师范愉教授,她从现实主义法学和多元化纠纷解决等方面提出了诸多建议。最令我感动的是,范愉教授多次专门组织博士生展开专题讨论,她和她的博士生的反馈建议必将使我受益终生,并敦促我不断改进完善司法社会学的课程设计。实际上,我的"司法社会学"课程名称首先也是从范愉教授那里首先得知的。而司法社会学课程的开设成功,除了广东财经大学研究生处和法学院所有领导的关心、支持和鼓励外,还受益于该校历届法学理论专业硕士生的专题教学工作,我由此真正体会到了"教学相长"的道理。这是因为,我不但通过这些可爱学生的专题讨论重新梳理和系统掌握了司法学与社会学的诸多前沿理论观点,而且也增强了继续开设司法社会学课程的勇气和动力,并对该课程设置的学术价值与实践意义有了更深切的认知和感悟。而本书的公开出版发行,也必将进一步鞭策和提升我的司法社会学教学与科研工作。

本书取名为《司法社会学引论》,意在司法社会学课程建设的任重道远,也意在抛砖引玉,希望更多的法学专家学者与法律实务工作者来关心、扶持和从事司法社会学学科建设,并以此提出宝贵的意见和建议。其实,本书本课程更欢迎人文社会科学界的专家学者和朋友们批评指正、把脉问诊。不可否认,关于司法社会学的课程设计,我并不是一开始就有着非常清晰的教学目的和意图,而关于课程内容框架的设想也在不断地修改完善中。除了受益于范愉教授的ADR理论与美国学者布莱克的案件社会学,我要特别指出的,是偶尔见到的美国学者约翰·莫纳什与劳伦斯·沃克合著的《法律中的社会科学》对我的深远影响,因为该书为我们提供了另一种别样的法社会学研究路径:我们一般习惯于运用社会学方法来分析评判司法现象及其发展规律,但实际上司法职业者越来越注意吸收社会科学成果,并将社会科学方法贯穿于日常司法工作议程中,用以界定案件事实、支持法律规则和提供司法裁判背景。不管怎么说,我对司法社会学的课程设计思路是一贯的,那就是:本课程避免冗长烦琐的实证材料堆积,不至于变成纯粹的社会学研究,而应该充溢思辨的法理色彩;避免空洞抽象的法条概念推演,不至于重蹈概念法学和制度法学的研究套路,而应该更加关注社会现实中的司法百象。因此,本课程希望有别于作为部门法学的诉讼法学研究,也有别于作为 ADR 实务操作的培训课程与法律方法论教学,而是兼容法科生的司法学原理研究与社会学方法训练。本书的出版正是基于上述课程设计意图最后归总的初步尝试。

本书得以顺利出版,我首先要感谢在中国人民大学法学院读书期间的诸位老师,包括吕世伦教授、朱景文教授、范愉教授、张志铭教授等等,正是他们的谆谆教诲和无私奉献才使得我在如今的法理学教学讲台与学术研究生涯中不断进步和成长,特别使得我在司法学与法社会学领域形成了较为稳固的学术兴趣和专长。其次,我要特别感谢广东财经大学法学院的房文翠教授,因为如果没有她的热心支持、真诚帮助和鼓励,司法社会学课程恐怕早就夭折了,我也不可能将司法社会学研究持续下去。再次,本书的写作获益于诸多专家学者的相关研究成果,虽然书中的注释和参考文献多有涉及,但是也可能挂一漏万,在这里一并感谢并致歉。最后,本书的出版离不开厦门大学出版社法律编辑室的甘世恒主任和邓臻编辑等的辛勤工作,在此向他们的敬业精神致以崇高的敬礼!

姚小林马年于广州赤沙陋室

图书在版编目(CIP)数据

司法社会学引论/姚小林著. —厦门:厦门大学出版社,2014.6
ISBN 978-7-5615-5119-6

Ⅰ.①司… Ⅱ.①姚… Ⅲ.①法律社会学 Ⅳ.①D90-052

中国版本图书馆 CIP 数据核字(2014)第 115815 号

厦门大学出版社出版发行

(地址:厦门市软件园二期望海路 39 号　邮编:361008)
http://www.xmupress.com
xmup @ xmupress.com

厦门市明亮彩印有限公司印刷

2014 年 6 月第 1 版　2014 年 6 月第 1 次印刷
开本:720×970　1/16　印张:19.5　插页:2
字数:339 千字　印数:1～1 500 册
定价:40.00 元

本书如有印装质量问题请直接寄承印厂调换